形 势 与 对 策

——中国对外经济贸易前沿问题探讨论文集

2019

主　　编：金　旭

副 主 编：边振瑚　李　钢

执行主编：郝宝生

中国商务出版社
CHINA COMMERCE AND TRADE PRESS

图书在版编目 (CIP) 数据

形势与对策 . 2019 / 金旭主编 . -- 北京：中国商
务出版社 , 2019.11
ISBN 978-7-5103-3156-5

Ⅰ . ①形… Ⅱ . ①金… Ⅲ . ①对外贸易—中国—文集
Ⅳ . ① F752-53

中国版本图书馆 CIP 数据核字 (2019) 第 242225 号

形势与对策 2019
——中国对外经济贸易前沿问题探讨论文集

SITUATION VS SOLUTION: PAPERS ON HOT ISSUES OF CHINA'S FOREIGN TRADE AND ECONOMICS

主　编　金　旭　　副主编　边振瑚　李　钢　　执行主编　郝宝生

出　　版：中国商务出版社
地　　址：北京市东城区安定门外大街东后巷 28 号　邮编：100710
责任部门：商务事业部（010-64243016　gmxhksb@163.com ）
责任编辑：刘姝辰
总 发 行：中国商务出版社发行部（010-64208388　64515150 ）
网购零售：中国商务出版社考培部（010-64286917 ）
网　　址：http://www.cctpress.com
网　　店：https://shop162373850.taobao.com/
邮　　箱：cctp6@cctpress.com
印　　刷：三河市华东印刷有限公司
开　　本：710 毫米 ×1000 毫米　1/16
印　　张：28　　　　　　　　字　数：421 千字
版　　次：2020 年 1 月第 1 版　　2020 年 1 月第 1 次印刷
书　　号：ISBN 978-7-5103-3156-5
定　　价：85.00 元

2018 年是极不平凡的一年。习近平总书记在庆祝改革开放 40 周年大会上的讲话中指出，党的十一届三中全会"实现新中国成立以来党的历史上具有深远意义的伟大转折，开启了改革开放和社会主义现代化的伟大征程。"40 年来我国已经成长为世界第二大经济体，国内生产总值占世界生产总值的比重由改革开放之初的 1.8% 上升到 15.2%，多年来对世界经济增长贡献率超过 30%；成为货物贸易第一大国，货物进出口总额从 206 亿美元增长到超过 4 万亿美元，并且成为服务贸易第二大国；利用外资和对外投资从无到有，成为外资流入第二大国，累计使用外商直接投资超过 2 万亿美元，对外投资总额达到 1.9 万亿美元；我国外汇储备连续多年位居世界第一。与此同时，我国成为商品消费第二大国，中国人民在富起来、强起来的征程上迈出了决定性的步伐。

在深入贯彻落实党的十九大精神的开局之年和纪念改革开放 40 周年之际，中国国际贸易学会举办了第 32 届"中国外经贸发展与改革"专题征文活动，征文主题为：回顾改革开放四十年，构建新时代全面开放新格局。呈现在读者面前的这本《形势与对策（2019）》就是本届征文的主要获奖作品。

本书分为上中下三篇。上篇是改革开放 40 年中国商务事业回顾与探索。包括构建新时代全面开放新格局，加快制造业转型升级、推动贸易强国建设，发展跨境电商促进普惠贸易和全球经济治理变革中 FTA 的影响等内容。

中篇探讨了全面开放新格局构建中的中国外经贸发展热点问题。涵盖内容较为广泛，涉及中美经贸摩擦对智能制造产业的影响与对策，特朗普政府挑起对华贸易摩擦的原因探析，中美贸易摩擦的历史借鉴与政策因应，特朗普政府"301 调查"征税对美国国内产业的影响，进口渗透率与美国利益集团政治捐资；中国对欧直接投资的战略性与结构性转变；贸易强国评价指标体系与出口动态预测研究，制造业服务化对我国国际分工地位的影响，欧美"再工业化"

背景下中国制造业吸引外资能力与出口竞争力，劳动力价格、自主创新与中国企业出口竞争力，金融契约执行效率、多商品企业与出口竞争力，提升绿色壁垒对我国农产品出口的影响；自贸区政策与高端制造业产业集聚，我国建设自由贸易港潜在的金融风险与防范，亚太区域投资协定视角下的负面清单比较研究；金融市场开放对企业出口行为的影响、服务业限制措施的评估与量化，数字贸易规则演进与应对等。

下篇主要探讨促进"一带一路"国际合作。包括"一带一路"框架下中国参与北极航道沿线国家基础设施投资的机遇、风险与策略，中国企业海外投资路径网络及"一带一路"沿线国家投资地位的研究，区域贸易协定对出口产品质量的影响及对"一带一路"国家的研究启示。

值此本论文集付梓之际，我向一直以来支持中国国际贸易学会的各位同仁表示衷心的感谢。希望与大家一起，继续为我国外经贸事业的发展积极资政建言，为推进经贸强国建设做出不懈的努力。

最后，对中国商务出版社的大力支持和帮助表示感谢！

中国国际贸易学会会长

2019 年 10 月 28 日

CONTENTS | 目　录

上　篇

改革开放 40 年中国商务事业回顾与探索

加快推进制造业转型升级
的路径与思考

——改革开放 40 年我国制造业转型发展的回顾与展望

丁文珺　　杜志明[*]

摘要： 加快推进制造业转型升级是实现我国由经贸大国迈向经贸强国的必然要求。本文从改革开放以来我国制造业由复苏走向崛起的趋势及成因分析着手，结合当前国际国内的新环境和新要求，提出我国制造业转型升级面临的紧迫形势和主要问题，指出制造业升级必须突破对传统发展动能、生产模式、市场定位、竞争方向的路径依赖，推进"四个并重发展"，并从产业政策、开放政策等五个维度提出推进我国建设制造强国，实现由经贸大国向经贸强国迈进的可操作性对策建议。

关键词： 制造强国；经贸强国；转型升级；改革开放

改革开放 40 年我国制造业由复苏走向崛起并成长为全球领先的"制造大国"，在制造业的繁荣发展下，我国跃升为对外经贸大国，但由于中国制造仍处于全球价值链体系中的中低端，使得当前我国出口仍以数量优势为主要依赖，因此，加快推进制造业转型升级，是实现我国由经贸大国迈向经贸强国的必然要求。

一、改革开放 40 年我国制造业发展成就回顾及成因分析

改革开放 40 年是我国制造业提质增量、由复苏走向崛起的重要时期，中国制造业在全球制造格局中占据了举足轻重的地位，中国制造业的发展为全国

---

* 作者简介：丁文珺，武汉发展战略研究院副研究员；杜志明，武汉发展战略研究院实习研究员

的经济发展做出了突出贡献，为全球经济的稳定和繁荣注入了强劲动力，在制造业持续发展的助推下中国经贸大国地位基本确立。

（一）产业由复苏走向崛起

改革开放 40 年，我国从农业大国走向工业大国并逐步发展成为世界第一制造大国，制造业持续快速的发展为世界经济发展贡献了巨大力量。改革开放初期，我国制造业增加值仅为 599.7 亿美元，经过十余年年的复苏与发展，1990 年，我国制造业增加值比改革开放初期翻番，达到 1165.73 亿美元，占全球比重 2.7%，2000 年，我国制造业增加值在美、日、德之后居世界第四位，增加值在全球占比上升至 6%，此后仅七年，我国制造业增加值在全球占比再次翻番，达到 13.2%，居全球第二，2010 年，我国制造业增加值在全球占比达到 19.8%，跃升为世界第一制造大国。当前我国制造业增加值在全球的占比已基本稳定在 25% 以上，在 500 余种主要工业产品中，我国有 220 多种产量位居世界第一。中国制造业的发展和崛起为全球经济持续繁荣注入了强劲动力，全球制造也从中国制造业的发展中赢得了广阔的市场空间和合作发展机会。

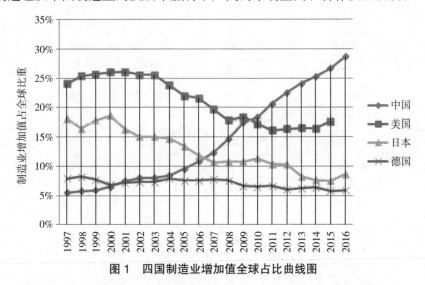

图 1　四国制造业增加值全球占比曲线图

（二）产业结构不断调整升级

改革开放以来在国家各项宏观政策导向下各类生产要素充分涌入制造业，

产业内部结构调整升级和发展提质增量取得明显成效，2017 年，全国高端装备制造业销售收入超过9万亿元，在全国装备制造业中占比达到15%①。制造业结构的优化调整和发展的提质增量对我国经济持续稳定增长提供了有力支撑，1978—1990 年，我国 GDP 年均增长 9.01%，其中制造业对经济增长贡献 1.83 个百分点，经济增长来源于制造业贡献率 20.3%；1991—2000 年，我国 GDP 年均增长 10.43%，其中制造业对经济增长贡献 3.43 个百分点，经济增长来自于制造业的贡献率上升到 32.9%；2001–2010 年，GDP 年均增长 10.07%，其中制造业对经济增长贡献 4.98 个百分点，经济增长来自于制造业的贡献率上升到 32.7%；2011–2017 年，GDP 年均增长 7.51%，制造业对经济增长贡献 5.65 个百分点，经济增长来自于制造业贡献率进一步上升到 53.4%。

表 1　改革开放以来我国 GDP 与制造业增加值情况变化

年份	国内生产总值（亿元）	制造业增加值（亿元）	制造业增加值占国内生产总值（%）
1978	3645.2	1475.23	40.5
1980	4545.6	1828.79	40.2
1985	9016.0	3131.42	34.7
1990	18667.8	6096.76	32.7
1995	60793.7	20459	33.7
2000	99214.6	31867	32.1
2005	184937.4	60118	32.5
2010	401512.8	130282	32.5
2011	489031.0	153063	31.3
2012	540367.0	169806.6	31.4
2013	5952244.0	181867.8	30.6
2014	689052.0	195620.3	28.4
2015	676708.0	202420.1	29.9
2016	744127.0	347100.0	46.7
2017	827122.0	372091.2	45.0

① 数据来源：《2017 中国高端装备制造业年报》。

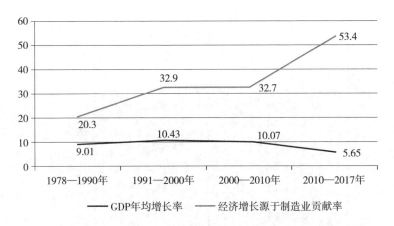

图2　GDP 增长率及制造业对经济增长贡献率

（三）出口水平在全球价值链中地位稳中有升

改革开放 40 年也是我国制造业在全球价值链体系中地位稳步提升的重要时期。改革开放初期我国商品出口以农村品、矿产品等初级产品为主，1980 年，我国工业制成品出口额仅为 87 亿美元，在世界占比 0.8%，仅居世界第 21 位，是当时排名第一德国制成品出口额的 5.38%。随着我国制造业生产体系的不断完善，制造业的产出不仅满足了国内日益增长的需求，还开始逐步走向国际市场。2000 年，我国工业制成品出口额上升至 2198.59 亿美元，是改革开放初期的 25 倍多，在世界占比上升至 4.96%。2008 年起，我国制成品出口全球占比第 ，截至 2016 年，我国制成品出口全球占比已达到 18%，制成品出口额是排名第二德国的 1.75 倍。在工业制成品占出口商品总额比重不断提高的同时，制成品出口结构也发生了较大变化，高技术含量制成品实现了从无到有再到具备国际竞争优势的升级，一批优势装备制造业国际竞争优势显著增强，部分新兴产业全球市场份额占比大幅度提升。完整的产业配套体系、质优价廉的生产能力以及不断提高的技术水平使我国成为国际价值链垂直分工格局下重要的制造业基地。

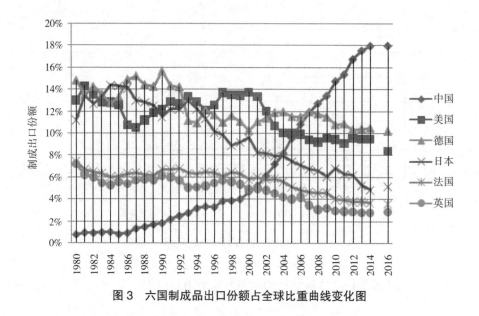

图3　六国制成品出口份额占全球比重曲线变化图

（四）一批世界级制造业企业国际竞争力逐步增强

改革开放以来，随着我国市场经济体制不断完善，国有企业改革持续深化、民营经济发展活力逐步增强，越来越多的制造业企业伴随着我国经济的高速增长快速成长起来，并通过积极参与国际竞争，开拓出更加广阔的市场空间，一些企业在生产规模、研发水平、管理能力以及市场拓展等方面已然成长为制造业各行业领域中的佼佼者，我国制造业各行业领军企业逐步在全球市场上发挥积极作用。根据德勤旗下的全球消费者及工业产品行业小组联合美国竞争力委员会发布的《2016全球制造业竞争力指数》显示，2016年，中国在全球制造业竞争力指数中继续蝉联第一位置。

（五）部分关键领域技术水平全球领先

改革开放以来，我国制造业创新投入和企业创新能力显著提升。1978年，我国研发投入总量仅为52.89亿元，随着我国经济实力提升和创新驱动战略推进，2000年，我国研发投入占GDP比例上升至0.9%，2014年，我国研发经费投入强度首次超过2%，2017年，我国研发经费投入总量已达到17500亿元，仅次于美国居世界第二位。根据《全球创新指数 2017》显示，2017 年，我国创新产出指数居全球第 11 位，创新效率指数全球第 3 位。伴随着科技投入的增加，当前我国制造业在载人航天、探月工程、高速轨道交通等一系列尖端领域都实现了历史性突破和跨越，风力发电设备、千万亿次超级计算机等装备产品技术水平已居全球前列。

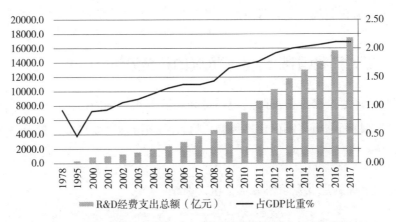

图 4　改革开放以来我国 R&D 经费支出总额及占 GDP 比重

　　改革开放 40 年来，我国制造业的快速增长得益于我国始终坚持改革开放的基本国策，以改革推进的市场化制度创新充分调动了各微观经济主体的积极性和主动性，为制造业的高速增长提供了内源动力，以开放推进的国际化进程，使我国制造业深入融入全球价值链体系之中，为产业的高速增长提供了更为广阔的空间；改革开放 40 年来，我国制造业的快速增长得益于我国综合实力的稳步提升及和谐稳定的国内经济社会宏观环境，伴随经济实力提升而形成的日益庞大的消费群体和潜力巨大的市场需求为国内制造业成长和崛起提供了有力支撑，和谐稳定的经济社会环境和宏观政策导向为我国制造业在面对复杂多变的国际经济形势、乃至数次全球经济危机时保持平稳健康增长提供了重要保障；改革开放 40 年来，我国制造业的快速增长得益于我国在劳动力及自然资源等方面的比较优势，虽然当前要素成本优势弱化和资源环境约束力度凸显的双重压力明显，但不可否认它们为我国制造业早期的成长和发展提供了物质基础，特别是改革开放初期，在我国以承接发达国家劳动密集型制造业产业转移为主的发展阶段，低成本优势是我国制造业实现初步成长和逐步崛起的关键因素；改革开放 40 年来，我国制造业的快速增长得益于从中央到地方的高度重视，作为国民经济的主体制造业发展一直是中央关注的重点内容，改革开放后特别是 1993 年分税制正式实行后，为推进地方经济发展，制造业也成为我国各省市地方政府关注的重点，从基础设施建设的完善到各领域支持政策、文件的出台，为我国制造业的腾飞提供了保障。

二、新时期我国制造业发展面临的新趋势和新环境

面对更加复杂多变的国际宏观环境和艰巨繁重的国内改革任务，我国制造业转型升级将面临更多不确定性风险，因此必须准确判断形势，抢抓机遇、应对挑战。

（一）全球制造业竞争格局发生重大调整

当前制造业全球分工版图面临重构态势，中国制造业正面临着"高端回流"和"中低端分流"的双重压力：一方面，继 2008 年全球金融危机后，各发达国家为重振经济和防范金融泡沫，纷纷实施以重塑制造业优势为主体的再工业化战略，力图从中高端发力抢占制造业领域国际竞争的制高点，在发达国家各项政策举措下，部分中高端产业转移回流现象已开始显现；另一方面，印度、越南等新兴经济体国家为在新一轮的国际分工中获取更大利益，纷纷利用资源、劳动力等要素成本优势，以中低端制造业为主要方向积极承接产业转移，对我国传统制造业发展带来严峻挑战。

（二）新一轮技术革命和产业革命深入推进

第三次工业革命已然拉开帷幕，全球制造业发展格局面临深刻改变，各国正在力争通过新技术与制造业的融合发展来占据全球制造业高端领域价值链的有利位置，制造业的生产模式、组织方式、产业形态等在新一代信息技术与制造业的深度融合下已发生新的变革，制造业领域颠覆性变革将屡见不鲜、制造业发展趋势的不确定性将进一步增强，我国制造业发展既面临可以乘势而上实

现产业转型升级和抢占全球价值链中高端的发展机遇，也面临新一轮变革将可能带来的市场垄断、关键领域技术攻关难度加大等系列挑战。

（三）中国经济发展进入新常态

经过改革开放以来的高速发展，当前我国经济发展进入了新常态这一历史性新起点，以资源要素投入、规模扩张为主要驱动力的粗放式增长模式将难以为继，经济增长开始迈向由追求速度向追求质量的提升，特别是随着"三去一降一补"的全面展开，中国制造业面临结构调整升级和发展动能转换双重挑战。数据显示，自 2012 年以来，我国 PMI 持续多年徘徊在 50% 的荣枯线左右，直至 2017 年下半年才呈现回稳趋势，工业增加值增速自 2010 年以后也一直处于下行态势，增长幅度日益收窄，加快推进制造业转变发展方式是重振制造业发展活力的必然要求。

（四）政策红利和消费红利持续释放

为推进我国制造业转型升级，助推实施"中国制造 2025"，当前我国从健全规划体系、制定支持政策、给予专项资金等多方面着手进行战略部署，初步形成以"1+X"规划体系为核心的系列政策，成立了制造业专项支持资金，并从加快完善现代市场体系、推进政府职能转变、构建开放型经济体制等领域进行了新一轮改革，力图破除我国制造业发展的体制机制障碍。同时，随着我国经济持续稳定的增长和新型城镇建设的进一步推进，国内消费市场需求进一步释放，为中国制造业的升级提供了发展动力和市场空间。

三、我国制造业转型升级面临的紧迫形势及主要问题

（一）生产成本上升与产业效益不足并存

当前支撑我国制造业发展的低成本优势已发生动态变化，劳动力、资源、土地、原材料等要素成本均呈全面上升趋势，特别是随着老龄化的进一步深化和劳动力成本的全面上涨，我国制造业在改革开放以来相当长一段时期内所依

靠的比较优势正在逐步消失，2017 年，我国劳动年龄人口从 2011 年峰值下降 3873 万人，在劳动力供给缩减的同时，劳动力成本稳步增长并呈加快趋势，近十年来，我国制造业从业人员工资成本年均增长近 12%。据牛津经济研究院报告显示，2016 年，中国制造业单位劳动力成本对美国优势已缩减至 4%。

表 2　我国劳动年龄人口数量及制造业从业人员平均工资变化

年份	劳动年龄人口数量（万人）	占总人口比重（%）	制造业从业人员平均工资（元）	年增长率（%）
2007	91129	69	18225	16.02
2008	91647	69	21144	15.42
2009	92097	69	24404	9.86
2010	94051	70.1	26810	15.32
2011	92097	69	30916	18.60
2012	93727	69.2	36665	13.60
2013	91954	67.6	41650	11.48
2014	91583	67	46431	10.64
2015	91096	66.3	51369	7.70
2016	90747	65.6	55324	7.49
2017	90199	64.9	59470	

在成本全面上升同时，我国制造业效益偏低问题更为凸显。从牛津经济学院提出的各国制造业指数比较分析可以看出，长期以来对于传统比较优势依赖造成的劳动生产率偏低是我国制造业转型发展需要直面的重要问题。由于生产率增幅明显低于成本增幅，制造业特别是传统制造业企业利润挤压明显，近几年来，我国工业成本费用利润率一直呈下降趋势，2016 年，我国工业成本费用利润率由 2010 年的峰值 8.31% 下降到 6.7%[①]。

---

① 数据来源为国家统计局网站，经计算得出。

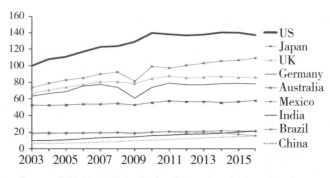

图 5　各国制造业生产率指数比较（以 2003 年美国为 100）

资料来源：牛津经济研究院。

（二）创新投入不足与创新能力不强并存

改革开放以来，我国创新投入力度不断加强，但与发达国家、制造强国目标相比仍有较大差距。从研发投入看，虽然研发支出和研发强度均呈上升趋势，但与创新型国家相比仍有一定差距，2017 年，我国创新投入指数仅居全球第 31 位，甚至出现下滑趋势。从人才支撑度看，领军型管理人才占比较低、高端型科技人才占比较低、高级技术工人占比较低的结构性人才缺失问题较为明显，人才队伍梯队结构有待优化。从创新能力看，长期以来，我国制造业主要依靠技术引进来实现再创新和集成创新，原始创新能力不强，基础研究占比仍然较低，关键核心技术对外依存度依然较高，共性技术研究和关键零部件研发水平依然不足，这些均在一定程度制约我国高端制造业发展。

表 3　制造业创新因素比较

	中国	美国	德国	日本	韩国
科技人才	55.5	89.5	97.4	88.7	64.9
创新政策和基础设施	47.1	98.7	93.9	87.8	65.4
创新投入	54.22	68.87	63.33	65.45	63.34
全球创新指数	52.54	61.40	58.39	54.72	57.7

数据来源：《2016 全球制造业竞争力指数》、《2017 年全球创新指数报告》。

（三）国际分工地位偏低与品牌全球竞争力不足并存

当前中国制造业仍处于微笑曲线中间环节，虽然近几年在全球价值链分工体系中地位有上升趋势，但与其他先进国家相比仍有较大差距，2016年，我国制造业牵引力指数（TFI）上升至 -0.038，同年日本、美国 TFI 指数虽呈下降趋势，但仍达到 0.792、0.525，表明我国在全球制造业分工中所获利润依然相对较低。同时，国际知名品牌数量在全球占比较低也在一定程度上影响我国制造业国际化程度的提升，2017年，世界品牌 500 强我国仅 37 个品牌上榜，排名前百位的品牌仅 7 个，远低于美、法、英、日等国家水平，中国制造从大到强的发展之路任重道远。

（四）资源环境约束力度加大与动能转换压力增大并存

以重化工为主的产业结构和粗放式的增长方式，给我国资源环境带来巨大压力，当前我国土地、水、森林等资源较为稀缺，煤炭、矿石、石油等资源供需缺口仍在持续扩大，但我国单位能耗强度仍高于世界平均水平，能源消费总量一直居世界首位。同时能源投入结构不合理，截至2016年，我国煤炭消费量仍占据世界煤炭消费总量的 50.58%[①]，不合理的能源结构使得环境污染问题日趋严重。2017年全国平均优良天数占比仍呈下滑趋势仅为 78%，出现酸雨城市比例达到 36.1%[②]，不合理的生产方式带来的环境污染、生态系统退化使一些地区资源环境承载能力已达到或接近上限，加快推进制造业动能转换势在必行。

（五）产业内部结构不优与外部融合性不强并存

从内部结构来看，长期以来，我国制造业发展主要依靠要素低成本优势引进技术和管理进而实现生产规模的快速扩张，在这种发展模式下，劳动密集型、资源密集型产业占比相对较高，技术密集型产业发展动力不足，产业结构

---

① 数据来源《世界能源统计年鉴 2017》。
② 数据来源《2017 中国生态环境状况公报》。

呈现出传统产业产能过剩与高端制造发展不足并存现象。从对外融合来看，制造业与服务业、与信息化的融合发展是当前制造业转型升级的大趋势，但当前我国生产性服务业发展仍处于初期阶段，信息化设施建设水平与应用水平也与发达国家存在较大差距，加快推动新一代信息技术与制造技术的融合发展、生产性服务业与制造业的配套发展是推动我国制造业转型的关键。

四、加快推进我国制造业转型升级的主要思路

当前我国制造业正处于以深度结构调整孕育新一轮发展的关键时期，把握当前全球制造业发展态势和中国制造业的发展方向，改变对传统发展方式的路径依赖，是加快促进我国制造业在全球价值链体系提档升级的必然要求。

（一）切实关注四大领域转型

发展动能：实现从"成本依赖型"向"智能制造型"转变

在全球新一轮科技革命和产业变革与我国加快转变发展方式形成历史性交汇的关键时期，加快推进制造业增长由依赖低价格生产要素投入和低水平劳动报酬投入，向更多依靠技术创新、商业模式创新、体制机制创新所产生的新资源红利转型升级，是构建我国制造业新的比较优势和提升国际竞争力的根本途径。要着力发挥自主创新特别是原始科技创新能力在获取产业高附加值和高收益率中的重要作用，提高自有产品的设计水平和制造水平，通过在多元化、多平台上的知识扩散和技术转移积极实现"中国智造"。

生产模式：实现从"资源消耗型"向"绿色生产型"转变

传统制造业"三高一低"的粗放式生产方式给我国资源环境带来巨大压力，我国资源环境承载力已基本饱和，环境污染带来的负面效应和隐性成本激增。为优化制造业生产模式，当前美国、德国、日本均已陆续提出制造业绿色发展计划。以可持续发展为方向，将去产能与优产能有机结合起来，在提高全要素生产率的同时加快转变增长方式，加快构建高效、清洁、低碳、循环的绿色制造体系，是实现我国制造业健康发展的必由之路

市场定位：实现从"平面扩张型"向"立体递进型"转变

当前我国制造业在全球市场的总体格局仍是以数量、规模为特征的平面扩张型为主，加快构建梯度合理、结构优化、高端优质的立体递进型制造业发展格局是提升我国制造业国际市场竞争力的必然要求。要以品牌化建设和跨国集团培育为重点，以关键领域的突破性发展和部分行业的高端化发展为重点，提高我国在全球制造业价值链体系中的地位，全面打造"中国制造"国际市场新形象，构建制造强国的关键内核。

竞争方向：实现从"红海战略型"向"蓝海战略型"转变

面对新一轮制造业全球竞争格局的重大调整，加快从中国自身独特的产业基础、技术优势和文化特征出发，形成并不断提升具有中国特色的制造业核心竞争力是实现我国制造业发展由传统的红海战略逐步向蓝海战略提升的关键内容。要以新一代信息技术、高端装备、新材料、生物医药等重点领域和优势行业为突破点，发挥集中力量办大事的制度优势，集聚资源、整合发力，以重点领域突破发展带动制造业整体竞争能力提升。

（二）必须实现四个发展并重

结构调整：新兴产业突破性发展与传统制造业转型升级并重

大力推进战略性新兴产业发展是新时期实现我国制造业高端化发展的必然要求，但在推进新旧动能转换的关键时期，传统产业仍是新兴技术和新兴产业发展的重要平台，许多新兴产业是在传统产业改造升级的基础上逐步形成，并在促进传统产业技术和组织结构发生根本性变革过程中逐步产生，特别是在当前传统产业占比较高的形势下，推进新兴产业突破性发展与传统制造业转型升级融合互动，可有效避免我国制造业"空心化"发展，是增强和扩散我国制造业核心能力的有效途径。

体制机制：关键领域、重点企业激励与中小企业环境改善并重

集中各类资源支持关键领域和重点企业发展一直以来都是我国制造业产业政策的重要内容，但纵观制造业强国的发展史，以中小企业的快速发展为基础推进实现制造业转型升级是各制造业强国顶层设计时的共同路径选择，作为支持我国制造业发展的主力军，加快完善中小企业发展环境是切实提高我国制造业整体竞争力的重要途径，制造业转型升级的关键在中小企业成长，制造业效率提升的重点在中小企业发展。

发展思路：内部结构优化与推进产业融合发展并重

在推进制造业内部结构优化升级的同时，加快推进制造业与信息化、服务业的融合发展是我国积极应对新一代技术革命和产业革命的必然需求，是我国发展到工业化中后期阶段的内在要求，要加快推动新一代信息技术与制造技术融合发展，着力培育制造业与服务业融合发展的新模式、新业态、新产业，推进我国制造业智能化、协同化、服务化发展，加速推动我国制造业价值链向微笑曲线的两端延伸。

开放战略：以改善环境实现"引进来"与以政策激励实现"走出去"并重

在全球一体化进程不断深化的背景下，加快推进我国制造业发展适应全球一体化发展趋势，必须实行更加积极的开放战略，以综合环境改善为方向推进重要装备、前沿技术和高端人才的引进，同时，要鼓励我国制造业"走出去"参与全球竞争与合作，特别是伴随着"一带一路"和国际产能合作的提出为我国企业走向国际市场带来历史性机遇，我国应进一步加强"走出去"战略的实施力度，通过鼓励参与全球市场竞争，提升中国制造在国际分工中的地位。

五、推进我国从制造大国迈向制造强国的政策建议

在全球制造业竞争格局发生重大调整和国内深化改革同步推进的背景下，我国应抓住机遇，以优势领域为方向、以薄弱环节为突破点，加快推进我国制造业转型升级。

（一）产业政策：关注自主创新，注重提质增效，推进产业结构升级

面对日趋激烈的国际竞争环境和要素成本上升的现实压力，加快推进制造业调结构、促升级是推进建设制造强国的必然要求，实现这一目标的关键在加强创新，实质在提质增效。

要把创新摆在核心位置，继续加大科研投入强度，特别是进一步加强政府

对基础性研究、重点领域关键技术突破、重大科技成果产业化的支持，探索建立高端制造业引导资金，着力培育我国制造业新优势。围绕重点行业转型升级和新兴重点领域创新发展的重大共性需求，加快推进建设一批制造业创新中心。积极发挥企业在创新中的主体作用，健全完善引导企业创新的体制机制和政策环境，培育一批创新型企业。坚持质量优先战略，不断增强制造业供给结构对需求升级的适应性，构建从产品研究、设计、制造到生产全过程的高质量发展战略，完善与国际先进水平接轨的制造业质量标准体系，健全质量监管及责任追究制度

（二）开放政策：关注品牌培育，注重核心竞争力提升，实现全球价值链地位升级

加快提升我国制造业在全球价值链分工体系中的地位，着力推进我国制造业国际竞争力是新形势下我国制造业领域开放政策制定和完善时需要关注的重点，国际品牌数量偏低、缺乏独具特色的核心竞争力则是当前我国制造业在国际竞争方面存在的两大软肋。

完善支持具有自主知识产权名牌产品创建的政策环境，围绕研发创新、生产制造、质量管理和营销服务全过程，推进制造业品牌培育工程，打造一批特色鲜明、竞争力强、市场信誉好的世界知名品牌。注重品牌价值的维护和传播，完善中国制造品牌的快速响应和防护能力，将我国商标申请量、累计注册量全球首位的潜力转化为中国制造品牌定位差异化、结构优化、价值强化的发展优势。完善国内高质量知名品牌向海外拓展的体制机制，扶持一批品牌培育和运营专业服务机构开展品牌咨询、宣传等相关服务。同时，要立足我国产业基础、优势领域和文化特征，加快形成独具中国特色、不易模仿、不易扩散的核心竞争力，逐步摆脱对外部核心技术的依赖。

（三）区域政策：关注协调发展，注重区域性高地培育，切实优化产业空间布局

进一步优化制造业生产力区域布局，在避免地区间低水平同质竞争的同

时，鼓励地区间错位发展和多元创新，着力形成层次分明、梯度明显的制造业区域发展格局，以点带面推动我国制造业提档升级。

以地区间错位竞争和协同发展为主要方向，综合考虑资源容量、发展环境、市场空间等因素，制定和实施重点行业布局规划，切实提高资源要素在整个国土空间范围内配置效率。完善区域合作机制，以避免同质化竞争为方向，探索推进跨区域合作利益共享机制、成本分担机制等，加快推进形成不同区域间以产业链分工为基础的产业协调发展体系。改变制造业政策普惠性思路，鼓励少数有条件的区域建设先进制造业试验区，积极培育若干各具特色、优势突出的世界级先进制造业产业集群，建设一批核心竞争力强、产业链协同高效的制造业示范基地，加快推进建设若干有较强影响力的协同创新高地。

（四）组织政策：关注构建公平环境，注重完善发展环境，降低产业发展市场性成本

在新的发展阶段，制造业转型升级一方面要充分发挥市场在资源配置中的决定性作用，另一方面政府也要进一步转变职能，在维护构建公平、有序的市场环境方面起到积极作用。

要进一步完善产业发展市场环境，完善健全制造业发展战略、规划体系、政策体系和标准体系，提高产业治理水平。继续深化行政审批制度改革，通过简政放权给企业松绑，进一步降低企业运营成本。深化价格体制改革，充分发挥市场在资源配置中的决定性作用，切实减少政府对制造业采购、生产以及销售等环节的干预，健全市场定价机制。落实企业投资主体作用，实施修改政府核准的投资项目目录。继续推进政策体制导向由选择性向功能性的转型，进一步减少政府对微观经济的干预，逐步形成以培育市场机制、引导市场主体行为为主的政策导向模式。

（五）人才政策：关注高端型人才引进，注重技术型人才培养，优化人才梯队结构

人才是我国制造业转型升级的关键和支撑。围绕当前我国制造业人才系统性、结构性缺乏的问题，当前我国制造业人才队伍的培育和引进应重点关注上下两端，一方面着力培育和吸引高端管理人才和技术领军人才，一方面是大力推进技工型人才培养力度，切实构建层次分明、梯度合理的制造业人才队伍。

以领军人才和紧缺人才为主要方向，加大引智力度，建立高效、有序的技术移民制度，以制度支持鼓励企业、科研院所和地方政府引进全球顶级人才来华工作。创新教育和科研体制改革，加快构建科研院所与企业相结合的高端人才培养机制，人才培育方向结合企业需求，人才培育过程企业积极参与，为我国高端实用型人才做好储备。进一步加大职业教育和技能培训的力度和投入，围绕当前技术工人的紧缺领域，实时更新培训计划，健全职业教育和技能培训体系，探索推进网络化、开放式、自主型的职业教育和技能培训，为切实解决当前我国熟练型技术工人紧缺问题提供新思路。

准确把握新时代全面开放新格局大势

郭周明[*]

摘要： 为了实现新时代"推动形成全面开放新格局"这一发展目标，我国积极促进"一带一路"国际合作，继续致力于拓展对外贸易、优化区域开放格局、创新对外投资方式、理清开放中政府与市场的关系、稳步推进人民币国际化，为我国构建全面开放新格局提供内生动能、降低外部干扰，进而推动我国开放型经济向更高层次的跃升。

关键词： 新时代；全面开放；新格局

40 年来的改革开放深刻改变了中国，见证了中国经济腾飞的奇迹。中国的经济总量已经从 1978 年全球体量的 1.8%，一度跃至全球的 14.8%，成为全球第二大经济体；人均 GDP 由 1978 年的 384 美元跃至如今 9281 美元，步入中等收入国家之行列；货物贸易进出口规模从 1978 年的 206 亿美元，升至 2017 年的 27.79 万亿元人民币，突破 4 万亿美元；截至 2017 年末，中国外汇储备规模已达到 31399 亿美元，几乎是 1978 年的 2 万倍，如今已成为世界第一大外汇储备国；1978 年，世界五百强企业中只有寥寥数家中国企业，40 年后，中国企业在世界五百强企业中已有 115 个席位。数字对比可以看出，改革开放 40 年来我国经济发展取得历史性成就、发生历史性变革，为新时代全面开放奠定了坚实基础。

一、我国对外开放格局的形成与发展

建国初期，我国受西方国家外部封锁，国内由于"左"的思想影响长期

* 作者简介：郭周明，中国国际交流中心博士后、中国商务出版社社长，北京，100010。

闭关自守，高度集中的计划经济体制无法很好地融入国际市场，内外部环境的种种限制阻碍了社会主义的经济发展，导致中国与发达国家之间的经济差距扩大。以邓小平同志为核心的第二代中央领导集体，把党和国家的工作重心转移到社会主义现代化建设上来，坚持社会主义，坚持改革开放，历史上第一次将对外开放作为基本国策用以指导社会主义实践，并提出"实行对外开放，按照平等互利的原则扩大对外经济技术交流是我国坚定不移的战略方针"。

以江泽民同志为核心的第三代中央领导集体，在总结十一届三中全会以来中国对外开放实践的基础上，将邓小平同志的对外开放理论进一步丰富发展，提出"完善全方位、多层次、宽领域的对外开放格局，发展开放型经济，增强国际竞争力，促进经济结构优化和国民经济素质提高"[①]，并强调要将"引进来"与"走出去"紧密结合起来，全面提高对外开放水平。

以胡锦涛同志为总书记的党中央，着力"拓展对外开放的广度和深度，提高开放型经济水平。把引进来和走出去更好结合起来，扩大对外开放领域，优化开放结构，提高开放质量，加快形成高水平对外开放新格局"[②]，并首次提出"互利共赢"的开放战略，阐述了"互利共赢开放战略"的内涵与目标。

以习近平同志为核心的新一届中央领导集体，指出"开放是国家繁荣发展的必由之路"，并从"开放发展思想"、"开放型经济强国思想"、"人类命运共同体思想"以及"一带一路"倡议等方面全方位回答了"实现什么样的开放"、"如何开放"的问题[③]。党的十九大报告提出"推动形成全面开放新格局"[④]，进一步丰富和发展了中国特色社会主义理论体系的对外开放理论。

改革开放 40 年来，我国始终坚持以经济建设为中心不动摇，推进以市场

①《高举邓小平理论伟大旗帜，把建设有中国特色社会主义事业全面推向二十一世纪——在中国共产党第十五次全国代表大会上的报告》，《人民日报》1997 年 9 月 22 日。

②《高举中国特色社会主义伟大旗帜，为夺取全面建设小康社会新胜利而奋斗——在中国共产党第十七次全国代表大会上的报告》，《人民日报》2007 年 10 月 25 日。

③ 辛向阳：习近平对外开放思想研究 [J].《中共贵州省委党校学报》，2016(4):14-19。

④《决胜全面建成小康社会 夺取新时代中国特色社会主义伟大胜利——在中国共产党第十九次全国代表大会上的报告》，《人民日报》2017 年 10 月 28 日。

为取向的开放和改革，确立人们的财产权利和劳动权利，界定投入收益边界，从而激发了全社会的发展动能和潜力，特别是经济体制改革对制度创新和技术革命的牵引作用，让 960 多万平方公里广袤土地上亿万人民在特有的大国效应下聚合成磅礴之力，在容忍试错，包容非均衡发展，鼓励一部分人、一部分地区先富起来的宽松的环境下，形成干事创业的浓厚氛围，不断推动整个国家生产力与生产关系、经济基础与上层建筑的适应性变革，推动经济社会全局不断进步。

进入新时代，我国的开放理论取得了重大突破，实现了从指导自身开放到推动世界共同开放的历史性转变，更加重视提升治理体系和治理能力，更加重视从双向互动、互利共赢的基础上构筑全面开放新格局；更加重视运用中国能量、中国智慧、中国方案，以一带一路倡议为重点推动构建人类命运共同体，构建开放型全球经济。

二、我国对外开放的阶段特征

依据我国对外开放的实践历程特点，可以将我国对外开放历程分为四个阶段：

表 1　对外开放实践的阶段特征

阶段划分	阶段标志	阶段方向与特征
第一阶段 （1978—2000）	1. 设立四大经济特区：深圳、珠海、汕头、厦门 2. 建立沿海对外开放带 3. 成立上海浦东开放区	以政策性开放为方向，对若干地区、领域有选择地引进外国资金、技术、管理，并给予优惠政策，逐步建立出口导向型经济发展模式。③
第二阶段 （2001-2012）	1. 2001 年加入世界贸易组织 2. 开始实施走出去战略	以制度开放为方向，积极参与国际经贸规则的建设中来，坚持"引进来"与"走出去"并重，全面融入世界经济体系。
第三阶段 （2013-2016）	1. 2013 年上海自贸区成立 2. 提出"一带一路"倡议 3. 成立亚洲基础设施投资银行	以体制开放为方向，在第二阶段全面推进的基础上，进一步提出"提高开放型经济水平"的目标，以实现中国在国际社会的大国影响力，贡献中国力量。

续　表

阶段划分	阶段标志	阶段方向与特征
第四阶段 （2017- 至今）	中共十九大	以高质量开放为方向，对第三阶段进一步深化，与第三阶段本质上都是体制机制的构建。开始尝试让世界与中国的发展战略接轨，至少实现中国"对现有国际机制的有益补充和完善"，参与国际"游戏规则"的制定，"为国际社会提供更多公共产品"，以"共同完善全球治理"，"增加新兴市场国家和发展中国家代表性和发言权"。

中国的对外开放始终遵循循序渐进的路径推进，这表现在：

开放对象是渐进式的。改革开放之初，中国对西方发达国家的开放，主要是利用其资金，引进其先进的技术、学习其管理经验；对苏联和东欧国家的开放，主要是利用彼此经济发展的互补性，合资合作；对第三世界开放，主要是利用彼此特点与长处发展经贸关系。新时代对外开放的对象更为全面，十九大报告将"一带一路"作为中国新一轮对外开放的重大平台，加快对发展中国家开放，形成"发达国家和发展中国家并重，海陆内外联动，东西双向互济"的开放局面。

开放地域是渐进式的。开放布局由点线到面、由南到北、由东到西，不断从纵深推进，从举办经济特区到沿海开放、沿江开放，从沿边开放、内陆开放到全国开放，各个地区的开放更加均衡协调。2013 年，以上海自由贸易试验区为起点至当前海南自由贸易试验区的设立，5 年间 12 个自由贸易试验区均衡分布在全国境内。自由贸易区设置是新时期中国对外开放的又一重要制度创新，以此打造新时代具有中国特色的全面开放新格局，构建与各经济体合作的新平台，培育参与全球竞争的新优势。

开放产业是渐进式的。开放初期，我国优先开放第一、第二产业中的大部分领域及少数第三产业领域。随着开放进程的推进，进一步放开商业、外贸、金融、会计、保险、航空、土地开发、房地产、信息咨询等服务领域。对外贸易增长方式正由"量"到"质"在转变，进出口商品结构不断优化，高新技术及高附加值的产品和服务、自主知识产权及自主品牌产品和服务进出口在扩大。利用外资的标准在提高，不仅重"量"，更重"质"，总量适当的前提下，外资投向基础设施、基础产业、资金与技术密集型产业以及金融、商业、旅游、房地产等领域的结构不断优化。

开放参与是渐进式的。在充分发挥比较优势的基础上，大力引进外资，利用国内丰富的生产要素优势，从产业低端融入全球价值链分工体系，把引进先进技术与自主创新结合起来。改革开放初期，主要为扩大商品贸易，吸引外商来华直接投资。以初级产品出口为主转向工业制成品出口为主，再到现在的以高端装备制造出口；从初期的出口产品市场主要面向亚太地区、欧美国家到遍及全球的市场多元化；从对外开放初期的以引进为主，吸引外商主要投资于劳动密集型的加工项目转向增加资本、技术密集型项目，再到中国企业开始主动走向世界，大规模参与国际分工与全球竞争；从初期注重发展双边经贸关系到谋求加入多边经贸体系，再到积极参与世界经贸规则的制定与全球治理。新时代的改革开放的内容更为全面，在进一步推进制造业开放的基础上，有序开放到金融、教育、文化、医疗等服务业领域；在对外开放的方式上坚持"引进来"与"走出去"并重，"贸易"与"投资"并重，"经济开放"与"全球治理"并重。

三、全面开放的主要路径：积极推进"一带一路"建设

作为我国经济外交的顶层战略以及对外开放的关键指引，"一带一路"建设是党在深刻总结全球经济发展内在规律以及我国改革实践时代特点的基础上，提出的宏伟构想和中国方案。自 2013 年"一带一路"倡议提出以来，互利共赢的发展理念不但使这一构想迅速"落地生根"，并且在各方力量的积极配合下，设计规划快速落实、重大项目纷纷落地，在短短的四年时间里便完成从无到有、由点及面的发展转变，从而实现真正意义的"开花结果"。

截至目前，"一带一路"倡议已经取得诸多成果。到 2017 年底，全球已有140 多个国家以及 80 多个国际组织参与并对接"一带一路"建设，且随着各国互联互通水平的提升，我国与沿线国经贸互动也逐步加深，商务部数据显示，2013 年到 2017 年，我国与"一带一路"沿线各国的货物贸易总额累计已超 5

万亿美元，对外直接投资达 700 亿美元，与此同时，为了有效发挥我国优势产业的聚集效应，切实推进"一带一路"的产能对接合作，我国已在沿线国建立 75 个经贸合作区，吸引企业近 3500 家、上缴税费达 22 亿美元，更为东道国创造 21 万个就业岗位。"一带一路"建设以"政策沟通、设施联通、贸易畅通、资金融通、民心相通"为主要内容，形成"一带一路"主要的推进抓手。

政策沟通方面，首先需要建立国与国之间的战略协调。国家战略是一国的顶层设计，具有全局性与长远性，是国与国政策沟通的宏观安排，推动国家战略相互协调发展，有益于增加双方的合作共识与政治互信。其次，在协调国家战略基础上，应搭建合作平台。合作平台是双方共同合作的舞台，是国家战略落实的重要载体。平台间的对接，有益于两国沟通更为顺畅，及时有效的解决沟通中的问题。最后，项目协调是政策沟通的微观基础，项目进展是否顺利决定了战略协调与平台对接的有效性，是"一带一路"政策沟通的微观载体。

设施联通是"一带一路"倡议的血管。通过设施联通，不仅拉近了各国之间的时空距离，更减小了人们之间的心理距离。设施联通的开展主要包括交通基础设施、能源基础设施与信息通讯设施。现阶段基础设施建设是"一带一路"建设中的优先领域，对未来各国之间的产业合作、经贸合作打下坚实的基础。

贸易畅通是"一带一路"倡议的重要内容，也是各国经贸合作的粘合剂。虽然目前全球出现了一定的贸易保护主义与单边主义，但是经济全球化仍是历史趋势。中国与"一带一路"国家具有相当的贸易互补性，中国从非洲、中亚等国家进口能源产品，满足自身能源缺口的同时，向这些国家出口工业制成品，双方贸易额在稳定增长。

资金融通是"一带一路"倡议的重要支撑。开展资金融通，首先要发挥市场主导作用，尊重市场规则。信用是金融交易的基础，双方在诚信平等的基础上，才能实现合作共赢。在尊重市场基础上，需要政府大力引导。"一带一路"沿线国家金融市场相对落后，政府角色的缺位，可能会产生资金量小、融资困难等问题。中非合作基金、丝路基金和亚投行的设立有力缓解了沿线国家融资难、融资贵等问题，为具体项目的开展落实提供了长久稳定的保障机制。

目前主要成果包括：

表 2　资金融通主要成果

序号	资金融通主要成果
1	丝路基金新增资金 1000 亿元人民币。
2	中国鼓励金融机构开展人民币海外基金业务，规模初步预计约 3000 亿元人民币，为"一带一路"提供资金支持。
3	中国国家发展和改革委员会将设立中俄地区合作发展投资基金，总规模 1000 亿元人民币，首期 100 亿元人民币，推动中国东北地区与俄罗斯远东开发合作。
4	中国财政部与亚洲开发银行、亚洲基础设施投资银行、欧洲复兴开发银行、欧洲投资银行、新开发银行、世界银行集团 6 家多边开发机构签署关于加强在"一带一路"倡议下相关领域合作的谅解备忘录。
5	中国财政部联合多边开发银行将设立多边开发融资合作中心。
6	中哈产能合作基金投入实际运作，签署支持中国电信企业参与"数字哈萨克斯坦 2020"规划合作框架协议。
7	丝路基金与上海合作组织银联体同意签署关于伙伴关系基础的备忘录。丝路基金与乌兹别克斯坦国家对外经济银行签署合作协议。
8	中国国家开发银行设立"一带一路"基础设施专项贷款（1000 亿元等值人民币）、"一带一路"产能合作专项贷款（1000 亿元等值人民币）、"一带一路"金融合作专项贷款（500 亿元等值人民币）。
9	中国进出口银行设立"一带一路"专项贷款额度（1000 亿元等值人民币）、"一带一路"基础设施专项贷款额度（300 亿元等值人民币）。
10	中国国家开发银行与法国国家投资银行共同投资中国–法国中小企业基金(二期)，并签署《股权认购协议》；与意大利存贷公司签署《设立中意联合投资基金谅解备忘录》；与伊朗商业银行、埃及银行、匈牙利开发银行、菲律宾首都银行、土耳其农业银行、奥地利奥合国际银行、柬埔寨加华银行、马来西亚马来亚银行开展融资、债券承销等领域务实合作。
11	中国进出口银行与马来西亚进出口银行、泰国进出口银行等"亚洲进出口银行论坛"成员机构签署授信额度框架协议，开展转贷款、贸易融资等领域务实合作。
12	中国出口信用保险公司同白俄罗斯、塞尔维亚、波兰、斯里兰卡、埃及等国同业机构签署合作协议，与埃及投资和国际合作部、老挝财政部、柬埔寨财政部、印尼投资协调委员会、波兰投资贸易局、肯尼亚财政部、伊朗中央银行、伊朗财政与经济事务部等有关国家政府部门及沙特阿拉伯发展基金、土耳其实业银行、土耳其担保银行、巴基斯坦联合银行等有关国家金融机构签署框架合作协议。

序号	资金融通主要成果
13	中国人民银行与国际货币基金组织合作建立基金组织－中国能力建设中心，为"一带一路"沿线国家提供培训。
14	中国进出口银行与联合国工业发展组织签署关于促进"一带一路"沿线国家可持续工业发展有关合作的联合声明。
15	亚洲金融合作协会正式成立。
16	中国工商银行与巴基斯坦、乌兹别克斯坦、奥地利等国家主要银行共同发起"一带一路"银行合作行动计划，建立"一带一路"银行常态化合作交流机制。

资料来源：根据互联网资料整理。

民心相通是"一带一路"倡议的重要一环。"国之交在民相亲，民相亲在于心相通"，各国间友好往来不仅来自于政府间的大力推动，也来自于居民百姓间的交流沟通。中国积极与"一带一路"沿线国家增加文化合作交流，尊重各国文化，欢迎各国留学生来华访学生活，扩大不同层面的知识文化交流，同时也鼓励国内各阶层深度了解沿线国家的风土人情，培养人民间的深厚情感。

四、推动形成全面开放格局的主要对策

党的十九大报告明确提出[①]：贯彻新发展理念，建设现代化经济体系。建设现代化经济体系的核心是推动高质量发展，其内容主要包括两大方面：一是在质量变革、效率变革、动力变革和提高全要素生产率的基础上，建设实体经济、科技创新、现代金融、人力资源协同发展的产业体系；二是在坚持社会主义市场经济改革方向的基础上，构建市场机制有效、微观主体有活力、宏观调控有度的经济体制。推进这两方面建设，需要形成全面开放的新格局。

首先，应该扩展对外贸易。通过40年的改革开放，中国成为现行国际体系的参与者、建设者、贡献者，同时也是全球化的最大的受益者之一。中国奉行互利共赢地对外开放战略，有效推进多边经贸体系的完善，维护发展更高层

---

① 《决胜全面建成小康社会 夺取新时代中国特色社会主义伟大胜利——在中国共产党第十九次全国代表大会上的报告》，《人民日报》2017年10月28日。

次的开放型经济，构建更为广泛的利益共同体。对外贸易在我国经济发展中扮演了十分重要的作用，一直是助推我国经济发展的主要引擎，占到 GDP 增长贡献率的很大一部分，2006 年，我国外贸依存度达到最大值 67%，此后受我国经济转型三期叠加、国际金融危机等影响，从 2007 年开始，对外贸易依存度逐步回落，2008 年为 60.2%，到 2017 年回落到 39%。

在新时期深化自贸区建设，是扩大对外贸易的重要抓手。其他地区可复制推广以审批注册单一窗口为核心的贸易便利化管理制度，减少不必要的行业准入限制。减少行政审核批准的流程，在口岸风险有效防控的前提下，依托信息化监管手段，精简审批流程与程序。通过商贸服务的发展，从税收、物流、融资等方面改善商务发展的环境，实现"一站式"政府服务。由此使得人员、技术、信息等生产资料的交流方式获得更大发展，服务业领域的开放带来的将是整个服务贸易的快速发展。

发展跨境电商是扩大对外贸易的另一抓手。跨境电子商务已经成为中国经济深入发展的新业态和主要发展方向。支持引导跨境电子商务平台建设，有益于推动信息管理、物联网、云计算等技术在商贸流通领域的应用。推进商贸企业电子商务应用，鼓励传统零售企业、贸易企业进行大数据分析，有助于实现商贸流通业信息化改造升级，培育一批跨境电商龙头企业。

扩展对外贸易，不仅需要扩大出口，也需要增强进口，主动扩大进口将促进对外贸易平衡发展。作为世界第二大经济体，中国拥有超过四亿人口的中产阶级，在扩大进口方面，还有很大的空间。中国人均消费品进口大约为 36 美元，远低于美国 996 美元的水平。所以，未来中国应该继续扩大进口，包括消费品，能源和高端制造产品，同时降低汽车和其他高附加值的关税以及其他壁垒。

第二，优化区域开放布局。过去，我国外贸企业主要集中在东南沿海，沿海省份对外贸的依赖程度远远大于内陆地区。一些沿海大城市的严重雾霾，已经影响到民众的日常生活，经济发展的生态代价威胁到民众的生态健康和安全，资源环境的底线已经被触碰。但是，随着"一带一路"倡议与三级自贸区格局的形成，中西部地区特别是沿边地区的外贸潜力还有很大增长空间。

从全面建成小康社会的目标要求出发，应坚持开放型经济发展与促进区域协调发展相结合，打造东中西协调开放，有序发展的格局。东部沿海地区在现有规模贸易的基础上，通过产业升级与技术导向，实现产业价值向产业链两端转移，着力发展高精尖技术，打开开放贸易新格局。中部地区在承接东部产业转移过程中，需要夯实自身产业基础，培养国际贸易人才，利用铁海、路航等多次联运，发挥比较优势，加强与贸易国家或地区的交通物流体系对接。西部地区虽然工业基础较为薄弱，但是与周边国家地理接壤，文化相通，具有软助力。沿边开放基础设施是先导，依托本地区优势，发挥本地区特色，避免低水平重复性的高耗能建设。形成立体式、全方位的对外开放格局，不仅有利于扩大与沿线国家的经贸往来，更为重要的是缩小了各地区的经济差异，实现了对外开放的高中低搭配，形成了产业集群效应与规模优势，避免了重复竞争与低端产能对资源的无限消耗。

第三，创新对外投资方式。伴随着全球产业升级和中国发展方式的转变，中国对外投资逐渐从低级向高级转型，对外直接投资目标和模式都将发生重大改变。目前，我国在国际上的投资方式相对比较落后，缺乏国际知名企业与品牌，更是缺乏核心技术。进入新时期，应该创新投资方式，既考虑到中国与其他国家人民的传统友谊，也要兼顾经济利益，在对外开放的过程中秉持互利互惠的合作原则。

创新对外投资有多种方式，PPP合作是深化政府与企业合作的重要方式。这种办法不仅减小了中国投资资金的压力，更为重要的是提高了被投资国政府的参与感，为接下来进一步合作打下了坚实的基础。与此同时，通过PPP合作，培训了当地的技术人才，传授了中国的技术经验，更好的实现了技术的转移，帮助投资国实现更快的经济发展。

境内外双向产业园区建设也是对外创新投资的新方式。组织有实力的大企业开展双向投资贸易合作，在条件成熟的"一带一路"国家分期分批合作建设境外加工装配基地、境外物流产业园区以及跨境电商贸易平台。使周边各国家和地区通过当地经贸合作产业园的互动，参与到"一带一路"建设，共享发展红利。支持国内有实力企业在沿线国家建设加工装配园区、现代农业产业园区、港口物流基地，以及面向周边国家的技术研发、维修服务、品牌中心和海外仓基地。加强与境外园区的对接工作，搭建境内外经贸合作产业联盟，深度开展双向投资合作。

绿地投资模式是对外投资的又一创新。"绿地项目"通常是指单独或与目标国家或其他国家的其他投资者共同白手起家建设投资项目，换言之，绿地项目区别于利用股票市场并购成熟的企业公司。以农业绿地投资模式为例，其包括建设海外种植基地、拓展农产品海外营销渠道、设立海外农产品研发中心、农产品品牌输出等一系列海外投资建设。

创新对外援助方式是创新对外投资的重要补充。传统上我国对外援助的方式有三种：成套项目、物资援助与技术援助。传统援助方式具有实用性和急需性等特征，但是已逐渐不能满足受援国的需求与中国自身的援助状况。新型援助方式应更多结合金融支撑与科技手段，借鉴西方发达国家的方案援助与多边援助，促进项目之间相互支撑，政府、企业与志愿者相互合作，增强援助效果，更好的改善受援助国居民的生活水平与科技水平，保证援助的持久性与有效性。

第四，理清开放中政府与市场的关系。理清政府与市场关系，是推动形成全面开放新格局的重要举措，对于优化对外开放区域布局、加强国际产能和装备制造合作、促进"引进来"和"走出去"具有重要意义。

对外投资有效有序的开展，离不开一个竞争性的市场体系。界定和改革政府与市场关系，是进一步对外开放主要路径。要准确理解进一步发挥市场在资源配置中的决定性作用和更好地发挥政府作用。一是要"更好"而不是"更多"发挥政府作用。要通过负面清单、责任清单、投资清单等改革和管理，大幅度地减少政府不当干预，把政府有限的资源，集中在做最有效、最能做的事情上；"更好"的标准是，即"不缺位"、"不越位"、"不错位"。二是要把"放手"当作最大的"抓手"。要对权力多做减法，对市场多做加法，充分相信和发挥市场的决定性作用。当"抓手"，要求把市场调节机制当作工具，当成建设现代化强化的工具，而不纠缠于市场姓资姓社的问题。三是要"放手"，而不是"甩手"。不当甩手掌柜，不放任市场的缺陷和不足，政府要为市场活动制定规范，并充当监控者和仲裁者，在非赢利性活动中发挥主体角色，为市场发展提供充足的外部经济性。真正做到以放到位为抓手，管到位而不甩手。

第五，稳步推进人民币国际化。人民币国际化是打开对外开放格局的重要支点，深化我国金融领域的开放格局，为其他领域的放开提供了资金支持与信用背书。然而，推进人民币国际化不能一蹴而就，现阶段我国金融体制还不完善，企业效率还有待提高，金融监管仍有漏洞。更为重要的是，类似于东南亚金融风暴，西方国家仍有利用金融武器对中国实施金融打击的可能性。所以，中国的金融放开一定是渐进发展、有序推进的过程。

人民币国际化是金融放开的重要举措，实现了在岸与离岸金融市场的有效联通，具体方式可以通过三步走的方式实现。第一步实现与中国相邻的地区逐步流通，如中蒙边境、中越边境等等。第二步是周边国家甚至周边区域，例如中亚地区、东南亚地区能否接受人民币作为支付和计价货币。最后是全球货币，取得与美元、欧元、日元类似的地位，成为全球避险和储藏货币。

现阶段人民币国家化需要建设好离岸人民币市场，离岸人民币市场的建设有助于解决境外人民币回流到境内，实现境内外人民币的双向环流。这样，境外人民币持有人可以更好的分享到中国经济增长的红利，而不仅仅是出于对人民币的升值预期而持有。丰富境外人民币金融工具产品，即保障了人民币的流通性，也有益于境内企业在境外融资上市，实现境内外资源更好的调配与布局，促使资源通过竞争性市场机制更多地流向先进制造业、高技术产业、战略性新兴产业以及现代服务业。

五、总结

对外开放是一国繁荣发展的必由之路，更是我国加快现代化建设的必然选择。作为指导我国经济发展的长期基本国策，40年的实践经验充分表明，对外开放不仅是促进经济增长的重要保障，也是优化经济结构、提升发展质量的关键途径。多年以来，我国领导人坚持以经济建设为中心，不断探索符合中国国情的改革开放之路，渐进式的开放路径不但使我国自身的经济社会发展实现了巨大进步，并且也推动了我国的国际影响力不断提升，可以说，我国的对外开放无论在理论层面，还是实践层面均取得了令人瞩目的成就。

近年来，国际国内形势正发生着深刻而复杂的变化，逆全球化思潮的升温以及"新常态"下国内经济动能的转换使得新时期我国的对外开放进程面临着前所未有的挑战。党的十九大提出"推动形成全面开放新格局"，这是在准确把握国际发展新趋势、全面洞悉国内发展新需求的基础上对中国特色社会主义对外开放理论的丰富与完善。为了实现这一目标，我国要以"一带一路"建设为重点，坚持引进来和走出去并重，深化供给侧结构性改革，为全面开放提供内生动能，同时，理性看待"大国赶超陷阱"，为全面开放营造良好的外部条件，从而加快推动我国开放型经济向更高层次的跃升。

全球经济治理变革视域下的 CPTPP

——兼论对中国的影响与应对

王 卓*

摘要： 全球治理，特别是全球经济治理是当下国际体系、国际格局与国际秩序及国际经济秩序领域的前沿问题，中外很多学者就此从政治学、经济学、国际政治及管理学、马克思主义乃至哲学、文化等学科角度进行研究和阐释。但基于国际政治经济学（下文简称 IPE）理论的分析并不多见。本文基于 IPE 理论，在分析战后布雷顿森林会议体系与 G7、G20 等模式之后，利用新成立的跨太平洋伙伴关系全面进展协议（CPTPP）的运作过程和项目分析，探明全球经济治理与 CPTPP 之间的关系，提出"平行双层膜治理机构（parallel double-membrane governance structure）"，和"软两级（soft bipolar structure）"的概念，探讨中国加入 CPTPP 的必要性和可行性，为一带一路治理路径的成功奠定理论基础。

关键词： 跨太平洋伙伴关系全面进展协议（CPTPP）；一带一路；中日关系

一、全球经济治理变革的路径选择

除去安全、政治领域，目前全球经济治理出现了四条路径选择：美国基于双边谈判的"公平贸易"；日本推动没有美国的 CPTPP；欧盟维护传统自由贸易秩序并希望掌握主导权；中国则是建立有别于西方民主下的一带一路新格局。这其中，中美是破旧立新，而日欧则是维护传统。当然还有俄罗斯、印度、拉美等其他非主流方案。但是美国的破旧立新是转向双边谈判，贸易保护主义，排他性

---

*作者简介：王卓，外交学院国际关系研究所 博士。

的，美国利益最大化的。而其他三者的基本底线还是维护多边自由贸易格局。

跨太平洋伙伴关系全面进展协定（CPTPP）是美国退出跨太平洋伙伴关系协定后的新名字。2017 年 11 月 11 日，由启动 TPP 谈判的 11 个亚太国家共同发布了一份联合声明，宣布"已经就新的协议达成了基础性的重要共识"，并决定改名为"跨太平洋伙伴关系全面进展协定"（CPTPP）。2018 年 3 月 8 日，参与"跨太平洋伙伴关系全面进展协定"（CPTPP）谈判的 11 国代表在智利首都圣地亚哥举行了协定签字仪式。

目前除了参与原有治理体系 IMF 份额改革等实际效果之外，中国倡导或参与的新兴国家治理变革——一带一路倡议，投资额庞大且进展迅猛，但是基本上是中国单方面一对多的投资。然而只是一个倡议，既没有协议，也不是国际组织。该理念是否为最初的 60 多国以及后来到峰会的 100 多国接受不得而知。值得注意的是 2017 年以来，特朗普提出"印太战略"，美日澳印还计划建立基础设施投资机制来抗衡一带一路等，G20 则是雷声大雨点小，成果落实不易；金砖（BRICS）是最接近的一个，但是目前股东和投资对象都仅限于 5 个国家。

本文利用新成立的跨太平洋伙伴关系全面进展协定（CPTPP），提出"平行双层膜治理机构（parallel double-membrane governance structure）"，和"软两极（soft bipolar structure）"的概念，为以亚投行为引领的"一带一路"治理路径的成功奠定理论基础。"平行双层膜治理机构"是指在全球治理体系框架中最终将形成以中国和美国各自为主的两套体系，但并非是对立分割的，而是像膜一样有弹性，在维护现有体系中绝大部分是一致的，可以贴在一起合而为一，而不一致的地方又可以各自平行运作。"软两极"是指如果对抗加剧，也可能两张膜彻底分开，平行运行，成为对抗。但是即使这样，也不会成为历史上美苏争霸硬两级的地理和意识形态等全面对抗的局面，由此可以避免历史上美苏争霸实行的硬两级对抗对现有全球化和人类的伤害，又可以维护两种路径代表的治理体系的最大公约数①。

跨太平洋伙伴关系全面进展协定（简称 CPTPP，Comprehensive Progressive Trans-Pacific Partnership），是美国退出 TPP（跨太平洋伙伴关系协定 Trans-Pacific Partnership Agreement）后的新名字。2017 年 11 月 11 日，由启动 TPP 谈判的 11 个亚太国家共同发布一份联合声明，宣布"已经就新的协议达成了基础性的重要共识"，并决定改名为"跨太平洋伙伴关系全面进展协定"（CPTPP）。2018 年 3 月 8 日，参与 CPTPP 谈判的 11 国代表在智利首都圣地亚哥举行了协定签字仪式②。

CPTPP 是跨太平洋伙伴关系协定 TPP 的缩小版，前身是由 APEC 成员国中的新西兰、新加坡、智利和文莱等四国 2002 年发起的亚太自由贸易区，旨在促进亚太地区的贸易自由化。2009 年 11 月 14 日，美国总统奥巴马在其亚洲之行中正式宣布美国将参与 TPP 谈判，强调将以此促进美国的就业和经济繁荣，为设定 21 世纪贸易协定标准做出重要贡献，要建立一个高标准、体现创新思想、涵盖多领域和范围的亚太地区一体化合作协定。与此同时，秘鲁、越南和澳大利亚也宣布加入 TPP 谈判，TPP 谈判由此实现了由"P4"向"P8"的转变，并呈现亚太地区参与国家进一步扩大的趋势③。2015 年 10 月，美国、日本及加拿大等 12 个国家达成 TPP，这一自贸协定被认为是奥巴马执政期间的重要成果之一。2017 年 1 月 23 日，美国总统特朗普上任后签署行政令，正式宣布美国退出 TPP，称退出对美国工人是一件好事。2017 年 11 月 11 日，日

---

① 这一概念的形成受到以下一些启发：党的十九大报告指出要以"一带一路"建设为重点，形成陆海内外联动、东西双向互济的开放格局；德国驻华大使柯慕贤：《"一带一路"是中国式全球化，》FT 中文网；"一带一路"进入北极和拉美等。美国《国家安全战略报告》中持有的"中国怀疑论"，《国防战略报告》特朗普第一次国情咨文中把中国列为"战略竞争对手"，美国原国务卿蒂勒森将中国描述成"新帝国主义列强"，显示出大国对抗现在已经成为美国外交政策的决定性主题；《中国坚定走自己的全球化道路》美国前财政部长劳伦斯将世界找到的妥协方式称为平行游戏，西方和中国各行其是。英国《金融时报》网站 2018 年 1 月 21 日；外交学院施展的"双循环"结构构说《枢纽：3000 年的中国》广西师大出版社 2018 年；"复合世界（Multiplex World）"概念，（加）阿米塔·阿查亚著、袁正清等译《美国世界秩序的终结》上海人民出版社 2017 年版。

②《智利等 11 国签署全面与进步跨太平洋伙伴关系协定》，新华网，2018-3-9。

③《西方国家已经对于"自由贸易"全新注解》，http://blog.sina.com。

本经济再生担当大臣茂木敏充与越南工贸部长陈俊英在越南岘港举行新闻发布会，两人共同宣布除美国外的 11 国就继续推进 TPP 正式达成一致，11 国将签署新的自由贸易协定，新名称为 "跨太平洋伙伴关系全面进展协定"（CPTPP，Comprehensive Progressive Trans-Pacific Partnership）[1]。CPTPP 与 TPP 在市场准入、贸易便利化、电子商务和服务贸易等方面均无差异，最大区别在于新协定冻结了旧协定中关于知识产权等内容的 20 项条款。

根据联合声明，CPTPP 新架构共识将保留原 TPP 超过 95% 的项目，根据智利外交部的数据，CPTPP 覆盖 4.98 亿人口，国内生产总值之和占全球经济总量的 13%。新协定在 2016 年 2 月签署的包含美国的现有协定中，以因美国要求而写入的项目为主，冻结了 20 个项目的效力，其中 11 项与知识产权有关。[2]。虽然 CPTPP 从框架上看依然是迄今为止最高水平的经贸自由机制，但是搁置了 20 项条款，等于放弃了原来 TPP 的 5% 项目，CPTPP 不但缩水而且不那么全面了。但参与 CPTPP 的 11 个成员国代表在一份声明中表示，这一协定将加强各成员经济体之间的互利联系，促进亚太地区的贸易、投资和经济增长。成员国将努力推动立法机构完成 CPTPP 审批，推动协议尽快生效。智利总统巴切莱特（2018）认为，CPTPP 协定是成员国对贸易保护主义做出的回应。开放市场、经济一体化和国际合作是促进经济发展和繁荣的最佳方式。周小明（2018）认为，日本等 11 国签署的 CPTPP 极可能成为 "规则改变者[3]"。

目前台湾、泰国、韩国、菲律宾、斯里兰卡甚至英国都被视为这一贸易协定的潜在新成员。韩国经济副总理兼企划财政部长官金东兖 2018 年 3 月 13 日表示，韩国方面将于上半年内决定是否加入 CPTPP[4]。韩国政府从 2013 年起就对加入 TPP 表现出兴趣，但却一直推迟对加入与否做出决定。据悉，这是因为担心日本产汽车、配件等通过低关税流入韩国国内，从而蚕食韩国内需市场。但在美国宣布对进口钢铁、铝制品加征关税之后，CPTPP 成为韩国对外经济政

① 《越南工贸部部长：11 国就跨太平洋伙伴关系协定达成框架协议》，澎湃新闻，2017–11–11。

② 《TPP 改名了！美国退出后剩下 11 国将其改为 "CPTPP"》，凤凰网，2017–11–13。

③ 《CPTPP 究竟能走多远？》，FT 中文网，2018–3–12。

④ 《韩经济副总理：韩将于年中之前决定是否加入 CPTPP》，《环球时报》2018–03–12。

策的变数。

二、从 TPP 到 CPTPP: 日本的战略进取

日本最初加入 TPP 谈判是在奥巴马的压力下，以牺牲国内农业等利益的条件下开始的。可以说是被动的，不情愿的。但美国退出 TPP 以来，日本却积极行动起来，显得非常主动。2017 年 3 月 14 日 TPP11 部长会在智利开幕，5 月 2-3 日、23-24 日 TPP 首席谈判代表会议在加拿大多伦多和越南河内开幕。会议由日本主导，探索在除美国外的 11 个国家使协定生效的可能性。2017 年 11 月亚太经合组织（APEC）峰会上大致谈妥①。由启动 TPP 谈判的 11 个亚太国家共同发布了一份联合声明，宣布"已经就新的协议达成了基础性的重要共识"，并决定改名为 CPTPP。2018 年 3 月 8 日，参与"跨太平洋伙伴关系全面进展协定"（CPTPP）谈判的 11 国代表在智利首都圣地亚哥举行协定签字仪式②。

2017 年时，由于国内的批准程序仍未结束，对于推进 TPP11，还有成员国担忧国内舆论的反对。据分析，越南和马来西亚可能对日本的提议态度较为消极，这是由于美国退出使得面向美国市场扩大出口变得困难，生效后还不得不面临国有企业改革等问题。在国有企业限制等规则领域作出让步的越南和马来西亚等国在这些领域"暗示出希望部分更改的想法"。尤其是越南，在 TPP 谈判中成功让美国同意下调一直死守的纤维领域的关税。越南欲成为亚洲对北美市场的纤维出口基地，正因为如此，今后相比 TPP，越南显示出更重视与美国之间的双边自由贸易协定（FTA）谈判的姿态。但日本不打算改变关税和贸易规则等已经达成一致的内容。因此日本从 5 月开始说服各国，促成 2017 年底 11 国协议生效。据日媒报道，2017 年 5 月 24 日在越南河内召开的跨太平洋伙伴关系协定（TPP）部长会议上，11 个 TPP 参加国以"防止协议破裂"为由，通过了汇总力争早日生效的谈判原则的附属文件③。

---

① 《日本不打算改变 TPP 协定内容》，日本经济新闻，2017/04/21。

② 《智利等 11 国签署全面与进步跨太平洋伙伴关系协定》，新华网，2018-03-09。

③ 《顾虑美国防协议破裂 TPP 部长会议通过附属文件》，中国新闻网，2017 年 5 月 24 日。

对于中国，澳大利亚表示欢迎中国加入 TPP。并且要与新西兰、马来西亚和智利等国商议邀请中国加入 TPP。新西兰总理约翰基则表示，"TPP 协议是美国在亚太地区领导力的体现。我们希望美国能留在这一区域。如果美国缺席，这个位置也必须被填满，而且将被中国填满。[①]"但秘鲁等国主张的"邀请中国加入取代美国"这一方案并未成为 5 月 2-3 日加拿大多伦多 TPP 首席谈判代表会议议题。

对于美国重返 TPP，日本期待在 TPP 生效后，关税等方面陷入不利的美国能回归TPP，计划为将来容纳美国这一巨大市场而设置优惠待遇[②]。日本经济产业省贸易政策局前局长铃木英夫指出"日本主导的促进美国回归 TPP 的工作很重要[③]"，特朗普政权将在 2020 年迎来中期选举。在日本政府内部有观点期待，如果美国共和党获胜，特朗普将改变在贸易政策上的强硬姿态。美国目前将 TPP 视为过去的产物（副总统彭斯），不过日本在维持现有框架的同时，仍期待美国能够重返 TPP。财务大臣麻生认为：（美方）完全有可能在认清现实后觉得还是 TPP 更好[④]。美国贸易部长则表示，美国没有继续推进 TPP 的政治意愿[⑤]。但在 2018 年初的达沃斯论坛上，特朗普却表达了有可能重返 TPP 的意见。

2018 年 3 月 8 日，TPP11 即 CPTPP 在智利正式签字，将在各国批准后于年内生效。日本《产经新闻》2018 年 3 月 4 日报道说，CPTPP 的签字对奉行"美国优先"的特朗普形成牵制。日本经济产业省认为，"TPP11 的进展可以给中国带来压力"。日本首席 TPP 谈判代表梅本和义表示，　旦 TPP 生效，我们就可以启动新成员加入协定的讨论。"TPP 旨在建立一个开放、基于规则的多边自由贸易体系，所以如果任何国家有兴趣并且愿意遵守规则，那么我们可以讨论加入事宜。"由于中国希望掌握亚太地区经贸主导权，但却达不到现在

---

① 《日本谋划 TPP "起死回生"，提出在 5 国率先生效的新方案》，澎湃新闻，2017–05–03。

② 《日媒：日本拟提议为美国回归 TPP 设优惠待遇》，中国新闻网，2017 年 4 月 28 日。

③ 《中国或主导亚太经贸规则制定》，《参考消息》，2017 年 5 月 24 日。

④ 《麻生：美国认清现实后会觉得 TPP 更好》，日本经济新闻（中文版：日经中文网），2017/05/02。

⑤ 迪米、肖恩唐南：《罗斯：贸易谈判不能"没完没了"》，英国《金融时报》，2017 年 5 月 5 日。

CPTPP 的高标准。同时，日本希望在中国主推的 RCEP 谈判中加入 CPTPP 的关于知识产权等高标准，对中国施加影响，在 RCEP 中争夺主导权，扮演自由贸易引领者的角色。

三、从 TPP 到 CPTPP：中国的战略应对

中国对 TPP 和 CPTPP 的官方立场一直是不反对也不参与。虽然 2015 年 10 月 TPP 和 2018 年 CPTPP 达成的协议给中国各界人士造成了强烈冲击，我国错失了成为 TPP 创始国的良机。不过，现在我国更加需要的，恐怕是认真的反思、系统的研究和迅速的对策。周小明（2018）认为，"日本等 11 国签署的 CPTPP 协议今冬明春生效后，预计中国企业同 CPTPP 成员国进行经贸往来在不少领域将遭受歧视性待遇。例如，中国企业可能因产品、服务不符合协议的标准而吃官司。在中国加入世贸组织的政府采购协议以前，中国企业还可能被剥夺竞标当地政府采购项目的资格，甚至竞标中方资助的基础设施项目，也可能被拒于大门之外。国有企业在 CPTPP 成员国投资兴业也十分可能仅仅因为姓"公"，而受到东道国政府的特殊审查。[①]"。CPTPP 的出现，首先将对现有的中国外贸格局产生直接的影响；其次，对中国的就业和整个国民经济的运行，产生广泛而深刻的波及效果；最后，如果应对不力或对策缓慢，它也可能把我国改革开放以来取得的成果毁于一旦[②]。

从"三角贸易"和"自行车经济"的角度来进一步深入分析中国外贸的结构，并从这一角度来分析 CPTPP 的影响。

（1）中国加入三角贸易的原因

三角贸易，是"两头在外、大进大出"发展模式的一个具体的、突出的表现。因此，当这一比喻近年也被我国学者和政府高官用来形容中国经济的时

---

① 《CPTPP 究竟能走多远？》FT 中文网，2018 年 3 月 12 日。

② 贾保华、王卓：《尽早加入 TPP 有助中国外贸升级》，《国际商报》，2016-01-18。

候，人们并不感到惊奇。从"三角贸易①"和"自行车经济②"的角度，可以进一步深入分析中国贸易的结构，并从这一角度来分析 CPTPP 的影响。

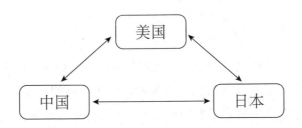

图 4：中日美三角贸易示意图

资料来源：作者编绘。

目前中国不仅是原材料的进口大国，而且如果把原材料再细分一些的话，中国也是某些原材料进口的特大国。中国人口约占世界总人口的 19% 左右，但是近些年中国进口的工农业初级产品的比重，有很多都超过了人口的比重。有些进口产品的比重，如精炼铜、羊毛、棉花超过 40%，有些如大豆、铁矿石甚至超过 60%。这说明中国 18 亿亩的耕地及其天然资源，已经不能满足 13 亿人口的需求。

相比之下，日本虽然也属于"两头在外、大进大出"的加工贸易型经济，但是由于日本人口较少，只有 1.2 亿，占世界总人口的 1.7%，所以进口的原材

---

① 三角贸易是国际贸易史上的一个术语，最早用来描述 15-19 世纪欧洲殖民国家和商人，首先把货物从欧洲运送到非洲，换取奴隶后，再从非洲运到美洲，然后再把换回的金银或经济作物从美洲运回欧洲。这条著名的、连接大西洋三地的航线，在地图上大致形成一个三角形，故被称为"三角贸易"。有些国外的学者也用这一术语描述英国、印度和中国（清朝）的贸易：英国把工业品运到印度，印度的鸦片运到中国，中国的白银或丝绸茶叶等运到英国。

② 1950-70 年代日本高速增长时期的经贸模式，也被一些欧美学者称为"自行车经济"，其含义有二：一是不稳定，与汽车相比，安全系数低；二是需要保持一定的速度，否则车子要倒。而这个比喻的主要根据，就是日本的贸易是一种加工型的贸易：大量进口原材料，加工组装后，出口到欧美发达国家；换回外汇后，再次购买原材料、加工、出口…。循环往复，且规模不断扩大。而这一用语的首创者，据说是 1950 年代的日本评论家和作家臼井吉见。他把二战后日本小微企业的经营窘境形容为自行车经营，蹬着吃力，但是不蹬就会摔倒。即明知从大企业转包下来的订单要亏损，也不得不接单，否则自己的小企业就会倒闭。

料数量也相对较少。不过，"其进口数量占世界进口位次却紧随中国之后，这是值得注意的，因为这两个亚洲国家人口占世界人口比重大约20%左右，但是其进口加在一起的话，有时会产生惊人的结果。比如，两国木材的进口合计占世界进口比重为31.7%、天然橡胶为35.7%、煤炭为38.6%，铁矿石竟然高达74.9%"[①]。

因此有一些是需要格外注意的，这就是目前中国把这一模式的优点发挥到极致或极点。如果从风险管理的角度来看，中国贸易的风险要比日本大得多。幸好两国人口数量和发展水平有所差异，同时，也幸好世界上人口较少而资源丰裕的国家也有不少，因此，中日两国的大量进口不至于引起两国利益冲突，也不至于引起国际资源和能源短缺的危机。

表 1　2011–14 年中国主要进口产品及其与日本比较

	中国			日本		
	进口量（万吨）	占世界进口总额（%）	世界进口位次	进口量（万吨）	占世界进口总额（%）	世界进口位次
原油	25378	11.9	2	16847	7.9	3
煤炭	28841	23.6	1	18379	15.0	2
铁矿石	82018	64.3	1	13589	10.6	2
精炼铜	340	41.8	1			
天然橡胶	218	26.9	1	71	8.8	4
木材（万立方米）	6895	27.0	1	1205	4.7	4
纸浆	1587	29.3	1	—	—	—
肉类	366	9.3	1	299	7.6	2
羊毛	30.6	44.9	1			
棉花	513	52.5	1			
砂糖	378	6.9	1			

[①] 景茂达、王卓：《从三角贸易看 TPP 对中国外贸影响》，《国际商报》，2016-04-05。

	中国			日本		
	进口量 （万吨）	占世界进口总额 （%）	世界进口 位次	进口量 （万吨）	占世界进口总额 （%）	世界进口 位次
大豆	5838	60.8	1	—	—	—
大米	233	6.2	1	—	—	—

资料来源：相关国际组织统计资料。原油为 2011 年，其他为 2012-13 年数据。——表示没有数据或者位次不在前 5 名之内。

当然有人认为，换一个角度看，13 亿中国人可以依靠进口，来弥补国内资源和粮食的不足，并且还可以在吃饱吃好之外从事大规模的生产活动，包括贸易活动，这不恰恰说明这一模式的优点吗？对这种解释当然也不能说它就毫无道理，否则这种模式也不可能被中国采用 40 年，也不可能被很多国家称赞并被一些国家模仿。但是它的风险确实很大，这也是不言而喻的，从特朗普发动贸易战就可以看出来。因此，中国提出总体安全观的概念，要求粮食自给率必须达到较高水平。对于采取这种贸易模式的国家来说，和平的外部环境是一个不可缺少的条件。

（2）CPTPP 的影响与对策

从三角贸易的结构来看 CPTPP 带来的最大风险，是其打破了中国现有的三角格局，即打破了东亚现有的，以中国为中心的中间产品的加工链条，从而使中国贸易陷入不利的境地。现在看，能替代美国复苏后那么大休量的国际市场，"一带一路"沿线国只能是一部分，而中国国内市场消费也只能是一部分，不可能完全取代；因此，在三角贸易中虽然我国辛苦不少但获利不多，这一地位和角色确实不值得沾沾自喜；但是一旦没有这个三角结构，我国贸易的地位和前景会发生什么变化恐怕就更难以预料。

重复地说，虽然在中、美、日三角贸易中，我国的地位与角色的确不是令人满意的，而且与我国追求的贸易强国目标也是有矛盾的，因此摆脱现有模式束缚的愿望也是可以理解的。但是，这一模式给我国带来的利益和便利也是不容否认的。而中国一旦脱离这个三角贸易，或者是美国日本放弃这个三角贸易的话，或者它们另外组成一个三角贸易结构，并让其他国家取代中国的角色的话，而我国又不能在短期内找到更好的、或可以替代现有模式的新模式，那么中国贸易将遭遇更大的危机。这一点是值得研究界和政策界高度注意的。因为有些研究仅仅依据中国出口降低几个百分点（如不超过2%）的估计，就得出"CPTPP没什么"的结论，这显然低估了它对三角贸易的解构作用。

因此建议是：一是中国应马上主动声明加入CPTPP。顺势而动，及早加入CPTPP；出其不意，占据主动。跳出和美国亦步亦趋的被动圈套。如可以利用或主动创造条件，让马来西亚等友好国家提出中国加入CPTPP的建议，而中国对此提出积极但模糊的、进行研究的回复。表明态度，留有余地。由于已经无法自证，加入会有利于外方认为我国确实遵守规则。2018年TPP11国中六个通过即可于2019年春季生效，届时中美可同期进行加入谈判，CPTPP的成员国都期待中美两个巨大的国内市场，因此加入并不丢人。CPTPP是高标准贸易协定，中国今后肯定要采用，也有利于国内改革。这样可以拉住欧日，迫使美国不再对TPP反复。

二是如果不能马上加入，则可以考虑申请成为CPTPP的特殊编外成员国，争取享有与其正式成员大体一致的待遇；北大国发院查道炯教授也认为贸易纠纷只是一种手段，是美国以"事"（敲打中国和其它贸易伙伴）谋"势"（美国继续全球领先）的一种技巧。对此美国早在奥巴马时代就明确提出TPP的高标准体系，而中国是"一带一路"。特朗普退出TPP后实行单边主义，日本达成CPTPP，欧盟在努力维护传统自由贸易。美英若加入TPP的话势必重谈时间长，中国同时加入有利于推动我国主导FTAAP。同时有利于倒逼国内一些不遵守规则的人改正和前进，创造推动第二次改革开放的内外环境，化解印太战略的冲击。

三是积极推动美国、日本等加入亚投行和"一带一路"等机构和项目，给予他们应有的地位，并鼓励它们发挥作用。这些措施或许有助于化险为夷、变被动为主动，巩固我国在三角贸易中的地位，从而继续享受并扩大这个三角贸易带来的利益。同时也能体现平等互惠的原则，照顾到我国最大的贸易伙伴的利益。

四是尽快建立全球反对贸易战的统一战线。美国早就做好了所有准备，而我国一直被动迎战。虽然也和日英德等互动了，但出手有限。如 2019 年 3 月 17 日，习近平主席同德国总理默克尔通电话强调在贸易领域进行密切多边合作的重要意义。因此，应及时利用现在有利的外交形势，将日欧及其他大国拉过来。比如中日韩首脑会谈、中日友好 40 周年、金正恩访华后半岛主动权；英国脱欧后英欧对华的 FTA 需要；俄罗斯与西方交恶；拉美、非洲和中东变局等。形成反对美国贸易战的世界统一战线，如果能成功，对自由贸易和"一带一路"都有利。

四、中国加入 CPTPP 的可行性分析 – 创造性介入

王逸舟（2011）的"创造性介入（Creative involvement）"是一种旨在激励更加积极参与国际事务、倡导创造性解决方案的对外关系思想。主要内容有三："在判定世界总体的和平与发展的趋势没有变，我国持续壮大和加深对外依存的趋势没有变的大背景；强调中国外交的引导性、主动性和建设性，把塑造于我有利、多数认可的国际规则和话语观念，力争在和平、合作和共赢的方式下解决纠纷，视为夯实"有所作为"方针的中心点；拒绝成为习惯思想和做法的囚徒，越是在困难和挑战面前，越重视有想象力的斡旋方式和巧妙想法，越要避免陷入强硬而简单的对抗解决方式[①]"。

中国另外积极推动的两个协议是 RCEP 和 FTAAP。区域全面经济伙伴关系协议（RCEP）于 2013 年提出，目前包括东盟 10 国和澳大利亚、中国、印度、日本、新西兰和韩国。RCEP 被视为美日主导的 TPP 协定的替代物。2017 年 10 月 24–28 日第 20 轮谈判在韩国仁川举行，2018 年 3 月 3 日，部长级会议在新加坡举行。4 月 28 日，新加坡总理李显龙呼吁年内结束 RCEP 新一轮谈判。由于迟迟没有进展，马来西亚等希望将印度和澳新排除出去，而印尼反对。而已经在 CPTPP 内的日本、越南则坚持高原则。中国刚刚会晤因此不可能抛弃

---

① 王逸舟著：《创造性介入：中国外交新取向》，北京中国人民大学出版社，2011 年版，第 4–5 页。

印度。应通过类似 CPTPP 冻结条款等做法尽快结束中日韩 FTA 及 RCEP 谈判。2018 年 5 月 9 日，在东京举行的中日韩峰会上宣布了会尽快完成 RCEP 和中日韩 FTA 的谈判。

另外，在日本横滨举办的 2010 年 APEC 部长级会议上，与会部长表示，将在各国之间 43 项 FTAs 的基础上，建立亚太地区自由贸易区（Free Trade Area of the Asia-Pacific,）也就是简称的 FTAAP。

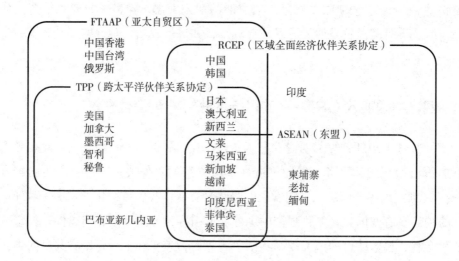

图 5　亚太主要自贸区或协定涵盖地域（国家 / 经济体）范围一览

资料来源：根据商务部网站资料整理。

2014 年亚太经合组织（APEC）领导人非正式会议决定启动亚太自由贸易区进程，批准了亚太经合组织推动实现亚太自由贸易区的路线图。2016 年 11 月 22 日，习近平在秘鲁利马举行亚太经合组织第二十四次领导人非正式会议表示，中国愿意与各国一起建立亚太自贸区。

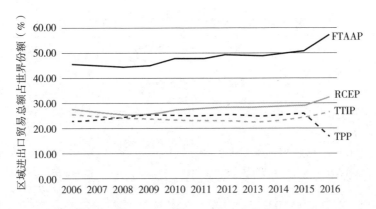

图 6　主要贸易平台进出口贸易总额占世界份额情况（2006–2016 年）

资料来源：UNComtrade。

周小明（2018）认为，"中国必须高度重视，未雨绸缪，加紧做好应对准备"。他从加大对 CPTPP 贸易规则的研究、大力扩展国际活动空间、提升在全球贸易治理中的话语权三个角度分析了应对策略。具体而言，"一是深刻分析其影响，提出行之有效的应对措施，并开展对 CPTPP 规则的介绍，促进工商界对它更多的了解。二是在坚定维护多边贸易体系的同时，加快区域自贸区建设步伐。首先，要推动 RCEP 谈判早日达成协议，加速建成全球市场最大、人口最多的自贸区。其次，要提升现有自贸区的标准，缩小同世界上开放水平高的自贸区的差距。尔后，要积极商建更多有分量的自贸区，包括开展加入 CPTPP 和深化金砖国家间的合作的可行性研究。三是美欧意欲重塑多边贸易体系，使其更好为己服务。一场全球贸易体系制定主导权的争夺战正在悄然展开。中国要力争主动权，深入研究并提出自己的贸易规则，并充分发挥联合国和世贸组织等多边渠道的作用，联合广大发展中国家，推动有利于人类命运共同体建设的规则成为全球贸易体系的重要组成部分[①]"。这表明了 CPTPP 对中国的重要性和紧迫性。

---

① 《CPTPP 究竟能走多远？》，FT 中文网，2018–3–12。

表2　国际重大经贸投资规则涵盖内容比较

	WID	BTAs	美式BIT	TPP/TTIP
涵盖领域	货物贸易、服务贸易、知识产权与争端解决	贸易便利化与多边合作	投资保护与争端解决	货物贸易、服务贸易、竞争中立、知识产权与环境、劳工标准与争端解决
基本原则	非歧视、互惠、贸易自由化与发展	边境便利化与货物贸易互惠	准入前国民待遇、准入后公平竞争、透明性与公平	深层次的贸易自由化、便利化与透明化、约束与公平
	关税削减	关税减让与特殊安排		关税削减与取消
货物贸易	贸易便利化	通关快捷便利		从配额纳入约束
	非关税壁垒	原产地规则		非关税壁垒、技术标准
	正面清单	自然人流动便利	负面清单	负面清单
服务贸易	准入后国民待遇	项目合作	准入前国民待遇、补偿	准入前国民待遇、反垄断、国有企业、知识产权、环境与劳工
其他	投资措施、本地成分与业绩要求		公平、环境、劳工、知识产权等	资本项目管制与金融服务业开放
	金融服务安排		投资争端解决	争端解决

资料来源：根据商务部网站资料整理。

可以推测的是，中国希望以"人类命运共同体（a community with a shared future for mankind）"思想平行于构成二战后格局基础的《大西洋宪章》的基本精神；以"一带一路"倡议平行联合国体系中失效的部分，逐渐构成涉及政治、经济、军事、社会、文化等在内的广泛联盟；具体表现为AIIB+新开发银行对IMF的平行，FTAAP对WTO的平行等，最终形成与美国霸权主导的现有全球治理体系平行的结构，在中美有共识的领域实行同样的治理，在没有共识的领域实行有利于我国的治理，既竞争又合作，遵循"斗而不破"的原则。如此可以避免历史上美苏争霸实行的硬两级对抗对现有全球化和人类的伤害，又可以维护两种路径代表的治理体系的最大公约数，可以称之为"软两极"。是否确实如此不得而知，但是从西方的反应来看确有其苗头。如果真是如此，其实现也是相当不易的。虽然是作为"一带一路"首倡者，4 年多来以倡议的形式取得了积极成效，亚洲基础设施投资银行（AIIB）更是以国际机构的形式为提供国际公共产品做出了积极尝试。但是二战后建立的以联合国、IMF 和 WTO等为基本框架的国际秩序 70 年来确实发挥了巨大作用。当然 2008 年金融危机后发现问题也很大，确实需要变革，但如何变革，是推到重来还是微调？推到重来代价太大，不现实。而微调又难以解决问题，所以中度的调整应该是现实的。那么中度调整的目标是什么，是已经能确定还是需要在各方博弈融合、竞争妥协中逐渐达成？按理应该是后者。中度调整的内容可以是：破旧 – 联合国改革，最重要的是安理会常任理事国增加；IMF 份额改革加大新兴力量；WTO能否起死回生。立新 – 各种路径内容妥协：CPTPP 代表的自由贸易水平的提高；一带一路的落地；中国和欧洲加入 CPTPP，融合 TPP 及 RCEP 为 FTAAP，与TTIP 整合提升 WTO；中度调整的方式 – 妥协中渐进。

今后将美国拉回自由贸易的世界，是中国、欧洲、日本共同的责任，如何在其中发挥作用很重要。现在可以推演的就是中国加入 CPTPP，美国加入一带一路和亚投行，日本也能随之加入，增强我国主动权。

参考文献

中文：

[1] 刘东民 [著] :《亚投行的愿景与治理》(中日英文版) 外文出版社 , 2016。

[2] 庞中英主编 :《全球治理的中国智慧 Asia infrastructure investment bank 》北京 : 人民出版社，2016。

[3] 傅瑜、杨永聪 :《全球经济治理框架的转型与重构》,《国际经贸探索》, 2013 年第 12 期。

[4] 全毅 :《TPP 对东亚区域经济合作的影响：中美对话语权的争夺》,《亚太经济》, 2012 年第 5 期。

[5] 王灵桂著《TPP 为什么陨落 Why TPP is falling：全球战略智库论 TPP、"一带一路"和亚投行》，社会科学文献出版社 2017。

日文：

[6] 榎本 俊：「一中国の一帯一路構想は「相互繁栄」をもたらす新世界秩序か？」経済産業研究所 2017 年 7 月 RIETI Policy Discussion Paper Series 17-P-021.

[7] 佐野 淳也：「中国と周辺諸国との経済連携の進展――帯一路構想の現状評価の一環として」「環太平洋ビジネス情報」RIM 2017 Vol.17 No.64 59-75.

[8] 伊藤亜聖：「中国「一帯一路」の構想と実態―グランドデザインか寄せ集めか？」霞山会『東亜』No.579、2015 年 9 月号.

[9] 王植一、小宮昇平：「中国西南地域（成都市・重慶市）からみる「一帯一路」」ジェトロ『中国経済』2016 年 8 月号.

跨境电商促进普惠贸易形成的研究

徐广静[*]

摘要： 随着互联网信息技术的发展，电子商务在国际贸易领域得到广泛运用，而跨境电商利用互联网搭建国际贸易平台，买卖双方通过互联网直接交易，改变了传统的国际贸易交易方式，让全世界中小企业和消费者可以直接参与全球贸易，促进了一种全新的国际贸易方式，即普惠贸易的形成。本文分析了普惠贸易发展现状，以及跨境电商促进普惠贸易的原因。指出普惠贸易趋势下跨境电商仍面临税收监管、消费者权益保护、支付体系、物流体系等方面的挑战，并据此提出相对应的政策建议。

关键词： 跨境电商；普惠贸易；中小企业；消费者

1. 绪　论

近些年，全球化与自由贸易使得新兴国家经济迅速发展，而一些国家却出现贸易逆差、就业下降等现象，导致利益受损。这些利益受损国家开始逆全球化，实行新贸易保护主义，使得全球化进程受阻，双边或多边贸易摩擦加剧。另外，传统国际贸易主要由大型跨国公司主导，流程复杂、过程缓慢、进入门槛高，中小企业和消费者不能直接参与全球贸易。这些都阻碍着全球自由贸易的进一步发展。

但是随着信息技术的发展和互联网的普及，电子商务在国际贸易领域广泛运用，跨境电商出现并迅速发展，给全球贸易格局带来重大改变。跨境电商利用网络技术，搭建了国际贸易网络平台，将产品陈列、合同洽谈及交易环节网络化，改变了传统国际贸易的交易方式，减少了国际贸易的交易流程，增加

---

* 作者简介：对外经济贸易大学研究生。

了国际贸易信息的对称性，使得贸易流程十分清晰透明，减少了对国际贸易的限制，国际贸易秩序更加合理有序，有利于全球化和自由贸易的发展。另一方面，买卖双方（生产者和消费者）通过跨境电商搭建的国际贸易平台，经由网络直接销售或购买产品，国际贸易门槛要求下降，由此中小微企业甚至消费者可以方便地直接参与到全球贸易中来。这打破了国际贸易主要在大型跨国公司之间进行的传统贸易模式，带来国际贸易主体的变化，由此一种全新的国际贸易形式——普惠贸易产生了。

王健教授在《互联网时代的全球贸易新格局：普惠贸易趋势》、《全球普惠贸易发展趋势及其方向探究》、《跨境电子商务，中国的机遇，世界的未来》三篇文章中分析了跨境电商平台对于普惠贸易的促进作用，总结了普惠贸易的具体表现，并指出普惠贸易格局下国际贸易面临存在的问题并提出相关建议。

普惠贸易亦即包容性贸易，它的内涵是国际贸易要能够普遍惠及各个阶层的贸易主体，尤其是传统国际贸易中未能惠及的中小微企业和消费者等。在普惠贸易形态下，贸易的流程更加方便透明，参与国际贸易的渠道更为容易，国际贸易的服务更加全面，全球消费者实现消费全球化，中小微企业和消费者能够直接加入到国际贸易中来并获得收益。

2. 普惠贸易发展现状

2.1 普惠贸易的发展现状

2.1 企业

随着信息技术的发展，电子商务兴起并快速发展，越来越多的企业开始将互联网技术应用到企业的生产、管理、销售等阶段。根据 CNNIC（中国互联网络信息中心）调查，中国有近 1/4 的企业进行网络销售，约 1/5 的企业通过网络进行采购，约 1/4 的企业通过网络进行营销。

跨境电商平台的发展，便利了中小企业进行全球贸易。在以前的国际贸易中，中小微企业由于规模、资金、经验、人才等方面的不足，很难与大型跨国公司竞争，在面对国际市场环境变化的时候，往往遭受损失，在竞争中往往处于劣势。但是由互联网搭建的跨境电商平台，网络购物这种商业模式的出现，增强了全球信息的对称性，并且能够通过网络平台建立各个企业的信用体系，中小微企业从此可以通过跨境电商平台与全世界的贸易商取得沟通和联系，使得中小微企业和大型公司可以在同一网络平台竞争。并且个体商户也可以通过跨境电商平台和全球贸易商联系，消费者也可以通过跨境电商平台在线浏览其他国家的商品信息，并购买其他国家的商品。这样，在跨境电商平台的推动下，国际贸易的参与主体更加多元化，各个阶层都能够参与全球贸易，国际贸易更加公平公正。

近年来，中小微企业越来越多的运用电商平台，电商平台在促进中小企业参与贸易起到重要作用。近年来，我国中小企业积极利用电子商务开展业务，电子商务企业不断增加。截至 2015 年，我国电子商务企业约为 30000 家。如图 2.1 所示，2007–2015 年，我国使用第三方电子商务平台的中小企业用户规模逐年增长，数量可观，2015 年已达 2300 万人。

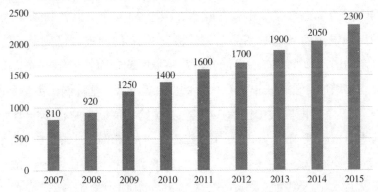

图 2.1 2007 年—2015 年我国使用第三方电子商务平台的中小企业用户规模（单位：万人）
数据来源：中国电子商务中心（2016 年）。

2.2 消费

在跨境电商平台和普惠贸易出现以前，个人消费者不能直接参与全球贸易，需要进口商把国外商品进口到国内，消费者在实体店购买。由于跨境电商平台的出现，消费者可以通过网络浏览商品信息，在线下单支付，然后通过国际邮递，送货上门，从而使得个人消费者直接购买其他国家的商品。现在全球53 个国家的商品可以在天猫国际上买到，种类达 3500 种、品牌包含 7700 个，国家和地区馆达 16 个，如果是保税区货物运送，3–7 天可以到达，海外直邮 7–14 天可以到达；在网易考拉海购上面，消费者可选择产品也很多，主要分为日化类、服装类、电子产品类、医药保健类、食品等种类，产品来自全球 80 多个国家，品牌包含 5000 多个。另外，随着跨境网购需求的增加，会有更多国家的更多品牌和更多产品进入跨境电商平台。

以往的国际贸易以初级产品或者中间产品为多，跨境电商平台的出现，使得消费者可通过网络平台购买全球商品，拉动了消费品的直接消费。如 2016 年在跨境电商平台上，销售量最多的是日化用品、鞋包服装、食品等消费品。近年来，全球进出口实体贸易总量增长放缓，但是跨境电子商务的快速发展带动的消费市场增长迅速，并且消费市场增长潜力巨大，预计未来消费市场规模在全部贸易中占比将不断提高，必将带动更多的全球贸易增长，甚至于未来影响到中间产品乃至初级产品在全球的贸易增长。

根据欧盟的统计数据显示，在欧盟，截至 2014 年，欧盟每八个人就有一个人使用跨境电子商务购买商品。另外根据 DHL 的调查数据显示，使用电子商务购买商品的用户中，有一半已经进行跨境网购。而且近年来全球跨境网购用户数量逐年增加，其增长潜力巨大。如图 2.2 所示，全球网民数量不断增加，截至 2016 年，全球网民数量已达 34 亿。我国跨境网购用户也不断增加，2016 年跨境网购用户已近 4200 万人，同比实现 83% 的高增长，如图 2.3 所示。

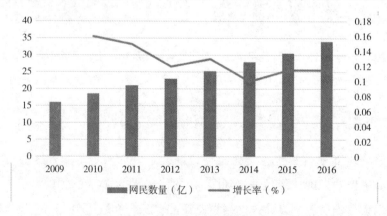

图 2.2　2009–2016 年全球网民数量及增长率

数据来源：中国电子商务研究中心（2017 年）。

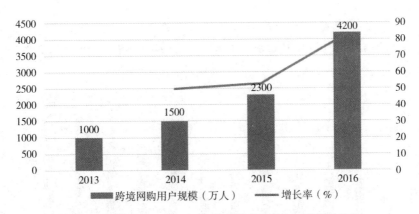

图 2.3　2013 年 -2016 年中国跨境网购用户规模及增长率

数据来源：中国电子商务研究中心（2017 年）。

　　另外，如图 2.4 显示，虽然不同国家已参与跨境购买的消费者比例不同，但已参与跨境消费比例低的国家，未参与但希望参与的比例十分高，每个国家已参与跨境消费比例与未参与但希望参与的比例之和都接近百分之百。

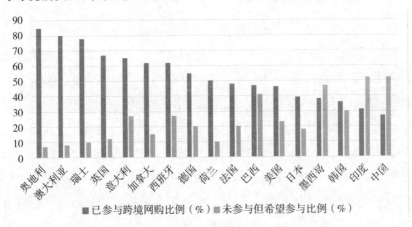

图 2.4　主要国家网购消费者跨境购买意愿图

数据来源：DHL 调研报告《Shop the World》（2016 年）。

2.3　物流

　　在跨境电商带来的消费市场发展之前，国际贸易主要是大宗产品的运输，主通过海运和集装箱运输，商品体积大，运送缓慢。在跨境电商和普惠贸易发展以后，中小微企业和消费者参与到全球贸易中来，网络零售发达，其订单多是小件的商品，且订单数量多、频率高。如图 2.5 所示，2006 年到 2016 年，全球跨境包裹数量逐年增加，2016 年已超过 8000 万件。

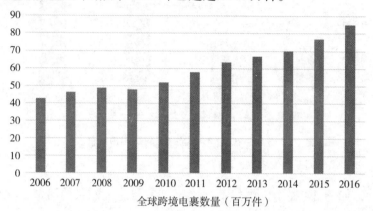

全球跨境电裹数量（百万件）

图 2.5　2006 年 –2016 年全球跨境包裹数量

资料来源：万国邮政（2017 年）。

在跨境电商和普惠贸易新形态下，对物流运输提出新的要求。电子商务模式下，需要运输公司把商品从供应商运送到消费者手里，要求运输速度快、且运送正确无误。实现快速高效准确运输，需要整合整个供应链，参与交易的每个主体要联结一起，实现信息的及时沟通和出现问题时的快速反应。

虽然跨境网购产品体积小，但是每个都需要捡货、包装、运输等，在这些过程中会出现运送成本高、运输时间长、商品受损等情况。为解决这些问题，当前建设"海外仓"是比较高效的方式之一。通过设置"海外仓"，在海外设立仓储库，企业可以直接在当地发货，可以实现快速捡货和发货，能够节约运输时间，缩短配送周期，减少物流成本。另外，海外仓的设置，客户在退换货的时候也方便迅速，提升客户的消费满意度。

另外，跨境电子商务企业还可以和邮政快递公司进行联合。就像阿里巴巴为了提供更好的运输服务，在 2013 年进行大量投资，联合国内八家物流公司，共同建立"菜鸟网络"，通过和运输公司的联合，加强仓储管理、快速高效配送。此类型的物流方式，通过跨境电商企业和物流公司的相互配合，能够提升跨境物流的效率。

2.4 结算

在过去，对外贸易的交易双方通常通过大型展销会来了解产品信息和企业信息，贸易成本很高，交易金额也都比较高，贸易频次比较少。为了增强资金的安全性，支付结算方式和程序往往比较繁杂。但是现在通过网络达成交易，且订单金额一般比较小，订单频次比较高，贸易风险一般较小。因此为了提高交易的效率，增强交易的及时性，交易双方基于第三方的平台制度和平台信用体系，多选择网上支付，通过网上预付款、自动扣款等简便快速的方法进行国际支付结算。这种第三方在线支付改变了传统的国际贸易结算方式，也推动了金融业改革发展。

过去使用的托收信用证等支付结算方法，主要是基于银行信用，流程复杂、进度缓慢且费用高。在跨境电商模式下，网上支付手段和技术不断发展和提高，网上支付越来越普遍，例如美国的 PayPal、中国的支付宝。这种基于电子商务平台建立的第三方支付，方便快捷，安全性和可靠性也能得到保障，不仅能够方便消费者购物，同时也提升消费者购物体验。根据 DHL 的调研结果，全球跨境消贸易支付渠道中，网上支付系统的使用频率仅次于信用卡，已排名第二。

3. 跨境电商促进普惠贸易趋势的原因分析

3.1 跨境电商对中小企业进行国际贸易的积极作用

3.1.1 简化国际贸易流程

跨境电商平台的发展对国际贸易的影响，最明显突出的表现是减少了国际贸易流程和环节，极大地提高了国际贸易的效率。

传统国际贸易流程复杂、过程缓慢。如图 4.3，在跨境电商发展之前，传统国际贸易交易中的商品，需要从供应商到出口商，再从国外进口商到国外零售商的多次流转，最后才能到达消费者，并且在这过程中要进行通关、检疫、外汇和税收等复杂的程序，极易出现操作缓慢、流通周期过长、货物已损坏等问题。例如在海关通关的过程中，如果流程不畅、操作不及时、处理缓慢，很可能导致时鲜商品的腐烂损坏。

而互联网信息技术的发展，基本不需要中间商和中间环节，通过跨境电商购物，商品的流通环节大大缩减，商品通过供应商流转到国外零售商，就可以直接国际邮递给消费者，甚至从供应商直接国际邮递商品给消费者。跨境电商减少了国际贸易的中间商和流程环节，这样精简的贸易流程体系适合购买消费品，市场规模不断增长。在跨境电商搭建的贸易平台下，消费者可以直接看到全球其他国家的供应商的产品信息，可以直接与其沟通联系在线购买商品。另一方面，一国的零售商业可以通过网络直接向其他国家的供应商采购商品，进行 B2B 贸易。国际贸易中间商和中间环节的减少，能够使国际贸易的效率得到极大提高。通过图 3.1 可以发现，对比传统国际贸易，跨境电商极大简化了国际贸易的流程。

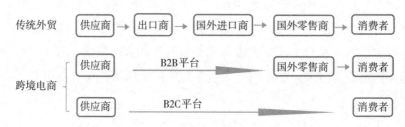

图 3.1　传统外贸与跨境电商流程对比图

3.1.2 降低国际贸易交易成本

降低库存成本：当前通过跨境电商平台，供应商可以和其他国家的顾客直接通过网络联系，便于了解顾客需求，增强信息的对称性和及时性，并按照顾客需求，随即有针对性的进行定制化的原料采购和生产。这样根据顾客需求采购原材料，产品生成立即卖给顾客，可以减少原材料和产成品的库存时间，降低库存成本。

降低采购成本：在跨境电子商务平台上，聚集了大量的材料供应商，企业可以获取广泛的关于原材料商的产品信息和企业信息，并可以与原材料商直接联系。并且采购过程中，无纸化贸易既节约沟通时间，还可以在广泛的信息中选择物美价廉的厂商，或者可能在平台的助力下获取减价，这些都会降低采购成本。

降低营销成本：中小企业通过在跨境电商平台上通过文字、图片、视频、顾客评价等宣传展示商品信息和企业信息，实现在线营销。在跨境电商平台上，网页信息能够被大范围多频次的浏览，能够用较少的网页制作费用和较少的平台费用吸引众多的客户，降低企业营销成本，营销成本得到很好的控制。

3.1.3 增强在国际贸易中的营销能力

浏览互联网网页没有时间和地点的限制，中小企业利用跨境电商平台进行网络营销，能够突破时间和地点的限制，中小企业的营销网页可以随时随地的被浏览访问。中小企业利用跨境电商平台网站，可以通过上传文字说明、图片、音乐、视频等多种方式进行产品宣传，并且这些信息基于跨境电商的平台名誉和信用，能够使消费者信任。这种营销方式，有利于企业和客户建立良好的关系，增强中小企业在国际贸易中的营销能力，吸引更多的潜在客户，提供更多的贸易机会。

3.1.4 利用平台数据进行价值创造

互联网信息技术的发展，世界进入大数据时代，能够快速方便地搜集到大量的数据和信息。在交易过程中，数据信息是企业的宝贵财富。掌握消费者或者客户充分的数据信息，能够增强对其的了解，有利于开展贸易。

数据是能够创造价值的。在以前，中小企业信息获取能力较差，但是现在中小企业通过分析跨境电商平台上的市场数据、企业的数据、消费者的数据等，能够增加对市场环境和市场需求的了解，能够增强对合作企业或竞争企业的了解，也可以提高对消费者需求的了解。这些了解有利于中小企业适应市场变化，使中小企业有针对性的制定合理有效的生产计划和销售计划，维持好老客户，吸引新客户。这样有利于中小企业降低成本，进行科学决策，促进中小企业开展对外贸易。

3.2 跨境电商对消费者的积极作用

3.2.1 购物方式更便捷

以前购物，通常是去实体商店，在商店选好商品，然后再柜台付款，最后可以将商品带出。这些流程和环节，都是在实体商店里进行的。如表4.4所示，跨境电商模式下，各个环节都有了很大的改变，消费者只需在线操作，就能实现"足不出户，购买全世界"。

表 3.2　消费者网上购物与实体店购物流程对比图

	信息获取	达成协议	支付方式	送货服务
实体店购物	报纸、广播、电视	商场 超市	现金 门店刷卡	邮局 商户预约
网上购物	APP、网站信息、电子邮箱	商户网站 电子邮箱	网银 第三方支付	在线填写 快递到家

跨境电商利用互联网技术，消费者的购物方式从实体店购物到网上操作，商品送货到门。这种购物方式对于消费者来说，不仅方便而且迅速。跨境电子商务的发展，使得消费者能够通过网络平台在线购买其他国家的产品，打破消费时间和消费地点的限制，给消费者提供了便利。另一方面，消费者不用出国就能购买国外产品，减少消费者的出境次数，反而能够将消费者留在国内市场，减少大量境外消费的情况。

3.2.2 消费者福利提升

第一，降低价格。传统的实体店购物，商品价格包含店面费、服务人员费用等，种种价格相加，商品价格较高。但是跨境电商平台的出现很好地解决这类问题，跨境电商平台减少了中间商和贸易的中间环节，消费者通过网络购物，能够以比传统实体店购物更低的价格买到需要购买的商品。

第二，缩短消费时间，增加消费选择。跨境电商平台消费者通过网页浏览商品信息，不需要移动，不用花费时间变换地点，能够缩短消费时间。另一方面，跨境电商平台能够提供来自全球各个国家众多种类众多品牌的商品，增加商品品类，消费者的消费选择增加，可以让消费者充分比较相似的商品，使得消费者最终买到物美价廉的合适商品，提升消费者的福利。

4. 普惠贸易趋势下面临的挑战与对策

4.1 面临的挑战

4.1.1 国际贸易监管制度面临挑战

第一，海关统计问题。目前为止，对于跨境网购产生的小包货物，各国海关并不对其进行按照货物通关的标准要求通关，例如我国现在只对传统的企业与企业之间的进出口货物有固定的监管统计标准。另外跨境网购订单多数情况下没有纸质发票和凭证，交易性质难以确认，海关对其也没有办法监管。另一方面，现在的在线交易规模并没有准确可靠的统计，有也只是一些机构和公司的大体估计。并且当前国际收支不包括在线产生的交易额，使得国际收支统计数据失真。

第二，征税问题。当前，各国政府对跨境电商产生的交易是否征收消费税意见不同，并对哪个交易主体征税没有一致的结论，例如欧盟只征收增值税，不征收消费税，而美国对商家征收消费税。并且，网络端购物产生的交易，税务机关没有办法进行监管，对于贸易的性质和数量都很模糊，这造成征税难问题。另一方面，企业很可能通过技术操作掩盖网络交易的真实数据，以达到偷税避税的目的，这也会加剧征税难的问题。

第三，商检问题。虽然当前电子商务快速发展，但是大多数国家的相关的检疫制度并没有及时更新，原有的商检流程并不适合跨境电商的货物检验。由于在线交易的商品无法确定性质，商品很可能被检验部门忽视，避免了被检查。没有检验检疫的商品若流入国内，很可能造成不良后果。例如，我国广东检验检疫跨境电商系统于 2014 年试点运行，适合跨境电商的商检方式尚在摸索实验中。

4.1.2 消费者权益保护的挑战

第一，商品质量和服务质量问题。商品质量和服务质量是消费者比较看重的，而消费者通过跨境在线购物承担这方面问题的风险比较大。消费者可能经常遭遇实物和图片不符甚至买到假冒伪劣商品，或者在线交易过程中，卖方回应不及时或者服务态度恶劣等问题。并且，跨境网购的商品快递流入国内，一般并没有相关的检验检疫，如果有质量问题，退换货等维权事项难以进行。

第二，网络隐私权的保护问题。互联网环境下，如果没有严格的信息管理方法和制度，消费者的注册信息、交易信息等隐私信息，很容易被不良分子泄露和获取。会出现消费者账户被侵入、消费者被推销产品等情况。当前各国对消费者隐私保护的政策和力度不同，导致国际间的信息保护合作不够，跨国信息保护难度大。例如美国对于消费者隐私的跨境保护政策比较宽松，欧盟对其的政策较为严格，而中国对这方面法律规定尚且不多。

4.1.3 国际物流体系的挑战

第一，物流过慢。消费者通过网络平台多是购买衣食等终端消费品，这些商品体积小，订单频次多。这些数量巨大的小型包裹要求运输速度快，运送周期短，但是当前的国际物流体系还不能达到高效高速的要求。因为考虑运输工具的成本，当前国际物流多采用低成本的船舶水运，而不是高价快速的空运，运输速度慢，运输时间长，消费者满意度不高。

第二，物流成本高。跨境电商买卖双方分布在不同国家或地区，两者空间距离大，这导致运输货物的运输距离过长，甚至需要多次更换运输工具，这使得货物物流成本高。高昂的国际物流运费，增加了企业的成本，阻碍企业开展贸易。

第三，货物破损甚至丢失。由于跨国运输，距离长，时间多，货物在运输过程中，会经多次装卸和多次检查，如果对货物稍有管理不慎、看管不严，很容易造成货物的破损，甚至丢失货物。

4.1.4 国际结算体系的挑战

第一，不同国家的国际支付结算体系存在差异。不同的国家使用的货币不同，在进行支付结算的时候，选择付款的货币不同。不同的币种会涉及汇率换算的问题。不同的时间，货币之间汇率不同，货币的换算比率应该选择多少是一个问题。并且有时货币兑换的完成需要长时间的等待。另外，有些货币之间难以进行直接对接，会对交易的进行造成问题。再者就是，有些国家会对跨境网络支付设置支付数额的限制，也会对交易造成障碍。

第二，国际结算安全性和隐私权的问题。进行跨国在线支付，资金安全和信息保护的问题难以保障。如果支付平台能被侵入，客户信息将被泄露，资金会有被盗取的风险。

4.2 对策建议

4.2.1 完善税收和监管体系

设定免税额度，推行单一税制，使税制简化透明。一方面，我国应该借鉴欧美等发达国家货物通关政策的有效经验。欧盟和美国规定，一定金额以下的货物在通关的时候，将减少或免除征税。另外，现在个人物品和一般贸易货物的区别越来越难以区分。所以在税制方面，要设置免税额度，取消个人物品和一般贸易货物的区别，实行统一税制，使税制简化透明，并落实自然人申报海关主体的政策。这样一方面解决了普惠贸易形势下，监管难度大、成本高的问题，另一方面，简化了业务流程，提高了交易双方的福利，利于普惠贸易的发展。

加强统计和商检。针对跨境电商产生的交易，借鉴其他国家或我国试点城市的成熟经验，制定适宜其通关的规定和标准，采取灵活多样的方式对其交易产品、交易数量、交易金额进行多渠道、全方位的统计和检验，避免漏计漏检。

完善全球网上贸易监管体系，统一、协调多部门共同监管。要建立基于当前普惠贸易的国际贸易新规则体系，多国共同推动，国际间加强合作。各部门在监管方面加强统一和协调，促进不同部门之间的相互合作，所有的监管都并轨，获得大数据，以便更好更全面的监管。

4.2.2 加强消费者权益保障

要加强消费者跨境隐私保护力度，提高信息技术，弥补互联网技术漏洞，防止消费者信息泄露，保护消费者的隐私信息，严厉打击贩卖消费者信息的行为。

要促进跨境网购争端的解决。现阶段最重要的是建立国际通则，加强国家和地区合作，积极制定法规来促进跨境网购争端问题的解决。当前跨境电商订单具有高频、小额的特点，但是现行的国际法律法规缺少对相关消费争端的规定和解决措施。要针对消费者市场，建立适用于解决当前网购产生的矛盾和问题的法律规范，最大程度上保护消费者利益。

4.2.3 促进国际物流一体化发展

海关通关改革。当前海关通关程序复杂，耗费时间长。要对海关通关进行改革和管理，简化通关程序，增强海关管理的公开性，制定清晰明确的通关规则，便于查询和操作。建立海关通关的"单一窗口"，减少操作窗口和操作程序，加强海关和商检部门的统一合作，减少通关时间。

实现不同物流模式之间的顺畅衔接。加强空运、海运、陆运不同运输方式，以及飞机、轮船、汽车不同运输工具的顺畅衔接，合理计划物流时间并安排物流模式，当货物到达国内时，尽量通过快递运送，使货物快速到达。在运输过程中，既要减少物流时间，也要控制运输成本。

另外可以建立海外仓和货物中转站等，减少捡货时间。还要对货物进行合理包装，装运卸载时注意不要磕碰。

4.2.4 完善国际结算体系

国际支付结算体系的完善有利于交易双方交易的顺利完成，它是整个交易环节的重要部分。完善国际支付结算体系，要加强国际合作。一是建立关于国际在线支付的国际贸易规则，促进跨境网络支付方便快速地进行，这利于交易双方支付行为的完成，便于开展跨境网络贸易。二是在一定的审核基础上，减少对跨境资金流动的限制，便于资本流动，活跃经济，利于对外贸易的开展。三是加强对国际结算安全性和隐私性的保护。保障资金安全，保护账户隐秘信息。

5. 结语

当前，跨境电商促进普惠贸易的形成，给全球贸易格局带来了巨大变革，在将来，普惠贸易会继续深化，全球贸易格局将会进一步变革。因此，在普惠贸易这一全球贸易新形式下，各国政府和企业只有积极顺应这一潮流，才能在经济全球化的进程中顺流而上，在对外贸易中抓住发展机遇，获取价值与收益。因此，各国政府需要紧跟电子商务环境的发展，采取适当办法制定合理法规为中小企业乃至个人参与国际贸易提供便利，完善税收和监管体系，加强消费者权益保障，促进国际物流一体化，完善国际结算体系。同时中小企业要加强电子商务在对外贸易的应用，提升其开展国际贸易的竞争能力。

参考文献

[1] 陆宇鸳：灵活运用电子商务提高中小企业竞争力 [J].《中国市场》，2009(01)：26-32。

[2] 宋恬：电子商务对国际贸易的影响及发展对策研究 [J].《电子商务》，2013(10)：49。

[3] 王健，巨程晖：互联网时代的全球贸易新格局：普惠贸易趋势 [J].《国际贸易》，2016，(07):4-11。

[4] 王健：全球普惠贸易发展趋势及其方向探究 [J].《中国市场》，2016（26）：19-22。

[5] 王誉蒙、梅燕：跨境电子商务对我国中小出口制造企业的影响分析 [J].《电子商务》，2016,01:15-17。

[6] 魏格坤：普惠贸易发展趋势下构建电子世界贸易平台的难点及思路 [J].《对外经贸实务》，2017,(04):16-19。

[7] Abbas Asosheh,Hadi Shahidi-Nejad,Hourieh Khodkari. A Model of a Localized Cross-Border E-Commerce[J]. iBusiness,2012,04(02).

[8] Burke T. Ward,Janice C. Sipior,Linda Volonino. Internet Jurisdiction for E-commerce[J]. Journal of Internet Commerce,2016,15(1).

中　篇

全面开放新格局中中国对外经贸发展热点问题

中美贸易战对智能制造产业的影响与对策

张银南[*]

摘要： 智能制造是"中国制造2025"的主攻方向，是新一代信息技术和制造技术深度融合的必然结果，对生产方式、商业模式、产业形态将产生深远影响，蕴含着巨大市场机遇。中美贸易摩擦作为中美经贸关系的一部分，随中美政治关系的发展和国际局势的变幻而发生变化。本文通过中美贸易战产生背景及原因和相关案例的分析，进一步了解中美贸易战的本质原因是中国对美国的霸权体系构成全方位挑战，分析中美贸易战对中国制造业的影响，以及中美贸易战带来的空前机遇，同时提出应对策略。进行智能制造产业链布局，推进智能制造发展。

关键词： 智能制造；产业链；中美贸易战；影响；对策

引 言

抓住全球新一轮制造业变革和我国实施"中国制造2025"和"互联网+"发展战略的机遇，把发展智能制造作为主攻方向，坚持企业主体，政府引导；重点突破，示范引领；自主创新，开放合作。以国内外智能制造先进水平为标杆，推动智能制造核心技术攻关和产品装备研发，建立自主安全可控的智能制造产业体系，实现"制造大国"向"智造强国"转变。

对于中国所出台的《中国制造2025》，美国欲破坏该计划。从美国此次对中国商品征收关税的产品领域看，有医疗器械、高铁设备、生物医药、新材料、农机装备、工业机器人、信息技术、新能源汽车以及航空设备，基本来自"中国制造2025"产业范围。此次中美贸易战到底会对"中国制造2025"战略、对中国智能制造业带来什么样的影响？中国应该怎样加以应对？是迫切需要面对的问题。

＊作者简介：浙江科技学院副教授。

一、中美贸易战与"中国制造 2025"战略

（一）智能制造

面对新科技革命和产业变革浪潮，全球制造业正在呈现新的发展态势和特征：强调重振本土先进制造业，再造高附加值的制造环节成为发达国家制造业战略重心和政策焦点；智能制造、互联网、大数据等对制造业产业形态、产业结构、产业分工和组织方式的影响加快显现；制造业创新载体由单个企业向跨领域多主体的融合创新网络演进，协同化、互联化的创新平台重塑制造业创新体系。

《中国制造 2025》提出，坚持"创新驱动、质量为先、绿色发展、结构优化、人才为本"的基本方针，坚持"市场主导、政府引导，立足当前、着眼长远，整体推进、重点突破，自主发展、开放合作"的基本原则，通过"三步走"实现制造强国的战略目标：第一步，到 2025 年迈入制造强国行列；第二步，到 2035 年中国制造业整体达到世界制造强国阵营中等水平；第三步，到新中国成立一百年时，综合实力进入世界制造强国前列。

"智能制造"是中国出台的《中国制造 2025》的核心，被定位为中国制造的主攻方向。重点聚焦"五三五十"重点任务，即攻克五类关键技术装备、夯实智能制造三大基础、培育推广五种智能制造新模式、推进十大重点领域智能制造成套装备集成应用。重点发展的领域包括新一代信息技术产业、高档数控机床和机器人、航空航天装备、海洋工程装备及高技术船舶、先进轨道交通装备、节能与新能源汽车、电力装备、农机装备、新材料、生物医药及高性能医疗器械等。

（二）中美贸易战

中美贸易战，是中美经济关系中的重要问题。贸易争端主要发生在两个方面：一是中国具有比较优势的出口领域；二是中国没有优势的进口和技术知识领域。前者基本上是竞争性的，而后者是市场不完全起作用的，它们对两国经济福利和长期发展的影响是不同的。自从两国建立贸易关系以来就在摩擦和曲折中发展，中美贸易争端一直不断，由美国单方面挑起的一系列贸易摩擦给中

美贸易关系蒙上了浓重的阴影。中美贸易不是单纯的经济决策，而是经济利益和政治现实的平衡。

2018年4月3日，美国贸易代表办公室对外正式公布了建议征收中国产品关税的清单。图1为中美贸易战涉及的领域。美国提出的产品清单涵盖1300个单独关税项目，价值约为500亿美元（3144亿元人民币），目标锁定"中国制造2025"十大重点新兴和高科技产业。依据美国"301调查"，美方因中国侵犯美知识产权，对未来中国出口美国的部分行业进行制裁，具体分为十个领域：新一代信息技术产业、高档数控机床和机器人、航空航天装备、海洋工程装备及高技术船舶、先进轨道交通装备、节能与新能源汽车、电力装备、农机装备、新材料、生物医药及高性能医疗器械。这十大领域与中国的"中国制造2025"计划所列的十大领域完全吻合。对此，《纽约时报》文章中表示，美国真正考量是要遏制中国制造业升级，拖慢中国实业兴邦的中国制造2025这一强国战略。

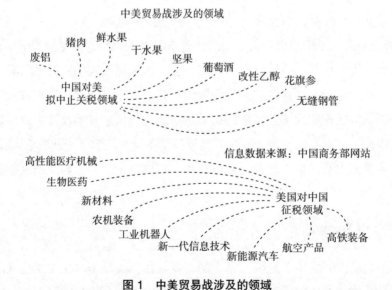

图1 中美贸易战涉及的领域

特朗普此次挑起中美贸易战，直接目的在于以中美贸易严重失衡迫使中国进一步对美开放市场，深层次目的在于试图重演20世纪80年代美日贸易战以遏制中国复兴，同时在11月美国国会中期选举前拉票。本质原因是"中国对美国的霸权体系构成了全方位挑战"。

中美贸易严重失衡责任不在中国，主要原因在于美元国际储备货币地位、美国过度消费的低储蓄模式、全球价值链分工以及美国对华高新技术出口限制等。

美国作为世界霸主，其霸权地位由 5 个方面支撑：强大的军事霸权、美元全球结算货币霸权、核心科技的垄断霸权、华尔街的全球资本市场规则霸权，还有一个由美国主导、盟国参与的世界工业体系霸权。任何国家，对任何一方面的霸权形成挑战，结果必然遭受到美国其他霸权维度的降维打击。

先说一带一路战略，对美国的世界工业体系霸权构成挑战；第二个方面是中国对美国的科技垄断地位构成的挑战。第三，上海石油期货和人民币国家化，挑战美国石油美元霸权。第四，新科技发展动摇美国科技大国霸权根基。

因此，从微观上看，知识产权的确是中美贸易争端的一个议题，但宏观上讲，美国以知识产权为借口，借关税手段打压中国向高精尖制造业强国升级正是美国背后的更深层考量。

二、中美贸易战对对中国制造业的影响

进入贸易战之后，除了美国政府抱着某种政治目的之外，中美贸易战将会对中美两国产业经济带来较大的影响，比如，对中国出口美国的钢铁和铝产品分别征收 25% 和 10% 的关税，必然抬高美国进口企业的成本，将迫使美国企业大大缩减对中国钢铁、铝产品的进口；而中国钢铁、铝产品出口缩减势必会对我国传统制造业，如计算机、电子、汽车及零部件、纺织服装、皮革、家具等带来较大的冲击；尤其对我国高科技新兴产业，比如信息技术、机器人、高铁、新能源汽车和先进的医学技术，这些产业囊括了中国正在自主迅速追赶的行业，中国"大国崛起"的国家战略的支柱。如中美贸易战全面升级，对中国高端制造发展及经济增长将产生不利影响，但同时也将势必增加美国民众生活成本，推升美国通胀，制约消费，给全球经济复苏带来阴影。

从中美两国的贸易结构看，中国主要对美出口电机电气音像设备（包括家电、电子）、纺织服装、家具灯具、玩具鞋帽等，中国从美国进口的主要为中

间产品和零部件，以大豆、飞机、汽车、集成电路和塑料制品为主。中国贸易顺差较大的行业主要是机电音像设备（包括家电、手机等）、杂项制品（家具玩具运动用品等）、纺织鞋帽，中国贸易逆差较大的行业主要是大豆等农产品、汽车飞机等运输设备、矿产品等。

（一）高铁装备领域

静态看对收入实际影响较小，但拓展美国高铁市场难度加大。目前我国具有向美国等发达国家出口现代铁路装备的企业不多，基本上仅限于整机厂中国中车（全球最大的轨道交通装备制造企业），各核心部件厂商均以国内市场为主，出口均以被动出口形式存在（配套中车的整车出口）。

拓展美国高铁市场难度加大。世界范围内目前生产高铁的国家主要是中国、日本、德国和法国，而我国掌握了隧道技术、轨道技术、桥梁建设等的核心技术，无论是设计速度还是运营里程，我国高铁都已经位于世界前列。但我国和美国在高铁领域的合作一直未有实质落地。

从核心部件进口和技术合作来看，影响较小。我国动车制造的技术原始来源于日本、德国和法国，并在对日德法高铁技术平台上不断消化吸收及创新，与美国的技术合作较少。2017 年 1 月，我国完全自主研发的中国标准动车组"复兴号"动车组正式获得商业化运营资格，6 月 26 日，在京沪线上正式双向首发，目前，复兴号已经在京沪、沪宁、杭深等多条线路投入运营，我国再次成为世界上高铁商业运营速度最高的国家，目前复兴号正在完善产品系列，未来将成为中国向全球输出高铁的唯一标准，因而此次贸易战对我国高铁装备的制造影响较小。

（二）工业机器人领域

我国 2016 年、2017 年国内工业机器人销量分别约为 8.7 万和 13.6 万，约占全球总销量的 33%。国内品牌机器人在全球范围内市占率较低，特别是高端的，几乎全是进口，被称为工业机器人"四大家族"的发那科、ABB、安川、KUKA 机器人四大家族在中国占有率合计超 50%。由于技术水平较为落后，中国机器人出口数量很少，合计共 9.7%，只有少量的 AGV 和四轴坐标机器人出口东南亚等发展中国家，总出口量 2017 年不足 0.5 万台，且平均单价低于 6 万元，预计总出口金额在 3 亿元以内，基本没有出口美国，贸易战影响很有限，影响行业收入在 3000 万元以内。

我国工业机器人行业起步相对较晚，但近年来发展迅速，

但是对中国企业收购美国机器人企业或技术合作，将受到严重影响。若贸易战开打，增加国外工业机器人的进口关税，则国产工业机器人国内占有率将提升，利好行业发展。

（三）工程机械

工程机械行业，估计行业对美国出口占比小于 5%，进口零部件主要来自日本德国，受中美贸易战影响较小。而美国的卡特彼勒在亚太地区的收入占比高达 20%，受中国市场影响较大，可见工程机械行业美国对中国市场的依赖度更高。

三一重工：估计 2017 年美国收入 5 亿元，占比小于 1.5%，海外主要客户为拉美、印度和东南亚，受到影响较小，三一海外收入中 60 亿元来自德国普茨曼斯特，面向全球销售（主要是欧洲），不受中美贸易战影响；另外没有美国进口零部件，个别出口的用康明斯发动机。

徐工机械：2017 年出口 600 万美元，加上集团的挖掘机共 2000 万美元，出口占比不到 1%，主要出口一路一带国家；另外没有美国进口零部件。

柳工在北美地区的销售收入占比不到 1%。核心零部件恒立液压海外占比 30%，大客户卡特占出口 30%-40%，估计美国收入占比约 10%。艾迪精密海外收入占比约 12%，估计美国占比 5% 左右。、

高空作业平台行业的浙江鼎力美国收入占比约 15%，而且浙江鼎力战略是大力开拓美国市场，可能受到影响较大。

杭叉集团海外收入占比 17% 左右，出口北美和欧洲较多，美国是其第三大市场（3% 左右），在美国有一家控股子公司以及多方位布局，也会受到一定影响。

安徽合力出口美国的收入占比仅千分之八，大概年 1000 台左右，影响较小。

（四）3C 自动化装备

机械公司中，为下游电子行业提供设备的主要有两类公司，一类是为智能手机等消费电子生产企业提供设备的公司，有显示面板模组、检测领域的智云股份、联得装备、精测电子，玻璃加工领域的华东重机、智慧松德、田中精机等；还有一类是为半导体芯片生产企业提供设备的公司，如至纯科技、长川科技等。

对于消费电子设备公司，影响可能较大的是苹果产业链，大部分 iPhone 手机的零部件生产及组装在中国完成，但目前来看对苹果产业链，特别是中游的设备公司影响应该不大。一方面，目前对于 iPhone 是否属于进口产品还未明确确定，中国苹果收入占比较高的企业，直接出货方是富士康等组装厂商，富士康组装成产品后销售给苹果。如果对成品征税，对苹果的利润率或份额会造成影响。另一方面，中国企业只赚取少量加工与组装费以及部分零部件供应，而美国从设计、营销等环节获利巨大。一台 iPhone X 的零部件合计成本约为 370 美元，在中国大陆实现的增值仅占成本的 3%-6%，不足 30 美元。

集成电路进口或受影响，对设备公司基本无影响。2017 年，中国集成电路进口金额达 2601.4 亿美元，其中近 50% 来自美国，若贸易战开打，集成电路行业会收到影响。对于半导体（集成电路）设备公司，至纯、长川的主要客户还是以中芯为代表的国内半导体公司，若未来由于贸易战芯片进口受影响，则会倒逼国内半导体企业加快投产步伐，加快设备进口替代节奏，对于国内设备企业来说应该是利好。

中兴通讯是一家全球领先的高科技通讯企业，但采用的关键核心零部件是美国提供的，这次的教训是非常深刻的。

巨星科技比较依赖美国，美国收入占比估计在 60%-70%，会受到一定影响，但巨星的手工具和美国企业是错位竞争，影响会少一些。杭州巨星科技股份有限公司近日宣布，以 12 亿元（1.845 亿瑞郎）的价格收购了 Lista Holding

AG（简称 Lista 公司）100% 的股权。Lista 公司是欧洲专业工作存储第一品牌，它将极大加强巨星科技的国际生产能力，同时巨星科技将通过引进 Lista 生产技术和品牌，进一步开拓中国以及亚洲市场。之前巨星科技已经完成 Arrow Fasterner LLC 公司、华达科捷、PT 激光公司等多笔收购，总金额超过 30 亿元。仇建平说自己海外并购的秘诀有两个，一是互补，一是赋能。首先，巨星科技收购的这些海外品牌和公司基本都围绕工具这条主产业链，能跟公司的主业形成矩阵，收购的市盈率一般 10 倍左右。其次，通过收购这些公司，巨星科技除了拓展自己的产品线外，还能把这些公司的产品通过巨星的网络销售到欧洲和北美市场，实现快速全球化。

（五）汽车产业

对于汽车领域来说，美国本次征税清单限制范围主要体现在应用于自动驾驶的传感器和导航设备以及应用于新能源汽车的电机和电池。

传感器和导航设备是未来汽车自动驾驶能够得以实现的关键技术支撑，但这些领域美国厂商都占据着绝对优势，所以中国对美出口较少，影响几乎可以忽略不计。

至于电机和电池则是新能源汽车的核心，目前国内的宁德时代旗下电池产品有出口至宝马、大众、奔驰等车企，出口至美国的占比并不大，最终影响也不会很大。

虽然短期内对国内智能网联和新能源汽车产业影响不大，甚至有利于中国企业获得自主科技创新与增强自主知识产权实力的空间和机会。但长远来看，当产业进入到白热化竞争阶段，并且中国还未能掌握核心技术时，该关税清单则可能阻碍中国掌握汽车低碳化、信息化、智能化的核心技术。所以，对于国内汽车产业来说，需尽快掌握智能驾驶、电机、电池等核心技术。

三、中美贸易战争带来的机遇

目前，正值中国复兴崛起进入新时代的关键时期，贸易战对中国经济发展的影响是可想而知的，中国面临的是一次巨大的挑战。

（一）中美贸易战将加速世界变革

中美贸易战的时代背景之一，就是世界正值大变革时代。美国发动贸易战本身，就与资本主义市场经济和自由贸易理论以及全球化相违背，是对现行经济体系的否定和冲击。这实际上等于在推动世界变革。

（二）贸易战加速中国经贸结构转型调整

经济和贸易结构不合理，已经成为制约中国快速发展的重要因素。虽然中央力推改革进程，但改革的阵痛影响了速度的推进。贸易战则倒逼中国不得不加快改革步伐，对中国的深化改革起到巨大的外力推动作用。

（三）中美贸易战彰显中国影响力

中美贸易战将会对世界经济带来灾难性后果，这是共识。但中国进行的是贸易保卫战，不仅是维护自身的利益，同时也是在捍卫自由贸易和全球化进程。即使中国不能得道多助，美国也将失道寡助。敢于应对美国的无理的挑战，足以证明中国勇气和实力。

（四）贸易战或许会缩小中国与美国的实力差距

尽管中国的经济结构不尽合理，但中国却已经打造了雄厚的经济基础，且正在从中低端向高端迈进。美国是经济强国，但由于美国太依赖于虚拟经济、金融霸权以及借债消费，即美国的产业结构、经济基础则远逊于中国。与中国打贸易战，这些反成为美国的致命软肋。对于美国来说，贸易战则将严重制约美国的产业结构调整，打击振兴美国制造计划。中美的距离不会拉大，甚至有可能因此而缩小。

四、构建智能制造产业链

（一）加强国家政策支持

美国本次针对知识产权的调查所采取的关税，将会倒逼中国对创新和自主研发的重视程度，从目前中国已经采取的政策来看，培育"一批具有创新能力的排头兵"企业成为当前政府工作的重中之重。开弓没有回头箭，中美的实力强弱，最终落实到创新能力和创新企业的强弱。因此，在未来可以调整的范围内，尽可能以"自主创新能力"企业作为优选的投资对象。包括创新药、军工装备、半导体、通信设备、电子元器件、大数据云计算人工智能、高端装备等领域。

我国政府高度重视智能制造发展。近年来，通过不断完善智能制造顶层设计，以试点示范、标准体系建设和系统解决方案供应商培育为抓手，系统推进智能制造发展，在促进产业转型升级、提升产业支撑能力、加快发展动能转换等方面取得了积极成效。通过产业升级，提高出口产品的多元化，推进一带一路与不同类型国家的贸易，寻找更多外需增长点，扛起贸易自由化大旗。长期来看，促进产业升级可以减少中国对单一类型出口产品的依赖，也可以使出口产品结构更加均衡，而更加全面的出口产品结构，也能够推进一带一路与不同类型经济体的贸易机会和贸易规模，给外需寻找更多增长点。

强化统筹协调。进一步完善多层次协同推进机制，把智能制造作为经济、科技、金融融合发展的主要结合点，围绕产业链部署创新链，围绕创新链配置资金链，吸引资源、要素集聚，营造有利于智能制造发展的良好环境。

发展智能制造。要注重培育智能制造供给能力，加大研发投入力度，加强关键技术装备、工业软件和系统解决方案的创新突破。正视当前存在的短板和问题，强化产学研用各主体间的协同创新，形成合力，构建智能制造生态体系，共同推动智能制造持续健康发展。

（二）构建智能制造产业链

智能制造是世界制造业发展的大趋势，是我国制造业紧跟世界先进制造业步伐、构筑竞争新优势的关键所在。当前，我国经济已由高速增长进入高质量发展阶段，正处在转变发展方式、优化经济结构、转换增长动力的攻关期。应顺应发展潮流，通过智能制造，推动从设计、研发、生产、管理到服务的全价值链优化，不断提高生产效率和产品质量，革新制造业发展模式，提升全要素生产率，构建和完善制造业创新生态系统，促进制造业质量变革、效率变革、动力变革，实现高质量发展。

智能制造产业链涵盖智能装备（机器人、数控机床、服务机器人、其他自动化装备）、工业互联网（机器视觉、传感器、RFID、工业以太网）、工业软件（ERP/MES/DCS 等）、3D 打印以及将上述环节有机结合的自动化系统集成及生产线集成等。

（三）产业链布局和整合

产业链布局非常重要，不可能也没有必要整个链条内产品都是自己生产，但要掌控产业链的发展。在一定的区域范围内组织特定的产业实施产业链式发展，实现人力、资本等生产要素的最优配置，根据产业链的各个环节的特点制定产业空间发展的合理布局，通过产业链的发展带动相关产业的发展最终达到提高区域的整体竞争力的目的。

在工业互联网时代，产业链分工已经成为国际分工合作的新形式。从产业链分工来看，一个企业的价值链可分为诸多不同环节，即从总部、研究与试验发展（R&D）、产品设计、原料采购、零部件生产、装配、成品储运、市场营销到售后服务，每一个环节都可以选择在全球不同的地区进行。"微笑曲线"将一条产业链划分为三个区间，即研发与设计、生产与制造、营销与服务，其中，生产制造环节总是处在产业链上的低利润环节。在国际产业分工体系中，发达国家的跨国企业往往占据着研发与设计、营销与服务的产业链高端位置，发展中国家的厂商则被挤压在低利润区的生产与制造环节。因而，后者总是不断地追求能够走向研发设计和品牌营销的两端。

通过一带一路建设，可以将中国的生产要素，尤其是优质的过剩产能输送出去，让沿线发展中国家和地区共享中国发展的成果；通过一带一路建设，帮助沿线国家和地区进行基础设施建设，发展产业等，在提高他们经济发展的水平和生产能力的同时，也实现中国产业技术的升级。中国正积极促进产业融合和参与国际分工合作，实施一带一路战略规则，加快构建国际产业链。

制造业企业总是处于产业链条的某些环节，但并不可能覆盖所有的环节，对应该覆盖环节的取舍和组合，是中国企业未来必须考虑的事情。恰当的取舍和组合才会产生竞争优势，这就是产业链经营的理念。企业要考虑如何强化流程管理，整体地参与到全球产业链中。如芯片产业，产业协同与专业分工是芯片产业快速发展的基础。由于全链条的大投入导致任何一家公司很难覆盖从指令集的设计，制造，封装的全过程。对于下游的应用端如不与上游产业形成协同，随时有拉闸限电的危险。PC 时代的微软与 intel 的协同，目前国内还没有看到。移动时代的 ARM 加安卓也没有看到。加强行业协会的协调，组建产业联盟，构建利益生态圈。

五、结论

对于中美贸易战，需要认识的非常核心的问题就是：发展才是硬道理。如果能够缩小在核心技术方面与美国之间的差距，就不会如此被动。进行智能制造产业链布局，推进智能制造发展。恰恰应是缩小差距的关键领域。

参考文献

[1] 翟伟峰，杨红彦：技术创新与产业链布局协同推进智能制造发展 [J].《石家庄学院学报》，2017,19（4）：91-96。

[2] 黄卫东：江苏省智能制造发展战略研究 [J].《南京邮电大学学报（社会科学版）》. 2015,17(3):1-6。

[3] 王淑菅：面向制造业产业链的协同商务平台集成框架 [J].《西南交通大学报》.2008,43(5):643-647。

[4] 周静：全球产业链演进新模式研究 [J].《上海行政学院学报》.2016,17(3): 79-87。

[5] 辛国斌：图解中国制造 2025[M]. 北京，人民邮电出版社 .2017。

制造业服务化对提升中国制造业
国际分工地位的影响研究

王　岚　张竟可[*]

摘要： 本文旨在探讨服务化对我国制造业国际分工地位的影响，利用投入产出表获得我国各制造业的价值链地位指数及出口中的服务价值增值，在此基础上，分离出不同上游度服务投入的含量及制造业出口间接增加值中的服务贡献。使用行业面板数据建立计量模型，对我国制造业的国际分工地位提升中不同来源和异质服务投入以及服务间接增加值的作用进行实证分析。结果表明，相比国外服务投入，国内服务投入对我国制造业国际分工地位提升的正向作用更明显；上、中游服务投入对我国制造业价值链地位升级有显著促进作用，而下游服务投入则会产生反向作用；此外，服务间接增加值贡献对我国制造业国际分工地位的提升有显著正向作用。

关键词： 制造业服务化；全球价值链；国际分工地位；服务间接增加值

一、引言

随着经济全球化和生产分工专业化趋势的不断加深，中国凭借着改革开放以及入世以来的一系列开放举措积极地融入到全球价值链分工。丰富的自然资源及劳动力优势的利用为我国奠定了制造业出口大国的地位；但长期以来，我国主要承担国际分工的出口加工环节，获取较少的贸易附加值，造成价值链中的"低端锁定"。金融危机后，发展中国家的低附加值、低技术含量、高污染和高能耗的增长模式难以为继，对于制造业技术创新及发展模式转变的要求尤为迫切。研究生产性服务对制造业生产环节的"软化"作用，及对制造业国际分工地位升

---

* 作者简介：王岚，天津财经大学副教授；张竟可，天津财经大学研究生。

级的影响和不同服务投入的差异性作用，对于寻找我国服务业与制造业的互动发展路径以及促进制造业转型升级和可持续发展的有效措施，具有重要意义。

据测算，我国现阶段制造业的国际分工地位普遍处于较低水平，至于服务中间投入对我国制造业价值链地位的提升是否具有正向促进作用，是否受来源及行业制约，以及制造业出口中服务间接增加值贡献的作用，是本文研究的重点。制造业服务化的趋势及重要性已在众多国内外文献中得到体现，Molly Lesher、Nordas（2006）利用 OECD 投入产出表分离了世界不同国家制造业部门出口的各类服务投入含量，对制造业和商业服务部门在生产过程中的相互作用进行全面、定量的跨国研究；Miroudot, Cadesti（2017）利用 WIOD 世界投入产出表提取出了世界及各国制造业出口中的服务增加值贡献，并区分了服务中间投入的三种形式即外包服务、生产企业内的一体化服务和捆绑销售服务，针对不同形式、来源和异质的服务投入在制造业生产中的作用做了直观事实描述。生产性服务投入对制造业行业生产效率及国际竞争力的提升作用已在国内外实证研究中得到验证。从作用机制上看，生产性服务可减少投入到制造业部门的交易成本和中间成本，解决制造业向高端环节挺进乏力的问题；还可提升制造业的增加值率（顾乃华、夏长杰，2010）。生产性服务通过规模经济、充裕的人力资本、高效的企业组织和研发创新体系对其关联制造业形成知识和技术外溢，从而提高制造业效率和国际竞争力（Francois，1990；高传胜、刘志彪，2005）。同时，服务投入的增加是提升制造业产品差异化程度的有效手段（蔺雷、吴贯生，2005；Nordas，2013）。从企业角度看，智能物流、大数据等应用有利于企业优化管理流程、提高市场反应能力、突出产品时效性，因此服务化提高了供应链效率，从而增强企业竞争力（刘斌等，2016）。近年来，国内学者通过投入产出工具及实证分析，发现生产性服务投入对我国技术密集型制造业的出口竞争力提升有显著促进作用（陈丽娴，2016）；有关不同来源服务投入作用的研究发现，离岸生产性服务中间投入的增加会削弱发展中国家本国制造业企业的技术研发动力，从而对企业生产效率的提升产生负向影响（李惠娟、蔡伟宏，2016），国内服务投入相对国外服务投入对提升本国制造业的国际竞争力效果更显著（吕云龙、吕越，2017）。

已有文献主要从理论与实证的角度研究制造业服务化对提升一国整体和各

制造业行业的国际竞争力及分工地位的作用，但鲜有文献对不同上游度的服务投入及制造业出口间接增加值中的服务贡献作用做专门论证和探讨。因此，本文借鉴 Koopman 的 KWW 法和 Antras 的计算方法，得出我国各制造业的国际分工地位指数、生产性服务业的上游度指数，及各制造业出口中的服务价值增值，进行实证分析。在探讨整体及不同来源的服务投入对我国制造业国际分工地位影响的基础上，本文的主要创新在于检验了价值链上不同位置的服务投入对我国制造业国际分工地位影响的差异性，在此基础上分析我国各制造业出口中的细分间接服务增加值贡献对于提升制造业国际分工地位的作用，以便参照实证结论得出相应的政策启示。

二、指标含义与计算方法

（一）服务化程度相关指标的计算

1. 出口增加值的分解

利用世界投入产出数据库（WIOD）的世界投入产出表可以对各国出口的增加值进行分解。假设世界上有 m 个国家和 n 个部门，部门生产的产品既可以作为本国或外国的最终消费品，又可作为本国和外国生产所需的中间投入品，基于多边投入产出模型可以得到：

$$\begin{bmatrix} X_1 \\ X_2 \\ \vdots \\ X_m \end{bmatrix} = \begin{bmatrix} B_{11} & B_{12} & \cdots & B_{1m} \\ B_{21} & B_{22} & \cdots & B_{2m} \\ \vdots & \vdots & \ddots & \vdots \\ B_{m1} & B_{m2} & \cdots & B_{mm} \end{bmatrix} \begin{bmatrix} Y_1 \\ Y_2 \\ \vdots \\ Y_m \end{bmatrix} \quad （1）$$

其中，X_c 为 n 维列向量，表示 C 国每个部门的总产出。$B_{c,p}$ 为 n×n 维矩阵，表示 P 国对 C 国的完全消耗系数矩阵即由跨国投入产出表得到的里昂剔夫逆矩阵，其每个元素 b_{ji} 表示 P 国每生产 1 单位 i 产品需要直接和间接消耗的 C 国 j 产品数量的总和。Y_p 为 n 维列向量，表示 P 国各部门的最终消费。由此可以对各国出口增加值进行分解：

$$VBE^* = \begin{bmatrix} V_1 & 0 & \cdots & 0 \\ 0 & V_2 & \cdots & 0 \\ 0 & \vdots & \ddots & \vdots \\ 0 & 0 & \cdots & V_m \end{bmatrix} \begin{bmatrix} B_{11} & B_{12} & \cdots & B_{1m} \\ B_{21} & B_{22} & \cdots & B_{2m} \\ \vdots & \vdots & \ddots & \vdots \\ B_{m1} & B_{m2} & \cdots & B_{mm} \end{bmatrix} \begin{bmatrix} E_1^* & 0 & \cdots & 0 \\ 0 & E_2^* & \cdots & 0 \\ 0 & \vdots & \ddots & \vdots \\ 0 & 0 & \cdots & E_m^* \end{bmatrix} \quad (2)$$

$$= \begin{bmatrix} V_1 B_{11} E_1^* & V_1 B_{12} E_2^* & \cdots & V_1 B_{1m} E_m^* \\ V_2 B_{21} E_1^* & V_2 B_{22} E_2^* & \cdots & V_2 B_{2m} E_m^* \\ \vdots & \vdots & \ddots & \vdots \\ V_m B_{m1} E_1^* & V_m B_{m2} E_2^* & \cdots & V_m B_{mm} E_m^* \end{bmatrix}$$

其中 V_c 为 $n \times n$ 对角矩阵，对角元素表示 C 国各部门的直接增加值率；E_c^* 也为 $n \times n$ 对角矩阵，对角元素为 C 国各部门的总出口。上式描述了各个国家及行业出口增加值的来源和去向，行表示增加值去向，列表示增加值来源。

以 C 国为例，对角线元素矩阵反映了 C 国出口的国内价值增值：

$$DV_c = V_c B_{cc} E_c^* \quad (3)$$

每一列非对角线元素的加总反映了 C 国出口的国外价值增值：

$$FV_c = \sum_{p \neq c} V_p B_{pc} E_c^* \quad (4)$$

每一行非对角线元素的加总反映了 C 国出口的间接价值增值：

$$IV_c = \sum_{p \neq c \neq r} V_c B_{cp} E_{pr}^* \quad (5)$$

2. 制造业服务化程度（Serv）即制造业出口中的服务投入增加值含量：

$$Serv_{c,i} = \frac{\sum_j v_{c,j} (b_{c,c})_{ji} e_{c,i}}{e_{c,i}} + \frac{+ \sum_p \sum_j v_{p,j} (h_{p,i})_{ji} e_{c,i}}{e_{c,i}} \quad (6)$$

C 国制造部门 i 的服务化程度可拆分为国内服务投入与国外服务投入两部分，等式右边第一部分为 i 制造业出口中的国内服务增加值含量，第二部分为 i 制造业出口中的国外服务增加值含量。其中 $V_{c,j}$、$V_{p,j}$ 分别为本国和外国 j 服务部门的直接增加值率；b 为完全消耗系数，$(b_{c,c})_{ji}$ 表示本国生产一单位 i 产品所需的本国 j 服务部门的中间投入，$(b_{p,c})_{ji}$ 表示本国生产一单位 i 产品所需的 p 国 j 服务部门投入；$e_{c,i}$ 为本国 i 部门的总出口。

3.服务间接增加值贡献（IV-Serv）即制造业出口间接增加值中服务增加值的占比：

$$IV-Serv_{c,i} = \frac{\sum\limits_{p\neq c\neq r}\sum_k \sum_j v_{c,j}\left(b_{c,c}\right)_{ji}\left(b_{c,p}\right)_{ik}\left(e_{p,r}\right)_k}{IV_{c,i}}$$

$$= \frac{\sum\limits_{p\neq c\neq r}\sum_k \sum_j v_{c,j}\left(b_{c,c}\right)_{ji}\left(b_{c,p}\right)_{ik}\left(e_{p,r}\right)_k}{\sum\limits_{p\neq c\neq r}\sum_k v_{c,i}\left(b_{c,p}\right)_{ik}\left(e_{p,r}\right)_k} \tag{7}$$

其中 i 表示本国制造业出口部门，j 表示本国服务中间投入，k 表示外国任意出口部门；b 为完全消耗系数；$(e_{p,r})_k$ 为进口国 p 对第三国 r 的 k 部门出口。分子为本国 i 部门出口间接价值增值的中服务投入，分母为本国 i 部门出口创造的全部间接价值增值，本国制造业 i 出口的服务间接增加值贡献即为两者之比。

（二）行业国际分工地位指数的计算

Koopman 等（2010）认为，判断一国某产业在全球价值链中的分工地位，需要对其向其他国家出口的中间品与其生产中所需从别国进口的中间品进行比较，由此构建了如下行业分工地位指标：

$$IV-Serv_{c,i} = \frac{\sum\limits_{p\neq c\neq r}\sum_k \sum_j v_{c,j}\left(b_{c,c}\right)_{ji}\left(b_{c,p}\right)_{ik}\left(e_{p,r}\right)_k}{IV_{c,i}}$$

$$= \frac{\sum\limits_{p\neq c\neq r}\sum_k \sum_j v_{c,j}\left(b_{c,c}\right)_{ji}\left(b_{c,p}\right)_{ik}\left(e_{p,r}\right)_k}{\sum\limits_{p\neq c\neq r}\sum_k v_{c,i}\left(b_{c,p}\right)_{ik}\left(e_{p,r}\right)_k} \tag{8}$$

其中，$IV_{c,i}$ 为 C 国 i 部门出口创造的间接价值增值，$FV_{c,i}$ 为 C 国 i 部门出口包含的国外价值增值；$e_{c,i}$ 为该国 i 部门总出口。越靠近价值链上游的行业会创造越多的间接增价值，其国际分工地位指数就越高；相反越靠近价值链下游的行业国际分工地位指数越低，意味着出口中包含大量来自国外的中间品投入。

（三）行业上游度的测算

全球供应链中各行业的上下游关系可以由上游度来表示。Antras 等基于 OECD 投入产出表建立了封闭经济下的行业上游度测算方法：

$$U_j = 1 \times \frac{Y_j}{X_j} + 2 \times \frac{\sum_{i=1}^{n} a_{ji}Y_i}{X_j} + 3 \times \frac{\sum_{i=1}^{n}\sum_{k=1}^{n} a_{jk}a_{ki}Y_i}{X_j} + 4 \times \frac{\sum_{i=1}^{n}\sum_{k=1}^{n}\sum_{l=1}^{n} a_{jl}a_{lk}a_{ki}Y_i}{X_j} + \cdots \quad (9)$$

U_j 为 j 行业的上游度指数，它表示该行业产出在供应链中距离最终消费品的距离。其中 X_j 为 j 部门总产出，Y_j 为 j 部门的最终消费，Y_i 为 i 部门的最终消费，a_{ji} 为 i 部门对 j 部门的直接消耗系数；等式右侧第二项分式的分子表示各部门对 j 产品的第一轮直接消耗量，第三项分式的分子表示各部门对 j 产品的第二轮间接消耗量，依此类推。因此，U_j 等于 j 部门最终产品及作为各行业各阶段的中间品在其总产出中所占比率的加权平均值，且中间品距离最终产品越远，其权重越大。通常 U_j 大于 1，当且仅当 j 部门所有产品都是最终品时 U_j 才等于 1。j 行业距离最终消费品越远，其上游度越大。在此基础上，何祚宇和代谦（2016）利用 WIOD 世界投入产出表计算出全球价值链中各行业的平均上游度。

三、事实描述

（一）我国制造业出口服务化水平

近年来，我国制造业普遍跟随世界的脚步呈现出服务化的趋势，但行业之间存在一定差异。计算出 1995-2011 年各制造业出口中的总体、不同来源及异质的服务投入贡献，并取其均值。图 1 描述我国各制造业出口中总体及不同来源的服务投入贡献；图 2 显示我国各制造业出口服务增加值中不同上游度的服务投入贡献；图 3 给出我国制造业出口间接增加值（IV）中的服务投入贡献。

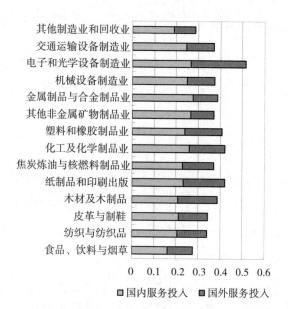

图1　我国各制造业出口中总体及不同来源的服务投入贡献

从图1来看，我国总体制造业出口的服务含量不足50%，服务化程度最高的行业是以电子、光学设备制造业为代表的高技术制造业，服务化程度最低的是食品、饮料、烟草等劳动密集型制造业。大部分制造业出口中的国外服务投入含量要小于国内服务投入含量，且在1995–2011年间前者呈现增加的趋势，后者呈现减少的趋势。国内服务投入含量较高的是电子光学设备制造业、交通运输设备制造业、金属与合金制品业、非金属矿物制品业及化工制品业等，多为资本、技术密集型制造业；国内服务化程度较低的是传统劳动密集型制造业。国外服务投入贡献较大的是电子光学设备制造业、木材及木制品和纸制品与印刷出版等制造业。

借鉴Antras和何祚宇（2016）的方法得到1995–2011年全球18个服务部门的上游度，并将其按由高到低的顺序进行排序，结果如表1。除去几乎未参与制造业价值链的私人家户劳动以外，排名前五的为上游服务业，中间六个为中游服务业，最低的六个为下游服务业。由此划分的上游服务业包括：设备租赁及其他商务活动、空运、陆运、其他辅助运输、金融业；中游服务业包括：邮政与电信、海运、批发、零售、机动车销售及燃料销售、社会及个人服务；

下游服务业包括房地产业、住宿和餐饮、公共管理与国防、社会保障、建筑业、教育、健康及其他社会工作等。

表 1　服务部门上游度及排序

排序	服务部门	上游度
1	设备租赁及其他商务活动	2.6663
2	其他辅助运输	2.6267
3	空运	2.5853
4	陆运	2.3908
5	金融	2.3781
6	邮政与电信	2.3453
7	海运	2.2818
8	批发	2.1894
9	零售	1.9954
10	机动车销售及维修、燃料销售	1.9912
11	其他社区、社会及个人服务	1.6955
12	房地产业	1.6038
13	住宿和餐饮	1.5133
14	公共管理与国防、社会保障	1.1405
15	建筑业	1.1393
16	教育	1.1225
17	健康及其他社会工作	1.0989

图 2 呈现我国各类制造业的出口中不同上游度服务投入贡献的分布。无论是在高技术还是低技术制造业出口中，中上游服务投入都在其价值创造过程中扮演着重要的角色，尤其是上游服务投入在不同制造业出口中的贡献程度都超过总服务投入的 1/3，这与上游生产性服务强大的价值创造能力及前向产业关联度有关。总体上各制造业出口中的下游服务投入贡献最低，这大致由于下游生产性服务最接近最终品的消费使用，而我国制造业出口部门多处在附加值较低的生产加工环节，因此对下游服务投入的需求有限。中游服务投入的贡献较

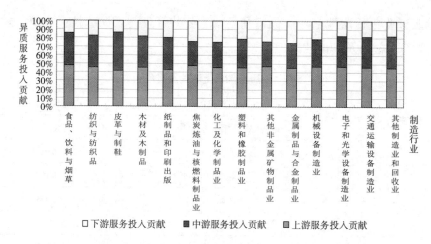

图 2　我国各制造业出口服务增加值中不同上游度的服务投入贡献

大，这表现在其嵌入制造业价值链的广度和深度中；由于入世以来我国部分制造业迅速扩大出口并吸引了大量廉价生产要素的投入，尤其是在劳动和技术密集型制造业中，中游生产性服务以较高的性价比得以被制造部门广泛使用并发挥持续性作用。

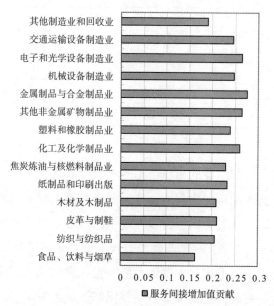

图 3　我国制造业出口间接增加值的服务投入贡献

由图 3 可以看出，我国制造业出口中间接增加值的服务投入贡献大多处在 15%—30% 之间，也就是说在各制造业出口到世界创造的间接增加值中有 15%-30% 由服务来贡献。出口间接增加值中服务贡献较大的是资本和技术密集型制造业，几乎都在 25% 左右；而劳动密集型制造业出口间接增加值的服务贡献也大致在 15%-20% 的水平。

（二）我国制造业的国际分工地位现状

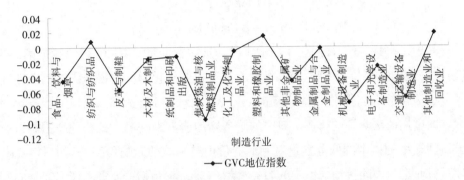

图 4　我国各制造业 1995–2011 年平均 GVC 地位指数

总体来看，我国作为制造业出口大国，制造业的总体分工地位水平一度偏低，这与我国的贸易结构关系密切。虽然我国价值链参与程度始终较高，但加工贸易是主要的贸易模式，表现为中间品出口的增加值率低于最终品出口的增加值率，造成我国制造业在全球价值链上的低端锁定。我国大部分制造业的国际分工地位指数为负，说明我国制造业出口包含的国外增加值普遍高于间接增加值，即进口中间品对我国制造业出口的贡献程度大于我国制造业出口对国外供应链的贡献程度。不过近年来，我国制造业出口的间接增加值普遍提高，而国外增加值逐渐下降，说明我国可以通过向其他国家出口更多的中间品参与全球生产，因此，大部分制造业的国际分工地位也呈现出逐步上升的趋势。

四、实证分析

（一）计量模型与变量说明

1. 模型建立

在理论知识及经验分析的基础上，为达到论证制造业国内服务化对其价值链地位提升的作用的目的，建立如下计量回归模型：

$$GVC\text{-}P_{it} = \beta_0 + \beta_1 Serv_{it} + \beta\, Controls + v_i + v_t + \varepsilon_{it} \tag{10}$$

$$GVC\text{-}P_{it} = \beta_0 + \beta_1 IV\text{-}Serv_{it} + \beta\, Controls + v_i + v_t + \varepsilon_{it} \tag{11}$$

其中，下标 i 表示行业，t 表示年份。被解释变量 $GVC\text{-}P_{it}$ 表示我国第 t 年 i 行业的价值链地位指数；（10）式检验制造业服务化程度对提升我国制造业国际分工地位的影响程度，解释变量 $serv_{it}$ 表示第 t 年 i 制造部门出口的服务化程度，即增加值法测算的行业出口中的服务增加值占比；（11）式检验我国制造业出口间接增加值中的服务含量对制造业价值链地位的影响程度，其中 $IV\text{-}serv_{it}$ 表示行业出口中间接增加值中的服务贡献；Controls 包括行业资本密集度（lnkl）即行业固定资产年平均余额与就业人数之比；研发投入（lnrd）即行业研发经费支出，外商资本占比（foreign）即外资与港澳台企业总产值与行业总产值之比。v_i、v_t 分别表示行业、年份固定效应，ε_{it} 为随机扰动项。

2. 变量数据来源

测算国际分工地位指数及分解服务增加值的数据来源于 WIOD 世界投入产出数据库，年份跨度从 1995 至 2011 年，行业细分为 14 个制造行业及 18 个服务行业。控制变量方面：资本密集度、外商资本占比的数据来自《中国统计年鉴》与《中国工业经济统计年鉴》，研发投入数据来自《中国科技统计年鉴》。

（二）实证结果与分析

1. 总体及不同来源的服务投入的影响分析

表 2 显示制造业出口服务化对其国际分工地位的面板数据回归结果。考虑到内生性及自相关可能对结果造成的影响，经豪斯曼检验选择固定效应模型。

结果显示，出口的服务增加值含量对制造业分工地位的影响系数在 1% 水平上显著为正，可见出口服务化对我国制造业的国际分工地位提升有积极作用。控制变量中，资本密集度的影响系数为负，说明资本的聚集至少对部分制造业的分工地位提升有一定的阻碍作用，这与一些制造业的过度投资以及资产流动受阻有关；研发投入对制造业国际分工地位的影响不显著，说明知识、人力资本与技术研发对制造业的产品内涵以及价值创造能力乃至价值链地位攀升具有促进作用，但在我国最终转化为生产力并提高劳动生产率的能力受限，这也与我国知识产权保护制度的不完善有关；外商资本占比的回归系数不显著，这可能与外资给我国带来知识溢出的同时也不可避免的挤占我国国内市场并与本土企业竞争资源造成的复杂影响有关。

表 2　基准回归

GVC-Position	（1）	（2）	（3）
服务投入贡献（Serv）	0.0552***		
	（4.44）		
国内服务投入（DV-Serv）		0.0557***	
		（4.41）	
国外服务投入（FV-Serv）			0.0185**
			（3.61）
资本密集度（lnkl）	−0.0011***	−0.0011***	−0.0014***
	（−7.76）	（−7.59）	（−5.83）
研发投入（lnrd）	−0.0025	0.0001*	−0.0139**
	（−1.48）	（0.02）	（−5.07）
外商资本占比（foreign）	0.0381	0.0466	−0.0563
	（1.03）	（1.23）	（−1.58）
常数项	−0.1032***	−0.1013***	−0.0608**
	（−5.87）	（−5.38）	（−2.21）
年份固定效应	是	是	是
行业固定效应	是	是	是
R^2	0.4767	0.4648	0.3629

注：( ) 内为 t 统计量；*、**、*** 分别表示在 10%、5%、1% 水平上显著；Hausman 检验的原假设是固定效应和随机效应的估计系数无系统显著差异。

区分服务中间投入的不同来源，分别考察国内服务投入与国外服务投入对我国制造业国际分工地位升级的影响。结果显示，国内、外服务投入对我国制造业国际分工地位均有正向影响，但国内服务投入比国外服务投入的影响更显著。一种解释是现阶段我国制造业较多地依赖实物、劳动等中间投入，对高级生产要素的需求较少，而本国的生产性服务投入可以在很大程度上满足生产所需；适当进口高性价比的离岸生产性服务可以在一定程度上提高我国制造业生产环节的效率，但如果大量从国外进口昂贵的生产性服务中间投入，则会增加本国制造企业的运营成本，导致本国产品价格上涨进而利润降低，对制造业价值链地位升级作用具有双面性。

2. 服务投入异质性的影响分析

为分析异质服务投入对我国制造业国际分工地位升级的影响，采取上游度指标将服务中间投入划分为上游生产性服务、中游生产性服务及下游生产性服务。分别分析它们对我国整体制造业及对不同类型制造业分工地位提升的影响程度，回归结果见表3。

表 3　不同类型制造业服务化回归结果

GVC-Position	（1）	（2）	（3）
上游服务投入贡献（U-Serv）	0.3399*** （4.14）		
中游服务投入贡献（M-Serv）		0.1376** （2.24）	
下游服务投入贡献（D-Serv）			−0.3550*** （−5.67）
资本密集度（lnkl）	−0.0161*** （−3.39）	−0.0227*** （−4.16）	−0.0303*** （−5.94）
研发投入（lnrd）	−0.0009 （−0.33）	0.0049 （1.42）	0.0095*** （3.05）
外商资本占比（foreign）	−0.1000*** （−3.10）	−0.0666* （−1.88）	−0.0353 （−1.08）
常数项	−0.1147*** （−2.94）	−0.0221 （−0.74）	0.0871*** （5.44）
R^2	0.2224	0.1671	0.2815

注：（ ）内为 t 统计量；*、**、*** 分别表示在 10%、5%、1% 水平上显著。

可以看出，上游服务投入对我国现阶段制造业国际分工地位提升的促进作用最显著，中游服务投入的正向作用较显著、下游服务投入的影响系数为负。这说明加强上、中游服务投入有利于我国制造业价值链地位的攀升，而下游服务投入反而会对我国制造业的国际分工地位升级产生抑制作用。对此的解释是中、上游服务有利于增强制造业部门对各种要素的整合能力，促进生产及业务流程改善，优化国内既有要素禀赋与产出组合方式，推动产业内与产业间协同效率及全要素生产率的提高，进而促进其分工地位的提升；而下游服务对制造业环节的贯通和融合作用有限，且大量使用下游服务会与制造业竞争要素资源，降低生产效率，进而抑制制造业国际分工地位的升级。

3. 制造业出口间接增加值中的服务贡献作用分析

由第一部分回归结果可以看出，国内服务投入对我国制造业国际分工地位升级的正向作用更为显著，这一部分进一步考察我国制造业出口间接增加值中的服务贡献的作用，并分析细分不同上游度的服务间接增加值贡献的作用程度。表4第一列为服务投入的间接增加值贡献对我国制造业整体价值链地位升级的作用的回归结果，后三列为制造业出口间接增加值的服务贡献与不同上游度服务占比交互项的作用。

表 4　制造业出口间接增加值中的服务投入作用

GVC-Position	（1）	（2）	（3）	（4）
服务投入的间接增加值贡献（IV-Serv）	0.5696*** （5.07）			
服务投入间接增加值贡献与上游服务贡献交互项		1.2050*** （7.15）		
服务投入间接增加值贡献与中游服务贡献交互项			0.7860*** （4.52）	
服务投入间接增加值贡献与下游服务贡献交互项				−1.0221*** （−3.10）
控制变量	是	是	是	是
常数项	−0.0717** （−2.78）	−0.0670*** （−3.49）	−0.0297 （−1.49）	0.0631*** （3.82）
R^2	0.2581	0.3447	0.2362	0.1889

注：（ ）内为 t 统计量；*、**、*** 分别表示在10%、5%、1% 水平上显著。

首先，出口间接服务增加值中的服务投入贡献对我国制造业的国际分工地位提升有显著正向作用。这说明我国制造业出口到世界的服务间接增加值能显著提高该出口部门的价值创造能力，改善投入产出关系，增加其前向价值链参与度，进而提高我国出口制造业的国际分工地位。

其次，观察制造业出口间接增加值的服务贡献与不同上游度服务占比交互项的作用。上游服务投入、中游服务投入与制造业出口间接增加值的服务贡献的交互项影响系数均显著为正，说明上、中游服务投入的间接增加值贡献对我国制造业价值链地位升级均有显著正向作用。这是由于制造业出口间接增加值中的上、中游生产性服务投入可以为其提供技术援助、运输、分销及资金支持等，贯穿制造产业链的前后向生产环节；该类服务贡献可以有效增加我国制造业出口产品的附加值及其对直接和间接进口国前向产业的供给能力，进而促进其分工地位的提升。下游服务投入与制造业出口间接增加值中的服务贡献交互项的作用显著为负，说明下游服务投入间接增加值贡献对目前我国制造业价值链地位升级有一定消极作用。如前所述，下游服务对制造业前向价值链延伸的促进作用有限，其在一定程度上削弱了服务间接增加值对制造业价值链地位升级的软性作用。

因此，在利用服务投入促进我国制造业价值链地位持续升级的实践中，我们应注重上、中游生产性服务的良性发展及其在制造业生产环节中的有效利用，同时要适当减少下游生产性服务在生产环节中的低效使用，保证制造业与生产性服务的融合与协同发展。

四、结论与政策启示

由以上分析可知，服务化对我国制造业国际分工地位的提升有普遍正向作用，其中国内服务投入相比国外服务投入的正向作用更明显。其次，上、中游服务投入对我国制造业国际分工地位升级都有显著促进作用，而下游服务投入在一定程度上对我国制造业的国际分工地位升级有抑制作用。最后，制造业出口间接增加值的服务贡献对我国制造业国际分工地位升级有显著正向作用，且上、中游服务间接增加值在其中起到重要的作用，下游服务间接增加值起到一定反向作用。

　　基于此，可得出以下政策启示：首先，我国要优化制造业和服务业的内部产业结构，适当加大国内生产性服务的投入，控制对国外生产性服务的过分依赖，保证服务业与制造业的协调发展。其次，由于上、中游生产性服务，如商务活动、运输、金融服务等可以为制造业提供智力支持、技术援助、资金支持等，与制造业形成良性互动并增加前向价值链贡献能力，我国应进一步提高这些生产性服务的供应数量和质量，并着力发展研发、设计、信息、咨询等新兴服务，形成价值网络以提高中间品供应质量并降低制造业生产成本，进而促进制造业其国际分工地位的提升。再次，对于不同类型制造业有侧重地提供差异化的生产性服务，以中间投入的对症下药促进制造业围绕产品功能的业务拓展，并增强出口的多样化与个性化。最后，在加强对本国上、中游生产性服务有效利用的同时，应减少区域间的要素流动障碍，通过对薄弱服务业领域的开放及人才的吸引和培养，学习、吸收世界优质的服务要素及管理经验，寻找促进其与制造业良好互动的可行路径。

参考文献

[1] 陈丽娴，2016 :《生产性服务业对制造业出口竞争力的促动效应研究——基于中间投入视角的分析》,《上海经济研究》第 2 期。

[2] 陈秀英，2016 :《制造业投入服务化对制造业价值链攀升影响的实证研究》,《经济问题探索》第 7 期。

[3] 高传胜、刘志彪，2005 :《生产者服务与长三角制造业集聚和发展——理论、实证与潜力分析》,《上海经济研究》第 8 期。

[4] 胡昭玲、夏秋、孙广宇，2017 :《制造业服务化、技术创新与产业结构转型升级——基于 WIOD 跨国面板数据的实证研究》第 12 期。

[5] 江静、刘志彪、于明超，2007 :《生产者服务业发展与制造业效率提升——基于地区和行业面板数据的经验分析》,《世界经济》第 8 期。

[6] 李惠娟、蔡伟宏，2016 :《离岸生产性服务中间投入对制造业生产效率的影响——基于全球价值链视角》,《宏观经济》第 3 期。

[7] 刘斌、魏倩、吕越、祝坤福，2016：《制造业服务化与价值链升级》，《经济研究》第 3 期。

[8] 吕云龙、吕越，2017：《制造业出口服务化与国际竞争力——基于增加值贸易的视角》，《国际贸易问题》第 5 期。

[9] 彭水军、李虹静，2014：《中国生产者服务业——制造业与出口贸易关系的实证研究》，《国际贸易问题》第 10 期。

[10] 杨玲，2016：《生产性服务进口复杂度及其对制造业增加值率影响研究——基于"一带一路"18 省份区域异质性比较分析》，《数量经济技术经济研究》第 2 期。

[11] 张月友，2014：《中国的"产业互促悖论"——基于国内关联与总关联分离视角》，《中国工业经济》第 10 期。

[12] 张志醒、刘东升，2018：《生产服务化与制造业转型升级》，《产业经济》第 1 期。

[13] CHEN Xikang, Leonard K. CHENG, K. C. FUNG and Lawrence J. LAU, 2007. "The Estimation of Domestic Value-Added and Employment Induced by Exports: An Application to Chinese Exports to the United States."

[14] Guillaume Daudin, Christine Rifflart, and Danielle Schweisguth, 2009. "Who Produces For Whom in the World Economy?" Observatoire Francais des Conjonctures Economiques, No.2009 -18

[15] Jens Arnold, Beata S. Javorcik, and Aaditya Mattoo, 2007. "Does Services Liberalization Benefit Manufacturing Firms? Evidence from the Czech Republic." World Bank Policy Research Working Paper 4109.

[16] Lanz Rainer, Maurer Andreas, 2015. "Services and global value chains: Some evidence on servicification of manufacturing and services networks." WTO Staff Working Paper, No. ERSD-2015-03.

[17] Magnus Lodefalk, 2012. "The Role of Services for Manufacturing Firms' Exports." Magnus Lodefalk Economics, ISSN 1403-0586.

[18] Molly Lesher, Hildegunn Kyvik Nordås, 2006. "Business Services, Trade and

Costs." OECD Trade Policy Papers No. 46.

[19] Neil Foster, Robert Stehrer, and Gaaitzen de Vries, 2011. "Patterns of net trade in value added and factors." The Vienna Institute for International Economic Studies (wiiw) Rahlgasse 3, A-1060 Vienna, Austria.

[20] Robert Koopman, William Powers, Zhi Wang, and Shang-Jin Wei, 2010. "Give Credit Where Credit Is Due: Tracing Value Added in Global Production Chains." NBER Working Paper No. 16426.

[21] Satoshi Inomata, 2008. "A New Measurement for International Fragmentation of the Production Process: An International Input-Output Approach." IDE Discussion Paper No. 175.

[22] Sébastien Miroudot,, Charles Cadestin, 2017. "Services In Global Value Chains." OECD Trade Policy Papers No. 197.

[23] Zahir Ahamed, Takehiro Inohara, Akira Kamoshida, 2013. "The Servitization of Manufacturing: An Empirical Case Study of IBM Corporation." International Journal of Business Administration, 4(2) : 8-26.

贸易强国评价指标体系和出口动态预测研究

郭永泉

摘要：本研究构建出一组贸易强国指标评价体系，分为四个方面、20 个指标、58 项标准。区分定量、定性、条件、质量等因素，对贸易强国的指标内涵、评价方法、当前现状和实施路径开展论证。外贸出口作为关键数量指标，需要开展动态预测。提出构建"外贸出口动态预测指数"的思路和方法，在现有分项指标基础上开展指数编制，经验证该指数可靠可用。

关键词：贸易强国；评价指标；出口动态；预测指数

党的十九大指出，"拓展对外贸易，培育贸易新业态新模式，推进贸易强国建设。"我国"十三五"规划纲要提出，要加快建设贸易强国，推进中国从"贸易大国迈向贸易强国"。商务部研究报告《后危机时代中国外贸发展战略研究》，提出到 2030 年初步实现贸易强国目标的时间表和路线图。建设贸易强国作为国家的重大决策导向，引发多方面关注和研究。各界的共识是，目前我国已经是贸易大国，正在向贸易强国发展。但是关于贸易强国的概念和内涵却存在不同理解，很多研究从不同角度进行了阐述。然而，对贸易强国的评价要客观全面：既要定量，也要定性；既要把握数量因素，也要把握条件因素和质量因素；既要开展静态总结，也要开展动态预测。循此思路，本文建立了评价指标体系，同时对外贸出口提出一种动态预测方法。

一、贸易强国的评价指标体系

贸易强国是一个历史的、相对的、动态的概念，不同时代、不同国情条件下，贸易强国的内涵也各不相同。随着国内国际形势的变化，对贸易强国的

---

*作者简介：武汉海关副调研员。

评价也有新标准，对中国所追求的贸易强国目标也有新的路径认识（裴长洪，2017）。当前，经济全球化推动了国际贸易快速增长，以跨国公司为主体的全球性垂直专业分工，推动形成了新的全球价值链，在中间产品多次跨越国界的情况下，生产分工与贸易的边界很难再按原产地进行区分，过去的比较优势、要素禀赋、规模经济、产品差异化理论已经不能很好地解释当前的国际贸易。因此，必须充分考虑贸易的复合因素，建立新的评价指标体系。

近些年来，各界对贸易强国有不同的解释。Robert T. Kudrle（2012）以OECD 为例分析全球经济治理中的话语权问题，Jay Squalli 和 Kenneth Wilson（2011）对贸易开放度的测度方法进行研究，Olivier Cattaneo et al.（2010），Robert C. Feenstra 和 Shang-Jin Wei（2010）等从价值链角度分析中国在全球贸易中的地位。李钢（2010）、张鸿（2010）、黄锦明（2007）、杨圣明（2011）、盛斌（2015）也对此开展研究，认为贸易强国评价指标体系包括贸易规模、贸易结构、科技含量、国际竞争力、营商环境、话语权标准、跨国公司总数、抵御风险能力等。赵蓓文（2013）总结了贸易强国的数量和质量标准，裴长洪（2017）构建了贸易强国的共性和特性指标并进行实证分析，筛选出贸易强国类型，提出我国的建设路径。

在总结分析以上论述的基础上，可以认为，评价贸易强国应当从定量和定性两方面建立指标体系。贸易强国是数量、质量、条件的结合，其中数量是成果，质量是保障，条件是支撑。三者的结合可以称之为贸易效益。贸易强国就是贸易效益达到很高水平的国家。如果只有贸易数量，而没有条件和质量，那就只能成为贸易大国；如果只讲贸易质量，没有条件的优化，没有数量作为结果，也只是书本上的"空谈强国"。只有三者结合才是真正的贸易强国。同时，关于数量指标，也应当区分主次。为此，建立了一个包括四个方面 20 个指标的评价体系，并提出共计 58 项评价标准（表 1）。

表 1　贸易强国指标评价体系

序号	类型	指标	评价标准
1	定量 - 关键	贸易出口	①总量较大，居世界前两名； ②占比较大，占全球 5% 以上； ③保持一定程度的相对顺差； ④出口信心强，具有动态预测指数。

续　表

序号	类型	指标	评价标准
2	定量－重要	贸易进口	①总量较大，居世界前两名； ②占比较大，占全球 4% 以上； ③进口针对性强，具有动态预测指数。
3	定量－重要	贸易结构	①贸易总量占 GDP 比例（外贸依存度）适中； ②进口和出口比例（顺差）适中； ③服务贸易占比适度提高； ④技术和资本密集型产品占比适度提高；
4	定量－重要	贸易增值	①对外贸易中的获益程度高； ②在国际分工中的要素投入收益高； ③出口产品中的国内增加值高。
5	定性－条件	贸易市场	①市场在资源配置中起决定性作用； ②市场主体公平竞争； ③宏观调控政策准确有效。
6	定性－条件	贸易管理	①拥有现代化治理体系和能力，建立公正透明的贸易法律体系； ②关税和进口税维系在合理水平； ③形成统一完善的社会诚信环境。
7	定性－条件	贸易开放	①形成全面开放格局，区域开放条件均等； ②自贸试验区制度创新和复制推广效果好； ③自贸港作为最开放功能区对接国际标准。
8	定性－条件	贸易便利	①贸易便利化程度高； ②口岸通关效率高，实施一站式、一体化作业； ③通关规则公开透明，企业合规成本低； ④配套的物流、展示、仓储等服务能力强。
9	定性－条件	贸易安全	①有效防控贸易伴生的知识产权、洗钱、污染、文化等安全风险； ②有效防止虚假贸易、走私、逃税、骗税、骗汇等违法违规现象； ③对技术、品牌和知识产权有保护和鼓励机制。
10	定性－条件	贸易创新	①跨境电商、市场采购、外贸综合服务等贸易新业态发展水平高； ②移动互联网、大数据、物联网新技术充分应用于贸易运营和管理中。
11	定性－条件	贸易合作	①签订多双边自贸区协定覆盖主要贸易伙伴； ②合作载体形式包含贸易、投资、金融等方面； ③贸易便利和安全的合作相互惠利，执法互认。

序号	类型	指标	评价标准
12	定性－条件	贸易规则	①拥有国际贸易制度性话语权； ②在主要国际组织中有影响力； ③在贸易标准或议题中有发起和主导作用。
13	定性－条件	贸易维权	①在反对贸易保护主义、霸权主义、技术壁垒、竞争政策等方面发挥国际表率作用； ②灵活有效地开展贸易救济和权益保护； ③预期性开展国际贸易调节和诉讼。
14	定性－质量	贸易影响	①融入世界市场程度深，配置全球资源能力强；②以高级要素为基础参与国际分工，在全球价值链（GVC）中占有主导或高级地位；③区域性的贸易分散度和覆盖度好。
15	定性－质量	贸易投资	①贸易投资融合程度深，区域对应性好； ②跨国生产能力、国际运输能力、国际营销能力强，能够就地组建价值链； ③能够开展跨国资本流动和跨国并购，对外直接投资（OFDI）的国际占比高。
16	定性－质量	贸易主体	①拥有一批世界级跨国公司和品牌企业； ②世界五百强企业数量多； ③贸易主体多元均衡，国有企业、外资企业、民营企业和小微企业都有贸易贡献。
17	定性－质量	贸易产业	①关键产业国际竞争力强，对 GVC 有主导能力； ②关键产业创新能力强，专利技术出口和服务出口在国际上占比高。
18	定性－质量	贸易产品	①出口产品中高技术、关键零部件占比高； ②形成一批拥有自主品牌的出口产品； ③通过贸易调节国内市场资源原料和供需产品的能力强。
19	定性－质量	贸易价格	①对规模化的贸易产品拥有定价权或影响力； ②可比条件下出口价格高于进口价格（净价格贸易条件指数高）； ③拥有一定数量的国际商品定价载体（期货交易所或权威价格指数）
20	定性－质量	贸易结算	①拥有现代化发达金融市场体系，具有强大的外汇储备和货币调节机制； ②本币成为世界硬通货，流通和结算范围大； ③本币拓展国际投资、储蓄和债券等功能。

二、对评价指标体系的论证

（一）定量－关键指标：贸易出口

作为贸易强国，需要有一个关键性的数量指标。之所以选择贸易出口指标而不是其他指标，是因为外贸出口最能够反映一个国家基本的经济活跃度和对世界市场的贡献度。无论经济形势如何变化，外贸出口始终代表着一国经济发展的成果。对于国内而言，作为需求侧"三驾马车"中最具活力和弹性的部分，拉动生产发展和要素配置；对于国外而言，贸易强国必然通过对国际市场的大量供给，体现自身的经济影响和价值输出。而且从动态的角度看，一国经济的持续增长必然伴随着对外贸易总额的增长，贸易强国的前提必然是贸易大国，其贸易份额必然在国际贸易中占有比重大。

中国几十年来的外贸发展也多归功于出口的带动。即便当前有诸多观点认为，中国出口"量高质低"而主张用顺差值、贸易总值替代出口值作为强国评估标准，也应当加以辩证分析：首先，因为全球价值链下的国际分工转移，我国的贸易增量很多是其他国家产业转移以及跨国公司全球布局的结果，如果简单以进出口相加来计算贸易总值，或以进出口相减来计算贸易顺差，必然把很多中间品价值反复统计，不能真实反映我国的经济发展实力；其次，我国是贸易大国条件，外贸出口具有对国际市场的影响和适应双重属性，在长时间内，受市场供需影响，能够实现质量升级和结构优化。所以，以贸易出口指标作为贸易强国的关键指标，不仅有历史经验支撑，也符合我国新时代定位和未来发展趋势。2017年，我国外贸出口15.33万亿元，增长10.8%，保持中高增速的同时连续9年稳居世界第一，为建设贸易强国奠定了坚实基础。在这种形势下，更需要巩固和积累发展优势，实现出口量的稳中求进，带动其他重要指标以及贸易条件、质量的改善。

值得说明的是，一般讲出口指标，指的是对一段时间出口事实的总结和归纳；但在贸易强国的语境中，出口指标还应当包括对发展趋势的动态预测，并建立相应的分析指数。关于此方面的研究在目前还比较少见，属于薄弱环节。

（二）定量 – 重要指标：贸易进口，贸易结构，贸易增值

作为贸易强国，还包括各方面的综合数量指标，重要的有三个指标，即贸易进口、结构和增值。这三个指标是对贸易出口指标的补充和印证，从不同方面间接反映一国的经济实力和经济效率，体现贸易的平衡性、灵活度和创造力。之所以这三个指标是重要指标而不是关键指标，基于三点考虑：其一，进口指标反映的国外市场对国内市场的要素补充或产品供给，一般意义上将其作为 GDP 和出口的扣减值；其二，结构指标是国内各种要素的组合结果以及国内外市场的互动关系，其结果最终作用于国内经济增值或者出口规模上，也可以理解为贸易质量上的一种数量表达；其三，增值指标存在客观上的计量困难，其结果更多作为参考之用，研究价值大于决策价值。

对这三个指标的评价必须结合具体国情和时代条件加以理解，并不是规模越大越好，也不是数值越高越好。比如在贸易结构上，顺差应当有一个适度性。顺差太大，反映进出口在价值链的跨度大，对技术的引进不足，影响产业结构调整和后续发展；顺差太小或者是逆差，反映吸收国际资源供给量大，对国内经济产生排挤现象，存在不确定风险。又比如，服务贸易占比适当提高，反映产业结构的现代化趋势，但是占比过高则反映实体经济特别是制造业的走弱，不符合我国制造大国的阶段性定位。对于贸易增值的计算，也不能简单用出口总价值减去直接投入物，这种方法不仅漏计国内相关中间货物和服务，还笼统估计了垂直贸易链条中每一步骤的净额，使得贸易增值被高估或低估。国际上比较通行的增加值计算法包括总贸易核算法，投入产出数据表法，国际收支核算法，直接投资和属权贸易统计法等，但由于全要素分工收益的环节太复杂，目前只能对样本商品进行测算，所以只能作为贸易强国的参考值。

依据此三指标衡量我国当前的贸易现状，仍处于贸易大国阶段，而非贸易强国。一是贸易结构并不合理。我国服务贸易长期有逆差，服务出口占总出口的比重只有 9.1%，相比货物贸易发展不充分，大部分生产性服务都依赖进口。货物出口中机电产品、劳动密集型产品仍是主力，高新技术产品占比不够高。二是贸易出口中的增加值和获益程度都低于西方发达国家。国际分工体系中各国要素投入不同，体现在贸易出口中的增值和利益分配也不同，实际上外

国资本和技术有较大的边际增值，获得了超高收益，而中国的劳动、土地收益相对较低。据统计，中国出口的国内增加值率为67.84%，低于美国和日本高达84.97%和85.32%的指标。因此，我国还需要增进外贸发展新动力，推动实现结构升级、动能转换，由大数大量、大进大出向优质优量、优进优出转变。

（三）定性－条件指标：贸易市场，贸易管理，贸易开放，贸易便利，贸易安全，贸易创新，贸易合作，贸易规则，贸易维权

这九个指标构成贸易条件，反映的是一国引导经济贸易健康快速增长的体系，特别是一国政府运用法制、规则营造发展环境的体系，体现国家对国内市场的调控和规则能力、对国际市场的塑造和影响能力，这都是贸易强国的典型特征。贸易条件完善、体系全面、能力强大，则对本国贸易乃至世界贸易发展产生巨大的推动力，这是贸易强国的责任担当。以最优贸易政策的经济学理论进行解释，一个国家建设贸易强国的过程，就是不断追求贸易条件的最优化。

贸易条件中的部分构成要素，在过往有研究将其视为贸易质量，这是有区别的。贸易条件体现为原因，贸易质量体现为结果，只有改善条件才能提高质量，这也是贸易强国建设中的因果关系。另外，有观点将一些定性指标进行量化处理，这也有失妥当。比如，对于贸易便利，多有定量方式的研究，将我国贸易条件与其他国家作横向对比，得出我国贸易不够便利的结论。其实，各国国情与经济政治体制有巨大差别，简单比较并不客观。比如，世界银行发布的2018年各国营商环境报告，我国仅居78名。但仅就跨境交易这一指标，就没有考虑我国与其他国家的制度差异：我国的通关申报中不设置发出港舱单申报环节，多数通关在非自贸区进行，长期以来口岸多部门并联申报。如以美欧通关制度作为衡量样板，必然误判为我国跨境交易的时间相对较长。又比如，对国际规则的塑造力，也不能简单以签订自贸协定的多少进行衡量，而应该看与主要贸易伙伴的覆盖率以及协定的优惠幅度和范围。所以，对于贸易条件指标应当依实情定性，而非简单定量。

对照指标判断现状，我国的贸易条件有优有劣。一方面，我国根据新时代特征和新"两步走"现代化强国建设战略，坚持新发展理念，以供给侧结构性改革为主线，构建全面开放新格局，全面优化了贸易条件。特别是推进"一带一路"建设，加强多双边自贸区协定合作，为国际经贸合作提供中国方案，贡献中国智慧，日益走近世界舞台中央。开展自贸试验区和自贸港建设试点，创新和复制推广先进贸易制度。结合产业转型转移，实现国内各区域市场联动、动能转换和要素流通。加快创新型国家建设步伐，升级物流基础设施，推行全国通关一体化，国家总体贸易条件实现升级。另一方面，我国贸易条件中还有不少短板，比如，市场的自发调节作用还比较滞后，区域之间、企业主体之间、贸易国别之间还不够平衡。治理体系仍在建设中，海外投资法、税法等重要法律有缺，社会诚信水平不高。我国在 WTO、IMF 等国际组织中话语权还不够多，尚缺乏支配国际贸易的方案和议题，而且频繁遇到其他国家的贸易调查和保护主义，关于技术转让、知识产权的争议很大。贸易安全因素也比较多，虚假贸易、环境污染等贸易渠道伴生风险较大。因此，我国的贸易形势是挑战前所未有，机遇也前所未有。这种"利弊相依"的认识论相应得出"稳中求进"的方法论。"稳"意味着扭转不利条件，坚持开放引领，坚持互利共赢，奠定后发基础；"进"意味着厚植发展优势，实施创新驱动，全面深化改革，实现发展突破。

（四）定性－质量指标：贸易影响，贸易投资，贸易主体，贸易产业，贸易产品，贸易价格，贸易结算

这七个指标反映的是贸易质量。贸易质量可描述为贸易成本和贸易效果的比较，在微观上只是贸易产品的优劣程度，但在宏观上可视为一国贸易过程和结果的优劣程度，是衡量一国通过贸易方式实现经济价值的指标体系，当然是贸易强国的重要标志。贸易质量很难用直接的数量指标体现，但因为有明显的相对性、时效性和递进性，可以通过比较的方式确认质量的高低。国别之间、不同时段之间，贸易质量都有不同的表现方式。作为贸易强国，其贸易质量相对其他国家更好，而且处在不断的改善过程中。

对贸易质量的评价一直存在争议。以往讲贸易强国，一般针对最终产品质量，但随着 GVC 贸易逐渐占主导，能否占据 GVC 引领性关键位置，能否在

GVC 某个环节具有比较优势则是贸易强国更重要的质量指标，这就需要具备在全球范围内综合性配置资源的能力。这种能力不是简单的国际交换，更多取决于跨国生产、国际营销等，也就是资本的跨境流动，主要通过对外投资和跨国公司方式实现。在现代经济体系下，贸易强国不仅是贸易输出国，更是资本输出国。贸易强国通过将资本和劳动密集型环节转移到其他国家，自身保留价值最高、技术最好的部分，从而实现"一石三鸟"之效果：提升贸易数量、实现价值链利益最大化、维系出口产品结构的不断升级。同样地，贸易强国的货币影响和价格影响也不亚于贸易影响：本国货币具有广泛的世界流通能力，具备结算、投资、储蓄、债券等国际金融功能；本国还应具备与贸易量相应的价格决定权，出口相对进口的价格要更高一些。

对照指标判断现状，我国的贸易质量也是优劣并存。好的方面有：我国较早参与全球化进程所积累的经济、技术基础，使得我国具备在特定区域内占据较高附加值环节的可能；我国已经与多数贸易伙伴国家建立了固定销售网络和互补关系，我国质优价适的消费品、工程机械、轨道交通等产品在国际市场占有率高；我国已经有一批有国际竞争力的行业和企业，比如高铁、核电、建筑等，积累了国际化经营的宝贵经验；自主创新能力逐步提高，世界知识产权组织报告显示，我国创新环境全球排名已升至 29 位；人民币已经加入 SDR 并在国际贸易结算中的份额日益扩大。不足方面有：在美国、欧盟等发达地区市场的融入程度还不够，配置资源更多在低端产业和发展中国家；贸易主要对发达国家，投资却主要对欠发达地区，匹配度需要提升；我国的大型企业盈利能力较低，知名品牌少；目前的出口产品多处于价值链中低端；对各种大宗商品甚至主产的稀土产品都缺乏定价权；人民币主要流通和于周边国家地区，规模还不大。因此，我国在贸易强国建设中需要推进质和量的统一，强化质量工程，加快培育外贸竞争新优势，让市场主体在竞争合作中发展壮大，使各类要素在市场规则下优化组合，最终推动贸易由大转强，以质促量。

通过四个方面指标体系的论证，我国建设贸易强国的目标是清晰的，过程是可控的。同时，这些指标本身也可以转化为实施路径，为我国从贸易大国迈向贸易强国作出详细规划。需要注意的是，关键性的数量指标中，外贸出口的动态预测非常重要，能够衡量贸易强国建设的连续性、预期性，兼具理论意义和实践价值。但目前此方面成果少见。

三、外贸出口动态预测指数

（一）指数的提出

在建设贸易强国的过程中，对外贸出口实施准确的动态预测尤为重要，有助于对出口形势进行研判分析，提升宏观决策的预见性、前瞻性和针对性。本文提出一种预测指数的构想——"外贸出口动态预测指数"。该指数是一个对未来 2-3 个月出口形势具有提前预测预警作用的月度综合指数，数值大小与外贸形势兴衰成正相关关系。其经济含义在于，通过月度间数值的比较，该指数变大，表明外贸出口形势趋于景气；数值变小，表明出口形势越不乐观。

构建"外贸出口动态预测指数"的基本思路是：考虑到影响外贸出口的因素复杂多样，因而需构建涵盖各影响因素的分项指标体系，通过统计方法由分项指标汇总合成最终指数。指数体现几个原则：一是全面性。综合考虑国外市场需求、国内吸收外资等影响外贸出口的多种因素，指标来源注重统计数据的多样性。二是权威性。指数专门针对出口领域和出口企业情况编制，在方案设计和样本选取等方面，最大限度地利用现有的数据资料发布机制，分项指标均采取权威部门发布、社会认可度高、与外贸出口直接相关的统计数据。三是实用性。指数的分项指标通过稳定方便的渠道直接获取，或通过计算获得，其统计处理过程尽管复杂，但最终以一个数值作为表现形式，各月之间的数值大小可以比较，既能为宏观调控提供依据，也能为企业调整经营策略提供参考和指导。

（二）指数的分项指标

综合以上原则，经过定性和定量分析，选取 6 个分项指标纳入外贸出口动态预测指数指标体系（图 1）。

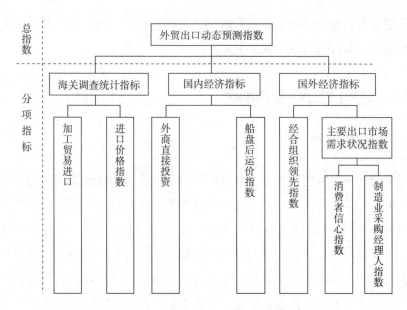

图1　外贸出口动态预测指数指标体系结构

1. 加工贸易进口（prorate）

加工贸易是将进口原材料或零部件加工成成品后复出口的一种贸易方式。2017年，加工贸易占当年我国出口总值的比重高达43.6%。由于加工贸易具有"先进口、后出口"的自然属性，其进口可作为其出口的预测指标。加工贸易进口指标由海关总署按月编制发布。

2. 进口价格指数（price）

进口价格指数是反映进口商品价格变动趋势及幅度的统计指标。研究表明，国际市场商品价格经由进口价格依次传导到国内工业品出厂价格和国内居民消费价格，并最终影响到未来一定时期出口商品的成本和价格。进口价格指数由海关总署采用"单位价值法"按月编制发布。

3. 吸收外商直接投资（fdirate）

外商直接投资（FDI）是我国外贸出口的主力军，2017年占我国外贸出口总值的43%。通常投向制造业的FDI将形成生产能力，促进出口。我国吸收外商直接投资月度情况由商务部统计发布。

4. 船舶运价指数（shipcost）

运价指数是出口市场景气程度的重要判断依据，一般采用波罗的海干散货指数（BDI）。该指数是航运业的经济指标，由几条主要航线的即期运费加权计算而成，反映的是即期市场的行情和运费价格的高低。BDI 由波罗的海航交所每日公布。

5. 经合组织领先指数（cli）

世界经济发展状况是我国出口的重要拉动力量。目前研判世界经济最权威的领先指标是经合组织（OECD）依据美、德、法、日本等 34 个成员国及选取的其他样本国家国民经济各领域的指标数据构建的、反映世界宏观经济发展周期的合成领先指标（CLI）。该指数由经合组织每月发布。

6. 主要出口市场需求状况指数（mainmar）

主要出口市场需求状况是我国出口的决定性影响因素，主要包括其生产投资和消费两个方面。根据国际通行做法，分别将制造业采购经理人指数（PMI）和消费者信心指数（CCI）作为衡量生产和消费前景的主要经济指标。按照我国出口主要市场流向，重点选取美国制造业 PMI（由美国供应管理协会（ISM）每月初公布）、美国消费者信心指数（由 The Conference Board 按月发布）纳入指标体系。

（三）外贸出口动态预测方法

对外贸出口动态进行预测的过程，其实就是生成预测指数的过程。本文基于 2015 年 1 月至 2017 年 12 月的指标数据，开展动态预测。分为以下几步：数据预处理；因子分析；指数生成；指数检验。如图 2。

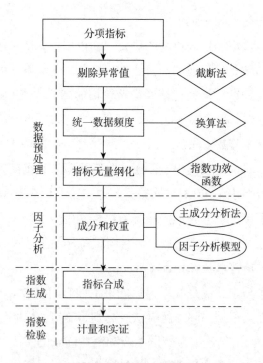

图 2　外贸出口动态预测指数编制流程图

根据因子分析结果所赋权重，将现有指标汇总合成为总指数（表 2）。这即是每月的"外贸出口动态预测指数"。

表 2　2015 年 1 月至 2017 年 12 月现有指标合成的指数

时　间	指　数	时　间	指　数	时　间	指　数
2015 年 1 月	36.87	2016 年 1 月	30.56	2017 年 1 月	37.33
2015 年 2 月	38.60	2016 年 2 月	30.37	2017 年 2 月	39.27
2015 年 3 月	37.00	2016 年 3 月	28.60	2017 年 3 月	37.80
2015 年 4 月	33.50	2016 年 4 月	31.33	2017 年 4 月	37.97
2015 年 5 月	32.93	2016 年 5 月	30.97	2017 年 5 月	38.37
2015 年 6 月	33.67	2016 年 6 月	30.57	2017 年 6 月	39.36
2015 年 7 月	32.43	2016 年 7 月	31.73	2017 年 7 月	39.90
2015 年 8 月	34.00	2016 年 8 月	32.03	2017 年 8 月	40.03
2015 年 9 月	34.20	2016 年 9 月	33.07	2017 年 9 月	40.40

续　表

时　间	指　数	时　间	指　数	时　间	指　数
2015 年 10 月	33.00	2016 年 10 月	33.20	2017 年 10 月	40.40
2015 年 11 月	31.13	2016 年 11 月	34.83	2017 年 11 月	39.80
2015 年 12 月	30.20	2016 年 12 月	36.07	2017 年 12 月	39.03

依此方法，还可以测算出 2018 年前两个月的指数，分别为 40.40 和 39.80。当然，以后各月的指数也可以计算得出。

（四）指数检验

计量验证。运用格兰杰因果关系检验方法对指数与实际出口增速进行检验，证实其与滞后 2 个月的出口同比增速间存在较强的单向因果关系，即指数是其后 2 个月出口同比增速变动的重要原因。同时，运用向量矩阵模型（VEC 模型）可以构建指数与出口同比增速之间的函数关系，通过指数来预测其后 2–3 个月的出口同比增速。

实证验证。在 2015 年 1 月至 2017 年 12 月的时间序列内，指数和我国外贸出口走势相关度很高。三年内，我国外贸出口出现了先抑后扬的走势，拐点 2017 年 4 月、低点 2016 年 3 月、高点 2017 年 9 月都与指数值对应。而且，2016 年相比 2015 年出口下降 1.9%，2017 年相比 2016 年出口增长 10.8%，这些都可以通过指数的年度累加值得到印证。

以上初步检验表明，按照本方法编制"外贸出口动态预测指数"不仅可行，而且与实际出口结果的吻合度较高，对短期内出口形势的研判具有较好的作用。

参考文献

[1] 裴长洪，刘洪愧：中国怎样迈向贸易强国：一个新的分析思路 [J].《经济研究》，2017,52(05):26-43。

[2] 王直，魏尚进，祝坤福：总贸易核算法：官方贸易统计与全球价值链的度量

[J].《中国社会科学》,2015(09):108-127+205-206。

[3] 王备：经济新常态下的贸易强国评价体系与战略实施路径文献综述 [J].《对外经贸》,2017(02):37-42。

[4] 杨枝煌：中国成为贸易强国的实现路径 [J].《西部论坛》,2017,27(02):72-79。

[5] 郭永泉：论新形势下我国对外贸易的稳中求进 [J].《对外经贸实务》,2017(10):4-8。

[6] 赵玉焕,常润岭：全球价值链和增加值视角下国际贸易统计方法研究 [J].《国际贸易》,2012(12):25-27。

[7] 赵蓓文：实现中国对外贸易的战略升级：从贸易大国到贸易强国 [J].《世界经济研究》,2013(04):3-9+87。

[8] 郭永泉：贸易强国建设路径分析 [J].《发展改革理论与实践》,2018(03):23-26。

[9] 彭非,袁卫,惠争勤：对综合评价方法中指数功效函数的一种改进探讨 [J].《统计研究》,2007(12):29-34。

特朗普政府挑起对华贸易摩擦的原因探析①

刘建江　胡　悦　唐志良*

摘要：特朗普政府上任以来，中美贸易摩擦不断升级，这既是其"美国优先"执政理念之下对中国"战略竞争对手"定位的直接产物，也是基于美国国际经济地位相对下降、对中国崛起所产生的战略焦虑的产物，而中美经贸关系、全球治理由互补性向竞争性转化是直接原因，双边巨大的贸易差额则是摩擦长期存在的基础和借口。由此反映未来中美经贸冲突的长期性和艰巨性，需要中方努力扩大双边互补性经贸领域，通过双边战略协议机制，求同存异，探讨一种新型的战略性竞争关系。

关键词：特朗普政府；对华经贸政策；贸易摩擦；战略竞争对手

一、问题的提出

2018 年以来，愈演愈烈的中美贸易摩擦，不仅体现出与以往政府不同的摩擦程度、广度和深度，而且逐步超越一般的贸易摩擦范畴，体现出一个守成大国向新兴挑战国家实施"新冷战"的遏制色彩。2016 年，美国总统竞选伊始，特朗普就不断宣扬"中国是汇率操控国"，意图对"中国商品征收 45% 的关税"，表达了强硬的对华经贸政策主张。

为化解特朗普总统上任后中美贸易摩擦乃至中美冲突，避免中美贸易摩擦升级，中方不断努力加强沟通与交流，力图缩小双边分歧。2017 年 4 月上旬，

* 作者简介：刘建江，长沙理工大学副院长、教授；胡悦，长沙理工大学研究生；唐志良，长沙理工大学讲师。

① 本文受到教育部哲学社会科学研究重大课题攻关项目：发达国家"再工业化"对中国制造转型升级的影响及对策研究（项目编号：17JZD022）；湖南省教育厅人文社科重点项目"美国再工业化的成效、前景及对中国制造 2025 的影响研究"（16K009）资助。

两国元首成功实现海湖会晤，均表示要扩大互利合作领域，管控分歧，同时宣布在全面经济对话机制（CED）框架下围绕贸易领域的合作展开百日谈判，以缩小双边贸易不平衡，中国"汇率操纵国"的阴影也暂时被挥去①。2017年5月12日，中方公布《中美经济合作百日计划早期收获》，列举了双方达成的10条共识，两国经贸进入一段相对平稳合作期（卢锋，2017）②。2017年11月，特朗普访华，中美就能源、化工、环保、文化、医药待多个领域达成合作协议，订单协议高达2535亿美元，看起来形势向好。

但事实上，随着特朗普执政期的推进，其对华经贸政策的强硬思路却越来越清晰。如下事实显示出美国新一届政府对华经贸政策的强硬对抗性，体现双方贸易摩擦不断升级，"遏制"色彩越来越浓厚：其一，2017年8月14日，特朗普开启对华"301调查"并签署行政备忘录；特朗普总统访华刚回国后即变脸，首次公开宣称不承认中国市场经济地位；其二，2017年12月公布的《国家安全战略报告》中③，将中国与俄罗斯归之为修正主义国家三大类，定位中国为"战略竞争对手"。所谓"修正"，是认定中国的发展要从根本上"修正"美国主导的世界秩序，并试图和俄罗斯一道打造一个"否定美国价值观和利益"的新秩序（黄靖，2018④）。而对中国"战略竞争者"的定位，相当于直接表述了"中国威胁论"，认定中国的发展目标就是要"修正"美国主导的世界秩序；其三，2018年3月以来不断升级贸易摩擦。3月23日，特朗普宣布拟对从中国进口的600亿美元的产品加征关税；4月又提出对从中国进口的1000亿美元的商品加征特别关税的诉求；5月以来双方进行了多轮谈判，至今尚未达成一致协议；其四，2018年3月23日，宣布对中兴通讯实施"制裁论"，拟直接运用芯片禁运手段。2018年4月27日，美国发布的《特别301报告》，将中国列为"重点观察国家"名单，直接表明贸易摩擦向科技摩擦升级。

① 吴心伯：特朗普执政与中美关系走向 [J].《国际问题研究》,2017(02):15–28+121。

② 卢锋：特朗普调整对华经贸政策：手法活,对短期长期利益来者不拒 [EB/OL],2018–01–31。

③ 美国国家安全归之为四大支柱：一是保卫美国国土安全；二是要促进美国繁荣；三是强力捍卫和平；四是要着力提升美国影响力。

④ 黄靖：中美存在根本之争 必须保持战略力量平衡 [N].《环球时报》，2018–02–06(8)。

在这样的大背景下，需要深入透析中美贸易摩擦不断升级的原因，以研判特朗普对华政策的逻辑思路及未来走向，并采取有效应对之策。

二、特朗普实施对华强硬经贸政策的根源：美国国家视角

1. 对华强硬经贸政策是特朗普"美国优先"理念的延伸

（1）"美国优先"的执政理念之下隐含着对华遏制图谋

特朗普总统竞选时所表达的"美国优先"执政理念和"让美国再次伟大"的承诺，激发了美国人的昔日豪情。上任以来，其"美国优先"的执政理念日益清晰化，"让美国再次伟大"的执政目标也日益明确。"美国优先"即"美国利益优先"、"国内优先、经济优先"，进一步实施奥巴马政府以来的全球性"战略收缩"。而全球性"战略收缩"的目的是使政策的着力点转向国内，在涉及税收、贸易、移民和气候等重大政策方面，以美国是否获利为逻辑起点，以更加务实的精神来落实"国家利益至上"。

特朗普的整体执政目标是"让美国再次伟大"，具体目标就是要"使美国再次强大"、"使美国再次富裕"、"使美国再次自豪"、"使美国再次安全"（孙西辉，2017）[①]。这实际上是奥巴马总统提出的让美国再次领导世界一百年"美国梦"的升级版。2017年度，连续发布《国家安全战略报告》、《军事战略报告》和《国防战略报告》，指出美国所要维护的国家利益就是要维护美国国家安全、保持美国的繁荣以及美国在世界上的超级大国地位，其中国家安全包括了经济安全。在此执政理念指导下，总统的第一份行政命令即为宣布退出TPP，2017年6月，宣布退出《巴黎协定》，10月，宣布退出联合国教科文组织，2018年5月8日，宣布退出伊核协议，充分体现了特朗普全球性收缩战略更加务实。有学者将这一系列的举措称之为一种美国式的"韬光养晦"（王修志，2018）[1]。特朗普政府对内、对外政策的调整，实际上是紧紧围绕国家利益至上来入手的。其中对外以遏制中国继续崛起势头为首要目标，通过贸易摩擦、为中国制造2025设置障碍、使贸易摩擦上升到对华技术遏制，等等，这一切都是"美

---

① 孙西辉，吕虹：亚太"双领导"与中美自贸区战略博弈 [J].《现代国际关系》,2017(03):45-52+63。

国优先"执政理念的直接产物。

（2）"遏制"成为特朗普政府对华整体战略定位中的首选战略

20 世纪 80 年代中晚期一直到 21 世纪初期的小布什时代，美国对华实施的主要还是"接触战略"。即通过接触，使中国向美国所希望的方向发生变化，并引导其朝有利于美国利益的方向变化（威廉.佩里，1995）[1]。金融危机后，美国也开始反思对华"接触战略"的效果。2009 年，奥巴马政府上台后，提出"重返亚太战略"，对华接触战略转向"遏制 + 接触"的战略，"接触"强调要通过中美经贸合作、互补与共赢来获得美国最大限度的利益；而"遏制"则隐含要阻断中国经济持续崛起势头的整体战略意图，军事上重返亚太，扰乱东亚一体化进程。2011 年，前美国总统奥巴马在澳大利亚演讲时指出：若拥有 10 余亿人口的中国过上与美国和澳大利亚同样的生活，那将是人类的悲剧和灾难。这既反映了美国对中国崛起带来的冲击的重新认识和担忧，又直接表达了"遏制"战略原因。

不过，奥巴马的"亚太再平衡"还是被认为不够强硬，军事力量投入过少，对中国威慑有限（纳瓦罗，格雷；2017）[2]。特朗普上台后强化了"遏制"因素。2017 年 3 月，美国国会表示"亚太再平衡战略"已正式结束，取而代之的是一种新的对华"遏制 + 接触"战略，其目标有三：维持与中国"接触"中固有的希望，在"接触"中获得更大利益，且"接触"是有利于更深入了解中国，进而能更好地实施"遏制"；阻止中国对亚洲的支配，限制中国权力相对增长；强化"遏制"战略，阻断中国持续崛起势头，防范一个强大的中国挑战美国利益[3]。

特朗普政府"战略竞争者"的定位，进一步强化了美国对华的遏制战略定位，直接表达了"中国威胁论"。由此也表明，美国对华的遏制战略将成为未来相当长时期内的一项战略定位。以此定位为标志，中美经贸及至中美关系的风向发生根本性变化。美国认为，日益上升的中国军事力量一定程度上威胁了

---

① 洪兵.剖析美国利益 [M].北京：世界知识出版社,1999.30。

② 彼得 · 纳瓦罗,亚历山大 · 葛瑞.特朗普的亚太政策前景：实力促和平 [J].外交政策,2016-11-17.（Peter Navarro ,Alexander Gray. Trump's Peace Through Strength Vision for the Asia-Pacific[J]. Foreign Policy,2016.）

③ 扎勒米·哈利勒扎德.乔恒译.遏制加接触,美国对华的新战略 [N].《环球时报》,2017-06-21。

美国，中国整体上对美国的权力、影响力和利益构成挑战，中国经济策略存在对美国的不公平。美国为了其未来的安全，首先要避免被"修正"，从而需要对华实施长期的对抗性、遏制性政策。比照特朗普总统竞选前及上任至今的行动来看，特朗普对华经贸政策由选举时为争取选票所表达的强硬主张到上任初期出现短期的相对缓和局面，而到近期则呈现出越来越强硬化的态势，其对华贸易摩擦的对抗性思路越来越清晰。从战略理念来看，这"美国优先"战略的对外体现，是美国对华经贸政策的重大调整，是美国遏制中国崛起势头的直接手段。2018 年 5 月 3-4 日，美国超级豪华的谈判代表团来华谈判，美方提出的条件就包括：中国立刻停止"中国制造 2025"涉及对包括机器人、航空航天和新能源汽车等多个行业的补贴与支持；中国保证不对美国因知识产权争端采取的措施进行报复，并自 WTO 撤回申诉，等等。这凸显出特朗普政府对华贸易战所体现出的完全不对等的战略企图，直接表达"遏制"性。

2. 对华贸易摩擦反映美国要提升自身国际经济地位的意图

100 余年来，美国已经习惯于世界经济第一的位置，甚至越来越习惯于其世界经济中的绝对龙头地位。不论是谁执政，美国一样不会停止追求世界霸权，只是侧重点和策略的差异。为应对金融危机的冲击，奥巴马政府的战略思路是"国内建设、海外塑造"，意图通过"先内后外"的政策手段，即缩减国防经费，先振兴美国实力，从而强化美国的全球霸主地位[①]。而特朗普强调的是"美国优先"，要使"美国再次伟大"，从经济基础来看，是要逆转过去 20 余年来美国相对地位的下降走势，并寄希望通过重大战略的调整来逆转这一趋势。这一执政目标，实质上反映的是美国要阻断实力与地位下降的趋势（布鲁斯，2017）。

随着美国相对地位的下降，美国经济基础越来越难以维持其原有的地位，美国霸权不断面临冲击。库普乾（2004）认为，以中国为代表的他国崛起与美国经济地位的相对下降，美国所推行的单边主义式，将使美国所想像的的单极世界昙花一现[②]。"9.11"事件标志着美国霸权走下神坛，是美国衰落的标志性

---

① 杨毅：奥巴马政府军事战略走向及其对中美关系的影响 [R]. 北京：社会科学文献出版社，2011.203–212。

② [美] 查尔斯·库普乾，潘忠岐译：美国时代的终结 [M]. 上海：上海人民出版社，2004.24。

事件（Immanuel Wallerstein，2007）①。不少学者认为，2008 年的金融危机加速了美国衰落②。

从具体数据来看，20 世纪 60–70 年代美国 GDP 占世界 GDP 的比重长期在 40% 左右，但 21 世纪以来，这一比重逐步下降，2006 年下降至 26.98%，已经较 1960 年低 12.77 个百分点，到 2016 年下降至 24.48%，较 1960 年下降 15.27 个百分点。与此相对应的是，中国 GDP 由 1960 年的 4.37% 上升到 14.77%，上升 10.40 个百分点。2006 年的中国 GDP 不到美国的 20%，2016 年已上升到 60.32%（参见表 1）。

表 1　中国、美国、世界 GDP 对比（单位：亿美元；%）

世界 GDP 总量		1960 年	2006 年	2016 年
		13667	513640	758480
美国	GDP 总量	543 2.83	138558.9	185669.5
	占世界比重 %	39.75	26.98	24.48
中国	GDP	59.72	27520	111990
	占美国比重 %	10.99	19.86	60.32
	占世界比重 %	4.37	5.36	14.77

数据来源：根据世界银行数据库数据计算整理。

正是基于这样的大背景，美国倍感世界经济绝对龙头地位面临冲击的压力。2014 年 5 月，前总统奥巴马在西点军校演讲时宣称"美国将继续领导世界一百年"，这是美国的底线。从这个意义上来说，特朗普的"使美国再次伟大"是奥巴马"美国梦"的延续。换而言之，两个总统其实不单纯只是继续维护美国世界经济第一的位置，而且是要维持美国绝对领先的地位，要继续长期领导世界，要重新恢复美国二战之后所构建起来的充分体现美国价值观和利益的"霸权"。作为全球性大国，强大的已经习惯于全球化布局的资本集团利益决定了其对全球市场的高度依赖，也必然要求美国要继续保持全球性战略目标。基

① [美] 伊曼纽尔·沃勒斯坦，谭荣根译：美国实力的衰落 [M]. 北京：社会科学文献出版社，2007.1–281。

② JohnGray, "A Shattering Moment in America's Fall from Power", Guardian, 28 September 2008.

于此思路，美国对以往战略进行调整，从经济、安全和社会三个重点领域入手，通过对内、对外政策的调整，来努力实现"使美国再次强大"的执政目标。这是理解特朗普政府通过对华贸易摩擦实施"遏制"战略的基本出发点。

3. 对华贸易摩擦升级是美国战略焦虑的直接表现

二战后，为维持一超独霸局面，美国一直不遗余力对付其他挑战者。比较典型的是，随着前苏联、日本的 GDP 快速逼近美国，美国利用自己的力量优势采取了多种措施来对它们进行了有效遏制。美国认为，一个经济崛起的大国，一定会挑战龙头国家的权威，要获取自身长期可持续发展的空间，必定会争取与自身相匹配的话语权。

现在中国正在快速复兴，于是遏制中国也就成为近 20 年来美国不遗余力的大战略。近 20 年来，我国经济发展迅速，据世界银行报告，2015 年，全球 GDP 总量达 74 万亿美元，美国占比 24.32%，中国占比 14.84%，而排名 3 和 4 的日本、德国占比分别只有 5.91%、4.54%。2017 年，中国 GDP 约相当于美国 GDP 的 63%。对此，早在 2014 年，日本有媒体即指出中美正滑向冲突临界点[①]。在张宇燕（2018）看来，当挑战者达到美国 GDP 的 2/3 时，即达到与美国产生直接冲突的临界点。金融危机之后，中国经济将赶超美国的认识已经成为美国精英们的共识，并产生了一种普遍性焦虑感。Ashley Tellis（2014）在《平衡而不遏制：美国管控中国的战略》中提出，美国主导地位不保将根本上削弱美国的国家安全利益，中国可能成为"世界体系的中心"。世界银行的估测表明，2017 年，世界经济大约增长 3%，2017 年度中国 CDP 占世界比重约为 15.3%，对世界经济增长的贡献率大约为 34%[②]。

在这样的背景，无论奥巴马总统提出的"美国梦"，还是特朗普总统"美国优先"，实际上反映了美国精英们的一种对中国崛起、美国地位相对下降的焦虑感。中国共产党"十八大"以来，习近平总书记提出要实现中华民族伟大复兴"中国梦"的战略构想，体现了中国新一代领导人的执政理念。对于中国梦，美国学者也有一些不同的声音，认为中国梦的实现会导致美国衰落（宗

---

① 日媒：中美正滑向冲突临界点，美必须适当让渡权力 [N].《环球时报》，2014-09-03。

② 李晨赫：中国对世界经济增长贡献率超 30% 意味着什么 [N].《中国青年报》，2018-04-17。

鹰，2013）[1]，或者认为中国梦和美国梦之间不相兼容、难以共存[2]。因此，特朗普总统所宣称"使美国再次伟大"的美国梦，隐含着美国不但要寻找自身经济持续稳定增长的动力，而且必将采取措施，阻断威胁美国龙头地位的挑战者的发展。其中对付中国这一个新的挑战者，阻断或者遏制中国经济持续发展的势头，阻挡"中国梦"的顺利实现，必然成为美国对外经济政治政策的一个重点，因而，中美贸易战既是美国贸易保护主义抬头的产物，也是美国民粹主义抬头的直接表现。

三、美国对华强硬经贸政策的根源：中美双边关系视角

1. 由互补性向竞争性转化是中美双边贸易摩擦升级的直接原因

（1）中美经贸长期存在的互补性正在弱化

过去30余年来，中美之间形成一种良性互补型的"中心－外围"体系。当前以美元主导的国际货币体系（BWII），也被学者们描述为"中心国－外围国"体系。"中心国"是美国，通过经常项目赤字大量输出美元资产。亚洲、拉美等新兴经济体国家（尤其是中国）属于"外围国"，实施出口导向型发展战略，通过从美国获得贸易顺差来进行外部融资，稳定性市场预期，并使本币汇率保持相对低估状态，但又以购买美元债券等方式把所获得的外汇重新投入到"中心国"，为美国的经常赤字融资。这种体系之下，中国和美国经济具有很强的互补性，并相互维持这种恐怖性平衡。就美国来说，自20世纪70年代初期以来，美国巨额贸易逆差成为常态，并由此形成赤字型增长模式和债务推动型经济增长模式。21世纪初，美国经常项目赤字不断扩大，到2006年高达8567.55亿美元，美国也逐步演变为世界上最大的债务国，2017年底，美国国债接近20万亿美元。

20世纪90年代以后，中美经贸往来快速发展。中美双边贸易额由1992年的175亿美元，增长到2014年的5550余亿美元，约增长32倍，为中美两国

---

① 宗鹰："中国梦"不在于与别国争高低 [N]. 美国《侨报》，2013-3-18。

② Marco Rubio, Do Two Dreams Equal a Nightmare?Why XiJinping's vision of a future China can not coexist with the American Dream[J].Foreign Policy，2013.

建交初期的 220 多倍。实际上，即便金融危机后的 2009~2014 年，虽然受危机
影响全球贸易增长趋缓，但中美双边货物贸易额年均增长率仍然达 13.2%。美
国商务部估计，2014 年，美国对华出口创造了近百万个就业机会①。2016 年，
美方贸易逆差 3470.4 亿美元，占美国货物贸易逆差的 47.18%。长期以来，中
美双边贸易中，中方确实积累了大量的顺差，2001-2017 年，中美双边贸易中
方积累了 4 万亿美元的巨额顺差，成为中国外汇储备的重要增量。而中国积累
的巨额外汇储备，一方面出于风险管理与资产保值增值需要，以购买美国国债
等方式大量重新回流美国。另一方面，为了自身外汇储备的安全，被动购买美
元资产以维持美元资产的价值稳定。根据测算，2001-2007 年，中国得自于美
国的贸易顺差有约 35% 转化为美国国债，而 2008-2010 年间，有约 90% 转为
成当年持有的美国国债，为美国量化宽松货币政策的顺利实施做出了重要贡献
（刘建江，袁冬梅，2015）。从中美两国经贸与金融往来的事实可以看出，近 30
余年来，中美建立了非常好的基于互补性的中美相互依赖关系。这种中美之间
金融—贸易之间的平衡格局的长期存在，是推动两国经贸往来稳定发展的长期
基础（刘建江，2017）。

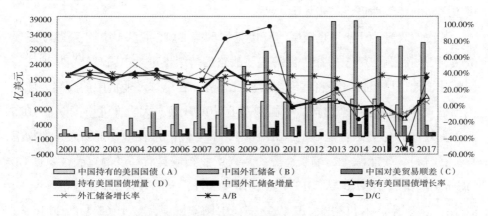

图 1 中国外汇储备与购买美国国债关系（2001-2017）

注：中国持有美国国债金额为当年年末数据；C 为美方统计数据。

数据来源：以袁冬梅，刘建江 . 中国高额持有美国国债的经济根源与现实动因 [J].《当代经
济研究》，2015（1）为基础统计整理。

---

① 丁刚：中美经贸关系迈向新阶段 [N].《国际商报》，2015-09-28。

但是，2011 年成为一个重要的拐点，从该年开始，中国持有美国国债的增量开始停滞，比如，2017 年中国增持美国美国国债 1265 亿美元，达到 1.18 万亿美元，这仅比 2010 年底多 244 亿美元，较 2013 年底的持有量还减少 844 亿美元，表明中美之间金融—贸易之间的平衡格局已经出现裂痕，出现弱化。

（2）中美经贸关系竞争性日益凸出

首先，美国"脱虚向实"所推行的再工业化战略加重了双方的竞争性。金融危机以后，再工业化战略上升到国家战略。特朗普政府进一步提升了再工业化战略的地位。这就意味着美国要努力改变美国原来专注研究与开发（R&D）、立足全球价值链高端，向全世界提供信息产品、服务产品与金融产品，大量进口制造业产品的国际分工格局，意味着美国要减少制造业产品进口的同时，要推进本国制造业产品的出口。中国业已成为全球最大的制造生产大国，增加值占全球制造业增加值总额比持续上升，在国际分工中的地位不断上升，摆脱完全的中低端制造地位在所难免，这意味着与美国再工业化战略的冲突性日益扩大。工业制成品的市场有限而竞争残酷，美国再工业化战略，意味着中美之间传统互补型的国际分工格局的巨大挑战，中美经贸互补性运行态势日益弱化，中美之间的竞争性也进一步加大。

其次，表现为工业 4.0 领域的直接竞争日益加剧。随着中国创新驱动发展战略、中国制造 2025、一带一路等重要战略的持续推进，中国对外贸易地位与国际分工地位已经提升并将演绎持续提升态势，在全球产业链中的高端区域与美国的重合领域也越来越多。中国制造业转型升级，大力推进中国制造 2025 的重点领域，与美国智能制造、3D 打印、下一代信息技术、机器人、生物医疗、新材料、新能源等高端制造业和新兴产业领域具有高度的重叠性。据 CB Insights 数据统计显示，从 2013 年至 2018 年 3 月，全球共有 237 家独角兽企业，其中来自美国的共 118 家，占 49.78%；中国紧随其后，共 62 家占 26.16%；排名第三和第四为英国和印度，分别有 13 家和 9 家。在 2017 年度全球移动基础设备市场份额中，华为占有 28% 的市场份额，超过爱立信、诺基亚，占据首位，中兴则占有 13% 的市场份额①（参见表 2）。CB Insights 发布的《2017 年度人工智能趋势报告》表明，中国人工智能相关企业 2017 年融资额占当年全球比重的 48%，比美国高 10 个百分点。一些高端制造业领域，例如中国高铁业，已成为世界第一。在历次中美贸易摩擦时，中国往往是以多购买大飞机来缓解部分压力。面对中美两国巨大的贸易差额，一方面是波音公司产能有限，满足不了日益增长的中国巨大的航空市场的需要，另一方面是在支线飞机领域，波音公司也开始直面中国 C919 的冲击。C919 目前虽然尚未交付，但定单已有 815 架，这算是对波音的直接挑战。"中国梦"也将与"美国梦"、中国制造 2025 与美国再工业化之间的战略性竞争领域日益增多，中美经贸领域主体上的互补性关系已被竞争性关系的主流所取代②。美国 2018 年 3 月首期拟对中国征收高额关税的产品领域，与中国制造 2025 重点发展领域高度重合，直接表达了这种竞争性。

表 2　2017 年度世界移动市场份额

公司	华为	爱立信	诺基亚	中兴通讯	三星	其他
占比 %	28	27	23	13	3	6

资料来源：http://tech.ifeng.com/a/20180316/44910024_0.shtml。

　　第三，表现为以美元为中心的国际货币体系 BWII 面临的冲击。如前所述，中国出口有形商品，从美国进口服务产品并购买美国金融产品，形成"商品 – 资金"的循环机制，是中美经贸关系长期稳定发展的基础。而今，自 2011 年以来，中国不断反思这种模式的被动性，进行资产的多元化管理，对美元资产的需求相对减少，比如 2011 年以来，中国得自于美国的顺差额与中国持有美国国债的增量之间几乎脱钩（见图 1）。另一方面，中国不断推进人民币国际化进程，通过货币互换协议，不断减少对美元的需要，对美元逐步构成一定的潜在威胁。尤其是 2018 年 3 月在上海开市的人民币石油期货，直接冲击世界上

---

① 振亨：华为超越爱立信，成 2017 年全球第一大电信设备厂商 [EB/OL],2018-03-16/2018-06-05。

② 王伟男，周建明："超越接触"：美国战略调整背景下的对华政策辨析 [J].《世界经济与政治》,2013(03):62-75+156。

多年来的石油美元定位机制。

2. 中国巨大贸易顺差是双边贸易摩擦长期存在的基础和美国借口

美国历届政府都高度重视中美经贸关系，而双边贸易逆差额不断扩大则是关注的焦点。美方统计表明，1991 年开始，中方成为仅次于日本的美方第二大逆差来源国，2004 年，中美双边贸易中，美方逆差已上升到 1620 亿美元，2015 年，上升到 3656.9 亿美元，2017 年，上升至 3752 亿美元。2000 年，中国取代日本成为美国最大的逆差来源地，占美国贸易差额总额的 16.86%，到 2004 年上升到 26.2%，2008 年，上升到 44.09%，2010 年，超过 50%。美国数据则显示，2015 年，美国对中国贸易逆差高达 3670 亿美元（刘建江，2017）①，2017 年，高达 3752 亿美元，也是历史新高，约占美国当年总贸易差额的66.3%。

在 20 世纪 60 年代末期，日本对美国的贸易顺差由 1965 年的 4.4 亿美元增加到 1972 年的 49 亿美元，占当年美国货物贸易逆差的 76%。1980、1981 年，日本对美顺差甚至达到自身总顺差额 1.5 倍和 1.7 倍。这直接导致美国当时的战略焦虑，并成为诱发当年美日贸易摩擦不断的重要因素，最终导致《广场协议》的签署。

比较 20 世纪 70—80 年代美日双边贸易差额及美国政府应对之策来看，过去 20 余年来，美国经常性挑起中美贸易争端，也主要是基于如下理由：一是入世后，中国对美出口增速过快，被认为导致了美国日益严重的失业问题；二是认为中方对美存在不平等贸易竞争，对美国出口企业实施配额和许可证等贸易壁垒措施，不利于美国出口扩大；三是认为中国内部中美企业间存在不公平合作且知识产权保护不力，影响了美国利益。尤其是，中国长期的顺差直接带给美国长期的战略上的焦虑，美国担心再次发生像日本在 20 世纪 80 年代中晚期至 90 年代早期大幅度购买美国资产的现象。中美双边贸易逆差额非短期能消除，美国对中国经贸往来的焦虑也将长期存在，美国挑起中美贸易战，只是美国战略焦虑的直接表现。

不过当前美国讨论的已经不仅是要削减贸易赤字，还包括与中国有争议的

① 刘建江：美国贸易逆差研究 [M]. 北京：北京大学出版社，2017。

贸易和产业政策。美国对中国加征关税的商品领域避开中国更具比较优势的中低端制造，而是对标《中国制造 2025》中计划发展的重要领域，如航空、新材料、新能源汽车等高科技产业领域，显然贸易逆差是很好的借口。

四、美国对华强硬经贸政策的根源：多边治理视角

1. 从区域治理来看

中国正在以"一带一路"倡议为引导，秉承开放、包容、共商、共建和共享等理念，积极地与周边国家开展务实经贸合作，中国的资本、技术、标准、人才以及文化正在纷纷输出。这在美国看来，中国正在试图把国家所拥有的国际权力资源通过"一带一路"倡议转化为区域影响力和国际权力，因而，"一带一路"倡议其实也就是中国的一种国际权力转化战略，通过这种转化战略，中国正试图获取更多的区域国际权力，进而在亚太、欧洲、中东、非洲等区域会弱化美国的国际权力。为此，美国需要利用其所有经济、政治、军事和文化优势，对我国实行强硬的经贸政策，阻碍我国经济的发展，甚至直接打击《中国制造 2025》，削弱我国的经济实力和创新能力，进而弱化我国获取国际权力的物质支撑。

2. 从全球多边治理来看

特朗普政府的"美国优先"战略是美国版的"韬光养晦"，全球性战略收缩也绝不是美国要轻易放弃"世界警察"地位，毕竟强大的资本利益集团需要全球市场。因此，为保护、扩大美国的市场，美国政府将继续提供有利于美国的属于全球治理范畴的"全球性公共产品"。这就决定了美国不可能放弃自己所主导的全球秩序，而是要防止他国"修正"不利于美国发展的全球秩序。

长期以来，美国是世界政治经济秩序的主导者或者说是直接的制订者，并通过其主导的全球治理秩序来维护美国经济政治利益。例如 TPP 和 TTIP，本质上都是美国为加强其在全球贸易格局的主导地位而推进的。随着美国相对地位的下降，特朗普认为，当前美国已不是多边贸易体系下贸易自由化的最大受益者，故认为需要重构国际秩序，并确立各国在贸易协定中的责任和义务。美国认为，中国自 2001 年"入世"以来，充分研究"入世"规则，借"入世"

东风，迅速发展壮大，已成为世界制造业第一大国，制造业比美国更具竞争力，且对外贸易规模不断扩大，常年保持贸易顺差，尤其是中美贸易逆差额不断扩大，已经制约了美国经济的发展。故美国需要避开WTO，构建新的"美国利益优先"的国际贸易秩序。

自中国入世以来，整体经济实力获得了飞跃式的提升，国际影响力的提升难以避免，而对全球治理话语权诉求的增加也是内在的需要，需要公平、公正的世界市场秩序，也需要与中国经济地位相应的全球治理话语权。"亚投行"的成立、"一带一路"倡议，与美国主导的全球治理体系难免存在一定的冲突。中美之间中方持续的贸易顺差、对外净债权国地位，加之拥有庞大的外汇储备，不断加快的人民币国际化进程，都在不同领域强化中国全球老二的地位，也激发了中国的民族主义崛起的思潮，以至于"中国梦"成为国家长远战略。对于世界的守成大国而言，美国日益担心崛起中的中国挑战美国主导全球政治经济体系的国际地位，并最终挑战美国世界第一的地位。

正是在这样的大背景、大理念之下，中国第一次被冠予"战略竞争对手"的称号，被定位为"修正主义"国家，正在与俄罗斯一道"修正"二战以来美国主导的国际秩序，威胁美国国家利益。这即直接反映了美国对全球治理主导权面临潜在威胁的焦虑，也表明中美在全球治理领域的竞争性上升。

五、结论与启示

深入把握美国因全球地位相对下降而带来的全球经济、政治战略布局的大调整，理解"美国优先"、"以经济建设为中心"的整体寓意，由此可把握其对华经贸政策的整体走向和政策的逻辑框架。中美贸易摩擦不断升级，这首先是美国对华的实施战略"遏制"的一个重要组成部分，是奥巴马政府对华尝试"遏制 + 接触"战略的延伸，也是"美国梦"与"让美国再次伟大"目标的政策产物，是特朗普政府在继续实施全球战略收缩基础上对华战略"遏制"的升级版。美国挑起中美贸易战，是打着贸易保护主义旗号的直接"遏制"，是特朗普政府"美国利益优先"的直接表达，展现了美国的单边主义和霸权主义，是霸权国家遏制新兴大国崛起的新冷战思维。诸如中国经贸关系由互补性向竞争性转化、中美围绕全球治理领域的竞争，则是贸易战的直接原因，中美长期存在的巨大贸易差额，则是未来两国贸易摩擦长期存在的基础。同时，美国内部各种利益集团的纷争也会影响其对外经贸政策走向，也需要积极关注，深入研究。

基于以上分析，中美贸易贸易战只是美国实施遏制中国战略的一个组成部分，但却具有长期性和艰巨性。中美贸易战，使中国认识到自身科技创新、高端制造、金融服务、关键核心技术、军事实力等领域和与美国存在的巨大差距，尤其是基础技术研发领域存在的显著短板。因此要清醒认识到未来中国发展道路的艰巨性，避免盲目自信，避免民粹主义绑架舆论，在继续保持韬光养晦的基础之上，坚定不移地推动新一轮改革开放。

基于中美两国经济与政治深入交往的基础，一方面，要继续加强中美战略与经济对话，促进协商沟通，做好最坏的准备，以战促和，影响美国对华经贸政策。缓解中美经贸冲突的关键是要先把自己的事情做好，把自身做大做强，比如加快推进经济转型升级，构建创新驱动发展体制机制，推进"中国制造2025"，尽可能给企业减费减税。大力推进"一带一路"建设，进一步改革开放，让企业走出去，吸引更多资本流入，不断推进中国经济深度融入全球化。另一方面，针对特朗普出台的一系列措施，要适时调整，准备好反制回应手段，加强抵御风险，然后根据我国的国情，调整与美国之间的经贸关系。当然，中国也需要利用WTO多边规则，联合其他国家及赞同维护经济全球化大局的国家，组织官方或非官方的论坛或部长会议，与众多国家一道反对贸易保护主义，抑制逆全球化趋势，夯实"中国梦"的外部基础。

中国对欧直接投资：战略性机遇
与结构性转变 *

高运胜 **

摘要： 欧债危机以后，中国"一带一路"倡议对接欧盟"容克计划"、"16+1"合作机制推进及当前国际政治经济格局变迁等战略机遇，欧盟已成为中国对外投资最大目的地，2017年，中国对欧投资已经接近吸收欧盟投资4倍。进一步双向开放市场，提高贸易投资自由化有利于中欧双方。中国企业在欧盟直接投资区位行业选择、区域分布、所有制类型、投资模式等已发生显著结构性转变，但中国企业对欧盟及成员国投资政策，劳工和技术标准、知识产权保护、优惠措施运用等方面仍缺乏深入了解。针对从推动中欧投资协定（BIT）签订、充分利用"16+1"合作机制、跟踪欧盟吸收外资政策变化等视角提出扩大中欧投资合作建议。

关键词： OFDI；一带一路；战略机遇；结构变化

一、引言

在中欧建交43年的历史进程中，经济与贸易往来一直都是发展中欧互利共赢关系的支柱和主要推动因素，欧盟作为中国最大贸易伙伴，也是中国最大的投资国来源国与技术输出国。金融危机后，双边贸易增长率虽下降但中国对

---

*本文是国家社科基金重大项目"全球大宗商品定价机制演进与国际经贸格局变迁研究"（项目编号：15ZDA058），国家社科基金项目"垂直专业化分工体系下中欧贸易利益分配与结构调整机制研究"（项目编号：13BJY135）及外交部中 – 中东欧国家关系研究基金课题"16+1园区合作研究"（项目编号：KT201803）阶段性研究成果。

论文中提到中国对欧盟投资仅指中国大陆地区，"16+1"中仅指欧盟11个中东欧成员国。下文同。

＊＊作者简介：高运胜，上海对外经贸大学 副院长、教授。

欧盟投资仍呈现稳步增加趋势，欧盟已经成为中国在海外投资增长率最高的地区，自 2010 年以来，中国对欧盟投资已经超过欧盟对中国的投资，对欧投资存量占对主要发达经济体的 41.9%，占欧盟吸收外资占比达到 77%，成为中国最大对外投资目的地。2016 年，欧盟经济饱受难民危机、英国脱欧影响而复苏缓慢，为双方经贸投资合作创造有利条件。中国对欧盟单方面直接投资激增至 351 亿欧元，而同期欧盟对华并购支出则持续下滑至 77 亿欧元，仅占中国对欧投资的 1/4[①]。2017 年，虽然中国对外直接投资出现 11 年以来首次显著下滑[②]，但对欧洲投资存量增长 76% 达到 810 亿美元[③]，同期对北美投资下降 36% 至 300 亿美元。中投公司对 Logi Cor 物流公司 137.6 亿美元收购致使中国对英国投资金额比 2016 年增加 1 倍达到 208 亿美元，同期对荷兰投资增加 8 倍达到 39 亿美元[④]。可以预计由于中美贸易摩擦日益剧烈，也为中国扩大对欧投资、规避美国设置贸易壁垒提供了战略契机。

已有研究从不同视角对中国在欧盟的直接投资动因、趋势和影响因素等展开分析，结合中国"走出去"战略，吸收借鉴欧盟投资经验，为中国企业更好参与国际分工和竞争，以实现国家和企业利益最大化[⑤]。本文则侧重分析中国对欧直接投资的战略性机遇，并选取金融危机 2008 年开始至 2016 年间投资欧盟结构性变化，结合投资欧盟存在的问题以及欧盟吸收外资政策改变，进一步完善我国对欧盟直接投资的策略，为我国企业"走出去"提供更加高效的投资欧盟方向指引。

---

① 资料来源自荣鼎公司（Rhodium Group）和柏林智库墨卡托中国研究中心（Mercator Institute for China Studies）发布报告，数据与中国商务部等发布《对外直接投资公报》存在出入，原因在于国外研究机构只统计我国对欧盟单方面投资支出，而《对外直接投资公布》统计对外直接投资净额指境内投资主体对外直接投资额中扣除反向投资额后的净额，当期对外直接投资净额简称流量，对外直接投资累计净额简称存量。

② 2017 年 12 月中国国家发改委审议通过《企业境外投资管理办法》，2018 年 1 月 25 日，商务部、央行、国资委、银监会、证监会、保监会、外汇局等联合印发《对外投资备案（核准）报告暂行办法》，将重点督查中方投资额 3 亿美元以上的对外投资，对敏感地区、敏感行业对外投资进行重点督查，并重点督查出现重大经营亏损的对外投资。同时欧美等东道国对外资的严格监管审查，2016 年有 30 项交易被取消（欧洲 20 项、美国 10 项），总价值高达 740 亿美元。

③ 由于数据收集等原因，论文个别地方会采用中国投资欧洲数据替代投资欧盟数据。

④ 由于中国化工完成对瑞士农业科技企业先正达创记录的 430 亿美元收购延至 2017 年，由于瑞士不是欧盟成员，统计中国对欧盟直接投资流量与存量没有计入该交易。

⑤ [加] William Wei，王耀东译著：《欧盟对中国的直接投资》，上海：上海三联书店，2012 年版，第 45 页。

二、中国对欧盟直接投资战略性机遇

欧债危机后，欧洲资产价格大幅度缩水，各国政府渴望有外资注入来增加收入和就业，提振陷入低谷中的经济坏境，同时欧盟制造、采掘、汽车和金融等行业非常发达，是规避欧美国家贸易壁垒、提升企业竞争优势、优化产业布局的理想投资地，成为中国企业融入欧洲产业分工体系的重要基地和"一路一带"的重要支点。中国向欧盟投资不仅有助于企业获取先进技术、专业知识和品牌转移，并且有利于中国通过与欧盟双边投资及贸易协定的签署参与全球投资规则[①]，推动中欧战略伙伴关系的进一步发展。

（一）中国企业投资欧盟的双赢动因

Dunning 国际生产折衷理论中所有权、内部化与区位优势（Ownership, Location and Internality，即 OLI 范式）是企业在不完全竞争市场下从事对外投资的充分条件[②]。中国跨国企业大多数所有权优势不明显，但由于与欧盟存在较大的技术级差会产生显著逆向技术溢出作用，为企业提供接近欧盟创新型竞争者、研发基础设施、知识中心和研发成果的平台，也为企业提供了解全球及欧盟市场消费者偏好、产品标准和未来创新趋势等信息的机会，并会反馈至母公司，在激烈的市场竞争环境下，企业扩大研发支出、整合国内外的知识和技术，会提高企业的技术水平和管理效率[③]。对欧盟投资产生的规模经济效应会提升企业市场占有率，分摊研发费用和生产、管理成本，增加企业边际收益，提高研发投入及推进整个行业的生产率提高，扩大企业的竞争优势，并显著促进中国全球价值链嵌入程度和地位的升级[④]。内部化优势则指企业对外直接投资将中间产品以内部协作代替外部市场，能够降低交易费用和生产经营成本，同时

---

① 赵柯：《中国对欧盟直接投资：特征、动因及趋势》，《国际贸易》，2014 年第 6 期，第 53 页。

②Dunning, J. H. "The Eclectic Paradigm of International Production: A Restatement and Some Possible Extensions", The Eclectic Paradigm. Palgrave Macmillan UK. 1977. 三个因素统称为对外投资的 OLI 范式，即国际生产折衷理论。

③ 蒋冠宏：《我国企业跨国并购与行业内逆向技术溢出》，《世界经济研究》，2017 年第 1 期，第 62 页。

④ 杨连星、罗玉辉：《中国对外直接投资与全球价值链升级》，《数量经济技术经济研究》，2017 年第 6 期，第 56 页。

上下游的企业通过员工流动联系密切，这使得技术、知识和产品创新能以中间产品投入、生产外包和专有技术转移等方式在企业间流动从而获得先进技术和创新能力[1]。区位优势则指交通通讯等基础设施条件、市场规模、技术及熟练劳动力资源充裕程度。欧盟东扩以后，统一大市场为中国企业带来众多投资机会，中国将面临更统一的贸易保护措施，包括日益繁苛的技术性壁垒、反倾销及反补贴等贸易救济手段，对欧盟投资可以绕开欧盟贸易壁垒，发挥进入更为广阔欧盟市场重要桥头堡作用[2]。

投资欧盟是中国跨国企业获取所欠缺的市场（分销渠道或客户网络）、专有技术、人力资本与品牌等战略资源重要途径。欧盟是中国在非自然资源领域首选投资目的地，有较为发达的技术水平与成熟的市场环境，既有利于提升中国对外投资质量和管控投资风险的能力，也有利于中国企业改善技术、品牌、提高附加值等战略需要，同时欧洲市场对中国投资仍持相对开放态度，欧洲企业并购估值也较为合理，债务危机后需要长期治理导致欧洲对中国投资也有巨大长期需求[3]。

中国投资提升了欧盟成员国就业水平[4]。中国对欧盟投资的共计2700多家企业共雇佣13.37万名当地员工[5]，其中428个绿地投资项目创造1.5万个新增就业岗位，而并购项目往往涉及濒临破产企业，反而创造的就业岗位更多，如烟台万华企业集团收购匈牙利宝思德化学工业园区，建立欧洲供应中心，直接创造2000多个就业职位[6]。同时，受欧债危机影响的欧洲经济增长乏力，私有部门公共投资受到严重制约，中国投资为欧成员国提供了市场稀缺的基础设施等

①Willamson, Oliver E., "Markets and Hierarchies: Analysis of Antitrust Implications", New York: Free Press,1975; Williamson, Oliver E., "The Economic Institute of Capitalism", New York: Free Press,1985.

②李计广、李彦莉：《中国对欧盟直接投资潜力及其影响因素—基于随机前沿模型的估计》，《国际商务 (对外经济贸易大学学报)》，2015 年第 5 期，第 75 页。

③崔洪建：《中国—欧盟关系的结构性变化及前景》，《国际问题研究》，2018 年第 1 期，第 45 页。

④常健聪：《中国对欧盟跨境直接投资的影响分析及启示》，《亚太经济》，2015 年第 1 期，第 107 页。

⑤中国在欧盟开办企业及就业数据来自于《中国对外直接投资公报 2016》，第 31 页。

⑥根据商务统计数据与美国荣鼎咨询公司报告。

公共产品建设资本①。

（二）国际经济政治格局变迁

虽然大西洋两岸美国与欧盟拥有相似的价值观，但双方利益开始出现背离，而中欧则出现趋同。在中欧关系上，由于全球经济一体化及抵御气候变化与中国利益攸关，北京与布鲁塞尔的共识远超华盛顿与布鲁塞尔②。对欧盟来说，要推进和平、增长、改革、文明为核心的中欧新型全面战略伙伴关系，谋求更强大欧洲愿景的全球战略能够长效发展，就更应该与中国这个全面战略伙伴深化贸易投资领域全方位、多层次、多领域的务实合作③。英国脱欧、特朗普奉行"美国第一"政策及欧盟管理全球化方案的根本缺陷与局限，欧盟在全球化进程中需要重新定位④，为中国与欧盟共同推进全球化进程发挥潜在领导作用留出空间。随着特朗普2017年宣布退出巴黎气候协议，中欧双方表达了对协定坚定地支持，双边会在气候数据共享与透明度、气候及绿色发展融资方面深化合作。尽管中国与欧盟知识产权争议不断，尤其是双边直接投资领域⑤。

（三）"一带一路"倡议与"容克计划"战略对接

为了降低欧债危机对欧盟经济增长和就业的不利影响，欧盟2014年出台高达3150亿欧元大规模投资的"容克计划（Juncker Plan）"，重点内容涉及战略基础设施、数字经济、教育、研究与创新、人力资本、再生能源与能效项目，而中国不仅在基础设施建设领域队伍、技术和管理方面具有丰富经验，且

---

① 庞明川、刘殿和、倪乃顺：《欧债危机背景下中国对欧盟直接投资问题研究》，《财贸经济》，2012年第7期，第85页。

② 丹·斯坦伯格：《中国为何从美国转向欧盟寻求贸易和投资》，《中美聚集》，2017年7月3日。

③ 房乐宪、关孔文：《欧盟对华新战略要素：政策内涵及态势》，《和平与发展》，2017年第4期，第80页。

④ 王展鹏、夏添：《欧盟在全球化中的角色 —"管理全球化"与欧盟贸易政策的演变》，《欧洲研究》，2018年第1期，第77页。

⑤ 2018年6月1日，欧盟提请世界贸易组织（WTO）争端解决机制，指责"中国以不公平手法要求在华欧盟企业转移技术"，不符合《与贸易有关的知识产权协定》等世贸组织规则。

欧盟能源、数字经济等领域投资合作与中国经济转型升级息息相关[①]。"一带一路"倡议与"容克计划"对接，还能够充分发挥中欧双边产业结构互补性。欧盟在装备制造、汽车、交通、化学和制药等领域具有优势，中国在纺织品、成衣、鞋子、家用电器、ICT 消费电子等方面更有竞争力，越来越多中国企业在欧洲设立研发、设计和信息中心，通过与欧盟企业合作推动形成全球创新网络，并有望在现代农业、先进制造和现代服务业等领域实现技术上的超越式发展，且合作从传统制造领域已转向新一代信息技术、网络安全、生物医药、新能源和新能源汽车等新领域[②]。

（四）欧盟统一投资政策实施

按照《欧洲共同体条约》归档，欧盟投资政策决定权由各成员国自行掌握，在不违背有关条约和欧盟法律的前提下，各成员国可根据情况制定各自的投资管理政策。但 2009 年 12 月《里斯本条约》生效后，外国直接投资正式纳入欧盟共同贸易政策范畴，成为欧盟专属权限。欧盟可代表其成员国对外开展投资协定谈判，内容包括投资市场准入与投资保护，有权审批欧盟对外签署的贸易投资协定，并就欧盟重大贸易投资问题提出意见和建议。欧盟法院负责监督欧盟法律实施，解决争端并进行司法解释。各个成员国只能制定涉及投资促进措施。中国已经与欧盟 28 个成员中 26 个签订双边投资协定[③]，各个国家相关规定差别较大，增加了中国企业进入欧盟市场门槛与成本。

（五）"16+1"合作机制逐步推进

"16+1"作为中国与中东欧地区重要的战略合作平台，包括每年国家领导人会谈、国家经贸论坛、金融机构互设与合作、农业部长级会议等合作机制。"16+1"合作机制建立至今接近 6 年，已发展为中国和中东欧国家国际产能合

---

① 金玲：《"一带一路"与欧洲"容克计划"的战略对接研究》，《国际展望》，2015 年第 6 期，第 8 页。

② 见雅克·佩克曼斯、陈新、丁纯、金玲等学者 2017 年 5 月 28 日在上海论坛"亚欧能否拯救全球化—基于亚欧合作视角"分论坛上讲话。

③ 爱尔兰没有与中国签到 BIT 协议，比利时与卢森堡共同签订 BIT 协议。

作提供了稳固、务实、灵活的机制保障，也成为中欧三大对接战略之一。中东欧地区独有的产业与区位优势决定了其在"一带一路"倡议中发挥区域性支点作用，也是"一带一路"倡议融入欧洲经济圈的重要承接地[①]。中国工业化进程30多年经验、资源与中东欧国家再工业化战略具有较高互补性，且多数中东欧国家，如捷克、匈牙利、克罗地亚、塞尔维亚等国高科技与传统机械制造具有较高水准[②]。

三、中国对欧盟直接投资结构性变化

自中国2001年加入WTO以来，中欧双边经贸数额持续增长，同期中国对欧盟投资也维持快速增长，尤其是2013年中国提出"一带一路"倡议近5年以来，对欧投资存量增长2.4倍，大型并购项目不断涌现，投资行业区域分布、模式选择、企业所有制类型等均呈现显著结构性变化。

（一）投资规模不断扩大

欧盟有稳定的社会环境、先进的技术等很多优势，中国企业对在欧盟投资的长期前景充满信心。2008年金融危机至今，中国对欧盟投资存量上升22倍。中国在全球对外直接投资流量总额的年均增长率为35.9%，而中国投资欧盟年均增长率高达57%[③]，多数年份中国对欧盟投资的年增长率都高于对全球投资的年增长率。截至2016年底，中国共在欧洲设立直接投资企业4100家，占境外投资企业总数的11.3%，已覆盖欧盟所有28个成员国[④]。

---

① 中国工商银行:《"16+1合作"机制下中东欧机遇风险分析及对策研究》,2018年第16期研究报告, 2018年3月5日。

② 刘再起、王阳:《中国对欧盟直接投资的区位选择动因》,《学习与实践》,2014年第8期,第31页。

③ 数据来源:2016年国家统计局。

④ 数据来源:《中国对外投资合作发展报告2017年》,第106页。

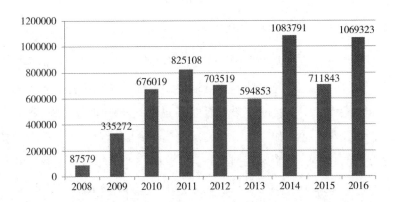

图 1　2010-2016 年中国对欧洲直接投资流量　单位：万美元

资料来源：国家发展与改革委《中国对外投资合作发展报告 2017 年》。

注：2016 年中国对欧盟投资流量金额 99.9 亿美元，同比增长 82.4%，占对欧洲投资流量的 93.5%。

从 2003 至 2015 年间，中国对欧盟直接投资占中国 OFDI 总额平均 4.2%，而同期欧盟对中国 FDI 占比不到 1.46%。欧盟在中国大陆的外商直接投资存量为 1680 亿欧元，而欧盟对美国的直接投资存量为 2.6 万亿欧元，吸引美国直接投资存量为 2.4 万亿欧元[①]，但同时也体现出双边投资巨大增长潜力。

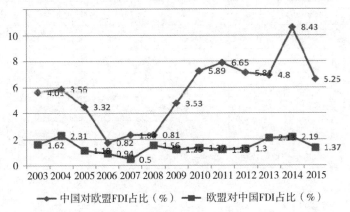

图 2　中欧相互 FDI 占比　单位：%

资料来源：商务部对外投资公告及统计局数据计算得出。

---

① 商务部：《中国对外投资合作国别指南（欧盟）》，2017 年 12 月，第 78 页。

（二）对欧盟投资领域日趋多元化

中国投资者与其他国家投资者在欧盟有着共同的目标，即在世界最大的市场上销售他们的产品，提升全球产业链地位，并利用欧盟丰富的技术资源、人才基础和品牌优势。中国对欧盟投资日益多元化，分布在采矿业、制造业、金融业、商务服务业，批发和零售行业、交通运输和邮政业。在欧盟的投资近年来也呈现上升的趋势，投资涉及到20多个行业，2016年，投资存量排列前五名的依次为：制造业160.7亿美元（23%）、采矿业153.4亿美元（22%）、金融业140.5亿美元（20.1%）、批发零售业72.6亿美元（10.4%）和租赁及商务服务业55.8亿美元（8%），五大行业占比达到83.5%。相对于2008年，制造业、金融业与商务服务业投资比重稍有下滑，批发零售行业稍微上升，同时2016年投资更多开始转向生产性服务业、高新技术产业与现代农业。

表1　2016年中国对欧盟直接投资的主要行业

（单位：万美元）

行　业	流量	比重（%）	存量	比重（%）
制造业	365467	36.6	1606859	23
采矿业	7661	0.8	1534022	22
金融业	62460	6.2	1404813	20.1
批发与零售业	162179	16.2	725859	10.4
租赁与商务服务业	143560	14.4	557824	8
房地产业	11591	1.2	315562	4.5
科学研究与技术服务业	68386	6.8	208073	3
电力/热力/燃气及水的生产与供应	42407	4.2	176276	2.5
交通运输/仓储/邮政业	12601	1.3	116518	1.7
农林牧渔	17245	1.7	80699	1.2
住宿/餐饮	11499	1.2	78516	1.1
文化/体育/娱乐	45059	4.5	55268	0.9
信息传输/软件/信息技术服务业	25176	2.5	49481	0.7

资料来源：中国商务部、国家统计局、国家外汇管理局《2016中国对外直接投资统计公报》。

（三）投资区域分布变化

根据中国商务部统计，截至 2016 年末，中国对欧盟投资存量为 698.4 亿美元，占存量总额的 5.9%。存量在 30 亿美元以上的国家有六个，分别为荷兰、英国、卢森堡、德国、法国、瑞典，直接投资存量分别为 205.9、176.1、87.8、78.4、50.2 和 35.5 亿美元。荷兰是中国直接投资存量最大国家。近年来，中资企业以参股、并购等形式在德国实施"走出去"战略，成效十分显著，2014 与 2016 年，中国投资德国流量均增加接近 20 亿美元。

表2　2008–2016 年中国对欧盟直接投资存量

（万美元）

国家类型		欧盟排名	2008	2010	2012	2014	2016
欧盟六个老成员国	荷兰	1	23442	48671	110792	419408	2058774
	英国	2	83766	135835	893427	1280465	1761210
	卢森堡	3	12283	578675	897789	1566677	877660
	德国	4	81550	150229	310435	578550	784175
	法国	5	16713	24362	395077	844488	511617
	瑞典	6	15759	147912	240817	301292	355369
欧盟中东欧国家	罗马尼亚	12	8566	12495	16109	19137	39150
	波兰	13	10993	14031	20811	32935	32132
	匈牙利	14	8875	46570	50741	55635	31370
	捷克	15	3243	5233	20245	24269	22777
	保加利亚	19	474	1860	12674	17027	16607
	斯洛伐克	22	510	982	8601	12779	8277

数据来源：中国商务部、国家统计局、国家外汇管理局《2016 中国对外直接投资统计公报》。按照 2016 年投资存量数据从高到低排序。

虽然中国"一带一路"倡议的逐步实施，以及中国与中东欧"16+1 合作"模式的深入开展，排名前 6 位的中东欧欧盟成员大多在 2012 年"16+1 合作"及 2013 年"一带一路"倡议实施后迅速增长，未来基础设施建设相对落后的欧盟中东欧成员国将是中国长期投资的目标。

（四）投资企业所有制类型变化

当前中国对欧盟直接投资的企业类型呈现多元化。国有企业作为中国对外投资的主导力量，占据中国对欧盟投资金额的大部分，而已包括一些私人企业和上市公司等，近几年国家主权财富基金也广泛介入对欧盟企业收购之中。

表3　2000-2011 中国对欧盟的直接投资公司类型（按所有制分类）

交易数量				
	并购	比重 %	总交易额	比重 %
由政府掌控	66	46	214	37
国有企业	64	44	212	37
国家主权财富基金	2	1	2	0
私营企业和上市公司	79	54	359	63
投资额（单位：百万美元）				
	并购	比重	总交易额	比重
由政府掌控	12413	79	15151	72
国有企业	8814	56	11552	55
国家主权财富基金	3599	23	3599	17
私营企业和上市公司	3238	21	5807	28

数据来源：Rhodium Group。

虽然 2016 年国有企业只占了 1/3 的交易项目，但投资额占比超过 50%。欧盟对于中国国有企业投资担忧出于非经济目的，还会引发不公平竞争及政治和安全方面带来风险。

（五）并购方式在投资中占比逐步增加

由于中国大多数公司研发强度与技术水平相对较低，并购活动是中国进入欧盟进行直接投资的主要方式之一，能够与欧盟成熟发达企业的固有优势或垄断性、稀缺性资源相结合，利用当地的分销系统与人力资源，可以更为迅速进入欧盟市场。一方面由于欧债危机后欧盟经济陷入低谷，企业并购估值相对较低；另外一方面，跨国并购本身可以充分利用原有企业的原料来源和市场份额，在资金市场方面也可以利用原企业的渠道进行融资，从而降低成本和风险，且跨国并购能够使企业迅速进入东道国并且占领市场，从而有效降低进入新行业的壁垒。

表 4　2016 年中国在欧盟主要并购交易

并购方	目标企业	交易金额（亿欧元）	行业	所在国家
腾讯	Supercell	67	游戏	芬兰
美的	Kuka	44	机器人	德国
Consortium	Global Switch	28	电讯	英国
海航集团	Avolon	23	航空	爱尔兰
携程	Skyscanner	17	旅游	英国
北京控股	EEW Energy	14	能源	德国
山东如意	SMCP Group	13	服装	法国
万达集团	Ddeon & UCI	11	娱乐	英国
三峡集团	Wind WM	6.3	能源	德国
苏宁体育集团	Inter Milan FC	2.7	体育	意大利

资料来源：Rhodium；Merics。

注：Consortium 主要由国内中航信托、江苏沙钢集团两家公司组成。

（六）园区投资模式开始起步

截至 2017 年末，我国企业共在 44 个国家建设初具规模的境外经贸合作区 99 家，累计投资 307 亿美元，入区企业 4364 家，上缴东道国税费 24.2 亿美元，为当地创造就业岗位 25.8 万个。其中，2017 年，新增对外园区投资 57.9 亿美元，创造产值 186.9 亿美元[1]。为了有效实现中欧国际产能合作，园区输出模式已经开始逐步在欧盟布局，成为拓展国际市场、实现企业抱团出海、具有集聚与辐射效应、带动区域经济发展的重要手段，也为国内企业集群式"走出去"从而降低国际化运作成本和风险成本，发挥了重要载体和平台作用[2]。中国在欧盟获

---

[1] 2018 年 1 月 20 日商务部权威发布 2017 年度中国对外投资合作数据。

[2] 商务部：《2017 年度中国海外投资合作数据白皮书》，2018 年 1 月 23 日发布，第 46 页。

得商务部确认考核的境外经贸合作园区有两个：匈牙利中欧商贸物流园，成立于2012年11月，实现商品展示、运输、仓储、集散、配送、信息处理与流通加工功能，园区总投资2.64亿美元，吸引商贸物流类企业134家入驻，园内从业人数约650人，基本完成"一区三园"的规划布局建设。中匈宝思德经贸合作区，2011年1月，烟台万华公司总投资12.6亿欧元成功收购匈牙利Borsod Chem公司及其所在的宝思德工业园，截至2015年底，总投资约18.88亿欧元，这是迄今中国在中东欧地区最大的投资项目。合作区建区企业及部分入区企业为匈牙利各类文教体卫、慈善等机构及活动捐赠物资累计超过330万美元，带动3320人就业，2011–2015年，累计纳税总额达到1.02亿欧元，开启中国资本技术密集型行业产业转移欧盟的先例。

2014年，中国在比利时新鲁汶市建立中比科技园（China–Belgium Technology Center–CBTC）在欧洲新建首个科技型境外园区，作为中国在比利时的最大投资项目，科技园聚焦生命科学、信息通讯和智能制造产业领域，致力于搭建中欧高技术行业双向绿色通道，为双方在技术转移，战略投资，行业合作及市场准入提供平台及支持。

四、中国对欧盟直接投资面临的主要问题

欧盟和中国在中国转型期的历史性时刻成为战略性合作伙伴，中国经济快速发展以及欧盟"容克计划"对投资的需求促使中国对欧盟投资存在较大潜力，然而双方都承认目前存在诸多问题和困难。中国的对外直接投资总量投资速度快，但单项投资规模偏小，在区位分布方面，投资发展中国家占多数，在产业分布方面，以资源开发、技术开发为主要投资领域，处于对外投资初级发展阶段，是一种"价值链延伸型"的直接投资[1]。欧盟层面也担心处于转型期的中国大量投资回流可能会导致其经济动荡[2]。

---

① 姚枝仲、李众敏：《中国对外直接投资的发展趋势与政策展望》，《国际经济评论》，2011年第2期，第132页。

② 常健聪：《中国对欧盟跨境直接投资的影响分析及启示》，《亚太经济》，2015年第1期，第106页。

（一）欧盟一体化进程的制约

2009 年 12 月《里斯本条约》正式生效，成员国吸收外资正式纳入欧盟共同贸易政策范畴，外资市场准入、投资保护和涉及竞争领域的并购审查权已由成员国管理转为欧盟专属权限。在 2013 年 11 月举行的第十六届中欧峰会上，双方同意启动中欧投资协定谈判（BIT）取代成员国和中国之间现有的投资协议。从中欧已经开展 17 轮双边投资协定谈判结果来看，主要围绕文本展开，这些转变对于中国日益扩大的对欧盟直接投资带来制度规则性障碍，欧盟会增加整体要价，也成为双方谈判进度缓慢的重要原因[1]。

（二）中国投资企业的市场准入问题

欧盟市场对外国投资者（包括来自中国）奉行开放的市场准入制度，尽管在细节方面每个成员国之间会有所不同，一般投资立法没有关于新公司成立立法形式选择和本国公司持股最低比率的限制。虽然在中国的投资者心目中欧盟有着开放和友好的投资环境，但中国潜在投资者仍然担忧面临欧盟及成员国监管机构在国家安全和公平竞争方面日益严苛的审查。欧盟国家环保、劳工方面成本比较高，且对外来投资存在较多内部限制，比如，部分成员国对中国企业派驻欧盟员工实施严格的签证与工作许可制度。中国企业不仅在产品质量、技术水平、销售渠道和品牌等方面相对于欧盟企业竞争力较弱，同时在管理经验、人才、资本及文化等诸多方面也处于劣势[2]。

（三）欧盟标准与数据保护

中国企业欧盟投资对象偏向于巨大市场或金融高度开放的经济体，如德国、荷兰、英国、法国、意大利等国，国家分布高度集中。但中国与欧盟有着不同的文化价值观和商业制度规范，欧盟担忧中国国有企业的非商业动机而是政策驱动，可能会对中国投资设置种种投资壁垒，尤其是基础设施建设领域，

---

① 商务部：《中国对外投资合作公报（欧盟）》，2017 年 12 月。

② 商务部：《对外投资合作国家（地区）指南 – 欧盟》，2017 年版，第 108 页。

包括政府采购规则、企业所有制类型、技术转移、融资困难、欧盟技术和劳工标准、争端解决机制等[①]。中国的企业标准往往不被欧盟认可，且欧盟为了保证产品质量以及环境保护，颁布了 700 多项技术标准。另外，欧盟对其成员国内部的投资在劳工、税收、销售、环保等都有很多严格复杂的规定，例如，员工福利保障措施、雇员比例等的法规要求非常严格，将会使中国企业的投资成本和合规成本将大幅度增加。2018 年 5 月 25 日，由欧盟议会制定的《通用数据保护条例》(General Data Protection Regulation，GDPR) 经过 2 年过渡期后正式生效，目的希望保护个人数据权利与促进数据流通并重：一方面加强本土用户数据权益保障，企业也可通过给消费者一种自身数据被合理存储和保护的安全感，来赢得消费者的信任；另外一方面欧盟通过建立简明及现代化的法律规则，为欧盟企业创新发展和促进欧盟"数字单一市场"创造良好的法律环境，数据流通会一定程度推动欧盟数字经济增长。

五、研究结论与对策建议

由于中国企业对欧盟投资仍处于快速发展阶段，为了中国企业欧盟投资顺利开展，政府和企业层面均应该做出应对之策。

（一）中欧间加快推进 BIT 谈判进程

目前中国许多中国企业对欧盟内部市场非常复杂的相关制度了解不够深入，不同的国家有不同的税收制度和法律法规，以及对特殊敏感行业的投资限制，盲目在欧洲进行直接投资可能会导致严重的后果。中国政府机构可以提供更多咨询或者支持服务。因为中国在欧盟的直接投资还没有到成熟阶段，所以有必要成立专门的商会提供专业建议来支持在欧盟的投资，缩减中国企业

---

① 高运胜、尚宇红：《中国高铁产业投资中东欧国家竞争力分析——基于修正钻石模型的视角》，《广东社会科学》，2017 年第 1 期，第 35 页。

在欧盟适应过程。^①同时通过加强中欧双方交流，早日结束《中欧双边投资协定》谈判，简化欧盟对外来投资审批的繁琐程序，加快中国标准被欧盟认可的程度，减少欧盟很多国家对中国的投资行为所固有的谨慎态度，中欧双方在可能条件下开启自由贸易区谈判，丰富中欧双边经贸合作的内涵。^②利用中欧 BIT谈判机遇，中国应该进一步扩大开放，提升双边投资便利化、贸易自由化水平，减少对外商投资的限制，早日在全国范围内实施准入前国民待遇及负面清单，切实改善营商环境，为欧盟企业在中国投资减少障碍，也会增加与欧盟市场准入谈判的筹码，更多接纳中国的直接投资。

（二）进一步深入利用"16+1"合作机制

中国对欧盟投资可以选择中东欧地区，这些新兴国家地处欧洲中心的区位优势，公路、铁路、航空和河运网络完善，是通往欧洲腹地的必经之路。作为中欧间非传统合作框架，"16+1 合作"及"一带一路"倡议作为更新更为宽泛合作框架，其机制本身的开放性与包容性只会加快欧盟一体化进程。^③深化互利共赢的中欧全面战略伙伴关系是中国对欧政策总的方针政策，即使在英国退欧公决之后，中国仍坚定重申支持欧洲一体化，乐见欧盟在国际事务中发挥重要作用。为了一定程度上打消欧盟疑虑，相关领域会议应该邀请欧盟官员、企业与智库积极参与讨论。所有的投资项目均应该在欧盟竞争与贸易规则内公开招投标，积极邀请欧盟企业参与并共同围绕全球价值链展开生产布局，部分程度解决欧盟劳动短缺、知识产权保护问题^④。

---

① 由欧洲企业发起成立的中国欧盟商会 2000 年成立非盈利组织，应欧盟及在华企业的需求代表不同领域企业在中国的共同呼声，提供中国政策与宏观形势的分析，每年发布《欧盟企业在中国建议书》、《商业信心调查》、《欧洲商务》和《中国对欧盟境外投资报告》等。目前已经有 1800 多家会员，在 9 个城市设立 7 家地区分会。

② 由于 2017 年 7 月日本与欧盟率先达成自由贸易区协定框架协议，包括已经达成的越南与欧盟的自贸区协定，正在磋商的欧美自贸区协定（TTIP）等，将会对中国产生贸易与投资转移效应。

③ 国务委员兼外交部长王毅 2018 年 5 月 31 日在柏林答记者问，回应欧盟对"16+1"担忧的观点。

④ 山多尔·库绍伊（匈牙利前驻华大使）：《如何打消欧盟对"16+1"的疑虑》，《环球时报》，2017 年 11 月 28 日。

（三）深入了解欧盟投资政策及投资环境变化

2017 年 9 月，欧盟委员会颁布《有关外国投资者对欧盟直接投资的法规草案》，虽然获得欧洲议会与各个成员国审批还有待时日，但随着国际经济政治格局变化及地区保护主义风潮兴起，作为中国最重要的投资目的地，欧盟最新的外国投资审查规则及贸易政策对欧盟境外对欧投资的影响仍备受关注，尤其对来自于政府直接出资和投资由第三方政府控制或补贴，一方面防止外国政府获取关键基础设施、技术及原材料的控制权，以及扭曲市场竞争[1]。关键基础设施主要包括能源、航空、交通运输、通讯、数据储存、金融设施等；关键技术则包括机器人、航空技术、人工智能、网络安全、军民公用技术、半导体及核技术等；关键原材料的供应安全，以及获取或控制敏感信息的渠道及能力[2]。

欧盟成员政府均成立经济发展促进机构（例如法国政府投资部、德国联邦外贸与投资署等）向那些想要投资的外国公司提供市场准入到开始创业整个过程的帮助，最终目的为了增加本国的就业数量推动国内经济增长。欧盟总体欢迎外国投资者，如荷兰等国的贸易和投资政策相对自由，外国企业可享受国民待遇，在法律范围内，外国企业和自然人都可以在设立独资、合资企业，同时也可以并购当地企业。[3] 除了少数特殊行业，如军工生产、铁路等，外国企业可以在任何行业投资。但近阶段一些国家增加了对敏感行业及投资主体为国有企业的限制。

在推进中国企业投资欧盟进程中，需要进一步扩大民营企业比重，将自由贸易试验区真正建成对外投融资的平台，消除欧盟对于中国国有企业及其核心技术强制性转让的担忧。欧盟整体属于进入服务经济阶段，大多数成员国服务业就业人口超过 70%。行业选择中可以考虑欧盟信息、通信、物流和金融服务

---

①Ninette Dodoo：《欧盟确立外商直投审查框架》，《中国外汇》，2017 年第 00 期，第 20–21 页。

②欧盟 2017 年 9 月公布新的关键稀缺原材料目录清单：锑、铍、硼酸盐、钴、＊焦煤、萤石、镓、锗、铟、镁、天然石墨、铌、磷矿石、金属硅、钨、铂族金属、轻稀土和重稀土、重晶石、铋、铪、氦、天然橡胶、磷、钪、钽、钒。其中焦炭定义为临界稀缺原材料。

③资料来源：2015 年度《对外投资合作国别（地区）指南：荷兰》。

等新兴服务业，这样不仅能够提升中国服务业技术水平，降低服务贸易巨额逆差，而且更有利于中国企业增加当地就业，在劳动和环境保护等诸多方面遵从欧盟标准，承担更多社会责任，树立中国企业"走出去"良好形象①。

---

① 常健聪：《中国对欧盟跨境直接投资的影响分析及启示》，《亚太经济》，2015 年第 1 期，第 110 页。

绿色壁垒对我国农产品出口的贸易效应分析

李林玥　朱　晗[*]

摘要：绿色壁垒作为一种新型的非关税壁垒，成为我国农产品出口的新"拦路虎"。本文选取 SPS 通报数作为绿色壁垒的衡量指标，研究绿色壁垒对我国农产品出口的贸易效应。研究发现绿色壁垒在当期和第三年对我国的农产品出口存在正面效应，并且绿色壁垒在第三年对我国农产品出口也存在正向的市场转移效应，使我国农产品在其他国家的市场份额增加。由于 SPS 从通报到实施有 7 至 8 个月，同时，农产品调整生产的周期也较长，这使得绿色壁垒在第三年才开始发挥正面效应。

关键词：绿色壁垒；SPS 通报数；贸易效应；农产品出口

一、引言

随着经济全球化及各国间贸易的迅速发展，传统关税壁垒在贸易协定和贸易合作中被弱化，非关税壁垒逐渐被许多国家广泛使用。专利壁垒、技术壁垒、绿色壁垒等已成为新一轮贸易竞争的有利武器。作为一种新型的贸易壁垒，绿色壁垒主要涉及环境与人类健康的产品，通常以环境标准、法律为载体，以保护环境与人类健康为"糖衣"，相对于其他非关税壁垒具有更强的隐蔽性及合理性。绿色壁垒兴起的主要原因在于发达国家与发展中国家生产技术标准的差异。发达国家凭借相对先进的技术限制发展中国家的出口，以技术、环境等限制保护本国市场。为满足出口条件，发展中国家往往需要付出较大的成本进行产品测试、评级及技术更新。

---

*作者简介：李林玥，中央财经大学国际经贸学院讲师；朱晗，中央财经大学国际经贸学院学生。

农业是我国的支柱产业。我国作为一个农产品出口大国，由于生产技术及绿色环境标准相对于主要出口发达国家（日本、美国等）有一定差距，国内生产者需要付出额外的生产成本以达到出口标准，这就削弱了我国农产品出口的价格优势。

二、文献综述

文献综述主要分为两大部分：一部分是绿色壁垒的成因与应对政策，第二部分是绿色壁垒对农产品的实证研究。

对于绿色壁垒的成因，袁琦（2017）认为环境与贸易因素共同促进了绿色壁垒的使用。而绿色壁垒也反过来促进环境保护及可持续发展，但抑制了贸易的发展，甚至会影响各国间的政治经济关系。关税壁垒的影响力逐渐被其他非关税壁垒（如绿色壁垒）替代（吴薇，2017）。由于绿色壁垒暗藏贸易保护主义，这成为发达国家利用其先进的技术优势和较高的国际地位来抑制发展中国家出口贸易的契机。

绿色壁垒对我国农产品出口影响的相关研究发现，绿色壁垒会降低农产品出口企业的销售额，同时也会提高销售成本（丁长琴，2010）。林玉洁（2012）认为，绿色壁垒削弱我国农产品的低成本优势，也加大企业开拓国际市场的难度；但同时，绿色壁垒会推动企业技术创新的步伐。除此之外，绿色壁垒还会减少我国农产品出口市场的范围（陈昕，2010）。

关于应对绿色壁垒的政策方面，吴薇（2017）提出四个政策建议：健全我国农产品生产制度、建立绿色认证体系、优化我国农产品出口结构、建立绿色预警机制。魏海丽（2016）还提出强化我国农产品监管力度、增强企业的绿色经济意识、及健全国际多边贸易合作关系的建议。

对于绿色壁垒的实证研究，中外文献都得出结论：绿色壁垒在短期内对农产品出口存在抑制作用；而随着生产者生产技术的提高，绿色壁垒会对出口存在促进作用。

董银果（2015）选取10个较为发达的国家作为研究对象发现：SPS对于初级农产品短期有显著抑制作用，两年后，贸易抑制会转化为贸易促进。而SPS

对于加工农产品的进口只有微弱的贸易促进作用。王咏梅（2011）和王正娟（2018）分别通过量化绿色壁垒实施程度与贸易竞争指数、引入两国的蔬菜农药残量标准数量分析出相似结论：绿色壁垒短期内对出口增长率和竞争力具有负面效应；而长期来看，随着生产者环保意识提高以及环境标准等监管方面水平的提高，绿色壁垒对出口有正面导向效应。

Khoi Nguyen Viet; THUY LE THI THANH（2014）在 Green trade barriers and Vietnam"s agricultural and fishery export 阐述了绿色壁垒对农产品出口的正负面影响。负面影响主要体现在出口成本的增加上。当农产品遭遇绿色壁垒时，企业需要支付高额的关税，从而降低企业的利润。对于一些小规模的企业来说，高额关税会让他们放弃出口。对于一些规模较大的企业来说，遭遇绿色壁垒会影响企业的声誉。声誉损害会降低进口国居民的信任度，从而影响农产品的出口，也会使得在支付高额关税之后，利润进一步降低。同时，企业为了跨越绿色壁垒，需要支付一些标准测试成本来通过认证（如 global gap 认证）。Global gap 认证又称全球良好农业操作认证，其认证标准范围包括从农产品的种植到收获的全过程。由于 global gap 的高安全性，也被更多国家（地区）的消费者所接受。绿色壁垒的正面影响主要体现在跨越绿色壁垒之后农产品质量的提高。当企业拥有更高质量的农产品以后，可以通过提高价格来弥补之前技术研发等成本，也能够提高产品本身的利润。同时，当农产品质量提高后，能出口到更多高环境标准的国家，打开国际市场，来增加企业的农产品出口；农产品质量的提高也会提升企业的声誉，增加消费者认可度。标准更高的农产品有利于本国国民的身体健康，增强国民的健康意识，对国家的可持续发展有重大意义。

Murina, Marina1 和 Nicita, Alessandro1（2017）通过量化欧盟 SPS 通报数研究了 SPS 对一些低收入国家农产品出口的扭曲效应，发现 SPS 削减了低收入国家近30亿美元出口。其次，他们发现尽管对这些低收入国家有一些协议等优惠条件，但并无法让这些低收入国家跨越绿色壁垒。相对于低收入国家而言，发达国家更有能力去应对 SPS 通报方面所带来的限制。Crivelli, Pramila 和 Groeschl, Jasmin（2016）研究了 SPS 对市场准入条件与贸易的影响。SPS 条款的负面作用增加了出口商的固定成本，而正面影响体现在 SPS 通报所传达给消费者的安全信息上，由此增加消费者认可度，从而通过销售量的增加来弥补之前付出的固定成本。因此，对于出口商来说，越过绿色壁垒的障碍就能获得更多的市场份额。而跨越绿色壁垒之后所带来的市场份额增加的好处大于跨越绿色壁垒的成本。此外，他们还研究了两种类别的 SPS 标准，即合格评定（如资格审查测试、监管等）和产品性能检验（如包装、标签等）。前者由于涉及各种累赘的认证、监管等措施，增加了出口商的生产成本；后者反而通过传递产品安全等方面的信息可以提高消费者的信心。

三、绿色壁垒的作用机理

为了进一步保护国内市场，各国开始采取以环境标准和环境制度为主的新型壁垒。由于各国间的环境标准不统一，加上国际组织对环境保护的高度重视，使得披着"环保外衣"的壁垒被广泛使用。作用机制可以分为价格控制机制与数量控制机制，也可以认为是"关税 + 配额"的综合作用机制。

（一）价格控制机制

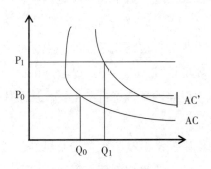

图 1　价格控制机制图

正常情况下，出口企业的曲线为 AC。而当出口农产品面临绿色壁垒，出口企业需要支付额外的费用（关税）来达到出口的条件，从而使得 AC 曲线上移至 AC'曲线。价格从 P_0 升高到 P_1，在企业零利润的情况下，销售数量上升到 Q_0 点。若企业要维持原有的价格竞争力，销售数量需要提高到 Q_1 点。

因此，绿色壁垒所带来的成本上升导致出口企业面临两方面的压力：利润空间及价格的市场竞争力。在利润率不变的前提下，关税使得产品价格上升。产品失去价格竞争力使得产品的销售数量受到很大的影响；在销售价格不变的前提下，企业的利润会降低。

（二）数量控制机制

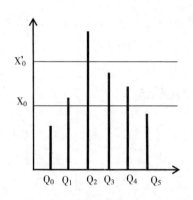

图2　数量控制机制图

数量控制机制的主要表现形式为环境标准（即配额）。数量控制机制是一个动态的过程。进口国会根据进口数量相对应地调整自己的环境标准。当环境标准（X_0）确定以后，高于 X_0 标准的产品达到进口标准，而未达到标准的产品被禁止进口。而一些企业为了达到相对应的环境标准会引进相关先进技术及优化的生产过程，达到环境标准（X_0）的产品会逐渐上升。因此，进口国为了再次限制进口数量会树立更高的环境标准（X_0'）。从总体来看，这是一个动态的数量调整机制。

然而，绿色壁垒的价格控制机制与数量控制机制二者不是独立的。当数量控制机制达到一定程度后，企业为达到环境标准需要引进先进的技术，支付较高的成本。这会增加企业的成本，降低产品的价格优势。当大规模的产品达到环境标准后，进口国会采取数量控制机制限制进口数量。所以，在进口产品的数量较低时主要是数量机制发挥作用，而当进口数量较多的时候价格控制机制会发挥作用。

四、模型及数据分析

（一）数据分析

本文对农产品的统计采用 HS CODE（《商品名称及编码协调制度》）的第 1 章到第 24 章的数据。

1. 我国农产品出口现状

如表 1，2016 年，我国农产品主要出口的三大洲是亚洲（473.52 亿美元）、欧洲（104.38 亿美元）、北美洲（84.30 亿美元）。同比 2015 年分别上涨 4.5%、1.7%、1.1%。亚洲的主要出口对象是日本（100.4 亿美元）、韩国（46.64 亿美元），分别占到我国出口亚洲农产品总额的 21.20% 与 9.85%。北美洲的美国（73.61 亿美元）与加拿大（10.68 亿美元）是主要进口国，分别占我国出口北美洲农产品总额的 87.41% 和 12.67%。大洋洲的澳大利亚（9.81 亿美元）及新西兰（1.89 亿美元）是我国的农产品主要进口国。基于我国的农产品出口结构及出口遭遇绿色壁垒的主要贸易国，本文选取美国、日本、欧盟、韩国、加拿大、澳大利亚、新西兰为研究对象。

表 1　2002—2016 年我国农产品出口额[①]

单位：亿美元

年份	美国	日本	欧盟	韩国	加拿大	澳大利亚	新西兰
2002	16.27	57.18	17.27	20.41	1.83	1.38	0.2
2003	20.52	60.44	20.11	25.64	2.31	1.91	0.27
2004	23.18	73.93	25.95	21.22	3.06	2.41	0.35
2005	28.39	79.27	34.65	28.49	3.82	2.77	0.47
2006	37.76	82.12	43.37	28.93	4.51	3.63	0.63
2007	43.84	83.49	54.79	36.01	5.57	4.50	0.82
2008	51.17	77.00	64.38	31.7	6.58	5.83	0.97
2009	47.00	76.87	57.56	28.31	6.63	5.67	0.81

---

① 数据由《中国农产品进出口月度统计报告》整理而成。

续　表

年份	美国	日本	欧盟	韩国	加拿大	澳大利亚	新西兰
2010	57.81	91.48	68.57	35.29	8.00	6.83	1.06
2011	66.99	109.94	81.04	41.75	9.12	8.98	1.34
2012	71.76	119.77	75.48	41.56	10.06	9.00	1.44
2013	72.88	112.36	80.87	43.89	9.52	10.00	1.43
2014	74.21	111.26	84.58	48.62	10.09	10.17	1.63
2015	73.5	101.98	81.46	43.44	9.83	9.67	1.83
2016	73.61	100.40	81.81	46.64	10.68	9.81	1.89

见表 2，我国的农产品出口在韩国与日本的农产品总进口额当中占到很大的比重。占韩国农产品总进口的比重有明显下降趋势，而占日本农产品总进口的比重有缓慢上升的趋势。占欧盟和美国的农产品总进口比重增长趋势相似，从 2% 左右上升至 5% 左右。而在加拿大和新西兰，我国农产品被进口的比例也有所上升。另外，我国农产品占澳大利亚农产品进口的比中上升比较显著，从 3.69% 上升到 7.07%。

表 2　2010—2016 年我国农产品出口占其他国家（地区）农产品进口占比[①]

(%)

年份	韩国	日本	美国	欧盟	澳大利亚	加拿大	新西兰
2002	21.56	12.34	2.79	2.62	3.69	1.32	1.49
2003	25.03	12.37	3.19	2.59	4.00	1.51	1.71
2004	18.56	13.53	3.29	2.95	4.40	1.86	1.91
2005	23.55	14.24	3.69	3.72	4.48	2.09	2.26
2006	21.26	15.14	4.39	4.27	5.26	2.17	2.84
2007	22.01	14.55	4.71	4.40	5.21	2.29	3.01
2008	15.78	11.28	5.06	4.30	5.81	2.41	2.94
2009	17.16	12.85	5.12	4.57	5.91	2.53	2.89
2010	17.82	13.77	5.64	5.25	6.18	2.75	3.24

---

① 其他国家（地区）农产品进口数据来源于 UN Comtrade 数据库，占比经过计算所得。

续　表

年份	韩国	日本	美国	欧盟	澳大利亚	加拿大	新西兰
2011	15.99	13.42	5.55	5.15	7.21	2.72	3.35
2012	16.10	14.59	5.62	5.01	6.87	2.86	3.45
2013	16.73	15.05	5.55	5.20	7.32	2.63	3.28
2014	17.35	15.51	5.27	5.26	6.99	2.69	3.38
2015	16.21	15.63	5.18	5.55	7.12	2.75	4.22
2016	19.33	15.34	5.11	5.56	7.07	3.00	4.37

2. SPS 通报数

本文采用中国 WTO/TBT–SPS 通报资讯网的 SPS 通报数。SPS 协定（Agreement on the Application of Sanitary and Phytosanitary Measures）主要针对涉及动植物等农产品所采用的动植物防疫标准，本质就是绿色壁垒。本文采用每年 SPS 我国在美国、韩国、日本、欧盟的通报数来衡量绿色壁垒。

见表 3，2017 年，我国收到总计 1366 起 SPS 通报，其中美国、日本、韩国、欧盟、澳大利亚、加拿大、新西兰分别有 86 起、57 起、38 起、79 起、53 起、130 起、21 起。

表 3　2002—2017 年 主要农产品出口国发出对我国的 SPS 通报数[①]

年份	美国	日本	欧盟	韩国	加拿大	澳大利亚	新西兰
2002	205	14	45	21	59	11	41
2003	239	21	76	32	57	17	86
2004	265	22	93	33	71	22	63
2005	241	22	42	25	59	29	26
2006	379	16	48	32	39	16	32
2007	374	22	53	49	43	17	31
2008	275	22	49	48	128	13	32
2009	116	22	54	54	78	21	29
2010	189	25	60	29	173	17	18

---

① 数据来源于中国 WTO/TBT–SPS 通报资讯网。

续 表

年份	美国	日本	欧盟	韩国	加拿大	澳大利亚	新西兰
2011	230	24	50	23	149	35	33
2012	204	21	67	42	170	43	26
2013	169	22	57	34	219	29	14
2014	133	58	81	23	214	27	15
2015	166	57	51	41	156	42	22
2016	142	66	55	42	187	48	26
2017	86	57	79	38	130	53	21

根据中国 WTO/TBT-SPS 通报资讯网，SPS 通报理由主要是食品安全，植物保护和动物健康。而保护人类免受动/植物有害生物的危害、保护国家免受有害生物的其他危害最少。在这四个国家与地区中，以食品安全为由的比例很大。以 2017 年为例，美国、日本、欧盟、韩国分别有 45 起、45 起、49 起、27 起，都超过一半的比例。

（二）模型建立

1. 绿色壁垒对我国农产品的贸易效应

（1）模型建立：在引力模型的基础上，为研究绿色壁垒对我国农产品出口的影响，选择相关变量。不同于引力模型，引入表现绿色壁垒的变量，即每年 SPS 通报数。由于考虑到环境标准对农产品的影响会在不同时间段，选取当期的 SPS 通报数以及滞后一期至滞后三期的通报数。汇率作为进出口贸易中很重要的因素，因此选取直接标价法下其他国家与地区货币兑人民币的汇率作为一个变量。

$$\ln export_{ijt} = \mu + \beta_1 \ln(GDP_{it}) + \beta_2 \ln(GDP_{jt}) + \beta_3 SPS_{jt3} + \beta_4 SPS_{jt2} + \beta_5 SPS_{jt1} + \beta_6 SPS_{jt} + \beta_7 \ln D_{ij} + \beta_8 \ln(Exchange_{ijt}) \tag{1}$$

export$_{ijt}$ 表示我国（i 国）对其他七个国家与地区（j，即美国、日本、欧盟、韩国、澳大利亚、加拿大、新西兰）在 t 年的总出口额。GDP$_{it}$ 与 GDP$_{jt}$ 表示我国和出口国（地区）在 t 年的人均 GDP。考虑到价格因素的影响，人均 GDP

采取现价美元来计算。SPSjt 表示在 t 年，出口国（地区）对我国农产品发出的 SPS 通报数量。Dij 表示我国与其他国家与地区的地理距离。Exchangeijt 表示在 t 年，在直接标价法下，j 国（地区）的货币兑人民币的汇率。

（2）回归结果分析

表 4　被解释变量（中国农产品出口）回归结果

解释变量	系　数	P 值	标准误
ln 人均 GDP	0.4805	0.1030	0.2920
ln 中国人均 GDP	0.4678	0.0000	0.1283
SPS	0.0083	0.0000	0.0018
SPS1	0.0012	0.5710	0.0022
SPS2	0.0004	0.8600	0.0023
SPS3	0.0057	0.0020	0.0018
ln 汇率直接标价法	1.9845	0.0000	0.1425
ln 地理位置	−7.7098	0.0000	0.4474

见表 4，其他国家（地区）人均 GDP 的 P 值在 10% 水平下显著。而中国人均 GDP 的 P 值为 0，在 5% 显著性水平下显著。且二者系数均为正，说明其他国家（地区）和我国的人均 GDP 对于我国农产品出口存在正向的影响，即我国向其他七个国家（地区）的农产品出口随着我国和其他农产品进口国的 GDP 增长而上升。D（地理位置的距离）的 P 值为 0，在 5% 水平下显著。说明随着国家（地区）间距离的增大，我国对该农产品进口国的出口额会降低。距离的增大会使得运输时间及交通运输成本都上升。而对于农产品来说，过长的运输时间会影响农产品的质量。

直接标价法的汇率（即一外币兑人民币）的 P 值为 0，说明在其在 5% 的水平下显著。直接标价法汇率的系数为正，也符合经济学原理。当该汇率上升 1%，则人民币会贬值，则农产品出口会上升 1.98%。

当期和滞后三期的 SPS 通报数的 P 值分别为 0 和 0.002，都在 5% 的水平下显著。而 SPS 的通报数在滞后一期与滞后两期并不显著。同时，当期 SPS 通报数与滞后三期通报数的系数均为正，说明 SPS 通报数对于我国农产品的出口存在正向效应。当期的 SPS 通报数每增加 1 起，我国农产品出口额会增加 0.83%。由于 SPS 通报的流程从评议、批准到实施的间隔大约有 7、8 个月的时间，因此 SPS 的正向效应不能立即发挥作用。因此，根据前文所解释的绿色壁垒的数量控制机制，在当期 SPS 通报中（即新的环境标准）还未落实之前，满足旧环境标准的农产品出口会上升。因此当期的 SPS 系数不能完全解释通报数对于农产品出口的正向作用。此外，在新的环境标准实施后，由于农产品的生产周期也比较长，生产者也需要时间进行相应的生产环境调整。因此，在回归结果中，SPS 通报数的滞后一期和二期并不显著。而滞后三期的通报数每增加 1 起，会使得我国农产品出口增加 0.57%。

2. 绿色壁垒对我国农产品出口的市场转移效应

（1）模型建立：在研究绿色壁垒对我国农产品出口效应模型的基础上，将被解释变量替换为其他国家（地区）对全世界农产品进口总额，及其他国家（地区）进口中国农产品占其总农产品进口比重，分析绿色壁垒对我国农产品出口的市场转移效应。

$$\ln import_{jwt} = \mu + \beta_1 \ln(GDP_{it}) + \beta_2 \ln(GDP_{jt}) + \beta_3 SPS_{jt3} + \beta_4 SPS_{jt2} + \beta_5 SPS_{jt1} \\ + \beta_6 SPS_{jt} + \beta_7 \ln D_{ij} + \beta_8 \ln(Exchange_{ijt}) \tag{2}$$

$$\ln rate_{ijt} = \mu + \beta_1 \ln(GDP_{it}) + \beta_2 \ln(GDP_{jt}) + \beta_3 SPS_{jt3} + \beta_4 SPS_{jt2} + \beta_5 SPS_{jt1} \\ + \beta_6 SPS_{jt} + \beta_7 \ln D_{ij} + \beta_8 \ln(Exchange_{ijt}) \tag{3}$$

Importjwt 为 j 国（地区）在 t 年向全世界农产品进口的总额。rateijt 为 i 国（中国）向 j 国（地区）出口农产品占 j 国（地区）总农产品进口的占比。

（2）回归结果分析：如表5，模型二中，其他国家（地区）的人均 GDP 并不显著，而我国的人均 GDP 的 P 值在 1% 的水平下显著。这说明我国人均 GDP 与其他国家（地区）的农产品总进口额之间存在正向关系。直接标价法下的汇率及我国与其他国家（地区）间地理距离的关系都与模型一所得到的回归结果类似。SPS 通报数仅在当期和滞后三期下在 5% 的水平下均显著，且二者的系数都为正。而 SPS 通报数滞后一期和滞后二期均不显著。

见表6，在模型三中，其他国家（地区）的人均 GDP 在 1% 的水平下显著，而我国的人均 GDP 在 10% 的水平下显著。直接标价法下的汇率与我国与其他国家（地区）也均在 1% 的水平下显著。SPS 通报数只有在滞后三期在 5% 的水平下显著。

表 5　被解释变量 [其他国家（地区）总农产品进口额] 回归结果

解释变量	系数	P 值	标准误
ln 人均 GDP	0.1048	0.7290	0.3013
ln 中国人均 GDP	0.3760	0.0060	0.1324
SPS	0.0087	0.0000	0.0018
SPS1	0.0010	0.6590	0.0024
SPS2	0.0004	0.8580	0.0024
SPS3	0.0042	0.0250	0.0018
ln 汇率直接标价法	1.8031	0.0000	0.1471
ln 地理位置	−6.2375	0.0000	0.4617

表 6　被解释变量 [其他国家（地区）进口中国农产品占比] 回归结果

解释变量	系数	P 值	标准误
ln 人均 GDP	0.3757	0.0010	0.1145
ln 中国人均 GDP	0.0918	0.0710	0.0503
SPS	−0.00043	0.5390	0.0007
SPS1	0.0003	0.7770	0.0009
SPS2	−0.000019	0.9830	0.0009
SPS3	0.0015	0.0390	0.0007
ln 汇率直接标价法	0.1814	0.0020	0.0559
ln 地理位置	−1.4722	0.000	0.1754

综上发现，由于我国是世界上主要农产品出口国之一，我国的经济实力对其他国家（地区）的农产品进口有很大的影响。当我国人均 GDP 每上涨 1%，其他国家（地区）的总农产品进口额会上升 0.09%。我国汇率每上升 1%（即人民币贬值），其他国家（地区）的总农产品进口额会上升 1.8%。同时，汇率

的上升也使得我国农产品出口占其他国家（地区）的总农产品进口额比例上升0.18%。

在模型二中，SPS通报数的当期和滞后三期均在5%的水平下显著，表明SPS对其他国家（地区）的农产品进口有正向效应。而在模型三中，仅有滞后三期表现出在5%的水平下显著。这也同样反映了模型一的结果，即SPS的通报数对我国农产品出口真正产生正向效应是在滞后三期。而SPS当期通报数的增加所带来的新的环境标准还没进行实施，所以在当期SPS的增加所显示出来的对我国农产品出口的正向效应实质是旧的环境标准，更多的企业能够达到旧标准从而增加自身的出口。

模型三中SPS滞后三期的系数为正表现出SPS通报数的增加对我国农产品有正向的市场转移效应，即SPS通报数每增加1起会使得我国农产品出口占其他国家（地区）总农产品进口比例会上升0.15%。

五、结论及政策建议

（一）结论

本文选取SPS通报数作为绿色壁垒的替代变量，通过建立SPS当期、滞后一期到三期的自变量研究SPS与我国农产品出口间的关系，得到绿色壁垒对我国农产品出口存在正向效应的结论。但由于SPS通报的流程从评议、批准到实施的间隔约有7~8个月，SPS的正向效应不能立即发挥，绿色壁垒的正向效应会在第三年后开始显现。同时，绿色壁垒对我国农产品出口也存在着正向的市场转移效应。绿色壁垒所带来的生产技术的提高增强了其他国家居民的认可度，使得我国农产品在其他国家的市场份额增加。

然而，SPS通报数是对整体农产品行业的违规情况的反映，每年整体农产品所涉及违规的农产品行业分类各有不同。所以存在SPS对整体农产品出口有正向效应，但对具体类别下的农产品存在负面效应的现象。因此存在这种可能性：正向效应大于具体类别的负面效应，这部分负面效应被抵消而无法通过回归结果观察到。由于无法从中国WTO/TBT-SPS通报资讯网得到具体HS编码类别的 SPS 通报数，因此未来的研究将深入具体类别下 SPS 通报数的贸易效应。

（二）政策建议

1. 生产绿色化

生产绿色化包含环境绿色化和技术绿色化。对于农产品而言，土壤、水资源等生态环境直接影响农产品质量。环境恶化所带来的水土流失、水资源污染和土地贫瘠成为我国农产品质量的核心问题。环境绿色化的实施离不开政府的配合。例如，将工厂等化工产业的选址远离农产品生产区；化工产业排污系统与农产品水资源的隔离等。环境绿色化也离不开先进的绿色生产技术。绿色生产技术的核心在于科学加工与技术创新。科学加工在于减少农药、化肥等化学产品的滥用，采用科学的种植方式减少化学品对于农产品的污染。技术创新需要加大对农业科技的投入和积极引入国外先进的生产技术。一方面会实现资源的有效配置，从而提高生产效率；另一方面有利于提高农产品的质量。目前我国农业属于生产密集型产业，对于农业科技的投入，有利于开发新型具备技术与知识密集型高附加值的绿色有机食品，提高农产品在国际市场的竞争力，从而扩大我国的农产品出口。

2. 完善绿色管理体系

绿色管理体系包含质量安全标准体系与监管体系。我国与发达国家之间在环境标准与环境法规方面的显著差距体现在农产品质量的标准化以及监管测度方面。

农产品遭遇绿色壁垒的根本原因在于环境标准的落后。即使我国农产品能够通过本国质量安全的标准，但是难以通过进口国的标准。实现农产品质量体系的标准化是十分必要的。安全标准体系的建立是一个长期过程，需要根据国际标准与国内基本国情逐步实施，以及国内各个部门的合作与协调。国家可以建立国内专业的产品质量认证机构，树立良好公信力的机构形象，通过良好的声誉保证国内高质量农产品的输出。

国内农产品监管最大的问题在于信息不透明。消费者无从获得农产品的来源及生产相关信息。消费者与生产者、供应商间信息存在不对称，这都是导致市场失灵的原因。这种不对称使得消费者往往要付出较高的价格来得到商品。其次，我国的农产品市场对农产品本身只存在数量与价格之间的相互作用，而农产品本身的质量与价格之间由于信息不透明很难产生相对应的关系。这些不稳定因素的存在显示完善监管体系的必要性。完善的监管体系能够向消费者展示从农产品生产到最终销售的整个环节。对消费者而言能够享受到更好的服务，提高效用。对生产者而言，放弃"一味追求产量"的念头，开始提高产品质量，有助于我国农产品整体质量的提高。从监管体系来看，当生产到销售中某个环节导致农产品最终不能达到环境标准时，能够及时发现其中的纰漏，为日后的完善及整合提供很好的基础。

3. 农产品行业的整体化

针对我国国内农产品出口行业内"小规模企业数量多"的特点，建立一个整体的行业组织（或者协会）有助于我国农产品对外贸易的开展。单个小规模的企业很难在贸易争端之中掌控话语权，而一个组织或协会拥有很强的话语权，能够在对外贸易中避免陷入被动。同时，行业整体化能有效避免我国国内行业间的恶性竞争，建立良好的行业秩序。行业组织作为一个行业的"代表"，还可以了解国外的先进技术和法规，并能在政府与企业间担当"桥梁"的角色，向政府部门实时反映生产者的诉求，有利于政府部门对农业的生产规划及相关规定的实施。

4. 出口差别化

出口差别化是指对不同国家的环境标准进行相应的出口，这并不意味着我国农产品不需要进行自身生产技术性等提高。出口差别化只能作为"止损"性短期的政策。由于农产品生产周期较长，很多相对较高的环境标准很难立刻就进行相对应的调整。如果生产者无法满足原本出口计划，通过行业组织了解农产品满足出口条件的其他国家，这在一定程度上会避免更多绿色壁垒对我国农产品出口所造成的损失。

出口差别化政策存在很多限制。农产品自身的保质期限制了这个政策实施的时间段。如果不能在短时间内找到农产品相应能满足出口条件的国家，那么就无法避免绿色壁垒所带来的损失。实现这个出口差别化政策的前提在于信息共享，只有在完备的信息系统下，出口差别化才能对我国农产品的出口有提升效果。

参考文献

[1] 袁琦．绿色贸易壁垒的成因、影响及对策研究 [J].《现代营销（下旬刊）》，2017(09):21。

[2] 吴薇．绿色贸易壁垒对我国出口贸易的影响及应对途径 [J].《经贸实践》，2017(22):112。

[3] 丁长琴．农产品绿色贸易壁垒的影响及对策探析 [J].《农业经济问题》，2010,31(05):96-99+112。

[4] 林玉洁．绿色贸易壁垒对中国农产品出口的影响与对策分析 [J].《对外经贸》，2012(11):24-26。

[5] 陈昕．发达国家绿色贸易壁垒对中国农产品出口的影响 [J].《经济研究导刊》，2010(17):141-142。

[6] 魏海丽．绿色贸易壁垒对中国农产品出口贸易的冲击及应对研究 [J].《改革与战略》，2016,32(02):151-154。

[7] 董银果，李圳．SPS 措施：贸易壁垒还是贸易催化剂——基于发达国家农产品进口数据的经验分析 [J].《浙江大学学报（人文社会科学版）》，2015,45(02):34-45。

[8] 王咏梅．绿色贸易壁垒对水产品出口的影响效应分析——以浙江省为例 [J].《国际贸易问题》，2011(04):65-74。

[9] 王正娟．绿色贸易壁垒对中国农产品进出口的影响 [J].《经贸实践》，2018(05):85。

[10] 董银果．SPS 措施影响中国水产品贸易的实证分析——以孔雀石绿标准对鳗鱼出口影响为例 [J].《中国农村经济》，2011(02):43-51。

[11] 董银果，姜盼．中国农产品出口遭遇 SPS 措施的原因探析 [J].《国际贸易问题》，2012(11):145-155。

[12] 罗芳．日本绿色贸易壁垒对我国农产品出口的影响及改进措施 [J].《中国商

论》, 2018(07):85-86。

[13] 董银果, 褚潇, 赵学刚 .SPS 措施影响中国农产品出口的实证分析 [J].《统计与信息论坛》, 2013,28(09):68-74。

[14] 张永 . 美国反倾销申诉的贸易转移效应分析 [J].《国际经贸探索》, 2013,29(04):16-26。

[15] 莫庆龄 . SPS 措施对我国农产品出口的影响分析 [D]. 南京大学 , 2017.

[16] Khoi Nguyen Viet;THUY LE THI THANH.Green trade barriers and Vietnam"s agricultural and fishery export[J]Journal of Globalization Studies, 2014(2).

[17] Marina Murina and Alessandro Nicita.Trading with Conditions: The Effect of Sanitary and Phytosanitary Measures on the Agricultural Exports from Low-income Countries[J]The World Economy, 2017(1):168-181.

[18] Crivelli, Pramila1;Groeschl, Jasmin2.The Impact of Sanitary and Phytosanitary Measures on Market Entry and Trade Flows[J]The World Economy, 2016(3):444-473.

金融市场开放如何影响企业出口行为

——基于中国企业数据的研究

张 艳 刘 韬 毛 丹[*]

摘要：本文基于中国银行业入世承诺的地区时间表和企业所有制结构三重差分模型，研究金融市场的开放如何影响企业的出口行为。外资银行的进入通过拓宽融资渠道以及加剧银行竞争，一定程度上缓解企业的融资约束问题。而且其影响对于不同所有制的企业存在异质性，使得先前面临更多融资限制的私营企业较之国有企业受益更多。金融开放对私营企业扩大出口、建立新贸易伙伴以及开发新出口产品具有显著促进作用。

关键词：金融开放；企业出口；民营企业；多元化经营

一、引言

自 2001 年入世以来，中国的贸易发展取得了引人瞩目的成就，出口一度保持 20% 以上的增长速度。同时，中国金融业的对外开放也开启新的篇章。2018 年 4 月 11 日，央行行长易纲在博鳌亚洲论坛宣布中国深化金融开放 12 大具体举措，中国将"内外资一视同仁，允许外资银行在境内同时设立分行和子行"，并且"大幅度扩大外资银行的业务范围"。那么，外资银行进入如何影响企业的出口行为？由于私营企业和国有企业所面临着不同的融资成本和融资约束，外资银行进入对于二者的影响是否有差别？

中国基于入世服务贸易的承诺，不断扩大外资银行的准入限制以及业务范

---

* 作者简介：张艳，中央财经大学国际经贸学院国际贸易系主任、副教授；刘韬，中央财经大学国际经贸学院国际贸易系讲师；毛丹，中央财经大学国际经贸学院国际贸易系学生。

围。对于人民币业务，地域限制也将逐步解除。从 2001 年至 2006 年，外资银行可进行人民币业务的地域范围逐年扩大，且开放进程严格按照政府公布的时间地区表实行，到 2006 年底，外资银行开展人民币业务的地域限制完全解除，中外居民和企业可以在中国任何城市的外资银行处理人民币业务。

此外，中国的金融政策依然很保守，利率监管十分严格，资本帐户高度管制，信用分配也受政府主导。在这样的金融市场环境下，中国私营企业面临很强的融资和信贷约束。直到 1999 年，中国的私有部门才被视作金融体系中独立的部门。由于现实中，私营企业仍被银行认为较之国有企业具有更高贷款风险，因此，中国的金融资源被分配给最没有效率的国有企业而高效的私营企业却无法得到相同的资源（Havrylchyk 和 Poncet,2007）。同时，大多数中国商业银行是国有银行，因此，国有企业会受到更多青睐。国有银行更好掌握国有企业的信用情况，这也把非国有企业置于不利的地位。而国有银行的贷款多为政策驱动而非出于商业动机，这也使得私营企业去寻求外商投资（Park 和 Sehrt,2001）。孙灵燕（2012）研究发现，我国当前基于所有制的信贷资源分配模式使民营企业面临巨大的融资约束，从而影响我国民营出口企业的发展。同时在融资依赖程度更高的行业中，民营企业获取外部融资时更容易受到信贷歧视的显著影响。

本文基于入世承诺的时间地区特征和企业所有制结构，建立三重差分模型探究金融开放是否对企业出口有显著影响。外资银行进入对于企业的影响主要是通过改变企业的融资约束、加强银行间竞争而提升资源分配效率的渠道实现的，在中国私营企业融资通常受到更多歧视，因此外资银行的进入会改善私营企业的融资限制，一定程度上搅动我国基于所有制的信贷分配模式，使得资源配置更加高效。

金融开放对出口的促进作用主要体现在外部融资环境的改善，融资成本下降，融资效率提高。众多学者研究表明，金融开放对于缓解私营企业的融资约束有很强的作用，同时加强了银行业的竞争。George（2017）指出，外资银行的进入总体上会提高企业获得贷款的可能性。冼国明等（2010）利用上市公司的财务数据进行实证分析，发现金融发展有助于缓解中国企业面临的外部融资约束。Claessens 等（2000）使用 80 个发达国家和发展中国家的数据估计外资银行进入的影响时总结，外资银行的进入会提高本地银行的效率。Li 和 Huang（2015）使用各省数据研究外资银行进入对银行间竞争的影响。使用 Fan 等（2003, 2004, 2007, 2010）的方法，计算了 NERI 指数，以此来代表银行间的竞争程度。实证结果表明，外资银行进入后，国内银行间的竞争变强，同时国有银行的支配地位遭到了一定程度的削弱。

本文研究发现，外资银行进入改变了国有银行的歧视性贷款政策带来的后果，使得之前面临更大融资约束的私营企业比国有和集体企业受益更多。本文从三个角度，得出以上结论。金融开放使得私营企业的出口量平均来讲高于国有企业和集体企业；私营企业比国有企业和集体企业出口产品种类数更多，且出口更多新产品，对于产品的退出二者没有显著差异；私营企业比国有企业和集体企业出口到更多的国家，且开发更多新的出口市场，对于出口市场的退出二者没有显著差异。研究对金融开放使私营企业受益比国有和集体企业受益更多这一观点提供支持（Li Wei,2016; Li 和 Huang,2015 等）。外资银行并不会因为信息不对称而只贷款给受政府支持的大型国有企业，也会贷款给一些生产效率高的私营企业。可能的影响机制还有外资银行进入通过加强竞争，改变信贷分配模式，使得私营企业获得贷款的渠道增加，从而扩大出口及多元化经营。

二、文献综述

基于不同国家的企业数据，许多学者采用不同的方法，都证实了信贷约束影响企业的出口决策（Espanol，2007；Muûls，2008；Du 和 Girma，2007）；企业信贷约束的增加会阻碍企业出口，而高生产率的企业具有较小的信贷约束，从而出口额较大（李志远等，2013）。同时信贷约束还会阻碍企业出口的产品范围以及出口目的地的数量（Manova, Wei 和 Zhang，2011）。

大量的文献研究一国金融发展对该国出口贸易的影响。Becker（2013）等人从出口固定成本的角度解释金融发展和一国国际贸易之间的关系，发现一国金融业发展往往伴随着一些高出口固定成本以及高目的国进口成本的行业出口更多。Manova（2012）也发现一国金融市场的不完善会严重阻碍该国贸易的发展。包群和阳佳余（2008）考察了金融发展水平对工业制成品比较优势的影响。通过模型推导，得出金融发展通过降低企业的融资成本获得资本密集型产品的比较优势。实证研究也得到以不同指标衡量金融发展水平对出口品比较优势的影响不同。

有关中国金融开放对于出口的影响，国内外学者也多有研究。Berman（2008）等研究了9个发展中国家和新兴市场中的5000家企业后，发现金融改革促进企业进入出口市场的效果是明显的。他强调企业通过获得外源融资，减少企业的初始固定成本，然而当企业已经进入出口市场后，金融改革的作用便变得不显著。

众多学者研究发现，外资银行的进入对中国企业的影响有很强的异质性，通常更透明的企业和非国有企业受益。Lin（2011）考察了外资银行进入对本国企业获得银行贷款的影响。早期外资银行进入对银行长期贷款的交易量和交易额都没有很大影响。但发现，外资银行的进入对本国企业的影响有很强的异质性。外资银行进入后，非国有企业能利用银行长期贷款来支持贸易融资，而在之前这是非常昂贵的。对于国有企业来说，外资银行进入没有显著增加其银行贷款的使用。研究表明，外资银行的进入有利于减轻企业的融资约束，尤其是对之前与政府联系没那么紧密的企业，同时在某种程度上减轻了资源配置的低效。Li 和 Huang（2015）的研究表明，外资银行进入减少了融资约束、提升了银行间的竞争，是金融开放很重要的一步。这使先前偏好国有企业和集体所有制企业的金融政策产生反转。他们发现外资银行进入除了有"撇脂"效应和信息不对称的特点之外，还有着"金融开放效应"，即对不同所有制的企业有不一样的效果。提升银行之间的竞争与建立私营金融机构相同，会提高私营企业的融资环境，因此外资银行的进入有利于私营企业提高效益。但是，由于之前的政策偏好随着外资银行进入而发生改变，国有企业和集体所有制企业会受到一定影响。Li（2016）分析了外资银行进入中国对中国企业表现的影响。他发现外资银行进入在城市和企业层面对产量、销量等没有作用。但是在区分所有制以后，金融开放的作用开始显现。开放的城市私营企业的各方面表现，如销售、投资等均更好，且开放城市的私营企业可以获得更多银行贷款。但是外资银行进入对国有企业却没有影响。外资银行通过增强银行间竞争、降低企业的融资约束使得企业面临减少的融资约束和获得更多银行贷款，尤其对私营企业。

本文选取外资银行进入作为中国加入 WTO 后金融开放的指标，实证研究金融开放对于不同所有制企业的出口以及多元化经营的影响，与之前的研究有很大不同。首先，从企业层面研究金融开放的影响的文献很少。再者，还未见有学者将企业的多元化经营决策与金融开放联系起来。外资银行进入的时间地区特点为本文研究创造了很好的政策背景，企业贷款的获得与出口成本密切相关，利用私营企业和国有企业融资约束的差异，本文使用 DDD 方法，比较金融开放对于私营企业和国有与集体企业的不同影响。本文的研究方向不仅为政府提出的扩大金融业开放政策提供依据，而且为企业进入出口市场以及在贸易战中面临的开发新产品和新贸易伙伴提供了启示。

三、中国金融市场开放

中国在加入世贸组织之后积极履行其金融开放的承诺。对于外资银行的服务对象，开放两年之后，外国金融机构可以给中国企业提供服务，而开放五年之后，外国金融机构可以给所有已开放地区的中国客户提供服务。对于外币业务，在加入世贸组织的即刻便取消地域限制。对于人民币业务，地域限制也将逐步解除，从个别试点城市扩大到全国范围。在 2001 年底开放上海、深圳、天津、大连这四座城市；2002 年，广州、珠海、青岛、南京、武汉被允许做人民币业务；2003 年，开放济南、福州、成都、重庆；2004 年，又增加了昆明、北京、厦门；2005 年，汕头、宁波、沈阳、西安的地域限制解除，到 2006 年底，所有的限制将会取消，外资银行在中国境内可以自由开展人民币业务。在开放的前几年，中国允许外资银行开展人民币业务的城市主要集中在东部沿海城市和中西部。截至 2005 年，有 20 座城市允许外资银行进入。2006 年底，所有的地域限制均被解除，外资银行可以进入任何一个城市，可以为所有企业和个人客户提供服务。

表 1 外资银行开展人民币业务的时间和城市分布

开放时间	金融开放的城市
2001 年底	上海、深圳、天津、大连
2002 年底	广州、珠海、青岛、南京、武汉
2003 年底	济南、福州、成都、重庆
2004 年底	昆明、北京、厦门
2005 年底	汕头、宁波、沈阳、西安
2006 年底	所有其他地区

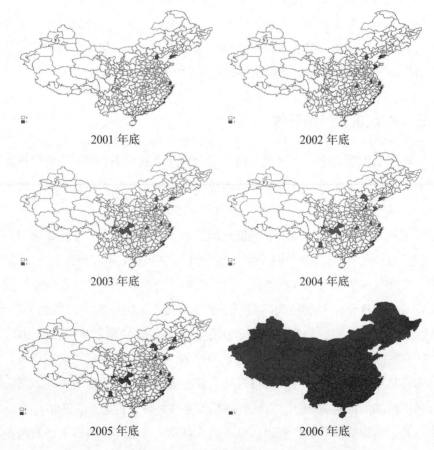

图 1 外资银行开展人民币业务在中国大陆的区位分布

随着开放的不断深入，中国的外资银行数量也在不断增加，在中国加入世贸组织的五年内，外资银行数目从 190 家增加到 312 家，在不考虑兼并的情况下净增加 122 家。而外资银行进入中国银行系统所面临的约束条件、地域及客户限制均大幅放宽，其开放程度也得到显著提高。外资银行的业务范围从外币业务扩展到人民币业务，服务对象从外国居民扩大到本国居民。（Fan,2009）

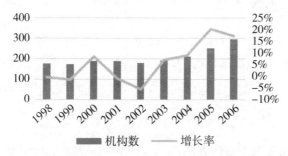

图 2　外资银行在华营业性机构数目与增长情况

数据来源：中国金融年鉴。

四、数据与模型设计

（一）数据来源

本文主要数据来源是是由国家统计局制成的 1998–2007 年工业企业数据库。该数据库包含所有国有和规模以上（年主营业务收入超过 500 万元）非国有工业企业。[①] 该数据库是企业层面的原始数据，而非加总数据。在中国，一些大型的企业会有子公司，由于子公司作为独立法人存在，这些公司会以独立的公司样本存在于数据库中。

由于原始的工业企业数据库包含超过 200 万个样本，且有丰富的变量，但是有些变量可能包含统计误差，因此对数据进行了一定处理。将关键变量（总资产、固定资产等）为缺失值的样本删除，且将雇佣员工数小于 8 人的样本删除。

---

① 数据库根据企业规模而缩减，而企业规模由企业劳动力数量衡量。

本文还使用 2000-2006 年中国海关贸易统计数据库（CCTS）。中国海关贸易统计数据库报告了出口企业 HS8 位代码产品的产品信息，包括各产品的 FOB 价格、产品的出口量、产品的生产地和产品的出口目的地等。大部分回归结果基于二者根据企业名称进行匹配后的匹配库进行。

（二）数据的范围

选择 1998-2007 年间工企的数据是由于：一是样本时间跨度较长，可以全面观测金融开放前后企业的出口表现。二是工业企业数据库中包含样本较多，即使经过筛选，仍能保持较大的样本容量。这样能克服计量过程中的缺陷。如多重共线性、异方差、序列相关等。

（三）模型设定与 DDD 方法

外资银行进入中国的时间和地区变化为 DID 研究创造了有利条件。有两组城市，处理组是金融开放的城市，对照组是未金融开放的城市。假设未开放城市无法得到外资银行的贷款，因此不会受到外资银行进入的影响。对照金融开放的城市中企业在开放前后的出口和未开放城市中企业在相同年份内的出口，能够得到企业层面，外资银行进入对企业出口的平均影响。

DID 估计的方程如下：

$$Y_{i,c,j,t} = \alpha_i + \varphi_{p,t} + \gamma_{j,t} + \beta Treat_{c,t} \times Post_t + \lambda X_{i,c,j,t} + \varepsilon_{i,c,j,t} \qquad （1）$$

i, c, j, p, t 分别表示企业、城市、行业、省份和年份。被解释变量 $Y_{i,c,j,t}$ 是企业层面的变量，如企业出口额等。控制了企业固定效应 α_i，吸收不随时间改变的企业变量；还有行业 - 年份固定效应 $\gamma_{j,t}$，吸收随年份变化的不同行业的出口差异；由于金融开放是随城市 - 年份变化的，还控制了省份 - 年份固定效应 $\varphi_{p,t}$，控制随年份变化的不同省份的企业出口差异。$X_{i,c,j,t}$ 控制了不随时间改变的企业层面的变量，如企业规模和企业生产率。$Treat_{c,t}$ 是代表金融开放政策的虚拟变量，城市 c 当年外资银行进入 $Treat_{c,t}$ 为 1，未开放 $Treat_{c,t}$ 为 0。外资银行进入的平均影响由 β 估计。假设外资银行只作用于当地。这个假设是合理的，因为 2006 年之前，中国政府规定企业不能在异地银行获得贷款。比如，北京市在 2004 年开放，因此设定 *Treatc,2003* = 0 而 *Treatc,2004=Treatc,2005=Treatc,2006*= 1。

但是，使用 DID 方法的问题在于城市层面有一些随时间改变的特点，可能会导致估计结果产生偏差。在中国的金融体系下，私营企业和国有企业面临的融资约束不同，私营企业受到更多融资限制。

由于存在这些问题，利用私营企业和国有企业本身面临的融资约束的差别，并在主要回归中使用 DDD 方法。利用时间变化（开放前和开放后），城市变量（金融开放的城市和未金融开放的城市）和企业所有制变量（私营企业或国有和集体企业）三重差分。

DDD 回归方程如下：

$$Y_{i,c,j,t} = \alpha_i + \varphi_{p,t} + \gamma_{j,t} + \beta Treat_{c,t} \times Post_t \times FirmType_i + \eta Treat_{c,t} + \theta t \times FirmType_i + \lambda X_{i,c,j,t} + \varepsilon_{i,c,j,t} \qquad （2）$$

i, c, j, p,t 分别表示企业、城市、行业、省份和年份。被解释变量 *Yi,c,j,t* 是企业层面的变量，如企业出口的对数、企业出口产品数和目的国数量。与 DID 方法相比，DDD 方法可以控制一系列省份 – 年份层面、行业 – 年份层面和所有制 – 年份层面的变化。控制了随时间改变的和不随时间改变的城市变量，如补贴和税收；还控制了一些行业层面随时间改变的可能会影响结果的变量。*FirmTypei* 是代表企业所有制的虚拟变量，由于研究私营企业和国有与集体企业的不同表现，剔除外资企业后，私营企业为 1，国有和集体企业为 0。*t×FirmTypei* 允许不同所有制类型的企业随时间有不同的趋势。*Xi,c,j,t* 控制了不随时间改变的企业层面的变量，如企业规模和企业生产率。*αi* 是企业固定效应。

五、实证结果与分析

首先，对比金融开放后私营企业和国有企业的出口表现。然后是实证研究结果，金融开放对于国有企业和私营企业的出口额、贸易伙伴的数量以及贸易产品种类数的不同影响。

（一）金融开放对于不同所有制企业的影响

为了检验金融开放的影响，对比金融开放城市与未开放的城市中私营企业的表现。如图3，纵坐标是私营企业的出口占比。实线是2005年底金融开放的20个城市，虚线是其他未开放的城市。由于2006年底所有城市均开放，从1998-2005年的情况，已经可以看出一些趋势。

可以看出，2001年年底外资银行进入前，开放城市和未开放城市中的私营企业出口占比均在提高，而且私营企业与国有企业总出口的比例变化是基本一致的。金融开放后，开放城市的私有企业出口占比经历了较大的提升，而未开放城市的私营企业出口占比则上升缓慢。可以看出金融开放对于私营企业出口有一个正向显著的影响。

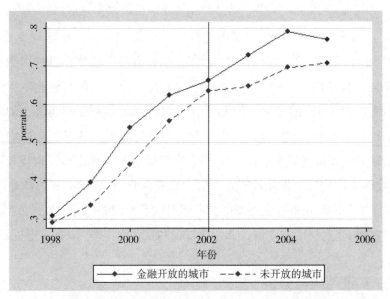

图3 金融开放对不同所有制企业的异质性影响检验

（二）金融开放对不同所有制企业出口的影响

将工业企业数据库和贸易数据库中的企业匹配后，以贸易数据库中所有制分类将企业分成三类，私营企业、国有企业和集体企业、外资企业。由于对外资银行进入对外资企业的影响不做研究，将外资企业剔除后，可以得到金融开放对国有企业和私营企业的不同影响。

从三个角度刻画金融开放对不同所有制企业的不同影响。首先，从出口单一方向的量的增长研究。然后，分别从出口市场和产品角度研究金融开放的影响。

（1）企业出口额

首先，从企业出口额考量。因变量是企业出口额对数和总出口的对数，这两个指标略有不同。出口额是工业企业数据库中，企业实际直接出口额，即去除中间贸易后，企业生产并出口的产品金额。总出口是贸易数据库中，企业总出口的产品金额，包括中间商进行的间接贸易。

如表 2，（1）、（3）栏只控制年份和企业固定效应，控制中国加入 WTO 的影响，结果表明，金融开放对私营企业和国有与集体企业的影响有显著差异，对私营企业的出口促进作用更明显。（2）、（4）栏控制行业 - 年份固定效应、省份 - 年份固定效应，结果表明金融开放后，无论是企业直接出口还是间接出口，私营企业出口比国有企业出口在 1% 的显著性水平下增加的更多。在 1% 的显著性水平下，金融开放使私营企业的出口额对数比国有企业增加 10% 左右，而总出口对数增加 25% 左右。实证研究得到的结果与预期一致，金融开放的城市私营企业能够通过减轻融资约束，从而促进出口的扩大。一方面，外资银行的进入可能直接为一些表现好的私营企业提供贷款。另一方面，外资银行进入可以间接影响企业可获得的贷款。即使只有小部分私营企业可以从外资银行获得贷款，由于外资银行进入带来竞争，国内的银行可能会贷款给一些私营企业。

表 2　外资银行进入对不同所有制企业出口集约边际的不同影响

解释变量	(1)	(2)	(3)	(4)
	出口额对数	出口额对数	总出口对数	总出口对数
Treat × Post × Poe	0.105***	0.137***	0.271***	0.268***
	(0.0201)	(0.0216)	(0.0260)	(0.0279)
Treat	−0.0662***	−0.0796***	−0.184***	−0.151***
	(0.0207)	(0.0258)	(0.0267)	(0.0336)

续 表

解释变量	(1)	(2)	(3)	(4)
	出口额对数	出口额对数	总出口对数	总出口对数
lntfpop	0.669***	0.717***	0.432***	0.459***
	(0.0217)	(0.0226)	(0.0266)	(0.0275)
lnsize	0.602***	0.582***	0.514***	0.488***
	(0.0122)	(0.0124)	(0.0152)	(0.0153)
Constant	5.007***	3.735***	9.105***	9.039***
	(0.0750)	(1.057)	(0.0922)	(0.739)
企业固定效应	YES	YES	YES	YES
年份固定效应	YES		YES	
行业－年份固定效应		YES		YES
省份－年份固定效应		YES		YES
Obs	55,460	55,291	70,482	70,193
R^2	0.881	0.885	0.833	0.838

（ ）中为标准误差

***，**，* 分别表示 1%，5% 和 10% 的显著性水平。

（2）出口市场多元化

为了得到金融开放对不同所有制企业出口市场的不同影响。以 2000-2006 年的企业为样本，表3的前三栏回归结果。表中结果显示，金融开放的城市中，私营企业的出口目的市场的数量比国有企业更多。在 1% 的显著性水平下，金融开放城市中私营企业的出口市场数量比国有企业和集体企业平均多 139.2%。

从企业进入新出口市场来看，私营企业比国有企业和集体企业开发了更多新的出口市场，在 10% 的显著性水平下，金融开放城市中私营企业新开发的出口市场数量比国有企业和集体企业平均多 21.9%。对于出口市场的退出二者没有显著差异。结果符合预期，即外资银行的进入可能通过减少私营企业的融资约束，从而降低企业开发新市场的固定成本。由于私营企业获得了外部融资，一些表现好的私营企业会选择扩大出口市场，实现更高程度的国际化。

表 3　外资银行进入对不同所有制企业出口扩展边际的不同影响

解释变量	(1) 目的国数量	(2) 目的国数量—进入	(3) 目的国数量—退出	(4) 出口产品数	(5) 产品数量—进入	(6) 产品数量—退出
Treat × Post × Poe	1.392***	0.219*	0.323	0.790***	0.379**	0.251
	(0.130)	(0.115)	(0.239)	(0.137)	(0.166)	(0.358)
year_poe	−5.777***	1.041	−2.493**	−0.781	1.220	−0.933
	(1.453)	(1.520)	(1.235)	(1.538)	(2.077)	(1.856)
Treat	−0.795***	−0.0907	−0.232	−0.478***	−0.244	−0.125
	(0.156)	(0.141)	(0.175)	(0.165)	(0.198)	(0.261)
lntfpop	1.321***	0.595***	0.379***	0.527***	0.280	0.348*
	(0.123)	(0.123)	(0.124)	(0.130)	(0.171)	(0.183)
Constant	82.97***	−8.649	35.56**	8.659	−23.76	16.18
	(20.08)	(18.02)	(14.45)	(21.26)	(24.78)	(21.65)
企业固定效应	YES	YES	YES	YES	YES	YES
省份－年份固定效应	YES	YES	YES	YES	YES	YES
行业－年份固定效应	YES	YES	YES	YES	YES	YES
Obs	71,422	55,275	40,865	71,422	49,037	36,572
R^2	0.862	0.695	0.645	0.855	0.744	0.775

（　）中为标准误差

***，**，* 分别表示 1%，5% 和 10% 的显著性水平。

（3）产品多元化

为了得到金融开放对不同所有制企业产品的不同影响。以 2000–2006 年的企业为样本，表 3 后三栏是回归结果。表 3 中第四栏是控制产业－年份固定效应和省份－年份固定效应的结果，结果显示，金融开放的城市中，私营企业的出口产品种类比国有企业和集体企业更加多元化。在 1% 的显著性水平下，金融开放城市中，私营企业的出口产品种类比国有企业和集体企业平均多 79.0%。

从企业开发新产品的角度来看，金融开放后，私营企业比国有企业和集体企业开发了更多新产品，在5%的显著性水平下，金融开放城市中私营企业新开发的新产品数量比国有企业和集体企业平均多37.9%。对于产品的退出二者没有显著差异。因此，从新产品进入出口市场的角度来看，金融开放对私营企业新的出口产品的开发是有显著促进作用的。这是由于开发新的出口产品可能需要投入新的机器设备，以及新产品的问世需要更多推广成本，也就需要更多的融资。外资银行在该城市开展人民币业务使企业获得信贷的来源增加，企业更有动机去出口新产品，尤其是之前融资受到更多限制的私营企业。

六、稳健性检验

（一）金融开放 v.s. 贸易自由化？

这部分将研究究竟私营企业和国有企业在金融开放后出口表现的差异性表现是由外资银行进入所导致，还是由于贸易开放的地方性差异导致。尽管，外资银行在进入中国后促进银行间竞争、为私营企业提供贷款，然而中国加入WTO以后关税下降，即使在不同城市关税下降额度相同，但也有可能会存在城市间的贸易开放的差异性。

为了解决这个问题，使用 Autor, Dorn 和 Hanson（2013）的方法来衡量一个城市每年贸易开放的程度：

$$Trade\_openness_{c,t} = \sum_i Export_{i,c,t} / \sum_i Numberofworkers_{i,c,t} \qquad （3）$$

公式中的 i,c,p,t 分别代表企业、城市、省份和年份，为了得到金融开放和贸易开放对企业出口决策的异质性影响，可见如下回归方程：

$$Y_{i,c,j,t} = \alpha_i + \varphi_{p,t} + \gamma_{j,t} + \beta_1 Fl_{c,t} \times Poe_i + \beta_2 Trade\_openness_{c,t} \times Poe_i + \lambda X_{i,c,j,t} + \varepsilon_{i,c,j,t} \qquad （4）$$

金融开放和贸易开放均是在城市 – 时间层面变化的。表4显示回归结果，在控制地区层面的贸易开放度之后，金融开放对于私营企业出口的促进作用还是很显著的。同时很显然一个城市的贸易开放对于私营企业的出口也是有显著的正向促进作用的。因此，可以证明排除贸易开放的因素后，金融开放对于企业出口的异质性影响是稳健存在的。

表 4　金融开放和贸易开放对私营企业出口选择的影响

解释变量	(1) 出口额对数	(2) 总出口对数	(3) 出口产品数	(4) 目的国数量
Poe*fl	0.0842***	0.151***	0.435***	0.763***
	(0.0195)	(0.0250)	(0.122)	(0.114)
Poe*trade_openness	0.000721***	0.00210***	0.00171***	0.00266***
	(0.000190)	(0.000236)	(0.000379)	(0.000478)
lntfpop	0.716***	0.458***	0.574***	1.388***
	(0.0226)	(0.0275)	(0.131)	(0.122)
lnsize	0.581***	0.484***	1.000***	2.468***
	(0.0124)	(0.0153)	(0.0758)	(0.0706)
Constant	3.661***	8.809***	−7.247**	−8.144**
	(1.057)	(0.738)	(3.652)	(3.400)
企业固定效应	YES	YES	YES	YES
行业 - 年份固定效应	YES	YES	YES	YES
省份 - 年份固定效应	YES	YES	YES	YES
Obs	55,291	70,193	66,156	66,156
R^2	0.885	0.839	0.852	0.862

（　）中为标准误差

***，**，* 分别表示 1%，5% 和 10% 的显著性水平。

（二）只选取金融开放的城市看稳健性

假设外资银行进入哪些城市是外生的。然而，金融开放的城市也有可能是内生决定的，因此，其他未开放的城市或许不适合作为对照组。为此，筛选出 2005 年底前开放了的 20 座城市。

作为稳健性检验，将样本只局限在金融开放的 20 个城市，而不是所有 365 座城市。结果如下表 5，在金融开放的城市中，私营企业的出口表现也要比国有企业好。尽管，系数没有之前全样本中的大，但是私营企业的出口比国有和集体企业来说增加更多，私营企业出口也更加多元化。

表5　金融开放对私营企业出口选择的影响（只在开放城市）

解释变量	(1) 出口额对数	(2) 总出口对数	(3) 出口产品数	(4) 目的国数量
Poe*fl	0.0775*	0.156***	0.955***	1.142***
	(0.0440)	(0.0573)	(0.294)	(0.254)
lntfpop	0.506***	0.303***	0.432*	0.896***
	(0.0391)	(0.0476)	(0.229)	(0.197)
lnsize	0.524***	0.472***	1.183***	2.622***
	(0.0255)	(0.0311)	(0.155)	(0.134)
Constant	6.919***	9.971***	−0.814	−5.586***
	(0.476)	(0.283)	(1.411)	(1.217)
企业固定效应	YES	YES	YES	YES
行业 – 年份固定效应	YES	YES	YES	YES
省份 – 年份固定效应	YES	YES	YES	YES
Obs	14,543	18,301	17,284	17,284
R^2	0.891	0.853	0.894	0.884

（ ）中为标准误差

***，**，* 分别表示 1%，5% 和 10% 的显著性水平。

七、结论与政策建议

本文研究中国加入 WTO 后外资银行的开放与不同所有制企业出口及出口多元化之间的关系。中国逐步分年份和城市允许外资银行开展人民币业务的政策条件有利于本文的分析。研究结论是外资银行的开放对不同所有制企业出口有显著差异的影响，金融开放促使私营企业较之国有企业与集体企业出口更多且出口产品和出口市场均更加多元化。本文还存在明显的不足，对于出口促进机制的探讨还只局限在文献的层面，研究还不够细致和深入，对于贸易融资影响机制的探讨还未进行。所研究的内容还需要进一步进行深入研究。

随着中国金融开放的不断深化，众多出口企业将会从中获益，尤其是先前面临更多融资约束的私营企业。可能的渠道是私营企业通过获得外资银行的信贷支持，降低融资约束从而降低开发出口产品以及开发新市场的成本。现今中国大量出口同类型单一产品，同时面临反倾销、反补贴的指控，出口产品多元化、以及出口目的国多元化不失为企业的选择。政府应逐渐稳步开放金融市场，激发金融市场的竞争与活力，增强对民营企业的资金支持。

随着金融市场不断开放，银行业竞争加剧，银行为了吸引客户可能会有冒高风险的动机。因此不仅要开放金融市场，还要健康开放，尽量避免开放带来的负面效应。增强对金融监管的重视及投入，加大金融市场监管力度势在必行。

参考文献

[1] 施炳展，2011 :《金融发展提升贸易量的途径研究 : 跨国经验分析》,《经济经纬》第 3 期。

[2] 张金清、吴有红，2010 :《外资银行进入水平影响商业银行效率的"阈值效应"分析—来自中国商业银行的经验证据》,《金融研究》第 6 期。

[3] 冼国明、崔喜君，2010 :《外商直接投资、国内不完全金融市场与民营企业的融资约束—基于企业面板数据的经验分析》,《世界经济研究》第 4 期。

[4] 马雪虹，2004:《当前在华外资银行的核心业务》,《经济研究参考》第 45 期。

[5] 荆逢春，2014:《金融发展、融资约束与出口——基于外资银行进入的视角》,博士论文。

[6] 孙灵燕，2012 :《所有制信贷歧视对中国民营企业出口的影响 : 基于融资的视角》,《南方经济》第 7 期。

[7] 钱学锋，2008 :《企业异质性、贸易成本与中国出口增长的二元边际》,《管理世界》第 9 期。

[8] 陈 波、荆 然，2013:《金融危机、融资成本与我国出口贸易变动》,《经济研究》第 2 期。

[9] 陈勇兵、陈宇媚、周世民，2012 :《贸易成本、企业出口动态与出口增长的二元边际—基于中国出口企业微观数据: 2000-2005》,《经济学（季刊）》第

11 卷第 4 期。

[10] 包群 阳佳余，2008：《金融发展影响了中国工业制成品出口的比较优势吗》，《世界经济》第 3 期。

[11] 钱学锋、熊 平，2010：《中国出口增长的二元边际及其因素决定》，《经济研究》第 1 期。

[12] Batra, G., Kaufmann, D., Stone, A.H.W., 2003. "The Investment Climate around the World: Voices of Firms from the World Business Environment Survey." *World Bank*, Washington, DC.

[13] Becker, B ,Jinzhu Chen, David Greenberg, 2013, "Financial Development, Fixed Costs, and International Trade", *Review of Corporate Finance Studies,* 2(1), 1-28.

[14] Bernard，A.B.，J. Eaton, J. B. Jensen and S. Kortum，2003，"Plants and Productivity in International Trade"，*American Economic Review*，93（4），1268-1290.

[15] George Clark，2017,，"Foreign Bank Entry: Experence,Implications for Developing Economies,and Agenda for Further Research"，*The World Bank Research Observer*，18（1），25-59.

[16] Havrylchyk, O., Poncet, S., 2007. "Foreign direct investment in China: reward or remedy". *The World Economy* 2007, 1162–1680.

[17] Huang, Y., 2005. "Institutional Environment and Private Sector Development in China", Woodrow Wilson International Center, *Asia Program Special Report* No.129.

[18] Huidan Lin，2011，"Foreign bank entry and firms' access to bank credit: Evidence from China", *International Monetary Fund*，700 19th Street, N.W., Washington, DC 20431, United States.

[19] Lawless，M.，2010，"Deconstructing gravity: trade costs and extensive and intensive margins"，*The Canadian Journal of Economics*，43（4），1149-1172.

[20] Manova, K. 2012. "Credit constraints, heterogeneous firms, and international

trade". *Journal of International Economics* 76:33–47.

[21] Melitz, M.J. ,2003, "The Impact of Trade on Intra-Industry Reallocations and Aggregate Industry Productivity", *Econometrica,* 71(6), 1695-1725.

[22] Park, A., Sehrt, K., 2001. "Tests of financial intermediation and banking reform in China", *Journal of Comparative Economics* 29, 608–644.

[23] Ran Li and Yiping Huang，2015，"How Does Financial Opening Affect Industrial Efficiency? The Case of Foreign Bank Entry in the People's Republic of China"，*Asian Development Review*，32（1），90-112.

[24] Song. Z, Storesletten. K, Zilibotti.F, 2011, "Growing like China", *American Economic Review*, 101(1), 196-233.

[25] Tony Wei Li，2016，"The Impact of Foreign Bank Deregulation on Firm Performance: Evidence from China".

[26] Ying Fan，2009，"China's services policy revision -2"，the conference on Setting Priorities for Services Trade.

后危机时代中美贸易摩擦的历史借鉴
与政策因应

邓富华　姜玉梅　王译影 *

摘要： 当前中美之间对抗与合作交叉并存的贸易摩擦或将深刻影响世界经济格局，因而备受各方关注。研判中美贸易摩擦，不应仅关注征税等技术层面，而要客观地分析中美之间的内在矛盾，并借鉴美国与其他国家类似的贸易冲突历史。在把握中美贸易冲突的态势和矛盾基础上，系统梳理 20 世纪美国与日本、德国贸易冲突的形成及影响，并对比中美与美日德贸易摩擦的异同，进而提出新时期我国化解中美贸易摩擦不利影响的应对策略：审慎制定宏观调控政策，避免我国经济"脱实向虚"；加快推进"一带一路"，刚柔并济拓展贸易空间；深化自贸试验区改革，软硬并举提升开放层次；发挥技术创新引领作用，多维举措推动产业升级。

关键词： 后危机时代；中美贸易摩擦；美日德贸易冲突；内在矛盾

冰冻三尺，非一日之寒。大国崛起必然会引发既得利益者的极力遏制，日益强盛的中国当然也不例外，尤其受到美国的掣肘。当前中美经贸关系是"你中有我，我中有你"，且双边投资贸易往来呈快速发展趋势，因而中美对抗与合作交叉并存的贸易摩擦态势可能会持续上演，并随着国际贸易与金融的日趋融合，中美贸易摩擦随时可能从贸易领域延伸至金融领域，容易引发更多的不利冲击。

---

* 作者简介：邓富华，西南财经大学国际商学院、中国（四川）自由贸易试验区综合研究院院长助理、讲师；姜玉梅，西南财经大学国际商学院、中国（四川）自由贸易试验区综合研究院教授；王译影，西南财经大学国际商学院、中国（四川）自由贸易试验区综合研究院硕士生。

一、中美贸易摩擦的态势与矛盾

（一）中美贸易摩擦的态势

自中美建立经贸关系以来，中美贸易摩擦长期存在，且美国屡次启动"301调查"①（图1）。中国加入WTO后，中美贸易摩擦遭遇高潮期。以2008年爆发国际金融危机为节点，可将中美贸易摩擦的高潮期划分为两轮：（1）前危机时代，主要发生在国际金融危机前的2003-2005年；（2）后危机时代，主要发生在国际金融危机后的2018年至今。本文重点探讨后危机时代中美贸易摩擦问题。

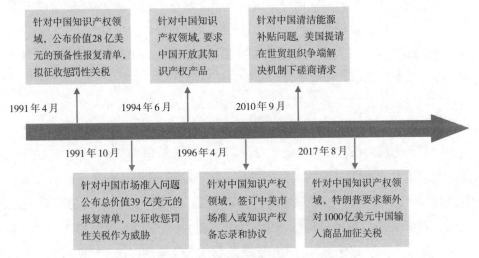

图1 美国对中国实施的"301调查"（1990年至今）

1.前危机时代中美贸易摩擦

2003-2005年，美国就贸易失衡、反倾销、知识产权和人民币汇率问题单方挑起与中国的一系列贸易摩擦，试图模糊中美权责义务。2003年5月，一份美国制造业协会的调查报告认为，美国上百万个就业岗位的丢失和日益扩大的贸易逆差主要源于美国与中国的不公平贸易，并以反倾销为由实施贸易保护

---

① "301调查"，也称"301条款"，有狭义和广义之分，其中，狭义指美国《1974年贸易法》第301条款，广义指《1988年综合贸易与竞争法》第1301-1310节中涵盖不公平措施、知识产权、贸易自由化等"美国利益优先"的报复性制裁条款。本文提及的"301调查"主要指广义概念。

主义，立案指控的中国产品近百种，且已结案的产品中大部分被美国加征反倾销税，尤以2004年1月美国国际贸易委员会认定的中国对美输入的室内家具产品为甚。美国多次以中国知识产权保护力度不够为由动用337条款，仅2004年美国就知识产权问题对华企业启动的"337调查"就达11起。

此外，自2002年底掀起的人民币升值风波也成为横亘在中美经贸关系间的绊脚石。2005年4月，美国参议院通过关于人民币汇率的修正案，决议以征收27.5%的惩罚性关税要求中国在半年内推动人民币升值。

2.后危机时代中美贸易摩擦

后危机时代，美国对中国个别贸易、投资领域出台了制裁措施，如加征轮胎关税、对光伏企业提起"反垄断"诉讼以及限制华为和中兴等通讯设备公司投资等，而中国也对美采取了适当的反制措施。进入2018年，中美贸易摩擦迎来新一轮的高潮期，彼此展开激烈的多轮较量。

2018年1月以来，特朗普政府对我国先后发起多轮加征关税的指令，尤其是对我国输美的1333项500亿美元商品加征25%的关税。自2018年4月2日起，中国实施反制措施，对原产于美国的7类128项进口商品中止关税减让义务，并决定对原产于美国的大豆、汽车、化工品等14类106项商品加征25%的关税。但与此同时，美国对加征关税的中国产品清单给予60日公示磋商期。美国在对华贸易领域发难的武器由常规的向世贸组织提起控诉和基于"国家安全"和"知识产权保护"动用的232条款或337条款，转为行使特别301条款，由政府推动直接针对中国多个行业实施打击，而中国既对美国破坏世贸组织规则的行为表达强硬的态度，也积极与美方协商，在回应美方诉求方面表现灵活。

2018年5月19日，中美双方代表在华盛顿发表"暂停贸易战"的中美联合声明，其中，中方承诺扩大对美购买，以期收窄美国贸易赤字，并加强知识产权保护。然而，5月30日美国公开以3月22日签署的"总统备忘录"为依据实施对中国的制裁。

美国此次挑起的对华贸易战看似针对贸易赤字，实际上是期望解决中国产业保护政策和人民币竞争性贬值制约美国制造业再回归的问题。特朗普政府针对中国 1333 项商品征税的论调旨在增加对华谈判的筹码，试图逼迫中国让步。为增加美国谈判的筹码，特朗普政府同时在知识产权、世贸组织规则和《中国制造 2025》等方面与中国进行交涉和斡旋。由此，不难理解为何中美联合声明最终沦为一场空谈：中国做出贸易方面的让步未能实质性解决美国当前巨大贸易赤字、高失业率和弱势美元的结构性问题。

美国从贸易、产业和金融方面抨击中国并期望中美谈判取得"美国优先"的利益。其中，国际贸易方面，美国指责中国对出口企业的补贴行为，期望迫使中国增加对美进口，加快收窄对华贸易赤字；产业政策方面，美国针对本国企业在华遭遇的一系列市场扭曲壁垒进行抨击，以期中国提供公平、透明的营商环境；货币政策方面，视中国为汇率操纵国，试图迫使人民币升值，帮助美元相对走弱。

由此，中美贸易一直呈现出对抗与合作交叉并存的竞争格局。现阶段中美贸易关系是"你中有我，我中有你"，因此，中美贸易摩擦也注定是竞争与合作同在、冲突与缓和并存的发展态势。

（二）中美贸易摩擦背后的矛盾

中美两国在贸易领域持续不断的斡旋和对抗，是基于彼此国家利益的反复交涉和考量，其实质是中美之间的矛盾冲突。前危机时代，中美之间的矛盾源于中美投资贸易制度差异和美元指数走强引发的中美利益冲突，并且突出体现为人民币汇率等价格因素导致中美贸易不平衡的矛盾。后危机时代，中美之间的主要矛盾从价格层面的矛盾转向非价格结构层面的矛盾，且矛盾内容呈复杂化和具有一定的隐蔽性。后危机时代中美贸易摩擦的主要矛盾归为显性矛盾和隐性矛盾两种。

1. 中美之间的显性矛盾

中美贸易战反映出中美之间存在两个明显的主要矛盾：一是中美贸易逆差引发的矛盾；二是从美国对中国的征税领域来看，美国矛头直指《中国制造 2025》，反映出中国制造业转型升级与美国制造业再回归之间的矛盾。

从第一个矛盾来看，我国对美国积累了大量贸易顺差，主要是在货物贸易领域，而在服务贸易领域，美国是我国服务贸易逆差的最大来源国。

从第二个矛盾来看，随着中国技术水平的提升，部分领域中国技术已有赶超美国之势，我国正在从制造业大国向制造业强国跃迁，造成我国制造业的强势升级与美国制造业的弱势回归形成明显的冲突。

从上述两个矛盾可知，中美贸易战的基础是产业，美国难以忍受中国制造业转型升级引发其全球利益分配占比的下滑，遂遏制我国产业从全球价值链的低端迈向中高端。

2. 中美之间的隐性矛盾

蒙代尔说过，强国必先强币。美元作为国际货币体系的既得利益者，为维护其霸权地位，极力遏制其他货币国际化。正如美国一直遏制打压日元、马克，美国也在遏制人民币国际化。中美贸易战中的隐性矛盾是美元霸权的单极国际货币体系与美元、人民币、欧元等货币日益形成的多极国际货币体系之间的矛盾，在当前人民币快速国际化背景下，该矛盾尤其突出为弱势美元寻求回归与人民币强势崛起之间的矛盾。

2008 年金融危机以来，人民币国际化从民间议题上升为国家战略，从2009 年 4 月 8 日我国启动跨境贸易人民币结算业务试点，到 2011 年 8 月 23 日跨境贸易人民币结算业务范围扩大至全国和境外所有国家和地区，到 2016 年10 月 1 日人民币加入 SDR 货币篮子，再到最近 2018 年 3 月 26 日人民币原油期货上市，这一系列事件是人民币国际地位不断提升的表现，也是人民币崛起挑战美元霸权发起的一次次冲击，且人民币原油期货上市直接冲击了石油美元。

二、美日德贸易冲突的经验借鉴

20 世纪 80 年代，美国里根政府动用贸易救济保护措施来保护美国国内的弱势产业，把贸易战矛头指向美国贸易主要逆差方日本和德国，导致美日和美德之间贸易摩擦加剧。美国以美元贬值来增加产品的出口竞争力，与德国、日本、英国、法国签署"广场协议"，导致日元、马克都对美元大幅升值，损害了日本、德国出口企业的竞争力，并且美国与日本、德国的经济冲突从贸易领域转向金融领域，给日本、德国的金融领域带来巨大的冲击。在危机面前，日本和德国采取的不同应对措施造就了两国经济不同的命运。

（一）美日贸易冲突的形成与影响

在美日双边贸易中，美国自 1950 年长期顺差的状况在 1965 年首次出现下滑，并于 1971 年出现自 1888 年来首次逆差（图 2），日本产品在美国市场的大量倾销使美国同行业受到沉重打击，甚至美国南方许多纺织厂因日本纺织品冲击被迫关闭。到 20 世纪 60 年代和 70 年代之交，贸易问题已成为两国最有争议的问题，美国的外贸逆差大部分来自日本对美国的出口。为解决贸易逆差问题，尼克松总统援引《1917 年与敌对国家贸易法案》切断了日本纺织品对美输出威胁，迫使日本自愿进行出口限制（徐梅，2014）。进入 80 年代，美日贸易已从纺织品、钢铁、电视和工程机械逐步扩大到汽车、VTR、半导体等产品领域。

日本的出口被看作是引起美国经常收支赤字的元凶，美国要求日本削减经常收支黑字，并与日本于 1985 年签订"广场协议"。以"广场协议"为契机，汇率开始向日元升值趋势变化（图 3）。同时，日本国内由于以日元结算的出口额减少，陷入核算恶化的局面，出现严重的日元升值，引致经济萧条问题。1986 年"前川报告"提出刺激内需的财政政策和货币政策，其中，日本政府启动总事业规模达 6 兆日元、减税 1 兆日元的大型紧急经济方案；日本银行将官方利率下调持续三年之久，最低下调到 2.5%[①]。诸如这些宏观调控政策加快了日本金融自由化进程，导致日本经济"脱实向虚"，出现严重的产业"空心化"现象。

---

① 参见《日本经济史 1600–2000》。

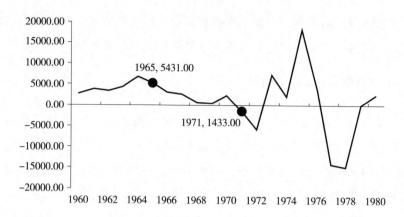

图 2　美国经常项目差额（1960–1980 年）（单位：百万美元）

数据来源：Wind。

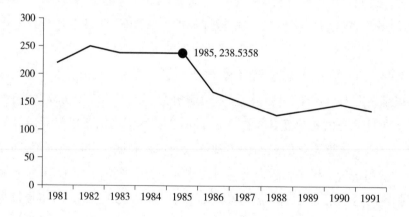

图 3　"广场协议"前后日本官方利率变动 (1981–1991 年)

数据来源：World Bank。

　　从事后看来，政府的财政金融政策对于繁荣国内经济有一定效果，但是政策转化的滞后导致实体经济超过基础性条件的急剧资产价格上升，日本的资本模式也从贸易转向国际投机，从而为"日元升值综合征"的加剧和日本泡沫的形成埋下伏笔（姜默竹，2013），为之后日本经济陷入"失去的十年"种下祸根。

　　总体来看，美日贸易冲突以及"广场协议"的签订，只是引致日本危机的导火索，真正的根源是日本宏观政策调控的失误导致经济"脱实向虚"。

（二）美德贸易冲突的形成与影响

德国承受两次世界大战的失败，因此在贸易冲突面前放低姿态，主动调和与各贸易国之间的矛盾。同样存在大量贸易顺差的德国，积极分散其出口商品的种类和销往目的地国，使得从每个国家获得的顺差并不显著，但是积累起来的贸易额十分可观。

签订"广场协议"后，德国马克也随即大幅升值（图4），但与日本的惨痛结局截然不同，德国稳住了马克升值为德国经济带来的危机。同样出口承受剧烈冲击的德国，在产业政策上进行供给侧改革，专注于制造业转型升级，利用财政补贴资助新兴产业发展、企业研发与人才培养，推进科技创新。在宏观调控方面，1987年下调官方贴现率的同时，提高存款准备金率，对冲流动性膨胀风险。在有效对冲贸易战带来经济下行压力同时，稳步推进德国新兴产业发展和制造业的转型升级，遏制住形同日本的泡沫资产膨胀，使得股市和房地产市场温和上行。

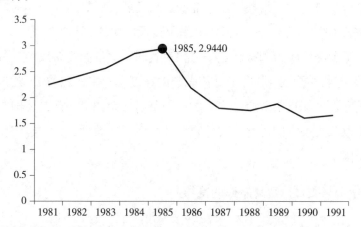

图4 "广场协议"前后德国马克官方利率变动 (1981–1991年)

数据来源：World Bank。

三、中美与美日德贸易摩擦的比较

回顾20世纪美国与日本、德国的贸易冲突历程，探索历史与现实的共性和差异，将为廓清中美贸易关系及其未来走向提供思路和方向。

（一）中美与美日德贸易摩擦的共同点

有学者将特朗普中美贸易冲突的经济学依据美其名曰"特朗普经济学"。事实上，"特朗普经济学"是 20 世纪 80 年代里根经济学的翻版，对内推行自由主义，对外推行保护主义。因此，当前中美贸易摩擦与 20 世纪 80 年代美日德贸易摩擦具有一定的相似之处。

第一，当时全球经济处于后经济危机时期的恢复期。类同于 20 世纪 70 年代日本和德国经历的两次"石油危机"，2008 年的全球金融危机和欧洲债务危机也震荡着中国，全球经济处在恢复和发展阶段，世界贸易增长疲软。

第二，美国有巨额贸易逆差且与日德及中国存在制造业冲突。20 世纪 80 年代，美国面临巨大的财政和贸易双赤字，而得益于制造业崛起的日本和德国对外贸易繁荣，贸易顺差国的贸易输入成为加剧美贸易赤字的众矢之的。当前美国依旧债台高筑，中国得益于制造业的迅猛发展，形势如同当年的日本和德国，因而被美国顺势列为制约其经济和贸易发展问题的"元凶"之一。

第三，美国经济实力和国际竞争力相对衰弱。美日德贸易战中，贸易严重失衡的美国经济发展已经滞后于日德崛起的速度（贺平，2008），尤其日本的制造业对美存在市场挤出效应。当下的中美贸易关系如出一辙，美国制造业在国际贸易中逐步丧失大国优势，关停企业和失业群体数量庞大，经济发展速度也落后于中国。

（二）中美与美日德贸易摩擦的差异点

尽管中美贸易与美日德贸易摩擦存在一定的相似之处，但是中国与日本、德国因意识形态、贸易与金融方面存在差异，后危机时代中美贸易摩擦与美日德贸易摩擦也有一定的不同。

第一，中美与美日德的政治情形不同。中国一直奉行独立自主的外交原则，在国家安全方面并不依附于美国，因而中国与美国较量比日本、德国更具有话语权。而二战后日德的国家安全依附于美国，导致日本和德国在与美国的贸易摩擦问题处理上表现得较为被动。

第二，中美贸易具有互补性，美日德贸易存在竞争性和替代性。中美产业链重合度较低，中国对美国低端劳动密集型产品贸易与美国对中国高端技术型产品贸易较为契合。而 20 世纪的日本和德国，尤其是日本的贸易输出，存在与美国本土企业显著的竞争关系，日本坚持的质优价廉产品迅速占领美国市场，对美国本土产业形成强烈冲击甚至被迫停产。

第三，中美贸易战暂未升级至金融与货币领域，日本德国均面临货币大幅升值的困境。尽管现在的中国面临和当初的日本德国同样的货币升值压力，但是贸易战的结果并未直接触及到货币升值问题和金融领域，而日本德国与美国的贸易战产物是以签订"广场协议"为开端，日元和德国马克大幅升值，震荡了整个国家的经济。

四、后危机时代中美贸易摩擦的应对措施

中美贸易一直呈现出对抗与合作交叉并存的竞争格局，且中美贸易摩擦具有长期性和持续性。后危机时代，中美经贸关系也注定是竞争与合作同在、冲突与缓和并存的发展态势，其原因在于我国制造业的强势升级与美国制造业的弱势回归、弱势美元寻求回归与人民币强势崛起之间形成明显的矛盾冲突。回顾历史，日本"失去的十年"的教训发人深思，其宏观调控政策误判和产业政策失误是导致泡沫经济产生和破灭的主要原因；德国保持战略定力，审慎调控宏观经济，支持新兴产业发展，加速欧洲一体化，减少对美贸易依附力，产业升级得以顺利跃迁。本文立足中美贸易发展态势和矛盾特征，比较借鉴德国、日本在处理与美国贸易摩擦的成败经验，进而提出新时期中国有效化解中美贸易摩擦消极影响的几点路径。

（一）审慎制定宏观调控政策

审慎宏观调控，稳定人民币汇率。日元强势走高导致的国内资产过热进一步扰乱金融秩序和促使国际投机热潮。新一轮中美贸易摩擦情境下，中国要吸收日本教训，切忌重蹈日美贸易战的覆辙，而是尽力把中美矛盾冲突稳定在贸

易领域，审慎推行财政和货币政策，力求确保人民币在合理范围内波动，避免由双边贸易至金融领域冲击扩大化，为现阶段我国加快金融改革和产业升级争取更多的时间。

加强金融监管，防控系统性金融风险。日本资产泡沫的破灭抑制了过于乐观的金融乱象，也导致日本经济陷入长期经济萧条。新时期中国要坚持供给侧结构性改革，严格加强金融监管，适度有序开放金融服务业，控制诸如房地产、股票市场等虚拟经济中的金融乱象膨胀（陈继勇，2017），有效降低宏观杠杆率，守住不发生系统性金融风险的底线。

（二）加快推进"一带一路"

加快对外开放步伐，积极与"一带一路"沿线国家建立良好的经贸往来关系，发掘新的国际市场，拓宽贸易空间，有利于降低中国与美国贸易集中度，减少中国对美国市场的依赖度，进而分散中国对外贸易的系统性风险。

强化基础设施，推进互联互通。"一带一路"建设，设施联通先行。中国对外要努力拓宽同"一带一路"沿线国家的跨境基础设施项目建设，对内要积极发挥"1+3+7"格局的自由贸易试验区的开发开放引领性作用，为实现"设施联通、贸易畅通"的区位延伸奠定坚实基础，为应对中美贸易摩擦拓展地理空间，为推进国家间互利共赢的经贸合作关系革除壁垒。

加快园区建设，鼓励海外设厂。中国要融合"一带一路"倡议与国际产能合作的战略智慧，以跨境产业园区建设为依托，鼓励中国企业在"一带一路"沿线国家和地区设置海外生产基地，形成重点行业国际产能合作企业联盟，加快推动中国与"一带一路"沿线国家和地区实现互利共赢的包容性发展。

夯实民心基础，推进文化交融。民心相通是助推"一带一路"建设的润滑剂，文化交融是促力双边合作共赢的助推器。我国要积极传承与弘扬丝绸之路友好合作精神，尊重各国文化差异和谋求双边互信共识，推动双边多元化经济交流与多层次贸易合作，为拓展中国贸易空间提供民意基础和贡献文化智慧。

（三）深化自贸试验区改革

自贸试验区应修炼内功，通过制度创新提升营商环境质量，对冲中美贸易战引发的外部冲击。自贸试验区作为我国自主开放的前哨站和引领区，更容易受到中美贸易战的不利冲击，在这种情况下，我国自贸试验区更加要修炼内功，化危机为动力，积极深化改革领域，营造法制化、市场化、国际化的营商环境，形成高标准的贸易投资规则体系，以对冲中美贸易战引发的不利外部冲击。

自贸试验区的制度创新要重视实体经济的基础性作用，优先服务于生产性服务业和《中国制造 2025》中的十大优势和战略产业。当前中美贸易摩擦中，美国不仅对我国中高端制造业产品设置关税壁垒，而且对中国对外投资进行较为严格的限制。我国自贸试验区要发挥制度创新功能，积极服务技术创新，并通过制度创新与技术创新的良性互动，发挥"1+1>2"的叠加效应，培育战略性新兴产业，提升我国制造业企业的国际竞争力，帮助我国制造业顺利转型升级。

自贸试验区的金融制度创新要做适当的压力测试，注意防范金融系统性风险。自贸试验区，尤其是沿海自贸试验区，是改革的试验田和开放的引领区，在有序扩大人民币国际使用的同时，应通过金融开放创新做适当的压力测试，不断完善金融监管制度，完善以人民币计价结算的资本市场，健全国际金融市场体系，为防范中美贸易战从贸易领域转入金融领域做充分准备，避免出现金融系统性风险。

以自贸区战略为支撑，有序推进人民币国际化。吸收美日贸易冲突中日元国际化的教训，重视跨区域经济合作的重要性，注意强化自由贸易区顶层运筹，注重自由贸易试验区的制度创新，加快推进服务贸易自由化与便利化，重视与发达国家或制度环境较好的国家缔结自由贸易协定，以发挥自由贸易协定对跨境贸易人民币结算的促进效应，夯实人民币国际化的基础（邓富华和霍伟东，2017）。

（四）多维举措推动产业升级

尊重人才与科技，加大政策扶持力度。科学技术是第一生产力，而人才是科技创新的主要推动者。产业转型升级要依靠技术作为保障，依靠人才作为推手，加强对人才的重视和培养，建立完善的技术人才储备机制，鼓励个体和企业的发明创造，保障各项政策福利落地，为我国构建高端、高质和高新产业体系贡献源源不断的人才和技术。

稳步推进制造业升级，鼓励高新技术产业发展。目前中国处于制造业转型升级的关键时期，要顺势从低端的劳动密集型行业向高端的技术密集型行业过渡，且避免产业"空心化"；重视并加大在技术研发投入，积极扶持新兴技术企业，避免技术受制于他国，增强我国制造业的国际市场竞争力和全球引领力。

以《中国制造2025》为导向，实现向制造强国跨越式发展。当前中国不平衡不充分的发展迟缓着中国由制造大国向强国迈进的步伐，因此中国要紧紧围绕制造强国的战略目标，科学识别制约因素，整合完善产业链条，推进绿色智能化发展，凸显优势领域竞争力，增强自主发展能力，迈向世界强国行列。

参考文献

[1] 陈继勇，陈大波：特朗普经贸保护政策对中美经贸关系的影响 [J].《经济学家》，2017(10):96-104。

[2] 邓富华，霍伟东：自由贸易协定、制度环境与跨境贸易人民币结算 [J].《中国工业经济》,2017(05):75-93。

[3] 贺平：日美贸易摩擦中的美国"对日修正主义"研究 [J].《世界经济研究》，2008(01):72-78。

[4] 姜默竹，李俊久：反思1980年代的美日货币谈判——结构性权力的视角 [J].《现代日本经济》,2013(03):1-9。

[5] 徐梅：中美贸易摩擦与日美贸易摩擦的比较分析[J].《日本学刊》，2014(03):69-88。

欧美"再工业化"背景下中国制造业吸引外资能力与出口竞争力研究

罗云云　卜　伟[*]

摘要：随着经济全球化的发展，欧美国家逐渐"去工业化"，但随之而来的产业空心化、失业率居高不下等问题让欧美国家意识到实体经济的重要性，纷纷提出"再工业化"战略：对内改善投资环境促使产业回归和资本回流，对外实施贸易辅助政策来限制进口和扩大出口。而外商直接投资和海外市场是中国制造业发展中的重要因素，欧美"再工业化"战略不可避免地对中国制造业的发展产生一定影响。本文从中国制造业吸引外资和出口角度分析中国制造业的发展状况，并利用显示性比较优势指数定量分析该战略对中国不同层级制造业国际竞争力的影响。研究发现，欧美"再工业化"一方面削弱中国制造业对国际资本的吸引力，另一方面阻碍中国制造业出口，影响中国高技术含量、低技术含量和劳动资源密集型制造业国际竞争力的提高，但中等技术含量制造业国际竞争力呈稳步增强趋势。中国经济的发展离不开制造业，促进资本市场发展、重塑制造业成本优势和增强贸易争端解决能力是中国制造业应对欧美"再工业化"战略的重要途径。

关键词：欧美"再工业化"战略；中国制造业；国际资本吸引力；国际竞争力

1. 引言

2008 年的国际金融危机使欧美经济遭受重创，国内产业空心化严重，失业率居高不下。为恢复经济增长，欧美国家纷纷回归实体经济，推进"再工业化"战略。2009 年，奥巴马政府指出美国经济的可持续增长要依赖出口和制

---

* 作者简介：罗云云，北京交通大学研究生；卜伟，北京交通大学研究生教授。

造业推动的模式，拉开"再工业化"的序幕。特朗普上台后，采取加强贸易保护、加大税收优惠等措施继续实施"再工业化"战略，推进本土制造，扩大出口，表示要"重新夺回制造业国家的传统"，并在2018年的达沃斯世界经济论坛上疾呼"美国优先"①。除此之外，德国的"工业4.0"战略、法国的"新工业法国"计划、英国的"工业2050"战略等表明欧洲国家将"制造业回归"作为未来重心并希望重新夺回工业发展的主导权。学者们从产业观、就业观、选举观角度对其提出的原因进行了探究。产业观认为，美国经济面临一系列长期的、结构性的挑战，需要重新回归制造业来保证实体产业对服务业的支撑以提振经济，促进就业（崔日明和张婷玉，2013），以此来打破全球产业分工格局、重构产业链，从而抢占优势地位（王芳、胡峰和王晓萍，2014)。就业观认为，"再工业化"旨在提高美国就业率（刘戒骄，2010）。选举观认为，再工业化只是选举过程中的一个噱头，立意政治（周院花，2010）。

中国作为一个制造业大国，不可避免的会在欧美"再工业化"浪潮中受到影响。2010年，中国制造业增加值占国内生产总值的31.9%，到2015年，占比降为29.4%。根据德勤有限公司和美国竞争力委员会发布的《2016全球制造业竞争力指数》，虽然中国目前是最具竞争力的制造业国家，但是，美国从2010年的第四名上升到2016年的第二名，而德国牢牢维持第三。中国与发达国家制造业竞争愈加激烈，欧美"再工业化"战略对中国制造业的生存和发展构成重重挑战。

中国制造业对经济发展的重要性不容小觑，从其对基础设施建设、创造就业机会以及对国内生产总值的贡献等方面的影响力来看，强大的制造业对经济繁荣的促进作用毋庸置疑。面对欧美实施的"再工业化"战略，大多数文献过于注重理论分析，具有一定的主观性。本文针对这一问题，结合相关数据定量分析欧美"再工业化"战略对中国制造业国际资本吸引力（包括欧美对华直接投资、欧美撤资以及中国对欧美直接投资）和出口的影响，运用显示性比较优势指数定量分析该战略对中国不同层级制造业国际竞争力的影响，最后对中国制造业的稳步发展提出具体可行的建议。中国早已成为制造业大国，却还尚

---

① 陆忠伟. 美国"再工业化"任重道远 <http://ex.cssn.cn/gj/gj_hqxx/201802/t20180202_3837678.shtml>（2018年3月14日进入）。

未成为制造业强国（周济，2015），而强大的工业经济是发达国家成就的基础，传统工业的衰退会影响这些国家的国际地位。所以，正确分析欧美"再工业化"战略对中国制造行业的影响并提出可行措施积极应对，有助于中国制造业实现产业结构优化升级，提高国际竞争力，也有助于中国在新一轮工业革命中抢占先机，实现工业大国向工业强国的转变。

2. 欧美"再工业化"的措施

欧美国家为保障"再工业化"战略的顺利实施，纷纷依据本国的工业基础和市场环境制定战略规划，出台一系列政策措施来振兴传统制造业、发展新兴产业，促进国内制造业走上科技创新和高端制造的路线。对"再工业化"战略具体措施梳理比较后发现，该战略主要通过对内改善投资环境和对外实施贸易辅助政策来推进。

2.1 对内改善投资环境

重视基础设施建设。欧美国家为了扶持中小企业发展和吸引本土企业回归，纷纷加大对基础交通设施建设的投资来节约商品、生产资料、人员流通的成本，促进制造业复苏并创造新的经济增长点（陈汉林和朱行，2016）。根据世界银行数据显示，2016 年，德国、英国、美国和法国的物流指数分别为 4.44、4.21、4.20 和 4.01，而中国仅有 3.75[①]。除此之外，欧美国家还加大对科研基础设施投入力度来恢复基础研究的国际领先地位。

加大科研创新力度。2009–2015 年，美国研发投入占 GDP 的比重维持在 2.8% 左右[②]。虽然中国研发投入占 GDP 的比重在 2009–2015 年稳步上升且在 2015 年达到最高值 2.07%，但仍低于德国的 2.93% 和法国的 2.22%[③]，说明中国

---

① 世界银行 <http://databank.worldbank.org/data/reports.aspx>（2018 年 3 月 7 日进入）。

② 根据世界经济合作与发展组织数据计算得到，2009–2015 年美国研发投入占 GDP 的比重分别为 2.82%、2.74%、2.77%、2.71%、2.74%、2.76% 和 2.79%。

③ 世界经济合作与发展组织 <https://data.oecd.org/rd/gross–domestic–spending–on–r–d.htm>（2018 年 3 月 7 日进入）。

研发力度与发达国家相比有一定的差距。欧美等国基本上建立了一套适应高科技发展的运行机制，即"基础研究—应用研究—商业化"制造业成果产业化机制，并通过实施重点产业的政策倾斜，大力推进产业低碳化，大力扶持"低碳"、"绿色"、"高附加值"的新兴产业发展。

推进减税补贴政策。英国在2013年将公司税从24%降至23%，在2016年提出将企业所得税税率降至17%。德国在2016年企业所得税率已降至30.18%。美国特朗普上台后，推出大规模减税计划，企业税直接从现行35%降至15%，个税起征点也提高近一倍。在2017年全球企业综合税率排行榜中，美国和英国综合税率分别为43.8%和30.7%，远远低于67.3%的中国[1]。税收优惠政策是引导外商直接投资流向的主要因素（李宗卉和鲁明泓，2004），这些政策的确加强了欧美吸引国际资本的能力，对促使本土企业回流作出巨大贡献。

注重人才教育培养。制造业发展与教育成正比（卜伟、李剑桥和徐黄华，2014）。欧美各国教育支出占GDP比重基本呈稳定上升趋势。其中，美国、英国和德国分别从2009年的12.89%、12.61%和10.26%上升到2014年的14.55%、13.66%和11.14%，增长幅度分别为12.88%、8.36%和8.58%[2]。欧美各国政府为了培养技能型知识型劳动力，纷纷推进教育培训体系改革，树立了"产学结合"的人才培养模式，促进了国内劳动效率的提高。美国、德国和法国每工时产出相当，在2017年分别达到69.36美元、68.71美元和66.59美元（基于2011年的购买力平价）[3]，较2009年相比，分别增长5.93%、11.17%和7.68%。而近年来随着中国经济的发展，制造业劳动力成本显著增加，与欧美等国的工资差距正大幅度减小。

2.2 对外实施贸易辅助政策

采取财政金融等措施扩大出口。制造业的迅速发展离不开强劲的市场需

---

① 全球企业综合税率排行榜，猜猜中国排第几？<http://www.sofreight.com/news_22751.html>（2018年3月31日进入）。

② 世界银行 <https://data.worldbank.org/indicator/SE.XPD.TOTL.GD.ZS>（2018年3月7日进入）。

③ 世界大型企业联合会 <https://www.conference-board.org/data/bcicountry.cfm?cid=4>（2018年3月7日进入）。

求。为了提升本国工业产品在国际市场上占有率与竞争力，欧美发达国家纷纷采取制定出口计划、强化融资政策、提供财政补贴等措施来支持和鼓励出口。美国实施贸易救济措施，提出"出口倍增"计划和"选择美国"计划；德国注重强化贸易融资政策，为出口企业提供强有力的优惠贷款等各项资金支持；法国通过提取足额准备金对出口企业提供长期稳定的低成本资金来源，并对债务提供主权担保、实行税后优惠等措施（郭晓蓓，2018）；除此之外，美国还实行量化宽松和"弱"美元政策，以"全球经济再平衡"为由向其他国家施加汇率压力，利用全球贸易规则主要制定者的身份大力推进自由贸易协定和国际服务贸易协定谈判，促使本国在贸易出口方面受益。

实施贸易保护措施限制进口。欧美等国采取不合理的标准来判断中国产品的"公平价格"，从而判定中国企业违反"反倾销法"并征收高额税收。据商务部统计，2017 年中国共遭遇 21 个国家（地区）发起贸易救济调查 75 起，涉案金额 110 亿美元[①]。美国总统特朗普上台后，贸易保护主义愈演愈烈。他在 3 月 22 日签署总统备忘录，表示将对从中国进口的商品大规模征收关税，涉及征税的中国商品规模可达 600 亿美元[②]。

此外，随着知识经济的发展，欧美等国纷纷意识到技术对经济发展的重要性，采取多项措施保护本国知识产权。特朗普在总统备忘录中提到要限制中国企业对美投资并购，德国也拟立法限制中资收购，试图保护本国关键技术（孙微和陈欣，2017）。

3. 欧美"再工业化"背景下中国制造业吸引外资和出口情况

3.1 中国制造业对国际资本吸引力情况

在中国，外商直接投资是促进产业发展的重要因素，它是固定资产投资的

---

① 中华网 . 贸易保护主义的头号受害国！ 2017 年中国遭遇 21 个国家反倾销调查 <http://www.scbzol. com/content/51320.html>（2018 年 3 月 25 日进入）。

② 陈卫华 . 特朗普签署备忘录 将对中国出口产品征收 600 亿美元关税 <http://cn.chinadaily.com. cn/2018–03/23/content_35901398.htm>（2018 年 3 月 31 日进入）。

重要资金来源之一，可以有效地促进中国的工业化进程，推动中国产业结构的优化升级（赵翠侠和邓颖惠，2012）。受欧美国内税负降低、投资环境改善、实体经济复苏等影响，中国对国际资本吸引力逐渐减小。

3.1.1 外商撤资情况严重

欧美国家大力推进的"再工业化"战略给了跨国公司重新全球布局的机会，使得撤资逐渐成为跨国公司的一个重要战略组成部分。其中，投资环境和外商投资企业经营状况对撤资决策的影响最大，这意味成本寻求性和政策寻求型外商直接投资更易采取撤资行为（李玉梅、刘雪娇和杨立卓，2016）。很多跨国公司纷纷将业务回迁，如通用电气公司将原来外包给中国企业的节能热水炉生产迁回肯塔基州，苹果公司宣布将部分 Mac 电脑制造业务迁移回国……

一般情况下，当年末外商投资企业登记户数[①]与上年末外商投资企业登记户数的差值应该等于当年新批外商直接投资企业项目数[②]，若这个差值小于新批外商直接投资企业项目数，说明当年有外资企业撤离，且这个差值恰恰等于撤出的外资企业数（沈桂龙，2014）。当然，企业撤离的原因还有外资企业与东道国的合并，项目到期企业的自然终止等，但为了简化计算，大体上可以用这个数据近似说明外商企业的撤出，中国外商直接投资企业撤资的具体情况见图1。

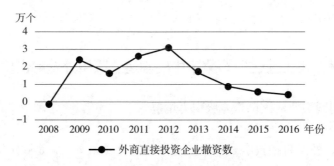

图 1　中国外商直接投资企业撤资数

数据来源：作者计算整理所得。

---

① 国家统计局。

② 中国投资指南 <http://www.fdi.gov.cn>（2018 年 3 月 24 日进入）。

从图 1 中可以看出，2008 年金融危机爆发的当年，中国撤资企业数为负，说明仍然有不少外资企业增加在中国的投资，中国成为国际直接资本的避风港。随后欧美国家为了摆脱金融危机，利用政策倾斜促使跨国公司对全球制造业战略布局进行重新调整。2010-2012 年，外商直接投资企业撤资数迅猛增长并在 2012 年达到近 10 年来最高水平，增幅为 87.7%。从 2012 年以后，中国外商直接投资企业撤资数虽然一直保持下降的趋势，但在 2016 年仍然达 3928 家，说明欧美"再工业化"战略对促进资本回流的作用有一定的持续性，需要引起广泛重视。中国外商直接投资撤资金额从 2008 年的 131 亿美元，总体呈上升态势，在 2014 年，金额数达到 906 亿美元，增长近 6 倍①。欧美国家通过加大国内科研创新投入和人才培养的力度，提供高生产率劳动力和自动化生产线，推进中高技术和资本密集型制造业回归本土。同时，新兴经济体的崛起也削弱了中国劳动力的成本优势，促使原本在中国的劳动密集型制造业向东南亚等国转移，进一步加大中国制造业的资本流出。

3.1.2 中国制造业实际利用外资减少

为适应全球低碳经济、绿色经济的发展趋势，欧美国家大力支持"绿色"、"低碳"和"高附加值"的新兴行业，将其定为经济发展新的增长点。一方面，中国的制造业主要依靠劳动力以及资源能源消耗，不能带来高附加值的同时，在技术上也不能达到清洁生产的需要，区位优势明显弱化。另一方面，随着欧美政府完善基础设施、降低税收、提供信贷支持的一系列政策措施的实行，跨国公司为了降低成本、获取更多的利润，纷纷将目光聚焦国内和劳动力成本更低的新兴经济体，忽视对中国制造业的投资。中国制造业在 2007-2016 年实际利用外商直接投资情况见图 2。

---

① 根据国家外汇管理局国际收支平衡表资本项目下的外商在华直接投资借方数据得到，此项表示"外商企业的撤资和清算资金汇出我国"，一定程度上能够说明外资撤资的情况。2008-2014 年的外商直接投资撤资金额分别为：131 亿美元、318 亿美元、217 亿美元、341 亿美元、311 亿美元、532 亿美元和 906 亿美元，其中 2015 年以后数据未查到。

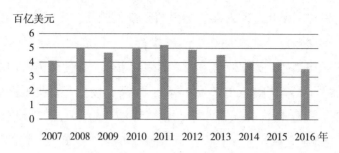

图2　中国制造业实际利用外商直接投资

数据来源：国家统计局。

从图2中可以看出，尽管2008年的金融危机使得中国制造业在2009年实际利用外资显著减少，由于劳动力成本优势以及资源能源优势，中国制造业实际利用外资在2007~2011年整体呈上升趋势。但是，为了应对金融危机，欧美国家大力实施"再工业化"战略，削弱中国国际资本吸引力，导致中国制造业实际利用外资在2011年后一直呈下降趋势。

3.1.3 中国对欧美直接投资增加

欧美国家通过加大基础设施建设、调整税收优惠力度等措施来改善国内投资环境，为制造业发展创造良好条件，促进企业回巢的同时还吸引大量中国企业对其进行投资，导致中国资本外流，进一步加大中国招商引资的难度，阻碍中国国内制造业的健康稳定发展。中国对欧美国家的直接投资净额见图3。

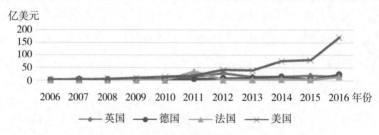

图3　中国对部分欧美国家直接投资净额

数据来源：《中国统计年鉴》（2007-2017）。

从图3中可以看出，中国对英国、德国的直接投资净额呈现缓慢增长的趋势。其中，由于英国颁布一系列战略给予制造业全面支持，中国对英国直接投资净额在2012年出现大幅增长现象，投资领域从传统的金融服务业扩展到食品、高端制造和航空业，并在当年通过参股并购在英投资 80 多亿美元①。中国对德国直接投资净额在 2014 年出现大幅增长则与 2013 年德国政府推出的"德国工业 4.0"计划密切相关。中国对美国从 2011 年开始投资势头强劲，并在 2016 年达到最高值。美国具备更高技术水平、更多知识产权，中国企业对美企进行大力投资与并购，促进美国制造业的进一步发展。资本流出的加剧导致国内工业发展缺乏足够的资本支撑，不利于中国制造业的转型升级。

3.2 中国制造业出口情况

为了促进本国产业发展，欧美国家不断强化贸易保护措施，运用"反倾销法"和"反补贴法"限制进口，加大贸易摩擦，同时采取财政金融等措施扩大出口，进一步影响中国产品出口，削弱中国产品出口竞争力。

3.2.1 影响中国制造业出口

贸易摩擦政治化、措施极端化倾向严重，导致国际贸易环境进一步恶化，对中国产品出口产生一定的影响。而中国制造业出口总额在商品出口总额中占比达到 90%② 以上，已经成为推动经济发展的重要因素。中国制造业出口总额见图 4。

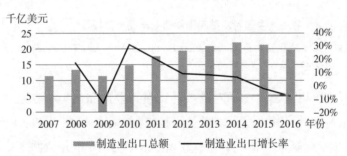

图 4　中国制造业出口总额及出口增长率

数据来源：联合国贸发会议 <http://unctadstat.unctad.org/wds/TableViewer/tableView.aspx>（2018 年 3 月 7 日进入）。

---

① 东方财富网．中资企业 2012 年在英国取得井喷式发展 <http://finance.eastmoney.com/news/1345,20130105266558431.html>（2018 年 3 月 24 日进入）。

② 根据联合国贸发会议数据计算出 2007–2016 年中国制造业出口总额占所有出口商品总额比重分别为：92.95%、92.90%、93.46%、93.44%、93.16%、93.79%、93.87%、93.83%、94.17% 和 93.61%。

从图 4 可以看出，2009 年受全球经济形势的影响，中国制造业出口降至 10 年来最低水平，随后平稳回升并且在 2012 年后保持为美国的两倍左右①，竞争力不容小觑。但是，中国制造业出口额增长率却在 2010–2016 年内持续下降，增长势头减缓，并在 2015 年出现负增长，说明中国与欧美等国同业竞争制造业产品受到欧美"再工业化"战略的冲击，在长期内出口难度明显加大（宾建成，2011）。

3.2.2 中国制造业对欧美出口

欧美国家经历"去工业化"浪潮后，开始注重实体经济的发展，同时，实施贸易保护主义来限制中国产品进口。中国对欧美等国制造业出口额见图 5。

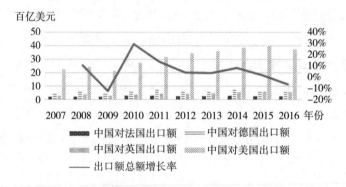

图 5　中国对欧美等国制造业产品出口额及增长率

数据来源：联合国贸发会议数据 <http://unctadstat.unctad.org/wds/TableViewer/tableView.aspx>（2018 年 3 月 17 日进入）。

从图 5 中可以看出，中国对欧美等国制造业产品出口额在经历 2009 年的低谷后均迅速回升。其中，中国对美国制造业产品出口在 2009–2015 年稳步上升并在 2015 年达到最高值约 4 千亿美元，但在 2016 年开始回落。除了美国，中国对德国、英国和法国制造业产品出口保持相对稳定状态。但是，中国对这四个国家出口总额增长率在 2010 年后整体呈下降趋势，说明中国对欧美等国制造业出口受到了一些限制。首先，欧美等国重塑贸易规则、技术标准，构筑贸易壁垒，增加中国制造业出口的成本，削弱中国的生产成本优势，其次，欧

---

① 根据联合国贸发会议数据，美国在 2012 年制造业出口约为 9.96 千亿美元，中国制造业在 2012 年出口额约为 19.64 千亿美元。

美制造业企业的回流导致中国出口企业减少，进一步影响中国的出口，最后，美国政府凭借金融霸主地位，运用汇率手段等金融手段向中国施压，迫使中国货币升值，以实现增加本国产品在国际市场上份额的目的。

3.2.3 影响中国制造业国际竞争力的提高

一般来说，衡量一个国家产品或产业的国际市场竞争力经常使用的是由美国经济学家 Balassa 提出的显示性比较优势指数（RCA 指数）。欧美国家实施的"再工业化"战略影响着中国制造业出口，对中国制造业产品国际竞争力产生一定的影响，而这种影响又表现在制造业的不同层级上。中国不同层级制造业显示性比较优势指数及变化趋势见图 6。

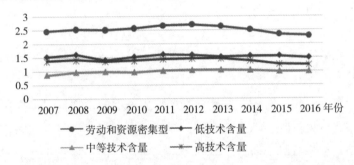

图 6　中国不同层级制造业显示性比较优势指数（RCA 指数）及变化趋势

数据来源：根据联合国贸发会议数据计算得到 <http://unctadstat.unctad.org/wds/Table Viewer/tableView.aspx>（2018 年 3 月 17 日进入）。

从图 6 中可以看出，中国劳动资源密集型制造业 RCA 指数超过 2，远远大于 1，说明该层级制造业在出口上集中度大，具有很强的比较优势；中等技术含量制造业 RCA 指数约为 1，说明该层级制造业比较优势处于中等水平，无所谓优势和劣势；低技术含量和高技术含量制造业 RCA 指数分别都接近 1.5，具有一定的比较优势，说明在世界范围内，它们都具有一定的竞争力。从变化趋势看，2007-2016 年，中等技术含量制造业 RCA 指数稳步提升并趋于稳定，说明该层级制造业国际竞争力经提升后稳定于国际平均水平；劳动和资源密集型、低技术含量和高等技术含量制造业 RCA 指数在 2009-2012 年小幅平稳回升，从 2012 年开始持续下降，说明这三个层级制造业国际竞争力经历两个阶段：（1）第一阶段：中国企业通过与跨国企业合作，获得先进的设备与新技术，提高了生产效率和产品的附加值，促进了中国制造业的发展，提高了中国制造业的国际竞争力。（2）第二阶段：欧美国家对"再工业化"战略的实施力度加大，增加对国内高端制造业投入的同时对中国实施技术封锁，既阻碍了中国制造业转型升级的进程，又加大了与中国制造业发展的差距，使中国高技术含量制造业的发展面临巨大威胁，国际竞争力明显下降；低技术和劳动资源密集型制造业的利润空间小，且对劳动力和资源过度依赖，随着中国资源的减少以及劳动力成本的上升，跨国公司倾向于把该层级制造业转向成本更低的新兴经济体，同时，中国正处于从低技术劳动资源密集型制造业向高技术含量制造业转型阶段，所以中国低技术劳动密集型制造业和高技术含量制造业在 2012 年后的国际竞争力都显著下降。

4. 对策建议

欧美"再工业化"对中国制造业发展产生一定的影响，但也存在一定的积极作用。作为全世界唯一拥有联合国产业分类中全部工业门类的国家，中国具备良好的国际合作基础。所以，欧美"再工业化"带来的工业结构调整将为中国提供新的承接国际产业转移、壮大传统工业的契机。而且，中国一直注重制造业发展。"十二五"发展规划中提出，要提高产业核心竞争力，改造提升制造业、培育发展战略性新兴产业。党的十九大报告也指出，要加快建设制造强国，加快发展先进制造业，推动互联网、大数据、人工智能和实体经济深度融合，实施"中国制造 2025"和"互联网+"，加快建设和发展工业互联网，促进新一代信息技术与制造业深度融合。然而，中国制造业的总体水平并不高，面对欧美"再工业化"的冲击与挑战，中国制造业应从吸引资本和扩大市场入手，促进国内资本市场发展，重塑成本优势，同时增强贸易争端解决能力，提升中国制造业国际竞争力。

4.1 促进资本市场支持先进制造业发展

资本市场是推动实体经济发展的核心动力（鞠亚男和李阳，2014），是解决企业融资难的重要渠道。促进资本市场支持先进制造业发展可以从以下方面入手。

（1）促进绩优企业进入资本市场

完善资本市场进入与退出机制，加强对上市公司内部控制和信息披露制度的管理，强化对募集资金使用的事前规划和事后监督，及时发现并清理绩差的"僵尸"企业，阻止部分企业的过度投资扩张，促进绩优企业，尤其是处于发展阶段的先进制造业企业能够快速进入资本市场，保证资本市场募集的资金得到有效利用。

（2）创新融资机制助力中小企业发展

增强资本市场对科技创新的服务能力，加大对符合国家发展战略、具有核心竞争力的高新技术企业和新经济新产业的支持力度；深化主板、中小板、创业板改革，规范发展天使投资、创业投资等私募股权投资；重点发展直接融资特别是股权融资，同时拓展多层次、多元化、互补型股权融资渠道；推进债券市场品种创新，发展可交换债、绿色债、项目收益债等，实现债券市场数量与质量并重发展。

4.2 重塑制造业成本优势

中国制造业的发展和转型升级离不开资本的推动。为了在投资导向阶段脱颖而出，要从完善人才培养机制和提高科技创新能力入手，创造高级生产要素，重塑成本优势。

（1）完善人才培养机制

组合国内人才、资本、技术等生产要素，重视地方院校与政府部门、科研机构和企业之前的互动与协作，加大对地方院校科研、实验、孵化投资力度，加强"产学研"协调管理；促进院校将专业设置与人才需求相结合，培养应用型人才；鼓励高校师生融入企业，创造满足市场需求的科研成果；完善教育体制改革，重视职业教育和技能人才培养，优化人才要素配置，减少"过度教育"人才供给，满足企业"适岗技能"人才需求；鼓励企业加强对在职工业培训力度；重视对失业人员的技能培养。

（2）提高科技创新能力

设立专项资金，加大对高校、科研院所的资金投入；完善科技创新考评机制，加强校企合作，完善成果转化机制；推进减税补贴政策，加强知识产权保护力度，调动企业创新的内生动力；加大对中小企业扶持力度，培育发展战略性新兴产业，推进产业结构优化升级；加快发展工业互联网，促进新一代信息技术与制造业深度融合；用好海外人才，吸引外籍优秀人才投入到中国制造业研发领域。

4.3 增强贸易争端解决能力

努力协调与欧美国家关系的同时，要警惕欧美国家可能采取的贸易保护主义手段，提前做好防御措施；重视发掘潜在的反制领域，针对重点产品和重点领域采取反制措施，增强中国在应对欧美贸易保护政策上的话语权；加强与欧美国家的经贸合作，促进生产要素自由流动，充分发挥市场经济在资源配置中的决定作用，削弱欧美贸易制裁威胁的有效性与可行性；强化与欧洲、日本等贸易伙伴的合作，联合抵制贸易保护主义，坚定维护国际贸易秩序和 WTO 体系；扩大内需，并积极推动"一带一路"倡议和中国自由贸易区战略融合发展，构建中国主导的全球价值链，减少对欧美等国市场的过度依赖；坚持改革开放，推进重要领域结构性改革的同时，坚定不移地发展开放型经济，促进全球互联互通，积极推进经济全球化和区域一体化进程，充分发挥世界经济增长潜力。

参考文献

[1] 宾建成：欧美"再工业化"趋势分析及政策建议 [J].《国际贸易》，2011(2)：23-25。

[2] 卜伟，李剑桥，徐黄华：我国制造业发展与其教育关联性研究 [J].《宏观经济研究》，2014(10):71-84。

[3] 陈汉林，朱行：美国"再工业化"对中国制造业发展的挑战及对策 [J].《经济学家》，2016(12):37-44。

[4] 崔日明，张婷玉：美国"再工业化"战略与中国制造业转型研究 [J].《经济社会体制比较》，2013(6):21-30。

[5] 郭晓蓓：欧美"再工业化"战略进展及对我国产业升级的启示 [J/OL].《当代经济管理》，2018(3):1-9。

[6] 鞠亚男，李阳：资本市场对实体经济发展推动问题研究 [J].《中国管理信息化》,2014,17(14):80-82。

[7] 李玉梅，刘雪娇，杨立卓：外商投资企业撤资：动因与影响机理——基于东部沿海 10 个城市问卷调查的实证分析 [J].《管理世界》,2016(4):37-51。

[8] 李宗卉，鲁明泓：中国外商投资企业税收优惠政策的有效性分析 [J].《世界经济》,2004(10):15-21。

[9] 刘戒骄：美国再工业化及其思考 [J].《中共中央党校学报》，2011，15(2):41-46。

[10] 沈桂龙：全球金融危机下在华外资企业撤资的影响分析与风险判断 [J].《上海经济研究》，2014(12):3-13，40。

[11] 孙微，陈欣：德国拟立法限制中企收购 [J].《国际品牌观察》，2017(1):28-28。

[12] 王芳，胡峰，王晓萍：美国"再工业化"对中国制造业的影响与对策 [J].《科技管理研究》，2014，34(14):27-30。

[13] 赵翠侠，邓颖惠：论外商对华直接投资对中国经济发展的影响 [J].《湖北社会科学》，2012(5):80-84。

[14] 周济："中国制造"迎来创新驱动的春天 [J].《求是》，2015(15):16-18。

[15] 周院花：美国去工业化与再工业化问题研究 [D].《江西财经大学》,2010。

数字贸易规则演进与中国应对：
以电子商务为例

张畅　何晶晶　朱伶俐[*]

摘要： 随着互联网技术的发展，传统贸易数字化进程的推进，数字贸易及其规则制定越来越重要。虽然近年来中国跨境电商发展较好，但缺少立足于自身利益和发展的高水平数字贸易规则，因此建立数字贸易规则势在必行。本文通过研究中国数字贸易发展情况以及分析比较 TISA,TPP,TTIP 的数字贸易规则，认识到中国现阶段制定的政策不论从数量还是质量仍处于初级水平，主要针对的是一些浅显的层面，通过借鉴学习三大 FTA 中第二代数字贸易规则的内容，就如何升级我国数字贸易规则的问题提出相关对策。

关键词： 数字贸易；电子商务；跨境数据流动；信息安全

引　言

随着互联网逐渐得到广泛应用，数字贸易已渗透到商业流程核心部分，其战略作用越来越突出。而数字贸易规则是高效积极进行数字贸易的关键，是支撑数字贸易发展的关键。数字贸易会因为合理规范的数字贸易规则而为各个国家带来可观的收益，因此数字贸易规则对于互联网时代下的全球经济来说有着重要的作用。为促进数字价值输出与数字产业发展，美国从双边和诸边谈判入手，主导了 TISA、TPP、TTIP 的谈判。

而我国现阶段数字贸易规则的发展还处于起步阶段，缺少科学系统规范的法律制度和政策措施。因此中国必须加快争取数字贸易规则的制定权，借此提升国际贸易新规则的整体水平，参与全球数字贸易规则对未来中国在国际贸

---

* 作者简介：张畅、何晶晶、朱伶俐，天津财经大学学生。

易中的地位起到重要作用。本文旨在通过研究中国数字贸易发展情况以及分析比较其他高水平 FTA 数字贸易规则，提出中国参与数字贸易规则制定的对策建议。

美国国际贸易委员会将数字贸易定义为"通过有线和无线数字网络传输产品或服务"。这是第一次出现数字贸易的概念。可以看出数字贸易包含范围很广，除了主要部分电子商务之外还包括数字产品，数字服务等。

起初，电子商务分类模糊，大家普遍认为其并不属于货物或服务贸易，李墨丝（2017）给出电子商务在 WTO 框架下存在的问题，并认为正是 WTO 电子商务规则的缺失，促使许多成员转而在特惠贸易协定中制订规范。但 WTO 框架下的数字贸易规则并没有停滞不前，彭羽（2017）分析 WTO/GATS 模式下的跨境数据传输，并比较中美双方在 WTO 提案中关于数字贸易的部分，认为中国推动以货物贸易为主的电子商务规则的谈判，而美国推动以服务贸易为主的电子商务规则谈判。

除了电子商务外，沈玉良和金晓梅（2017）通过研究数字产品分类问题来研究数字贸易规则的制定与发展概况。认为数字产品应该独立于 GATT 和 GATS 框架，并应当重新书写数字贸易规则。而在数字服务上，沈玉良（2017）从企业层面，分析中美数字服务发展的差异，并在 GATS 框架下分析跨境数据传输的相关服务部门的承诺水平。周念利和陈寰琦（2017）通过观察美国签订的十余个区域贸易协定，认为美国版数字贸易规则确定跨境服务贸易规则对数字服务提供适用性，并且在跨境服务贸易规则的基础上进行创新，通过传统贸易规则的"升级"来实现。美国原本想通过 TISA,TPP,TTIP 来实现这样的升级，但特朗普上台导致 TPP 搁置，欧盟原本就对于跨境数据流动与美国有分歧，美国的"棱镜计划"更是让欧盟对于美国丧失信心，也导致 TISA，TTIP 的谈判困难重重。

也有学者从不同角度去研究数字贸易规则，Fefer，Akhtar and Morrison（2017）通过研究美国自身数字贸易发展情况，得出美国版数字贸易的签订趋势，数字贸易自由化是美国推行的核心内容。该文还研究现有数字贸易壁垒，包括 ICT 商品的关税壁垒，本地化要求，跨境数据流限制和知识产权侵权等非关税壁垒。这些都是美国推行数字贸易自由化的障碍所在。周念利,陈寰琦和黄建伟（2017）则通过中美双方在数字贸易发展的比较优势,规则诉求,实现路径三个方面,分析中美两国在数字贸易规则制定上的异同。而本文则通过数字贸易规则的演进来研究中国在数字贸易规则制定上的趋势。

本文的创新之处在于:通过雷达图的形式分析比较中国与各个 FTA 中关于数字贸易规则制定的程度,并就 TISA, TPP,TTIP 的具体规则进行统计及梳理,总结成一张表格进行系统分析。通过研究数字贸易中存在主要分歧的电子商务部分,系统比较以上三个协议,站在我国角度从四个部分分析数字贸易规则的制定趋势,提出中国参与数字贸易规则制定的对策建议。

二、中国数字贸易发展现状：以跨境电商为例

（一）电子商务发展概况

中国互联网络信息中心数据显示,截至 2016 年 12 月,我国网民规模达 7.31 亿,互联网普及率达到 53.2%,超过全球平均水平 3.1 个百分点,超过亚洲平均水平 7.6 个百分点。其中,手机网民规模达 6.95 亿,占比达 95.1%,增长率连续三年超过 10%;而台式电脑、笔记本电脑的使用率均出现下降,手机不断挤占其他个人上网设备的使用,成为各类应用规模增长的重要突破点。所有这一切为电商的发展壮大奠定了坚实的基础。

我国电商行业现如今已经处于世界领先的位置。首先,从规模上来说,2017 年的电商总规模已经达到 29.2 万亿元人民币,居世界首位。2017 年,中国电子商务持续快速发展,呈现出融合化、全球化、数字化及智能化的融合发展态势。中国稳居全球规模最大、最具活力的电子商务市场地位。

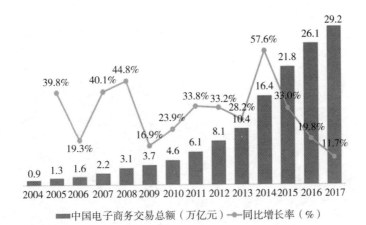

图 1 中国电子商务交易总额及增长率（2014–2017）

数据来源：中国国际电子商务中心研究院。

其次在渗透率方面，我国线上零售额占社会总零售额比例于 2013 年超过日本、2014 年超过美国、2015 年超过英国，2016 年中国网络零售额占零售总额比重达 12.6%，中国在渗透率上也稳居第一。电商发展如此迅速，并以此为契机产生如阿里巴巴，京东等大公司为跨境电商行业的发展打下基础。

（二）跨境电商发展概况

近两年，全球经济不振，进出口贸易缺乏活力，国内制造业正在转型，我国的外贸交易总额有所下降，2015、2016 年进出口贸易总额分别为 24.6 万亿和 24.3 万亿元，同比下降 7.0% 和 1.0%

反观跨境电商行业却生机勃勃，交易规模一直保持增长，跨境电商在进出口贸易中的地位不断上升。2015 年，交易规模达到 5.4 万亿元，占同年进出口贸易总额的 22%，2016 年，交易规模达 6.7 万亿元，占同年进出口总额的 28%。艾媒咨询最新数据显示，2017 年，跨境电商整体交易规模（含零售及 B2B）达 7.6 万亿元人民币，增速可观。2018 年，跨境电商交易规模有望增至 9.0 万亿元。

图2　中国跨境电商交易规模（2011–2018）

数据来源：中国电子商务中心《2016年度中国电子商务市场数据监测报告》。

　　在结构上，长期以来，我国跨境电商以出口为主，2016年，跨境电商出口总额为5.5万亿元，大概占跨境电商贸易总额的9成，并且在绝对量上，我国跨境电商规模在稳步提升。

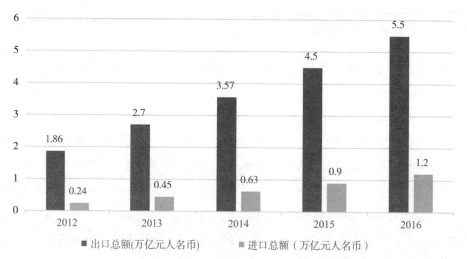

图3　中国跨境电商出口与进口总额比较（2012–2016）

数据来源：中国电子商务中心《2016年度中国电子商务市场数据监测报告》。

虽然跨境 B2B 模式近年来比重略微下降，但长久以来都是跨境电商的主要模式，企业于企业之间的贸易已经成为跨境电商的中流砥柱，大额贸易进入电商领域趋势日益显著，我国的传统外贸交易模式已经在努力转型，跟上时代的步伐。

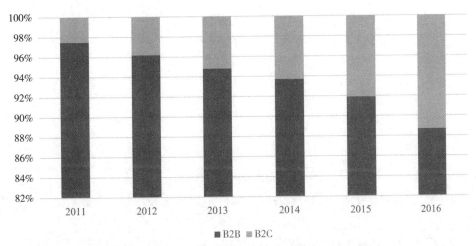

图 4　中国跨境电商交易规模 B2B 与 B2C 结构（2011–2016）

数据来源：中国电子商务中心《2016 年度中国电子商务市场数据监测报告》。

（三）跨境电商市场

今天，全球有超过 27 亿互联网用户，世界银行估计甚至更高，显示互联网用户自 2005 年以来增长三倍，到 2015 年达到 32 亿，占全球人口的 60%。网络深深影响着人们的生活，当然也包括贸易。

艾媒咨询数据显示，2017 年，中国海淘用户规模升至 0.65 亿人，未来预计仍能维持较高增速。我国跨境网购用户每年稳步增长，跨境网购的普及度越来越高，可以看出我国的跨境电商市场规模庞大，是各国跨境电商企业角逐的首要场所。

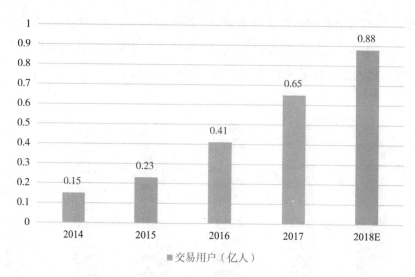

图 5 中国海淘用户规模及预测（2014–2018）

数据来源，艾媒咨询《2017-2018 中国跨境电商市场研究报告》。

（四）跨境电商出口产品结构

据统计，2015 年，我国跨境电商出口商品类型最多的是 3C 电子产品和服装类产品，二者占比分别达到 37.7% 和 10.2%，其次是户外用品、健康美容、珠宝首饰等，品类丰富。

我国具有这样的跨境电商出口产品结构主要原因有两点，一个是因为跨境物流的限制，体积小的产品适合快递运输，另一个是因为经过多年的代工生产，我国在 3C 类产品、服装类产品等众多品类上正在赶上发达国家的脚步，具备自主研发和制造自主品牌的能力。以 3C 电子产品和服装类产品为例，我国电子产品产业链在低利润的这一端已经有所改观，以手机为例，近几年我国的手机厂商如华为、OPPO、VIVO、小米等保持高速增长，我国的电子产品拥有明显的竞争优势，在国外的认可度也比较高。

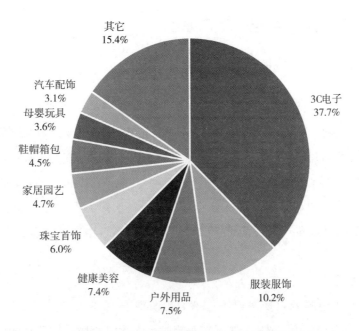

图 6　2015 年中国跨境电商出口商品种类

数据来源：中国电子商务中心《2015-2016 年中国出口跨境电子商务发展报告》。

分析可以得出以下几个结论。一是传统出口贸易遇冷，出口电商逆势高速增长，"电商渗透率提升 + 传统外贸转型加速"驱动跨境电商爆发性增长。二是跨境 B2B 模式一直处于出口电商的主体地位，大额贸易进入电商领域趋势日益显著；三是我国数字贸易实践走在世界前列，跨境电商市场潜力巨大。

我国数字贸易发展至今，也遇到不少问题，尤其是在电子商务方面，实践远大于规则是我国电子商务的主要问题所在。美国与我国恰恰相反，美国不仅提出第一代数字贸易规则，包括贸易无纸化、透明度原则、电子签名和电子认证等，这些规则都较为明确，也被其他国家所接受。在电子技术的迅速发展下，这些规则已经不能满足美国的需要，美国于是提出第二代数字贸易规则，主要包括个人信息保护、网络接入与使用、服务器（数据存储设备）与技术（源代码）的非强制本地化等。美国通过 TISA、TPP、TTIP 来推行适合本国数字贸易发展的规则，而中国在数字贸易规则上进度缓慢，迫切需要一个符合自身发展的数字贸易规则，才能更好的维护自身的利益，促进我国数字贸易的发展。

三、高水平 FTA 电子商务规则

（一）高水平 FTA 电子商务规则概述

随着全球互联网规则的发展和演变，数字贸易在全球贸易和经济议程上的地位日益突出，因此，数字贸易规则制定也愈发重要。这一问题已经引起发达经济体的高度重视，集中体现在对《服务贸易协定》（Trade in Service Agreement，简称 TISA）,《跨太平洋伙伴关系》（Trans –Pacific Partnership Agreement，简称 TPP）和《跨大西洋贸易和投资伙伴关系》（Transatlantic Trade and Investment Partnership，简称 TTIP）三个超大型自由贸易协定数字贸易规则的制定上。

1. 服务贸易协定（TISA）

拟议的多边服务贸易协议（TISA）的谈判于 2013 年 4 月启动，原本目标是在 2017 年达成协议。TISA 数字贸易规则旨在解决跨境数据流动的贸易壁垒、线上消费者保护、个人信息保护以及其他领域的相互协调等问题。参加方的分歧主要是数据本地化和跨境数据流动。

2. 跨太平洋伙伴关系（TPP）

跨太平洋伙伴关系（TPP）是 12 个亚太国家（包括发达国家和发展中国家）的拟议自由贸易协定。该协议于 2016 年 2 月 4 日正式签署。协议旨在促进数字贸易，保护消费者隐私，促进信息的自由流通，并确保开放的互联网。与数字贸易相关的规定包含在 TPP 的多个章节中，显示数字贸易壁垒和问题的复杂性。

3. 跨大西洋贸易和投资伙伴关系（TTIP）

TTIP 是美国和欧盟于 2013 年开始谈判的潜在自由贸易协定，旨在减少和消除货物，服务和农业的关税和非关税壁垒，并建立全球相关的贸易规则。数字贸易是跨大西洋贸易中的一个关键领域，通过互联网可以提供的服务构成美国和欧盟之间相互出口的大部分服务。目前，TTIP 谈判暂停。如果谈判继续下去，潜在的 TTIP 能为数字产品提供增强的市场准入条款，解决数字贸易非关税壁垒，加强有关数字贸易的规则和纪律。

表 1　三大高水平 FTA 电子商务规则比较

	TISA	TPP	TTIP
关税	对电子传输及其内容不征收关税		
个人信息保护	1. 缔约方应通过或维持一个考虑到有关国际机构的原则和准则的法律框架来实现经济和社会效益并提高消费者对电子商务的信心。 2. 各缔约方采取非歧视做法并公布其保护措施。		
		各方应积极交流，鼓励发展机制，促进不同制度的相容性	
在线消费者保护	采取透明有效措施，维持消费者保护法，保护消费者不受欺诈和欺骗性商业活动的侵害；各方消费者保护机构应积极合作以加强消费者福利。		
	1. 缔约方应非歧视地向消费者公开其服务提供者。 2. 在法律条例下，允许人们相互确定适当方法来解决电子商务争端。		
未经请求的商业电子通讯	1. 各方应要求信息供应商提高信息接收者对此类信息拒绝接收的能力或尽量减少此类信息； 2. 对不符合第一点的供应商提供追索权； 3. 双方应在适当情况下尽力合作。		1. 各方应防止未经请求的直接销售通讯； 2. 各方应允许供应商依法收集消费者留下的联系方式； 3. 各方应确保营销通讯明确标识并披露其信息，以便用户随时免费请求停止。
电子认证和电子签名	1. 除另有规定的情况，各方不得仅以签名的电子形式为由否认其法律效力。 2. 缔约方可相互确定适当认证方法。 3. 特定类别交易可另外进行规定。		电子手段缔结合同时应确保其法律制度对此行为的允许且该行为不会为对合同的使用造成障碍，也不会使合同失去法律效力和有效性
		缔约方应鼓励使用可互操作的电子认证。	
无纸贸易		各缔约方提供并接受电子版的贸易管理文件，其法律效力与纸质版文件等同。	

续　表

	TISA	TPP	TTIP
国际合作	1.缔约方将尽可能交换电子商务和电信服务领域的相关信息及意见 2.积极开展合作，促进电子商务的发展： 3.加强国家监管能力，开展网络安全事宜合作		
	各国政府应相互合作，提高全球数字扫盲水平，减少"数字鸿沟"。	各方应协助中小企业克服使用障碍，鼓励私营部门发展电子商务的自我管理方法	同TISA
转移或访问源代码	除了另有规定（不包括用于关键基础设施的软件），各缔约方不得要求转让或获取另一方的软件源代码。	1.本条不应排除有关条款和条件及可能会导致双方遵守与协议不符的法律法规的行为。 2.本条不应被解释为影响专利申请或授予的要求。	
信息移动（边境信息流）	1.服务提供者的行为引起的任何信息转移必须基于"知情同意"。 2.各方不得阻止另一方服务提供者进行有关活动时采取的此类行为。 3.缔约方应保护消费者免受欺诈或相关侵害。 4.各方应加强执法能力，确保遵守有关法律条例。 5.缔约方不应阻止外国供应商及其客户用合理渠道访问公开信息及其储存在国外的信息。		政府不应阻止他国家服务提供者或这些供应商的客户通过电子方式在内部或跨国界传输信息，访问公开可用的信息或访问其他国家存储的信息。
开发网络，网络访问和使用	1.各方承认消费者在其领土内能访问使用所选服务和应用程序互联网，并有合理的网络管理： 2.确保不损害网络的设备能连接互联网，消费者可获得有关其网络管理实践和互联网接入服务供应商的信息。 3.缔约方应提高消费者合法获取、分享和分发信息的能力		

	TISA	TPP	TTIP
当地基础设施（本地存在）	1. 在跨境金融服务过程中，各方均不得以在缔约方领土内使用计算设施或处理数据等行为为条件限制其在该领土内的服务和投资。 2. 任何一方均不得以使用或建立本地基础设施或建立本地存在为条件限制 ICT 服务供应商提供服务。 3. 全国电子商务供应商使用当地基础设施时，要非歧视地对待各供应商。		同 TISA 第 2、3 条
互用性	各方应努力促进其政府在线程序与通过电子手段提供的服务之间的互用性。		
数字产品的非歧视处理		1. 除知识产权部分有关规定，各缔约方不得对在另一缔约方领土内的数字产品和所与协议不符的法律法规的行为。 2. 本条不应被解释为影响专利申请或授予的要求。	
信息移动（边境信息流）	1. 服务提供者的行为引起的任何信息转移必须基于"知情同意"。 2. 各方不得阻止另一方服务提供者进行有关活动时采取的此类行为。 3. 缔约方应保护消费者免受欺诈或相关侵害。 4. 各方应加强执法能力，确保遵守有关法律条例。 5. 缔约方不应阻止外国供应商及其客户用合理渠道访问公开信息及其储存在国外的信息。		政府不应阻止他国家服务提供者或这些供应商的客户通过电子方式在内部或跨国界传输信息，访问公开可用的信息或访问其他国家存储的信息。

续　表

	TISA	TPP	TTIP
开发网络，网络访问和使用	1. 各方承认消费者在其领土内能访问使用所选服务和应用程序互联网，并有合理的网络管理； 2. 确保不损害网络的设备能连接互联网，消费者可获得有关其网络管理实践和互联网接入服务供应商的信息。 3. 缔约方应提高消费者合法获取、分享和分发信息的能力		
当地基础设施（本地存在）	1. 在跨境金融服务过程中，各方均不得以在缔约方领土内使用计算设施或处理数据等行为为条件限制其在该领土内的服务和投资。 2. 任何一方均不得以使用或建立本地基础设施或建立本地存在为条件限制 ICT 服务供应商提供服务。 3. 全国电子商务供应商使用当地基础设施时，要非歧视地对待各供应商。		同 TI SA 第 2、3 条
互用性	各方应努力促进其政府在线程序与通过电子手段提供的服务之间的互用性。		
数字产品的非歧视处理		1. 除知识产权部分有关规定，各缔约方不得对在另一缔约方领土内的数字产品和所有者给予不优惠的待遇。 2. 本条不适用于缔约方提供的补贴或赠款，包括政府支助的贷款、担保和保险。 3. 本条不适用于广播。	

续 表

	TISA	TPP	TTIP
通过电子手段对信息进行跨境转让		1. 各方应认识到各自对转让信息管制的不同要求。 2. 开展被保险人业务时，各方应允许以电子方式跨境转移信息。 3. 本条任何规定不得阻止一方采取与第2段不符的措施，以实现合法的公共政策目标，但该措施不适用于构成歧视或变相限制贸易和信息传输的手段。	
互联网互连费用分摊		寻求互联网连接的供应商应能够与另一缔约方就设施设立、运作和维修的赔偿进行谈判。	
计算设施的位置		1. 各方应认识到各自不同的管理要求。 2. 任何缔约方不得以被涵盖对象使用或定为计算设施作为在其领土进行业务的条件。	
国内电子交易框架		1. 各方应维持一个电子交易的法律框架，符合"贸易法委员会电子商务示范法"1996年原则或2005年11月23日在纽约完成的"联合国关于在国际合同中使用电子通信的公约"的原则。 2. 各缔约方应努力避免对电子交易造成监管负担； 3. 便利公众提供意见。	
无须先授权			各方不应损害不是专门针对电子手段提供的服务的授权计划和对电子通信领域的规则，确保以电子方式提供服务不需要事先授权。

数据来源：根据 TISA、TPP 和 TTIP 协议文本整理。

（二）特点

从表 1 可以看出 TISA、TPP 和 TTIP 在电子商务规则制定的一些方面有共识也有分歧。在一些基本条款三大高水平的 FTA 规定条款基本一致。如关税方面，三者采取和保持目前在世界贸易组织的做法，不对电子传输征收关税；对于线上消费者保护，每一缔约方应采取或维持消费者保护法，禁止对线上商业消费者造成损害或潜在损害的诈骗和商业欺诈行为；对于个人信息保护，采取或维持保护电子商务用户个人信息的法律框架；对于未经请求的商业电子通讯，各方应保证用户有拒绝接受的权利；对于电子认证和电子签名。互认法律和鼓励使用可交互操作的电子认证。

从上表可以看出，三者在电子商务规则制定涉及的条款有所不同，除了上面所说的信息安全和电子化的基本条款，TISA 涉及的条款主要是数据流动和国际合作方面，TPP 涉及的条款比较全面，主要包括数据流动、国际合作、非歧视和监管；TTIP 主要涉及数据流动和非歧视方面。

TISA 中在数据流动方面作出详细的规定，对于转移或访问源代码，除了用于关键设施的软件，各缔约方不得要求转让或获取另一方的软件源代码；对于信息移动，各方应享有信息移动的知情权，不阻止外国供应商及客户合法地访问公开信息和储存在国外的信息；对于网络开发、访问和使用，各方应合理管理网络，确保不损害网络的设备链接互联网等。TISA 在国际合作方面涉及的合作内容也比较多，包括电子商务和电信服务信息的交换，网络安全事宜合作等。

TPP 在数据流动和国际合作两个与 TISA 有着相同的规定，如对于转移或访问源代码的规定，信息交换和网络安全事宜的合作等。不过在非歧视方面，TPP 作出详细的规定：除知识产权部分有关规定，各缔约方不得对在另一缔约方领土内的数字产品和所有者给予不优惠的待遇，各方不得以被涵盖对象使用或定为计算设施作为在其领土进行业务的条件等。

TTIP 在信息移动方面，作出各方不应阻止他国服务提供者和客户通过电子方式在内部或跨国界传输信息或访问公开可用的信息，和 TISA 对信息移动的部分要求一致。在非歧视方面，作出各方不得以使用或建立本地基础设施或建立本地存在为条件限制 ICT 服务供应商提供服务，和使用当地基础设施时，要非歧视地对待各供应商；各方不应损害不是专门针对电子手段提供的服务的授权计划和对电子通信领域的规则，确保以电子方式提供服务不需要事先授权等规定。

为了便于比较 TISA、TPP 和 TTIP 在电子商务方面制定条款的侧重点和区别，本文采用雷达图比较的方式。雷达图的数据即"政策成熟指数 = 占比 * 权重"。该指数使各个领域政策的完善度数字化令 aij 表示第 i 个 FTA 中 j 方面所涉及内容的数量（本文提到三个 FTA，即 TISA，TPP 和 TTIP，共涉及 6 方面政策，因此 i=1，2，3；j=1，2，3，4，5，6）。占比指某一 FTA 中能归于一类的政策占三个 FTA 中该类政策总数的比，即占比 $= \dfrac{aij}{\sum_{i=1}^{3} aij}$ 其用于横向比较不同 FTA 在同一领域的完善程度；权重是指某一 FTA 中某类政策包含总数占该协定全部政策的比重，即 权重 $= \dfrac{aij}{\sum_{j=1}^{6} aij}$，其用于纵向衡量各 FTA 中六方面政策各自在本协定中的重要程度。

表 2　TISA、TPP 和 TTIP 政策成熟度

	TISA			TPP			TTIP		
	占比	权重	政策成熟指数	占比	权重	政策成熟指数	占比	权重	政策成熟指数
信息安全	69.2%	31.0%	21.5%	61.5%	24.2%	14.9%	23.1%	20.0%	4.6%
电子化	42.9%	10.3%	4.4%	71.4%	15.2%	10.8%	42.9%	20.0%	8.6%
国际合作	71.4%	17.2%	12.3%	71.4%	15.2%	10.8%	57.1%	26.7%	15.2%
非歧视	60.0%	31.0%	18.6%	53.3%	24.2%	12.9%	6.7%	6.7%	0.4%
数据流动	37.5%	10.3%	3.9%	50.0%	12.1%	6.1%	50.0%	26.7%	13.3%
监管	0.0%	0.0%	0.0%	100.0%	9.1%	9.1%	0.0%	0.0%	0.0%

数据来源：根据公式计算所得。

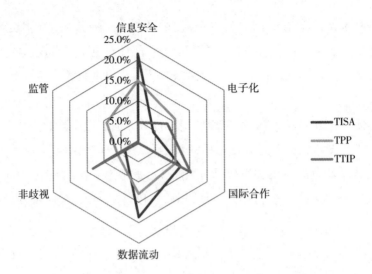

图7　TISA、TPP 和 TTIP 数字贸易规则政策成熟指数雷达图

数据来源：根据表2整理所得。

结合表1不难看出，目前主要的国际规则包括：电子传输免征关税、电子签名和认证、无纸贸易、国际合作等。雷达图中 TPP 的政策成熟指数分布均匀且数值处于中上等，TISA 在信息安全等方面的指数也较为突出，而 TTIP 的雷达图案形态最小，最不舒展。因此，可以得到 TPP 涉及的规则最全面，而 TTIP 涉及的内容最少，TISA 介于中间水平的结论。

首先，在安全方面，TISA 和 TPP 的政策成熟指数较高，且 TTIP 对此也有涉及，因此可以看出，当时作为主导国家的美国在数字贸易安全领域十分重视，这一点也不容置疑地应成为中国在制定数字贸易规则时首要关注的。

其次，在信息流动方面，虽然 TTIP 没有涉及，但 TISA 和 TPP 的政策成熟指数都超过5%，因此这个领域可以被看作既重要又有争议的方面。因为信息自由流动虽然对数字贸易的积极促进作用十分明显，但却是十分依赖可靠的安全保障措施。在新时代发展趋势的推动下，中国虽然对贸易安全问题十分关注，但不可避免的要向数据自由流动领域有所靠拢。

最后，在合作问题上，TISA、TPP、TTIP 均有涉及，这也体现出各国对于获得贸易利益的态度：打开国门求合作，互利互惠得双赢。非歧视问题和电子化问题相对较弱，但三大 FTA 也几乎均有涉及，而监管方面仅有 TPP 涉及到，因此这三大部分在数字贸易政策属于完善程度相对较弱但十分值得中国借鉴的部分。

通过表 1 可以看出，三大 FTA 中关于数字贸易的规则既有许多共有的部分，如关税问题、未经请求的商业电子通讯、电子认证和电子签名、国际合作，也有许多差异性内容，其中 TPP 包含的条款较其他最多，主要为数据自由流动及保护个人信息方面；而 TISA 和 TTIP 则致力于达成更细化和深化的数字贸易规则。

四、中国签订的 FTA 电子商务规则

（一）中澳和中韩 FTA 的电子商务规则

鉴于数字贸易的飞速发展，目前，中国也在努力参与到数字贸易规则的制定，但直至 2015 年签署的中韩 FTA 及中澳 FTA 才开始涵盖独立的电子商务章，其中只涉及一些简单的，分歧较少的第一代数字贸易规则。对中国已制定的数字贸易规则进行梳理，并与三大高水平 FTA 中的数字贸易规则进行比较，有助于看清我国在此领域所处位置及应当在接下来采取的措施。

表 3 对中国签订的 FTA 数字贸易规则进行简单的梳理，可以发现，中国在签订数字贸易规则时主要是推动以货物贸易为主的电子商务规则的谈判，旨在利用电子商务帮助中小企业实现包容性贸易和增长，从表中可以看到中国现阶段制定的政策不论从数量还是质量仍处于初级水平，主要针对的是一些浅显的层面，如"透明度义务"，"电子认证和电子签名"及"无纸化贸易"等相对明确简单，容易被多数国家所接受的内容。

表 3　中澳和中韩 FTA 中电子商务条款比较

条　款	中　澳	中　韩
关税	保持 WTO 做法，不对电子传输征收关税	
	各方保留根据 WTO 做法变化做出调整的权利	

续　表

条　款	中　澳	中　韩
电子认证和数字证书	1. 各缔约方实施的国内电子签名法律应允许：电子交易双方共同确定合适的电子签名和电子认证方法；且电子交易中的电子认证机构有机会向司法或行政主管部门证明其对电子交易的电子认证符合法律对电子认证的要求。 2. 各缔约方应努力使数字证书和电子签名互认。 3. 各缔约方应鼓励数字证书在商业部门中的应用。	
		任何一方采纳或实施的电子签名法律，不得仅基于签名是电子形式而否认其法律效力
在线数据和个人信息保护	采取合适和必要的措施保护电子商务用户的个人信息，在可能范围内考虑国际标准	采取措施保护电子商务用户的个人信息，并交流经验
无纸贸易	电子版文件与纸质版文件具有同等法律效应；贸易管理文件电子形式应提供给公众	
	开展国际场合合作以提升贸易管理文件电子版的接受程度，实施无纸化贸易应考虑国际组织已达成一致的方式	无
电子商务合作	鼓励开展研究培训及促进电子商务开展的活动	
	采用基于现有国际合作倡议的非重复合作形式分享管理框架，网络消费者保护的信息等	鼓励企业间的交流合作，缔约双方应积极参与地区多边论坛
透明度	公布或让公众知晓相关措施，对另一方提出的特定信息立即回应	无
国内监管框架	在 1996 年示范法 2 基础上维持电子交易监管的国内法律框架，并适当考虑其他相关国际标准；另外将监管负担最小化，确保框架支持电子商务发展	无
网络消费者保护	对电子商务消费者的保护至少与其法律法规和政策下对其他商业形式的消费者提供的保护相当	无
定义	电子签名，贸易管理文件	
	数字证书，文件的电子版本，个人信息贸易法委员会，垃圾商业电子信息	电子认证

数据来源：根据中国自由贸易区服务网资料整理所得。

从上表可以看出，中澳 FTA 从总体上比中韩 FTA 更加全面，除电子认证和数字证书，在线数据和个人信息保护，无纸贸易，电子商务合作外，中澳 FTA 还制定关于关税，透明度，国内监管框架和网络消费者保护这三方面的规则。中澳 FTA 还提出一些新的定义，如数字证书，垃圾商业电子信息等。

（二）与三大高水平 FTA 电子商务规则比较

表 4 展示三大高水平 FTA，中澳和中韩 FTA 中电子商务章节的覆盖范围，通过覆盖范围的比较，可以得出中国和美国制定数字贸易规则的侧重点和涉及广度，以及中澳和中韩 FTA 数字贸易规则不涉及的内容。

1. 覆盖范围的比较

表 4　三大高水平 FTA，中澳和中韩 FTA 中电子商务章节的覆盖范围

	信息安全			电子化		国际合作				数据流动					非歧视			监管		总计
	个人信息保护	在线消费者保护	未经请求的商业电子通讯	电子认证和电子签名	无纸贸易	国际合作	互联网互联费用分摊	互用性	透明度	网络开发，访问和使用	信息的电子跨境转让	转移或访问源代码	信息移动	当地基础设施	数字产品的非歧视处理	计算设施的位置	无须先授权	国内电子交易框架	国内监管框架	
TISA	■	■		■	■	■						■		■		■	■	■		10
TPP	■	■	■	■	■	■	■	■	■	■	■		■	■	■					14
TTIP	■			■	■	■				■	■	■		■						8
中澳	■	■	■	■	■	■													■	7
中韩	■		■	■		■														4
	5	3	3	5	4	5	1	1	1	2	2	2	1	3	1	1	1	1	1	

数据来源：根据表 2 和表 3 整理所得。

从上表可以看出，TISA、TPP 和 TTIP 在信息安全，电子化，国际合作，数据流动，非歧视，监管这六个部分都有很高的覆盖范围，其中 TPP 的覆盖范围最多。相比之下，中澳和中韩 FTA 覆盖范围较小，覆盖范围主要包括信息安全，电子化和国际合作三个方面。

我国签订的中澳和中韩 FTA 在较为基础的领域如信息安全，电子化及国

际合作均有所涉及。在信息安全方面，相比 TISA 与 TPP，中澳和中韩 FTA 只涉及个人信息保护和在线消费者保护，并没有构建一个法律框架或是对未经请求的电子通讯进行规则约束。电子化方面政策覆盖的最为全面，但针对电子认证和电子签名的法律效率不可否认仅在中韩 FTA 中有所涉及，其在 TISA,TPP,TTIP 中却十分重要。在国际合作方面中澳和中韩及三大 FTA 均涉及到信息交流合作，但三大 FTA 还涉及网络安全，全球数字扫盲，电子商务和电信服务领域等多范围合作。

2. 未涉及的内容：

从表 4 中可以看出，TISA、TPP、TTIP 不仅涵盖中国已涉及的全部政策，还包含更深层次的"跨境数据自由流动"，"源代码的非强制当地化"，"数字产品非歧视"等内容。

"跨境数据自由流动"是 TISA、TPP 和 TTIP 中最重要的一个关注点，该规则旨在保障个人信息的前提下，利用全球信息和数据的自由流动驱动数字经济的发展。而中国一直致力于维护经济安全，因此对此措施持反对态度。该部分主要包含"转移或访问源代码"、"信息移动"、"网络开发，访问和使用"和"信息的电子跨境转让"四个方面，其中关注度和争议度最高的是对源代码的处理措施，对源代码的约束措施可以有效阻止源代码的泄露，从而实现保护知识产权的目的，而中国作为发展中国家应当权衡好非强制本地化带来的高成本与在技术贸易上的激励行为间的权重。虽然目前中国面临"去国境化"和数据信息"自由化"两方面的困难，但若中国可以正确把握个人信息安全与跨境数据自由流动，中国在数字经济发展中将能迎来更大的机遇。

"数字产品非歧视"保证数字产品在各缔约方之间可以在平等的条件下公平竞争，有助于避免贸易歧视和摩擦，中国目前还没有将非歧视适用到数字产品，因此，中国应当在此方面借鉴三大 FTA 中的政策，确保非歧视的基本原则适用于数字产品，平等的贸易也将为我国的数字贸易带来更大的机遇。

五、中国参与数字贸易规则制定的对策建议

随着数字贸易的不断发展，数字贸易规则制定越来越重要。目前 TISA、

TPP 和 TTIP 的数字贸易规则较为完善，反映数字产品贸易企业的主要利益诉求和数字贸易的最新观点。虽然现阶段中国参与的数字贸易仍集中在以货物为主的跨境电子商务中，其规则制定处于初级水平，但在互联网和电子商务法律完善过程中也需借鉴 TPP 这些高水平协议的相关规则和措施，并为今后我国数字贸易的进一步发展提供参考建议。具体可参考的措施包括：构建电子交易框架，降低本地化要求，减少跨境数据流动限制和非歧视条款。除了参考高水平的数字贸易规则，我国应在原有规则的基础上要加强法律可执行性，如完善便利化措施和加强网络监管。

（一）构建电子交易框架

目前已签订的中澳和中韩 FTA 的数字贸易规则并未涉及电子交易框架，在 2016 年 3 月 23 日的博鳌亚洲论坛上，马云提出"世界电子贸易平台"（eWTP），旨在构建一个市场驱动的、多利益攸关方共同参与的国际贸易规则平台。这在一定程度上反映出我国跨境电商企业的利益诉求。中国应考虑以阿里为代表的大跨境电商企业在参与全球数字贸易过程中的经验和不足，提出符合自身需要的政策，构建有中国特色的电子交易框架。电子交易框架的构建可有效减少数字贸易过程中的摩擦，便于各方进行监管。

（二）推动以服务为主的数字贸易规则的制定

1. 降低本地化要求

本地化措施被定义为迫使公司在国家边界内开展与数字贸易相关活动的措施。政府经常以隐私或国家安全作为实施本地化措施的理由。虽然本地化政策可用来实现合法的公共政策目标，但有些政策旨在保护或支持国内产业，服务提供商或知识产权，但损害外国同行的利益，并因此成为市场的非关税壁垒。所以在制定相关规则时，应考虑在某些领域降低本地化要求，促进外国企业在中国的投资和本国企业的发展。

2. 减少跨境数据流动限制

限制跨境数据流动规定是出于本国公民隐私保护、国家数据安全，以及执法便利等目的，要求数据在境内存储、处理的措施。这些限制可能会对依赖互联网进行交易，给海外客户提供服务的公司构成障碍。限制跨境数据流动的法规会迫使公司在一个国家内部建立本地服务器基础设施，这不仅会增加成本并降低规模，还会加大网络安全风险。

（三）数字贸易过程中的非歧视条款

本土和外国供应商之间的不歧视是全球贸易规则和美国自由贸易协定中的核心原则。虽然世贸组织协定涉及实物商品，服务和知识产权，但没有明确规定数字商品不歧视。中国在数字贸易规则制定中并未涉及相关条款，但从全球数字贸易的发展来看，公平的贸易环境有利于本国企业提高自身竞争力和推动创新，因此在电子支付许可和政府采购方面，中国应尽量采取非歧视条款，这有利于我国数字产业的发展和升级。

（四）完善贸易便利化措施

1.加强数字签名、数字认证的全球适用和合作

首先应明确数字签名和数字认证法律效力的不可否认，加强各方电子认证的可互相操作性和全球实用性，避免因电子手段缔结合同造成的障碍。其次就数字证书、数字签名和数字认证的相关政策交换信息，促进跨境电商中使用数字证书和电子签名的相互承认。

2.加强各方合作，交换相关信息

我国应和各方就有关建立跨境电商交易平台的监管措施和程序交换信息，就有关直接跨境电商交易的服务的监管措施和程序交换信息，就电子和网上支付、物流和快递，网上清关和其他贸易便利化服务的监管措施和程序的信息。多方的合作有利于跨境电商的进一步发展，在交换相关信息的同时弥补我国数字贸易发展中的不足。

（五）加强网络安全监管

数字贸易的增长带来与网络安全相关的问题，电子化的交易和在线消费者

的个人信息等容易受到来自网络攻击。一般而言，网络攻击是未经授权的人尝试访问信息通信技术系统的尝试，通常以盗窃，破坏，损坏或其他非法行为为目标。网络安全也可以成为保护隐私的重要工具防止未经授权的监视或情报收集。

网络攻击会对金融和通信系统，国家安全，隐私和数字贸易和商业造成严重威胁。依靠云服务存储或传输数据的公司可能选择使用增强型加密来保护内部和最终用户的通信和隐私，但如果无法访问加密数据会对执法调查造成障碍。例如，2013 年报道的"棱镜计划"事件，美国国家安全局和联邦调查局于2007 年启动一个代号为"棱镜"的秘密监控项目，直接进入美国网际网路公司的中心服务器里挖掘数据、收集情报，包括微软、雅虎、谷歌、苹果等在内的9 家国际网络巨头都参与其中。

在网络监管方面，我国在 2016 年 11 月 7 日第十二届人大常委会第二十四次会议通过《中华人民共和国网络安全法》，该法已在 2017 年 6 月实施。其中包括不得出售个人信息，严厉打击网络诈骗，明确法律形式的"网络实名制"，重点保护关键信息基础设施，惩治攻击破坏我国关键信息基础设施的境外组织和个人，对重大突发事件可采取"网络通信管制"等一系列规定。

为了防止数字贸易过程中严重危害国家安全和个人隐私行为的发生，中国应在签订 FTA 时与缔约方达成网络安全监管的共识，构建一个考虑到国际规则，适用于各方法律的监管框架，提高监管力度，保障各方利益，促进数字贸易的发展。

参考文献

[1] 李墨丝：超大型自由贸易协定中数字贸易规则及谈判的新趋势 [J].《上海师范大学学报》，2017，46（1）：100 ～ 107。

[2] 彭羽：WTO 关于电子商务和数字贸易议题的讨论 [C]. 数字经济与数字贸易规则学术研讨会,2017。

[3] 沈玉良，金晓梅：数字产品、全球价值链与国际贸易规则 [J].《上海师范大学学报》，2017，46（1）：90 ～ 99。

[4] 沈玉良：全球数字贸易规则新趋势 [C]. 数字经济与数字贸易规则学术研讨会，2017。

[5] 周念利，陈寰琦：数字贸易规则的谈判与制订：中国 VS 美国 [J].《世界知识》，2017（16）：23 ~ 35。

[6] 周念利，陈寰琦，黄建伟：全球数字贸易规制体系构建的中美博弈分析 [J].《亚太经济》,2017(04):37-45+173-174。

[7] 李杨，陈寰琦，周念利：数字贸易规则"美式模板"对中国的挑战及应对 [J].《国际贸易》，2016（10）：24 ~ 37。

[8] 陈晓平，小庞：敦煌网创始人、CEO 王树彤 数字贸易的商机 [J].《二十一世纪商业评论》，2017（1）：28 ~ 29。

[9] Rachel F. Fefer，Shayerah Ilias Akhtar，Wayne M. Morrison. Digital Trade and U.S. Trade Policy[R]. Congressional Research Service：2017：1 ~ 39.

[10] José-Antonio Monteiro，Robert Teh. Provisions on Electronic Commerce in Regional Trade Agreements[R].World Trade Organization Economic Research and Statistics Division，ERSD-2017-11：2017.

[11] Work Programme on Electronic Commerce - Non-paper from the United States [C]. WTO JOBS 16-3590：2016.

特朗普政府"301 调查"征税对美国
国内产业的影响

杨　宏　杨珍增[*]

摘要：本文利用中美产品贸易数据、公司内贸易数据和投入产出数据，分析特朗普政府"301"调查加征关税对分行业贸易、美国跨国公司内部贸易和美国制造业行业价格水平的影响。如果征税清单得以实施，美国共有 63 个 ISIC 四分位行业将会受到影响，各行业受影响的贸易额及其占比都存在很大差异。有 30 个受影响行业中的公司内进口比重超过 25%，该项措施可能在美国国内遭到跨国公司的反对。但由于对各行业价格水平的影响较小，因此美国消费者难以组织有效的反对。

关键词："301 调查"；贸易政策；中美贸易；公司内贸易

一、引言

美国总统特朗普上任以来，对于中美贸易失衡问题着重从对美国就业和企业创新影响角度寻求新的解决方案。特朗普政府认为，当前中美贸易现状至少从以下两个方面对美国利益造成损害：一方面，中国长期以来的包括"中国制造 2025"在内的产业政策通过"不公平"方式使中国产业获得对美竞争优势；另一方面，中国"不公平"的技术转让法规"威胁"美国相关企业与工人就业。2017 年 8 月 14 日，美国总统特朗普签署备忘录，指示美国贸易代表委员会（USTR）决定是否根据美国《1974 年贸易法案》"301"条款就美国在华企业的知识产权、创新和技术发展等遭到的不公平待遇对中国政府的法律、政策和措施展开调查。随后，在 2017 年 8 月 18 日，USTR 正式对中国政府有关技

---

*作者简介：杨宏，天津财经大学讲师；杨珍增，天津财经大学副教授。

术转移、知识产权和创新展开"301"调查，并于 2017 年 10 月 10 日召开听证会，就"301"调查听取公众意见。

在此次"301"调查的基础上，美国贸易代表委员会于 2018 年 3 月 22 日公布完整的调查报告。特朗普随即指示 USTR 采取强有力措施来应对中国的不公平贸易施。这些措施包括：加征关税、向 WTO 争端解决机构申诉、限制中国在美投资。其中，前两项措施由美国贸易代表办公室负责，最后一项由美国财政部负责。根据这一指示，USTR 随后在 2018 年 4 月 3 日公布根据 301 调查报告对华进口商品拟加征关税的产品清单。该清单所列产品价值 500 亿美元，共涉及 HS 八分位产品代码 1333 个，合并到六分位代码 876 个。该征税目标清单于 2018 年 5 月 15–17 日向美国公众征询意见阶段，此后可能根据意见征询情况进行调整。

2018 年 5 月 29 日，美国白宫官网发表声明，根据《1974 年贸易法》第 301 条，美国将对从中国进口的价值 500 亿美元的商品征收 25% 的关税，其中包括与"中国制造 2025"计划相关的商品。最终的进口商品清单将于 2018 年 6 月 15 日公布，稍后将对这些进口产品征收关税。此外，美国将加强对获取美国工业重大技术的相关中国和实体实施出口管制，并采取具体投资限制，拟于 2018 年 6 月 30 日前正式公布相关措施，之后不久将正式实施。

美中贸易冲突并非独立事件，此前美国政府宣布从 2018 年 3 月 23 日起将对进口钢铁和铝产品分别征收 25% 和 10% 的关税。作为报复性措施，欧盟 5 月 10 日通知世界贸易组织（WTO）准备针对美国对其钢铁和铝制品征收关税展开报复措施，其中包括向摩托车和波旁酒征税。而日本也宣布已准备好对美国发起关税报复，将对 4.5 亿美元商品征税，这相当于美国对日本金属产品征收关税的额度。广泛且规模巨大的关税性贸易保护或报复措施目前似乎成为一种"常态"。

美中贸易冲突中，如果美国对华征税清单得以实施，对中美贸易会产生何种影响？美国国内利益集团将对此清单持有何种态度？征税对美国国内各行业生产成本影响如何？本文将从中美贸易规模、中美贸易在企业与行业层面的关联度、投入产出数据和专利数据，重点从"301"调查加征关税对美国国内行业影响的角度对上述问题进行分析。

本文的意义并不仅限于对美中贸易冲突的分析。特朗普政府对单边贸易措施的关注远胜于此前历届政府对于多边贸易规则的关注，当前包括欧洲在内的世界各主要经济体都被迫与美国重新展开贸易谈判。在这个过程中，各方都有可能采取类似加征关税清单的方式来增加谈判筹码，本文的这一分析方法和相关指标将为从量化分析和预判贸易政策走向提供一定依据。

二、受影响行业贸易额

首先考察加征关税对中美行业贸易的影响。由于目标是分析"301"调查征税清单对行业的影响，因此，采用第四版国际标准产业分类（ISIC）对贸易数据进行分析，ISIC 产业分类能够更准确地分析征税对行业的影响。为提高数据匹配的准确性，从联合国 UN COMTRADE 数据库抽取 2012 版 HS 六分位的美国自中国进口贸易数据，先将 HS 分类贸易数据与中心产品分类 CPC 2.1 版相匹配，再将之与 ISIC 第四版相匹配，最后形成 ISIC 四分位产业层面的贸易数据。

表 1 整理了受影响的 ISIC 四分位行业，列出各行业受影响的贸易规模。为得到中美贸易规模长期的行业分布状况，采用 2012—2017 年的平均值（按当年价格计算）以消除贸易规模的年份变动的影响。可以看出，共有 63 个四分位行业受到影响，包括 57 个制造业行业和 6 个服务业行业[①]。从受影响行业（包含服务业）来看，将贸易数据与行业数据相匹配更有助于分析贸易摩擦对行业的影响。如图 1 所示，中美在 ISIC 四分位层面上存在贸易数据的行业有 183 个，受"301"拟加征关税影响行业有 63 个，占到 34.4%。从受影响的行业大类上看，金属制品的制造（但机械和设备除外）（25）、计算机、电子和光学产品的制造（26）、电力设备的制造（27）、未另分类的机械和设备的制造（28）和其他运输设备的制造（30）是受影响的重点大类行业。

---

① 请参见附表 1：受"301 调查"拟征税清单影响的行业。

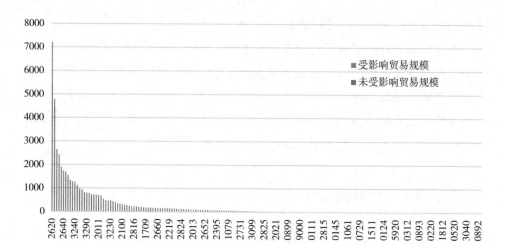

图 1 "301 调查"拟征关税的行业规模分布

注：依据"301"征税清单和 UN COMTRADE 数据计算整理，按行业贸易额从大到小排列，单位：百万美元。

不仅受影响行业数量多，而且各行业受影响的贸易规模存在很大差异，具有高度集中的特点。排名前 1/4 的行业受影响贸易额就超过总额的 83.2%，排名前 1/6 的行业受影响贸易额占到总额的 66.7%。计算机和周边设备的制造（2620）、电动机、发电机和变压器的制造以及配电和电力控制设备的制造（2710）和电子消费品的制造（2640）三个行业受影响贸易额均超过 100 亿美元。而其他专用机械的制造（2829）、其他泵、压缩机、旋塞和阀门的制造（2813）、测量、检验、导航和控制设备的制造（2651）、其他通用机械的制造（2819）、通信设备的制造（2630）和其他电子设备的制造（2790）等行业受影响贸易额也都超过 30 亿美元。也有一些行业受影响很小，如橡胶轮胎和内胎的制造、橡胶轮胎的翻新和再造（2211）、未另分类的其他化学物品的制造（2029）和塑料制品的制造（2220）等行业受影响贸易额不足百万美元。

表 1 ISIC 四分位行业受影响贸易额

单位：百万美元

排序	ISIC 行业	受影响贸易额	排序	ISIC 行业	受影响贸易额	排序	ISIC 行业	受影响贸易额
1	2620	17400.0	22	3030	802.0	43	2823	111.0
2	2710	11400.0	23	2812	788.0	44	2431	89.7
3	2640	10500.0	24	2593	701.0	45	2815	74.3
4	2829	4790.0	25	2910	647.0	46	2393	69.5
5	2813	4490.0	26	2410	616.0	47	2740	66.6
6	2651	3960.0	27	2732	592.0	48	2513	60.4
7	2819	3830.0	28	2930	502.0	49	5820	44.3
8	2630	3600.0	29	2219	435.0	50	2680	36.6
9	2790	3330.0	30	2818	384.0	51	3011	26.5
10	2610	2890.0	31	2821	382.0	52	2512	17.5
11	3250	2100.0	32	2811	357.0	53	5920	13.6
12	2814	1990.0	33	2599	332.0	54	5911	9.5
13	2011	1790.0	34	3020	297.0	55	5811	6.6
14	3100	1430.0	35	2817	284.0	56	5813	5.6
15	2660	1320.0	36	2825	278.0	57	3290	4.8
16	2816	1250.0	37	2731	240.0	58	1812	1.8
17	2824	1220.0	38	3091	187.0	59	2652	1.2
18	2670	1040.0	39	2720	172.0	60	5812	1.1
19	2420	930.0	40	2826	137.0	61	2211	0.5
20	2100	847.0	41	2750	119.0	62	2029	0.2
21	2822	839.0	42	2520	112.0	63	2220	0.1

数据来源：联合国 UN COMTRADE 数据库经整理而得。

从行业受影响贸易额占比来看，也存在巨大差异，且同样存在高度集中的特点（表 2）。这里的行业受影响贸易额占比是指受影响的贸易额占行业贸易额的比重。采矿、采石及建筑机械的制造（2824）、液压设备的制造（2812）和与印刷有关的活动（1812）三个行业的受影响贸易额占到100%，食品、饮料和烟草加工机械的制造（2825）、录音制作和音乐出版活动（5920）、冶金机械的制造（2823）、蒸汽锅炉的制造，但中央供暖热水锅炉除外（2513）、锅炉、熔炉和熔炉燃烧室的制造（2815）等行业的受影响贸易额占比也都超过90%。相比之下，部分行业受影响很小，例如软件的发行（5820）、家用电器的制造（2750）、电力照明设备的制造（2740）和书籍出版（5811）等行业受影响贸易额占比都在1%以下。

表2　ISIC 四分位行业受影响贸易额占比

单位：%（百分比）

排序	ISIC 行业	受影响贸易额占比	排序	ISIC 行业	受影响贸易额占比	排序	ISIC 行业	受影响贸易额占比
1	2824	100.00	22	2520	66.21	43	2818	12.85
2	2812	100.00	23	2813	63.21	44	2610	11.92
3	1812	100.00	24	2670	60.46	45	2593	9.66
4	2825	99.55	25	2640	60.39	46	2720	9.51
5	5920	98.19	26	2819	56.13	47	2512	9.46
6	2823	96.07	27	2816	55.09	48	2431	7.79
7	2513	95.66	28	3030	52.18	49	3100	7.53
8	2815	93.73	29	3250	51.35	50	2630	7.51
9	2710	89.41	30	2731	49.71	51	2930	4.49
10	5911	88.99	31	3091	48.58	52	2599	4.22
11	2829	87.76	32	2811	48.26	53	2393	4.22
12	2814	84.78	33	2817	42.40	54	5820	0.99
13	2660	83.56	34	2420	41.76	55	2750	0.77
14	2651	83.30	35	2821	35.69	56	2740	0.72
15	2910	82.18	36	2410	34.76	57	5811	0.69
16	3020	78.89	37	2219	29.64	58	5812	0.27
17	3011	77.71	38	2100	26.33	59	2652	0.14
18	2790	70.13	39	2011	25.60	60	3290	0.06

续　表

排序	ISIC 行业	受影响贸易额占比	排序	ISIC 行业	受影响贸易额占比	排序	ISIC 行业	受影响贸易额占比
19	5813	69.38	40	2620	24.14	61	2029	0.01
20	2680	69.32	41	2732	17.46	62	2211	0.01
21	2822	68.23	42	2826	13.25	63	2220	0.00

数据来源：联合国 UN COMTRADE 数据库经整理而得。

　　行业受影响贸易额占比是否随着行业重要性（用贸易额衡量）的上升而上升？或者说，美国的拟加征关税清单在设计时，是否刻意挑选贸易额较大的行业，以增强拟征税清单对中国的"威慑力"呢？图 2 是取自然对数后的行业贸易额（横轴）和行业受影响贸易额占比的散点图。可以看出，两者存在微弱的负相关关系，也就是说虽则行业重要性上升，受影响贸易额占比是下降的。

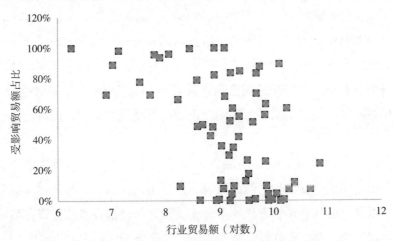

图 2　行业贸易额（对数）与受影响贸易额占比

数据来源：联合国 UN COMTRADE 数据库经整理而得。

三、基于公司内贸易的分析

　　分析表明，美国对华拟征税清单不仅受影响行业数量多，而且各行业受影响的贸易额及其占比都存在很大差异。贸易政策的政治经济学研究表明，任何贸易政策（或措施）都会影响到一国的收入分配，因而不同社会阶层或者利益集团对此会有不同的反应。美国国内消费者的利益必然受到贸易摩擦的损害，但由于消费者很难组织起来反对，因此可能在短期内并不会迅速做出反应。但如果中国对美出口中，部分行业的公司内贸易占有较大比重，那么这些行业更有可能发表反对意见。为此，将考察受影响行业中，公司内贸易比重情况。美国公司内贸易的公开数据有两个主要来源，一是美国经济分析局（BEA）的"直接投资与跨国公司（Direct Investment and Multinational Enterprises）"数据库，二是美国普查局（Census Bureau）的"关联方贸易"（Related Party Trade）数据库。由于前者只提供粗略的行业分类数据，本文采用 Census Bureau 的数据。

美国普查局"关联方贸易"数据库利用美国海关数据构建。美国海关要求进出口商在填制海关单据时，声明所进出口的货物是否来自或者运往"关联方"。在进口贸易中，如果"交易一方直接或者间接拥有、控制另外一方，或者拥有另一方 5% 或以上具有表决权的股票"，则该进口交易就归为关联方贸易。在出口贸易中，如果"美国的出口方和国外的最终收货人中任何一方直接或者间接拥有对方 10% 以上股权"，则出口交易就归为关联方贸易。从定义上看，关联方贸易可以看作是跨国公司内部贸易。也就能够利用该数据分析 301 征税清单对跨国公司内部贸易的影响，进而分析征税在美国国内可能受到的政治压力。

但美国 Census Bureau 的"关联方贸易数据库"并没有表明该项贸易是美国跨国公司与中国分支机构之间的贸易，还是中国跨国公司与其在美国分支机构之间的贸易。但从两国官方统计来看，美国在华制造业直接投资存量远大于中国在美制造业直接投资存量。按照美国经济分析局（BEA）的统计，2015 年末，美国在华制造业直接投资头寸为 424.42 亿美元，主要分布在化工（95.4 亿美元）、运输机械（93.61 亿美元）、计算机与电子产品（69.29 亿美元）、机械设备（37.78 亿美元）、食品饮料（36.73 亿美元）、金属及其制品（19.64 亿美元）等行业。而按照《中国对外直接投资统计公报 2015》数据，2015 年末，中国在美国制造业直接投资存量为 107.19 亿美元，占对美投资存量的 26.3%，主要分布在汽车制造业、黑色金属冶炼和压延加工业、医药制造业、专用设备制造业、通用设备制造业、铁路 / 船舶 / 航空航天和其他运输设备制造业、非金属矿物制品业、橡胶和塑料制品业、金属制品业等。因此可以认为美中关联方贸易进口中，大部分是美国跨国公司从其在华分支机构的进口。

关联方贸易数据采用 NAICS 行业分类，利用联合国统计署的对应表将其转化为 ISIC 行业分类。计算结果在表 3 中给出。由于关联方贸易数据库不提供服务业贸易数据，因此无法获得 6 个受影响的服务业公司内贸易比重数据。从表 3 中可以看出，有 16 个四分位行业的公司内贸易占比超过 30%，有 30 个行业的公司内贸易比重超过 25%。排名前 1/10 的行业有磁性媒介物和光学媒介物的制造（2680）、辐射、电子医疗和电子理疗设备的制造（2660）、计算机和周边设备的制造（2620）、电子元件和电子板的生产（2610）、电动手工工具的制造（2818）、测量、检验、导航和控制设备的制造（2651）、通信设备的制造（2630）、其他专用机械的制造（2829）、汽车的制造（2910）、电子消费品的制造（2640）等，大多是我国近年来大力发展的行业。

可见，由于当前全球价值链的深入发展，美国国内诸多行业都已在中国设立分支机构或组装工厂，对中国出口产品加征关税，会对美国部分相关行业造成重大打击，所以美国国内的这些相关行业利益集团也将反对特朗普政府的加征关税措施。这也从侧面说明，如果在关税压力下，美国企业将其分支机构或组装工厂大举撤出中国，则美国政府未来再次通过实施类似加征关税措施来应对中美贸易摩擦时，将会降低该措施的国内阻力，中国面临的加税风险将明显上升。

表3　受影响行业的公司内贸易比重

单位：%（百分比）

排序	ISIC 行业	公司内贸易占比	排序	ISIC 行业	公司内贸易占比	排序	ISIC 行业	公司内贸易占比
1	2680	77.36	22	2824	26.91	43	3011	18.86
2	2660	60.93	23	2822	26.79	44	2410	16.94
3	2620	53.03	24	2816	26.71	45	2740	16.28
4	2610	51.69	25	2825	26.68	46	2720	16.11

续　表

排序	ISIC 行业	公司内贸易占比	排序	ISIC 行业	公司内贸易占比	排序	ISIC 行业	公司内贸易占比
5	2818	49.62	26	2211	26.41	47	2593	14.57
6	2651	44.66	27	2823	26.16	48	2750	13.32
7	2630	42.06	28	2790	26.11	49	3290	11.57
8	2829	40.99	29	2821	25.68	50	2599	11.01
9	2910	40.56	30	2930	25.44	51	2512	10.81
10	2640	39.32	31	2100	24.65	52	2393	9.95
11	2710	37.88	32	2817	24.36	53	3100	9.52
12	3030	34.77	33	2652	24.26	54	2220	9.28
13	2513	34.26	34	2731	23.93	55	2420	9.10
14	2811	34.23	35	2011	23.47	56	1812	4.51
15	2029	33.25	36	2813	23.13	57	2520	2.92
16	2670	31.86	37	2431	22.80	58	5920	NA
17	2814	29.10	38	3250	22.15	59	5911	NA
18	3020	28.19	39	2732	22.03	60	5813	NA
19	2812	28.10	40	2219	21.15	61	5820	NA
20	3091	28.06	41	2819	20.40	62	5811	NA
21	2826	27.37	42	2815	19.12	63	5812	NA

数据来源：美国"关联方贸易数据库"数据经整理而得。

　　进一步分析还可以看到，分行业公司内贸易比重和行业受影响贸易额占比呈一定的正相关性，在受影响贸易额占比较高的行业上，公司内贸易比重也相对较高，贸易额占比上升1%，公司内贸易比重上升0.1%，但这种相关性在统计上并不显著，而且线性回归的 R2 仅有 0.047。

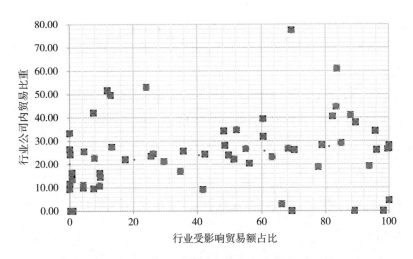

图 2　行业受影响贸易额占比与公司内贸易比重

数据来源：美国"关联方贸易数据库"数据经整理而得。

四、基于中美产业关联的分析

在全球价值链分工的背景下，各国产业之间的关联性日益增强。美国国内产业生产中使用的部分中间投入品和资本品来自于中国，因此对华产品征税对其国内生产成本也会产生推高的作用。用当前流行的全球价值链分解数据，可以考察美国出口中有多少增加值来自中国。这种方法在本文研究中并不适用，有两个原因，一是基于 WIOD 和 TiVA 数据库的全球价值链分解中，行业划分较为粗略，无法在 ISIC 四分位行业上进行分析，二是更关注征税对美国国内产业的影响，需要着重考虑征税对美国国内生产成本的效应。首先看美国从中国分行业的中间产品进口情况，然后利用 Feenstra and Hanson（1996, 1999）的方法计算美国行业对华离岸外包水平，估计征税对美国国内产业生产成本的影响。

（一）征税清单中的资本品与中间产品结构分布

将拟征税清单的产品在 ISIC 四分位层面上按照广义经济分类（BEC）划分为资本品、中间产品、消费品和未分类产品，分析受影响产品的 BEC 分类结构。处理后的数据在表 4 中给出。显然，美国从中国进口的清单内产品大多属于中间产品和资本品，中间产品在行业受影响贸易额中占比超过90%的行业有26个，资本品和中间产品合计比重超过90%的行业有49个。因此对这些产品征税对美国国内的价格水平具有直接的推动作用。但由于行业间投入产出关系的存在，对一个行业产品征税不仅会影响美国相应行业的生产成本，也会影响其他行业的成本，因此后面将基于美国国内投入产出表，用Feenstra and Hanson（1996, 1999）的方法计算美国行业对华离岸外包水平，估计征税对美国国内产业生产成本的影响。

表4 征税清单产品的BEC分类结构（按行业）

单位：%（百分比）

ISIC	资本品	中间产品	消费品	未分类	ISIC	资本品	中间产品	消费品	未分类
2220			100.00		2829	31.08	68.92		
2750			100.00		2812	27.31	72.69		
3290			100.00		2824	22.51	77.49		
2520		1.70	98.30		2815	15.47	84.53		
2640	45.72	3.17	51.11		2823	15.33	84.67		
2720		57.93	42.07		2610	10.35	89.65		
2100		66.98	33.02		2512	9.77	90.23		
3091		71.05	28.95		2513	9.41	90.59		
2680		74.58	25.42		2821	9.41	90.59		
2811	15.61	61.07	23.32		3020	2.94	97.06		
2660	65.64	14.24	20.12		2011		100.00		
3250	67.91	13.72	18.37		1812		100.00		
5920		82.58	17.42		2029		100.00		
2910	1.76	0.03	4.02	94.19	2211		100.00		
3030	1.41	98.27	0.31		2219		100.00		
2393	100.00				2410		100.00		
3011	100.00				2420		100.00		
2670	97.36	2.64			2431		100.00		

ISIC	资本品	中间产品	消费品	未分类	ISIC	资本品	中间产品	消费品	未分类
2817	96.97	3.03			2599		100.00		
2790	92.50	7.50			2652		100.00		
2818	87.94	12.06			2731		100.00		
2825	86.54	13.46			2732		100.00		
2651	86.01	13.99			2740		100.00		
2630	75.02	24.98			2814		100.00		
2826	73.96	26.04			2930		100.00		
2819	60.90	39.10			3100		100.00		
2593	58.59	41.41			5811		100.00		
2710	54.24	45.76			5812		100.00		
2822	49.79	50.22			5813		100.00		
2813	38.99	61.01			5820		100.00		
2816	38.16	61.84			5911		100.00		
2620	36.53	63.47							

数据来源：联合国 UN COMTRADE 数据库经整理而得。

（二）征税对美国各产业价格的影响分析

这部分利用美国投入产出数据和美国从中国的进口数据，采用 Feenstra and Hanson（1996, 1999）的方法计算美国行业对华离岸外包水平，从中美产业关联的角度，分析征税对美国国内产业的影响。离岸外包水平计算公式为：

$$O_{cit} = \sum_{j} \alpha_{ijt} \times \frac{M_{cjt}}{C_{jt}}$$

其中 α_{ijt} 表示美国第 t 年 i 行业每一美元产出的中所包含的来自于 j 产业的中间产品价值，也就是 i 行业的直接消耗系数。C_{jt} 表示第 t 年 j 行业产品的国内消耗量，M_{cjt} 为第 t 年 j 行业从中国的进口量，M_{cjt}/C_{jt} 代表各行业从中国进口产品在美国消耗中所占的比重，指标隐含的关键假定是：对于产业 i，"中间品 – 最终产品"的投入产出比例在美国中间品和中国中间品上是相同的。该指标能够衡量美国 i 行业创造的 1 元价值中所包含的中国投入品的价值。指标数值越大，说明美国 i 产业创造的 1 美元价值中来自中国的部分越大。

离岸外包指数能够估计加征关税对美国国内各行业产出品价格的影响。对于美国国内售价 1 美元的商品，如果其来自中国的增加值占比 40%（即离岸外包指数 =0.5），对来自中国的产品加征 25% 的关税就会使其国内价格上升 0.2 美元（0.4*0.5=0.2）。但如果受影响进口贸易额进展到行业贸易额的 60%，则仅会导致美国国内价格上升 0.12 美元（0.4*0.5*0.6=0.12）。表 4 给出计算的美国各行业对华离岸外包指数，和据此估计的加征 25% 关税给美国各行业价格水平的影响。可以看出，在美国投入产出表包含的 19 个制造业行业中，受此次加征关税影响的行业共有 13 个，美国对华离岸外包指数最高为 0.28，最低为 0.02。按照投入产出表行业计算的受影响行业贸易额占比最高为 54.20%，最低为 0.13。征税对美国受影响行业的价格水平作用最大的是电气设备、器具与部件（335）和计算机与电子产品，价格预计上升也仅为 1.75% 和 1.67%，其他行业价格所受影响不超过 1%。

表 4　征税对美国国内行业价格水平的影响

编　号	行业（美国投入产出表）	对华外包指数	受影响行业贸易额占比（%）	征税对价格水平的影响估计（%）
1	311FT	0.01	0	–
2	313TT	0.39	0	–
3	315AL	0.88	0	–
4	321	0.13	0	–
5	322	0.07	0	–
6	324	0.01	0	–
7	323	0.26	0.13	0.01
8	327	0.14	1.01	0.04
9	326	0.07	1.48	0.03

续 表

编 号	行业（美国投入产出表）	对华外包指数	受影响行业贸易额占比（%）	征税对价格水平的影响估计（%）
10	337	0.22	8.98	0.49
11	3364OT	0.12	11.61	0.35
12	339	0.18	13.18	0.59
13	325	0.02	15.51	0.08
14	331	0.05	15.94	0.2
15	334	0.28	23.83	1.67
16	3361MV	0.03	31.26	0.23
17	335	0.22	31.74	1.75
18	332	0.05	38.88	0.49
19	333	0.06	54.2	0.81

数据来源：联合国 UN COMTRADE 数据库、美国 2012-2017 各年投入产出表。

五、研究结论

如果征税清单得以实施，中美贸易会有 57 个制造业和 6 个服务业的 ISIC 四分位行业将会受到影响，不仅受影响行业数量多，而且各行业受影响的贸易额、行业受影响贸易额占比都存在很大差异，具有高度集中的特点。但行业受影响贸易额占比和用贸易额衡量的行业重要性之间并没有显著的相关性。

结合美国普查局"关联方贸易"数据库，发现有 16 个四分位行业的公司内贸易占比超过 30%，有 30 个行业的公司内贸易比重超过 25%。由于征税会导致那些通过公司内贸易从中国进口的美国跨国公司的进口成本显著上升，因此这些行业的跨国企业更有可能对拟征税清单发表反对意见。而美国国内消费者的利益也会受到贸易摩擦的损害，但由于消费者很难组织起来，因此可能在短期内并不会迅速做出反应。

美国消费者难以组织有效反对的另外一个证据是，此次征税并不会对美国各产业的产品价格产生大的影响。在美国投入产出表包含的 19 个制造业行业中，受此次加征关税影响的行业共有 13 个，征税对美国受影响行业的价格水平作用有限，受影响最大行业的价格上升幅度仅为 1.75%，大部分行业价格所受影响不超过 1%。

参考文献

[1] 任靓：特朗普贸易政策与美对华"301"调查 [J].《国际贸易问题》，2017(12):153-165。

[2] 杨珍增，郝碧榕：知识产权保护与离岸采购——基于美国制造业数据的研究 [J].《国际贸易问题》，2017(4):62-73。

[3] Feenstra R C, Hanson G H. The Impact of Outsourcing and High-Technology Capital on Wages: Estimates for the United States, 1979-1990[J]. Quarterly Journal of Economics, 1999, 114(3):907-940.

[4] Feenstra R C, Hanson G H. Globalization, Outsourcing, and Wage Inequality[J]. American Economic Review, 1996, 86(2):240-245.

[5] USTR. Under Section 301 Action, USTR Releases Proposed Tariff List on Chinese Products. https://ustr.gov/about-us/policy-offices/press-office/press-releases/2018/april/under-section-301-action-ustr.

[6] U.S. Census Bureau. Related Party Tade. https://www.census.gov/foreign-trade/Press-Release/related_party/index.htm.

[7] The White House. President Donald J. Trump is Confronting China's Unfair Trade Policies. https://www.whitehouse.gov/briefings-statements/president-donald-j-trump-confronting-chinas-unfair-trade-policies/.

附表 1：受"301 调查"征税清单影响的行业

序号	行业代码	行业描述
1	1812	与印刷有关的活动
2	2011	基本化学品的制造
3	2029	未另分类的其他化学物品的制造
4	2100	药品、药用化学品及植物药材的制造
5	2211	橡胶轮胎和内胎的制造；橡胶轮胎的翻新和再造
6	2219	其他橡胶产品的制造
7	2220	塑料制品的制造
8	2393	其他陶瓷制品的制造
9	2410	基本钢铁的制造
10	2420	基本贵金属和有色金属的制造
11	2431	钢铁的铸造
12	2512	油罐、水箱和金属容器的制造
13	2513	蒸汽锅炉的制造，但中央供暖热水锅炉除外
14	2520	武器和弹药的制造
15	2593	刀具、手工工具和通用金属用具的制造
16	2599	未另分类的其他金属制品的制造
17	2610	电子元件和电子板的生产
18	2620	计算机和周边设备的制造
19	2630	通信设备的制造
20	2640	电子消费品的制造
21	2651	测量、检验、导航和控制设备的制造
22	2652	钟表的制造
23	2660	辐射、电子医疗和电子理疗设备的制造
24	2670	光学仪器和摄影器材的制造
25	2680	磁性媒介物和光学媒介物的制造
26	2710	电动机、发电机和变压器的制造以及配电和电力控制设备的制造

续　表

序号	行业代码	行业描述
27	2720	电池和蓄电池的制造
28	2731	光纤电缆的制造
29	2732	其他电线和电缆的制造
30	2740	电力照明设备的制造
31	2750	家用电器的制造
32	2790	其他电子设备的制造
33	2811	发动机和涡轮机的制造（飞机、汽车和摩托车发动机除外）
34	2812	液压设备的制造
35	2813	其他泵、压缩机、旋塞和阀门的制造
36	2814	轴承、齿轮、传动和驱动部件的制造
37	2815	锅炉、熔炉和熔炉燃烧室的制造
38	2816	起重及装卸设备的制造
39	2817	办公机械和设备的制造（计算机和周边设备制造除外）
40	2818	电动手工工具的制造
41	2819	其他通用机械的制造
42	2821	农业和林业机械的制造
43	2822	锻压机械和机床的制造
44	2823	冶金机械的制造
45	2824	采矿、采石及建筑机械的制造
46	2825	食品、饮料和烟草加工机械的制造
47	2826	纺织、服装和皮革生产机械的制造
48	2829	其他专用机械的制造
49	2910	汽车的制造
50	2930	汽车零配件的制造
51	3011	船只和浮动设施的制造
52	3020	铁路机车及其拖曳车辆的制造
53	3030	飞机、航天器和相关机械的制造

续　表

序号	行业代码	行业描述
54	3091	摩托车的制造
55	3100	家具的制造
56	3250	医疗和牙科工具和用品的制造
57	3290	未另分类的其他制造业
58	5811	书籍出版
59	5812	名录和邮寄名单的出版
60	5813	报纸、杂志和期刊的出版
61	5820	软件的发行
62	5911	电影、录像和电视节目的制作活动
63	5920	录音制作和音乐出版活动

注：代码以 58 和 59 打头的属于服务业。

我国自由贸易港潜在金融风险与防范

王 巧　尹晓波　武治彤[*]

摘要：未来随着自由贸易港建设中金融开放步伐加快，能否有效进行自由贸易港内金融风险防范是保证自由贸易港稳定快速发展的核心所在。研究自由贸易港可能存在的金融风险及其预警防范，有助于维护国家经济安全，并促进我国在开放转型的过程中经济平稳较快地发展。本文基于自由贸易港金融安全对国家经济平稳影响的视角，根据自贸区建设金融业发展数据，探讨我国自由贸易港建设发展过程中潜在的金融风险，并进一步构建我国自由贸易港金融风险预警体系，提出关于我国自由贸易港金融风险防范的建议。

关键词：自由贸易港；金融风险；风险预警防范

一、引言

作为开放程度最高的特殊经济区域，未来重点建设的自由贸易港将是我国金融开发的最先窗口，那么就必然面临着前所未有的金融风险的挑战。近年来，随着我国在自贸区的金融改革建设，利率市场化、汇率改制和资本账户开放等多种金融项目开放不断深化，已然出现一些潜在的金融风险，比如，跨境资本流动波幅大幅度增加，仅2017年上半年，上海外币贷款发放增长率就高达139%。另外，利率汇率波动也在不断增大，2017年2月至2018年2月，SHIBOR月波动率最高达11%，人民币兑美元汇率的月波动幅度最高达2.3%，相比之前波动明显加大。

---

*作者简介：王巧，华侨大学研究生；尹晓波，华侨大学教授；武治彤，华侨大学研究生。

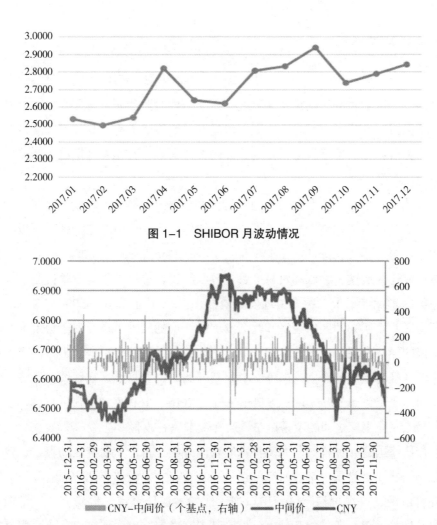

图 1-1　SHIBOR 月波动情况

图 1-2　境内人民币中间价和交易价走势

自贸区建设中这些类似问题很可能将在金融开放程度更高的自由贸易港中表现出来，造成危及自由贸易港内金融体系安全，甚至是通过传染机制影响到整个社会经济安全稳定的严重金融风险。这意味着我国在未来建设自由贸易港，构建港内金融体系的同时，需要谨慎处理应对各方面潜在金融风险，保证金融安全。所以，更深入地认识和分析自由贸易港建设过程中潜在的金融风险，并进一步研究探讨对自由贸易港金融系统的这些潜在金融风险如何防范，具有极为重要的研究意义。

二、文献综述

对自由贸易港（区）经济协调发展以及变化规律的研究是发展经济学、区域经济学和国际经济学的重要课题之一，国内外对此的研究形成众多理论研究和实证探讨。有关自由贸易港（区）建设发展的提法由来以久，但以潜在金融风险作为研究自由贸易港未来发展建设的核心内容，其相关理论研究和模型分析却为数不多。

国外学者主要基于发达国家的视角，关于自由贸易港区研究主要在两个方面：一是探讨自由贸易港的建设模式以及作用，二是自由贸易港区对区域经济发展的影响。如 Alexandre Lavissière 与 Jean-Paul Rodrigue（2017）指出，自由贸易港作为运输、物流和贸易平台，可以利用领土例外作为竞争优势，并基于各类因素设计了十三种自由港发展模式；Borozan 与 Klepo（2007）则考虑自由贸易区对其所在地区的经济和社会发展所产生的好处，研究各个自由区在所在国家的经济发展中所起的不同作用，比如吸引外资，促进地区出口。随着各类区域性经济组织的建立，国外学者逐渐开始自由贸易港区在区域性经济合作中作用的研究，如 Feltenstein 与 Plassmann（2008）分析发现，自由贸易区设立逐渐消除东盟国家之间的贸易壁垒，通常带来福利改善。

自从我国建立保税区、海关特殊监管区开始，自由贸易港区的存在、建设和影响问题一直是国内学者研究的热点，其重点主要分布在两方面：一是关于国外自由港、自由贸易园区及出口加工区的案例研究和比较研究，二是在自由贸易试验区现有条件的基础上，讨论其未来发展之路，或是研究自由贸易区带来的经济效应和国际影响。如赵亮（2017）指出，自贸区建设是我国新型的创新驱动力并从自贸区驱动视角出发，构建数理模型演技我国自贸区对经济增长的驱动。黄志勇（2012）则比较研究我国现有几类海关特殊监管区的政策功能，我国各自贸区的发展定位和功能布局，以及我国自贸港区和国际自由贸易园区的异同点。王孝松，张国胚，周爱农（2014）指出，自贸区作为积极应对国际经济新格局的重要举措，在推进自贸区金融开放的过程中，要结合具体国情逐步开放，切实做到风险可控。张时立（2016）提出，中国自贸区建设在一带一路建设中的重要战略作用，而一带一路的发展又将促进自贸区更深层次的改革和开放，带来更大的国际影响。

纵观国内外学者的相关研究，可以发现，先前的文献对自由贸易区（港）的功能性质提出一定的解释，并在此基础上给出未来建设的意见和建议，对之后的相关研究有启发作用。因此，如何在以往研究的基础上深入研究金融方面的建设与防范，将是自由贸易港金融稳定乃至区域性全国性金融稳定的关键问题，而国内外学者对自由贸易港潜在金融风险的研究寥若晨星。基于此，本文在自由贸易港建设环境的前提下，研究港内金融体系的潜在风险，并进一步构建风险预警体系，以及给出针对性的防范建议，符合现实经济的诉求，具有重要的研究价值。

三、自由贸易港潜在金融风险

1. 金融创新引致流动性风险

在自由贸易港内，高度开放的金融环境大大提高了金融创新的空间。所以金融业除了以金融服务实体经济之外，必定会不断金融创新，经营交叉性金融产品以获得利润，扩大经营。截至 2017 年，我国交叉性金融业务资产份额在总资产中占比超过 30%，这就表示存在较大规模的流动性风险问题。以银行交叉性理财产品为例，其流动性风险突出反映在两个方面：一是资金运作模式的不稳定，银行通过滚动发行理财产品与资产采购，资金链随时可能发生断裂。二是银行有可能为了提高其销售的理财产品的预期收益率，将资金过多投向流动性较差的高风险资产，增大理财产品的流动性风险。与此相似，自由贸易港内的各类金融机构，比如证券公司、保险公司、融资租赁，都会采取类似的方式进行资本运作，并且通过不同机构之间资金的流动相互传染，从而导致自由贸易港内的金融风险不断累积。

以银行业为例，2011 至 2015 年，银行交叉性金融业务规模年复合增长率超过 50%。截至 2017 年底，全国共有 562 家银行业金融机构有存续的金融产品，产品数 9.35 万只，存续余额 29.54 万亿元，较年初增加 0.49 万亿元，同比增长 1.69%。

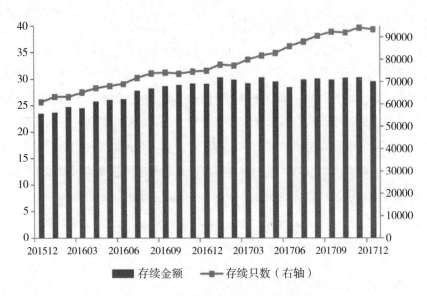

图 3-1　银行业交叉性金融业务规模

另外，流动性风险还可以通过同业业务迅速扩大，容易引发流动性风险。并且同业业务基本发生在银行之间，且规模巨大，2017 年，我国同存发行量达15.31 万亿元，同比增长 16%。同业存单保持高速增长，稍不注意极有可能引发金融风险，造成市场混乱，一旦风险爆发，就会迅速传染到整个银行界，动摇自由贸易港内金融业和实体经济的核心资金安全。

表 3-1　上海同业融资规模

时间	融入金额（亿元）	占市场 (%)	融出金额（亿元）	占市场 (%)
2018 年 1 季度	55062.85	18.04	69229.37	22.67
2017 年 4 季度	44668.04	21.32	44439.18	20.74
2017 年 3 季度	38972.39	20.56	38643.86	20.42
2017 年 2 季度	33203.40	18.38	33235.71	18.30
2017 年 1 季度	42773.38	20.62	41443.63	19.85
2016 年 4 季度	38695.21	17.90	36210.08	16.86
2016 年 3 季度	54075.27	18.52	49389.20	17.08
2016 年 2 季度	51231.95	18.74	37345.43	13.52

续　表

时间	融入金额（亿元）	占市场(%)	融出金额（亿元）	占市场(%)
2016 年 1 季度	37075.94	20.53	27690.28	15.23
2015 年 4 季度	54239.73	24.66	28639.05	13.15
2015 年 3 季度	40203.72	22.50	29534.90	16.62
2015 年 2 季度	40325.14	25.32	36142.62	22.63

2. 利率市场化引致经济波动风险

目前我国利率市场化正处于加快推进阶段，主要着力点就是如何放开人民币存款利率限制。利率市场化在带来金融开放利益的同时，也会加大金融部门的风险，加剧宏观经济波动，增加金融危机发生的概率，尤其关系到利率直接相关的银行业安全。

从国际货币基金组织对利率市场化国家来看，利率市场化后 GDP 增长率和通胀率会出现较大波动，并且市场化后多数国家都发生了银行危机，其中既包括发达经济体，也包括金融基础设施薄弱的发展中国家。总体上看，利率市场化后金融危机发生在开放金融体系中的概率明显更大，并且银行危机呈现出紧随利率市场化改革的趋势。自由贸易港作为我国金融开放程度最高的区域，发生危机的可能性更高，并很有可能通过港内外密切的金融联系将危机传染到国内金融体系。

表 3-2　部分国家利率市场化前后 GDP 增速变化比较

单位：%

	-5 年	-4 年	-3 年	-2 年	-1 年	0 年	1 年	2 年	3 年	4 年	5 年
美国	2.45	-2.07	4.33	7.28	3.82	3.37	3.36	4.16	3.50	1.74	-0.5
英国	2.05	2.31	3.98	2.05	2.36	2.08	3.62	7.24	-1.58	-0.56	2.77
日本	5.28	5.33	3.12	0.93	0.42	1	1.57	3.47	1.8	-1.1	0.67
韩国	5.44	5.49	8.25	8.92	6.75	5.01	-6.69	10.89	9.33	3.03	—
泰国	5.75	4.65	5.53	9.52	13.29	12.19	11.17	8.56	8.08	8.25	8.99
阿根廷	1.63	2.81	5.53	-0.03	-2.02	6.93	-4.51	10.22	4.15	-5.69	-4.96
智利	2.12	9.02	-0.82	-4.94	2.49	-11.36	3.41	8.71	7.46	8.68	8.15

表 3-3　部分国家利率市场化前后通货膨胀率情况

单位：%

	-5 年	-4 年	-3 年	-2 年	-1 年	0 年	1 年	2 年	3 年	4 年	5 年
美国	9.33	6.19	3.96	3.72	3.20	3.23	3.04	3.42	3.83	3.91	3.64
英国	4.32	2.89	4.21	5.45	7.28	9.29	8.13	7.19	15.02	26.93	15.2
日本	1.96	2.43	2.97	1.69	0.60	-0.1	-0.36	-0.82	0.36	-0.06	-1.43
韩国	7.63	7.06	7.61	7.12	3.89	3.15	5.06	-2.04	-1.10	1.35	—
泰国	1.45	2.18	1.65	4.72	5.92	6.12	5.77	5.75	4.49	3.29	5.21
阿根廷	64.24	65.54	30.63	197.7	438.3	159.43	161.3	147.3	90.84	106.3	207.6
智利	40.69	18.26	85.54	414.0	664.1	3346.5	250.6	105.8	57.66	457.3	28.76

3. 套利资金跨区跨境流动风险

自由贸易港内各类创新的金融业务与产品为套利资金的跨区（境）流动提供了通道，与一般交叉性金融业务不同的是，自由贸易港内金融业务与产品将要面临的主要风险则是跨区（境）的套利资金流动风险。

套利资金通过金融业务与产品实现跨区（境）流动的方式多种多样，主要有以下三种：一是借助跨境人民币贸易结算，进行汇差套利。自由贸易港作为我国未来外汇方面的开放窗口，跨境人民币贸易结算，以及在离岸人民币外汇市场的建立为套取人民币汇差提供合法途径，而这样的套利方式通过影响人民币结算规模及其对应金融产品的价格间接影响自由贸易港内的汇率波动，从而造成外汇市场的波动加剧，不利于自由贸易港内对外贸易的正常运作。

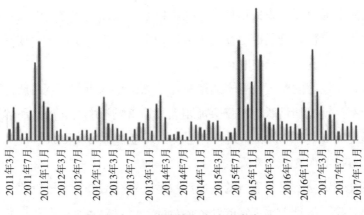

图 3-2 在离岸汇率价差波动

二是自由贸易港内金融优惠政策以及对企业外债管制放松，港内金融市场资金借贷成本会明显低于港外金融市场，主要表现在资金的借贷利率、证券发行成本都相对更低。企业可以利用自由贸易港内外对企业的信贷条件差距，企业在境内获得资金而投资于境外或者其他风险性金融业务，进行套息交易。以跨境人民币贷款为例，银行为自贸区内银行引入海外人民币资金融资成本相较于当前人行设定的基准利率下浮 13%。

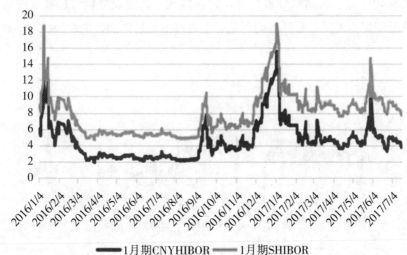

━━ 1月期CNYHIBOR ━━ 1月期SHIBOR

图 3-3 1 月期 CNYHIBOR 与 1 月期 SHIBOR 波动

三是借助于跨境人民币借贷或发行人民币离岸债券，进行息差套利。一方面，港内企业通过发行人民币债券，获得以套取发债成本之间的利差；另一方面，一些投机者借入低利率短期港内人民币资金，投资于股票、债券、银行理财等港外人民币资产，以获取利差。

自由贸易港内的跨境投融资通道相比于国内市场更加拓宽，使得跨境汇差和利差套利活动更加活跃，不仅会加剧人民币市场汇率的波动，还会影响我国利率市场化和资本开放的正常进程，容易引发金融市场波动加剧。

4. 贸易项下跨境套利风险

跨境套利贸易不仅对现行的进出口政策、银行对外贸易融资业务、外汇管理等带来风险，而且干扰正常的经济运行，会严重影响到自由贸易港的建设和长期发展。跨境套利资本通过贸易项下流动是目前国际短期资本流入流出我国境内所惯用的手段。一般来说，这种资本流动从商品进口国向出口国转移，"货物流"与"资金流"匹配，但是，我国目前仍对资本进行管制，使得跨境套利资本借助自由贸易港区渠道隐蔽流动成为国际短期资本流动的重要载体。

一是与跨境套利贸易相伴的资本流动规模频率加大，加剧金融风险，严重影响我国对外贸易环境。自由贸易港将作为我国对外贸易的重要窗口，基础作用就是深化开放、探索对外贸易合作的新模式，其建设进程与扩展规模与外贸发展情况密切相关，贸易环境的恶化必定对自由贸易港的长期发展极为不利。

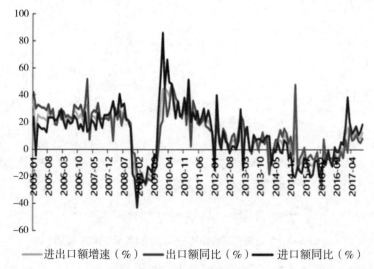

图 3-4　中国进出口增速

以上海自贸区为例，2017 年上半年，上海自贸试验区实现进出口 6427 亿元，增长 17.9%，占同期全市进出口总值的 41.4%。其中，出口 1966.8 亿元，占上海市的 31.4%；进口 4460.2 亿元，占上海市的 48.1%。自由贸易经济区对跨境贸易的巨大拉动作用使我国出现"贸易顺差—人民币升值预期—国际短期资本流入"的现象。

二是给我国境内实体经济的发展带来冲击。贸易项下国际短期资本通过自由贸易港异常流入境内部门，并通过信号效应错误地引导资源配置，扰乱和抑制实体经济的发展。2017 年前 11 个月，海外资金净流入 A 股金额为 2923 亿元，成为境内股票市场中最大的一个增量资金，跨境资本流入的影响逐渐增强。

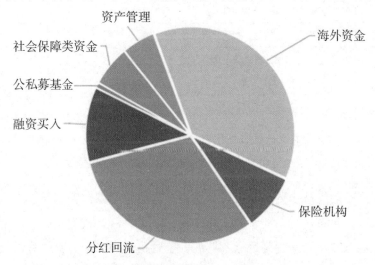

图 3-5　境内机构资金流入增量类型占比

5. 法律监管风险

首先，监管体制模式滞后，存在监管真空。分业监管模式会使各个监管机构更注重自己系统内部的金融风险，而对整个金融体系的系统性风险缺少关注，而且容易出现监管真空和套利的空间。随着自由贸易港的设立和发展，港内的金融开放和改革不断深化，金融创新的不断涌现和混业经营的逐步展开，问题会越来越突出。

其次，缺乏统一的金融综合统计体系与风险监测框架以及统一的行业准入与风险评估标准。目前，不同行业、不同市场的金融统计主要由各自对应的金融监管部门负责，并且各部门之间往往缺乏有效的信息沟通与共享。这进一步导致监管部门无法实时监测交叉性金融业务与产品的风险，无法准确预警风险的交叉染。当风险暴露时，监管部门只能被动应对，被市场推着走。

表3-4　我国自贸区金融相关政策法规

时间	主要法规文件
2013-09	中国（上海）自由贸易试验区管理办法
2013-10	中国（上海）自由贸易试验区外商投资项目备案管理办法 中国（上海）自由贸易试验区境外投资开办企业备案管理办法 中国（上海）自由贸易试验区外商投资准入特别管理措施
2013-12	关于金融支持中国（上海）自由贸易试验区建设的意见
2015-04	中国（广东）自由贸易试验区管理试行办法
2015-10	中国（天津）自由贸易试验区条例 国务院关于实行市场准入负面清单制度的意见 进一步推进中国（上海）自由贸易试验区金融开放创新试点 加快上海国际金融中心建设方案
2015-12	中国人民银行关于金融支持中国（广东）自由贸易试验区建设的指导意见
2016-01	中国人民银行关于扩大全口径跨境融资宏观审慎管理试点的通知

我国现有的立法主要在于自贸区建设，自由贸易港监管方面立法几乎处于空白。在有关自贸区金融监管的法律法规中，只有一些较为笼统的规定，对于自贸区市场有效运行来说是远远不够的，金融机构内部的自律监管以及行业组织自律的规定也不充分。出于我国金融市场较为封闭的现实，自贸区金融方面革新的重点自然会放在如何加大开放上，然而开放之后要能形成有序市场秩序才能算改革的成功，不仅监管能力的提升是金融业整体水平提高的保障，对于监管方面法律的建设同样不能放松。

四、自由贸易港金融风险预警模型

1. 指标选择以及指标体系的构建

潜在金融风险可根据一系列经济和金融指标来度量，金融风险预警模型最基本的要素就是预警指标。各种指标的相对重要性及相互作用也因市场发达程度、金融机构发展水平、政府干预程度的不同而不同。按照指标选择原则和我国自由贸易港金融风险的特殊性，以及将来数据的可得性，本文总共选取38个风险统计度量指标，主要分为四个方面，即国家宏观经济方面、对外经济方面，自由贸易港港口发展、自由贸易港金融市场方面的指标构建预警指标体系。

表 4-1　综合预警指标体系

指标类型	国内宏观经济	对外经济	自由贸易港港口发展	自由贸易港金融市场
指标名称	GDP 增长率（X1）	经常项目逆差 /GDP（X8）	港口城市 GDP 增长率 (X16)	自由贸易港金融业务规模增长率（X27）
	通货膨胀率（X2）	短期外债 / 外汇储备（X9）	港口城市外贸进出口增长率(X17)	银行资本充足率（X28）
	M2/GDP（X3）	偿债率（X10）	货物吞吐量增长率(X18)	银行不良贷款率（X29）
	财政赤字 /GDP（X4）	债务率（X11）	泊位数增长率（X19）	银行拨备覆盖率（X30）
	固定资产投资增长率（X5）	对外投资增长率（X12）	港口工业区用电增长率(X20)	信贷增长率（X31）
	利率敏感性比率(X6)	人民币实际增值幅度（X13）	港口工业区用水增长率(X21)	保险深度（X32）
	汇率波动率（X7）	外商直接投资增长率(X14)	港口城市外贸进出口增长率（X22）	保险密度（X33）
	对外投资增长率(X8)	顺差增长率(X15)	港口航线数量增长率（X23）	保险综合赔付率（X34）
	人民币实际增值幅度（X9）		集装箱专用码头建设增长率（X24）	涉外金融服务机构数量增长率（X35）
			港口单位工作人员平均受教育年限(X25)	外国资本进入股市规模占市值比重(X36)
			主要装卸设备完好率（X26）	业务资产证券化程度（X37）
				高新技术普及率（X38）

2. 确定指标权重 —— 熵值法

在确定金融风险预警指标以后，就可以对各指标进行赋权。熵值法根据指标所包含的信息确定权重的方法，为客观赋权法，相对来说客观性较高，所以选择采用熵值法对各个指标进行赋权。熵值法确定指标权重的步骤如下：

①计算第 j 项指标下的第 i 个评价指标值的比重（r_{ij} 指经过无量纲化后的指标值）：

$$P_{ij} = \frac{r_{ij}}{\sum\limits_{i=1}^{k} r_{ij}} \ (i=1,\ 2,\ 3...k;\ j=1,\ 2,\ 3...h)$$

②计算第 j 项指标的熵值：

$$e_j = -\frac{1}{\ln k} \sum\limits_{i=1}^{k} P_{ij} \ln P_{ij} \ (i=1,\ 2,\ 3...k;\ j=1,\ 2,\ 3...h)$$

③计算第 j 项指标的差异性系数

$$g_j = 1 - e_j \ (j=1,\ 2,\ 3...h)$$

④计算第 j 项指标的权重

$$\varpi_j = \frac{g_j}{\sum\limits_{j=1}^{h} g_j} \ (j=1,\ 2,\ 3...h)$$

某一指标熵值越大则其权重越小，该指标就越不重要，而且满足 $0 \leqslant \varpi_j \leqslant 1$ 且。$\sum\limits_{j=1}^{h} \varpi_j = 1$ 由此可以算出上节所选各指标的权重。

3. 风险预警 —— 信号显示

根据研究结果，构建我国金融风险预警综合指标 ZMGF，设 ZMGF 是研究选择的 38 个指标加权确定的结果，$ZMGF_i$ 表示第 i 年的金融风险综合指数，ϖ_j 表示第 j 个指标的权重，其数值大小采用上文熵值法确定的客观权重，则：

$$ZMGF_i = \sum\limits_{j=1}^{38} \varpi_j x_{ij}$$

为了能够比较直观地显示不同程度金融风险的警情，选择采取用不同灯色对不同等级的风险进行显示。

表 4-2　信号指示内容

灯号	警度	分值	金融风险状况	金融运行状况
蓝灯	基本无警	0~30	无明显风险	各项指标均在安全区以内，市场稳定，运行有序，金融监管有效
绿灯	轻警	30~50	轻度风险	各项指标基本正常，个别指标接近或者超过预警的临界值，出现问题的金融机构或金融业务所占比重都很低，金融运行虽有波动但基本平稳
黄灯	中警	50~70	中度风险	较多指标出现恶化，大量金融机构或者多项金融业务出现问题，严重影响自由贸易港金融服务，金融系统出现动荡。
红灯	重警	70~100	严重风险	绝大部分指标出现重度危险信号，港内金融系统随时有爆发危机的可能，导致港内金融体系运转失灵，进而影响社会经济秩序。

五. 政策建议

1. 制定科学灵活的自由贸易港金融政策

确定合理的自由贸易港金融政策，是未来发展中的方向指导和根本保证。制定科学合理的政策，避免由于政策原因引起自由贸易港的金融风险，确保政策在自由贸易港金融业运营方面可以起到规范引导的积极作用，不会出现不良刺激。金融政策的连续性有助于降低金融风险，既使得金融机构可以更好地理解并实施金融政策，也能给国内外投资者以良好的预期。自由贸易港面对的是全球性的市场，影响因素多、波动性大，也就要求我国在制定自由贸易港的金融政策时要具有灵活性，使金融市场的发展可以更好地因势而动。

2. 注意自由贸易港金融市场开放进程

目前，我国金融市场开放未完全开放，仍存在管制，国际资本不能自由流动，这在很大程度上降低了国外的金融风险对我国的影响。但是随着经济全球化的日益加深，始终保持金融市场不完全开放不利于长期发展。自由贸易港将是我国金融最为开放的区域，为了给国内市场调整适应的时间，保证国内金融市场的稳定安全，自由贸易港金融应逐步有序地对外开放，进而有效控制金融风险。国外基本上都在国内利率市场化和资本项目开放完成之后，进行自由贸易港或者自贸区的金融开放。而我国没有完成前两者，加大了金融开放的难度，因而应更加重视各项改革的协调配合和次序安排。总体来说，应坚持稳步推进方式，不能盲目追求开放的速度和全面性。

3. 建立健全自由贸易港金融相关法律体系

当下国家尚未针对自由贸易港金融监管确立专门的法律法规，自由贸易港既有的可以借鉴金融监管规则主要是自贸区的相关法律法规。虽然自贸区的监管法律已经进行较多的探索，但从长远来看，在自由贸易港内继续沿袭既有的金融监管模式不利于自由贸易港内金融改革的深化发展。

促进自由贸易港金融发展，实现自由贸易港金融监管的完整立法至关重要。自由贸易港金融体系必然会相比国内金融市场更加创新，因此更需要通过专门立法，从根本上建立自由贸易港金融监管的体系结构，做到有法可依。就金融监管立法的具体形式而言，可由国家立法机关制定专门的"自由贸易港法"，并在其中对自由贸易港金融监管体系加以规定，也可以在国家允许下，由设立的自由贸易港根据自身发展特点制定专门的管理条例。

4. 完善自由贸易港金融监管体制

自由贸易港和国内其他的金融体系有很大不同，原先的"一行三会"分业管理模式不能很好的运用到自由贸易港的监管当中，容易造成监管真空。而且原先的金融监管模式协调方面存在不足，不利于防控自由贸易港较为复杂的金融风险。因此，目前亟须建立与自由贸易港金融风险相对应的、多层次的金融监管协调机制，推动金融创新与金融监管相互协调、互相促进。一是建立金融管理部门之间的协作机制，加强对自由贸易港金融创新的监管协调。搭建自由贸易港金融监管协调的组织架构，强化金融管理部门之间的协作，协调防范、化解和处置自由贸易港金融风的措施。二是完善国内外的金融监管交流机制，通过各个国家之间的合作来更好的防范和解决金融风险，提高自由贸易港跨境金融监管的效率。

5. 建立科学灵敏的自由贸易港金融风险预警机制

对于我国自由贸易港金融机构，应该采取严格的事前管理措施，进一步完善金融市场的具体规定，明确风险管理职能并做好危机应急预案。此外，金融市场需要建立健全起信息化的管理建设，通过对市场上的信息来分析未来的走势，完善金融风险预警体系，从而提早发现问题采取应对措施。

首先，建立科学的金融风险预警信息系统。根据综合性、灵敏性和可操作性的设计原则，设计自由贸易港金融风险预警指标体系，进行量化考核和评价。利用金融工程方法、统计分析方法、人工智能等技术，开发自由贸易港金融风险预警信息系统，对各类金融风险进行分析、识别。根据评估结果，将自由贸易港金融风险划分为不同等级，同时设定各个风险等级的预警手段，做到及时预警。最后完善金融风险处理机制，制定金融危机的处置预案，明确各部门应承担的责任及处置危机的方法与步骤，在发现问题之后及时处理，避免风险累积，保证金融安全。

其次，建立严密的信息监管网络和机制配合金融风险预警。及时对金融信息进行科学、准确的判断和处理，确保金融安全。为了保证自由贸易港的顺利发展，必须建立完备的风险预警机制、风险防范和应对机制，来尽可能降低金融风险所带来的损失。以金融监管部门信息和自由贸易港即时经济信息发布监督平台为基础，提高对风险的规避能力和应急防范能力，做到真正的信息化风险预警处理。

参考文献

[1] Alexandre Lavissière;Jean-Paul Rodrigue.Free ports: towards a network of trade gateways[J]. Journal of Shipping and Trade,2017(2):1-17.

[2] Borozan D. & Klepo Z. Free Zone--the Source of Socio-Economic Benefits[J]. Croatia: Faculty of Economics in Osijek,2007(3): 75-91.

[3] Feltenstein A. & Plassmann F. The Welfare Analysis of a Free Zone: Intermediate Goods and the Asian Tigers[J]. World Economy,2008,31(7):905-924.

[4] 陈创练,姚树洁,郑挺国,欧璟华:利率市场化、汇率改制与国际资本流动的关系研究 [J].《经济研究》, 2017(4):64-77。

[5] 刘威,黄晓琪,郭小波:金融异质性、金融调整渠道与中国外部失衡短期波

动——基于 G20 国家数据的门限效应分析 [J].《金融研究》，2017(7):29-44。

[6] 何国华，李洁：跨境资本流动、金融波动与货币政策选择 [J].《国际金融研究》，2017(9):3-13。

[7] 赵亮：我国自贸区驱动经济增长的实证模拟——基于对经济增长"创新驱动"的思考 [J].《上海财经大学学报》，2017(4):28-40。

[8] 黄志勇：我国保税港区综合发展的系统仿真研究 [J].《世界经济研究》，2012(5):82-89。

[9] 王孝松，张国旺，周爱农：上海自贸区的运行基础、比较分析与发展前景明.《经济与管理研究》，2014(7):52-64。

[10] 张时立：中国自贸区建设与"21 世纪海上丝绸之路"——以上海自贸区建设为例 [J].《社会科学研究》，2016(1):57-66。

亚太区域投资协定视角下的负面清单

比较研究 *

赵雅玲 **

摘要： 负面清单作为一种新的贸易与投资规则，对我国对外开放和政府管理水平提出新的挑战。亚太区域是推进我国自贸区战略的重点，深入研究亚太区域成员负面清单模式经验对完善我国负面清单管理和提高开放水平意义重大。本文对亚太区域 21 个成员采用负面清单方式承诺的贸易投资协定进行全面梳理，深入分析这些协定中负面清单的形式和内容特征，在此基础上总结负面清单的发展趋势，提出完善我国负面清单应注意的问题。

关键词： 亚太区域；国际投资协定；负面清单

引 言

近年来，亚太区域内达成的区域和双边投资协定数量快速增长。12 个亚太成员达成的 TPP 协定因为美国宣布退山而停滞，中国参与的区域全面经济伙伴关系（RCEP）谈判已进入第 19 轮，中美双边投资谈判和中欧自贸协定正在积极推进。以负面清单模式承诺投资领域的开放在亚太区域投资协定中的采用率不断提高。梳理亚太区域投资协定中的负面清单内容与形式特征，一方面有助于深入把握这一国际投资新规则的变化规律及发展趋势，另一方面对于促进我国与美国及其他亚太区域成员的投资合作具有重要的借鉴意义。

＊依托项目：教育部人文社科规划项目"基于全球价值链的国际产能合作界域治理研究"（17YJAGJW005）；天津市艺术科学规划项目"新常态下天津文化贸易政策创新研究"（E16011）。

＊＊作者简介：赵雅玲，天津科技大学副教授。

一、亚太区域经济体以负面清单方式作出承诺的投资协定概况分析

亚太地区是指太平洋东、西沿岸的国家，考虑亚太经合组织（APEC）的21个成员在亚太地区具有广泛的代表性，本文选定 APEC 21 个成员的贸易（投资）协定为研究对象。

自 2016 年起，联合国贸发会议组织（UNCTAD）国际投资协定数据库将国际投资协定划分为双边投资协定（BITs）和其他投资协定（TIPs）两大类，涉及负面清单的协定主要集中于 BITs 和自由贸易协定（FTAs）两种投资协定。通过对 21 个经济体签署的这两类协定正文条款和相关附件内容的详细梳理和计算，最终确定以负面清单形式承诺开放的协定大约有 34 个[①]，如表 1 所示。

表 1　以负面清单模式承诺开放的亚太区域内投资协定

类型划分	贸易投资协定名称
区域	北美自由贸易协定（NAFTA）、TPP、东盟 – 澳、新 FTA
双边	澳大利亚 – 新加坡投资协定、美国 – 新加坡 FTA、新加坡 – 韩国 FTA、澳大利亚 – 新西兰投资议定书、澳大利亚 – 韩国 FTA、美国 – 澳大利亚 FTA、美国 – 韩国 FTA、加拿大 – 韩国 FTA、中国香港 – 新西兰 FTA、澳大利亚 – 日本 EPA、韩国 – 新西兰 FTA；菲律宾 – 加拿大投资协定、智利 – 加拿大 FTA、秘鲁 – 加拿大 BIT、秘鲁 – 加拿大 FTA、秘鲁 – 美国 TPA、秘鲁 – 日本 BIT、秘鲁 – 日本 FTA、新加坡 – 秘鲁 FTA、澳大利亚 – 智利 FTA、东盟 – 韩国 FTA、秘鲁 – 韩国 FTA、澳大利亚 – 马来西亚 FTA、中国 – 加拿大投资协定、中国 – 澳大利亚 FTA、香港 CEPA 服务贸易协议、韩国 – 越南 FTA；东盟 – 中国投资协定、秘鲁 – 中国 FTA、智利 – 泰国 FTA、中国内地 – 香港 CEPA 投资协定

资料来源：作者整理。

二、亚太区域投资协定中的负面清单模式特征分析

按照签署协定的成员发展水平的特征，把上述 34 个协定分为三类进行研究：发达经济体之间协定的负面清单、发达和发展中经济体之间协定的负面清

[①] 本文只对已列入国际投资协定数据库中存在英文或中文版本的协定条款进行研究，数据整理不包括只有非英文版本和尚未收录的最新投资协定。TPP 协定及其相关的负面清单主要根据美国贸易代表办公室网站上发布的 TPP 协定文本整理。

单及发展中经济体之间的负面清单。

（一）发达经济体之间协定的负面清单

前述 34 个协定中，属于发达经济体（国际货币基金组织划分标准）之间签署的协定有 11 个。表 2 对这 11 个协定按照签署时间先后顺序，从形式特征、行业分布、限制方式、限制原因四个方面进行比较研究。把负面清单中可以维持既有限制措施的附件简称为第一类不符措施清单，可以在既有措施基础上施加新的限制措施的附件简称第二类不符措施清单。

表 2　亚太发达经济体之间以负面清单承诺的投资协定

协定名称	表述形式	保留义务	行业分布	限制原因
2003 年澳大利亚 – 新加坡 FTA	第 7 章服务贸易第 5 条保留措施条款，第 8 章投资第 5 条保留措施条款。2 个附件，分别为附件 4– Ⅰ 和 4– Ⅱ。	服务贸易部分保留义务包括市场准入、国民待遇、国内监管 3 项；投资保留义务只涉及国民待遇 1 项。		
2003 年美国 – 新加坡 FTA	第 8 章跨境服务贸易第 6 条不符措施，第 10 章金融服务第 9 条不符措施，附件 10B(金融服务不符措施清单)，第 15 章投资第 12 条不符措施，附件 8A 和附件 8B 将服务与投资清单列在一起。	跨境服务贸易保留义务包括全部 4 项；金融服务保留义务包括国民待遇、跨境金融服务贸易和高管及董事会成员 3 项；投资保留义务包括全部 4 项。	美国涉及的行业主要有核能、商务服务、采矿、航空运输、运输服务中的报关经纪人、电信、专业服务等；新加坡涉及的行业包括商务服务、住宅、商业用地开发与所有权、社会服务、健康服务、邮政电信服务、运输服务、分销与配送服务和水、电、天然气等。金融服务不符措施行业清单列。	美国基于能源安全、关键部门原因；新加坡基于保护新兴服务业和公共利益原因限制。

协定名称	表述形式	保留义务	行业分布	限制原因
2004 年美国－澳大利亚 FTA	第 10 章跨境服务贸易第 6 条不符措施，第 11 章投资第 13 条不符措施，第 13 章金融服务第 9 条，附件 I、II 和 III 分别为第一类不符措施、第二类不符措施和金融服务不符措施	跨境服务贸易保留义务包括全部 4 项；投资保留义务包括全部 4 项；金融服务贸易保留义务包括国民待遇、最惠国待遇、金融机构市场准入、跨境贸易和高管及董事会成员 5 项。	相比美－新 FTA，美国增加了通信业和少数民族事务行业保留；澳大利亚行业清单包括专业服务、信息与通讯技术、渔业、分销、电信、广播、音视频和广告服务、新闻报纸、健康、运输、教育服务、海事、海事运输等。金融服务不符措施行业清单单列。	基于国家经济安全、民族特色利益保护和新兴服务部门等原因限制
2005 年新加坡－韩国 FTA	第 9 章跨境服务贸易第 6 条，第 10 章投资第 9 条不符措施，附件 9A 和附件 9B 两个附件，分别为第一类不符措施和第二类不符措施	跨境服务贸易保留义务不包括最惠国待遇；投资保留义务涉及涉及国民待遇、业绩要求、高管及董事会成员 3 项．。		
2007 年美国－韩国 FTA	第 11 章投资第 12 条不符措施，第 12 章跨境服务贸易第 6 条不符措施，第 13 章金融服务第 9 条不符措施。附件 I 和 II 是投资和服务的不符措施清单，附件 III 是金融服务不符措施清单。	投资保留义务包括全部 4 项，跨境服务贸易保留义务包括市场准入和当地存在 2 项金融服务保留义务包括国民待遇、最惠国待遇、金融机构市场准入、跨境贸易和高管及董事会成员。	韩国方面主要包括建筑服务、运输服务、商务服务、快递服务、教育服务、新闻出版服务、通讯、能源等；美国方面中央政府层面的不符措施涉及行业包括通讯、商务服务、航空运输等，地方政府层面主要是各类服务业，用一张表格列出。金融服务不符措施行业清单单列。	基于本国新兴服务部门、国防安全和国家经济安全考虑限制

协定名称	表述形式	保留义务	行业分布	限制原因
2010 年中国香港 - 新西兰 FTA	第 13 章服务贸易第 7 条"市场准入、国民待遇、当地存在、最惠国待遇的应用"。附件 I 是第一类清单，附件 II 是专门针对 13 章服务贸易的清单	服务贸易保留义务涉及市场准入、国民待遇、当地存在、最惠国待遇 3 项。		
2011 年澳大利亚 – 新西兰投资议定书	第 9 条"不符措施"，形式包括附件 I 和 II。	投资保留义务包括国民待遇、最惠国待遇和高管及董事会成员 3 项。		
2014 年澳大利亚 – 韩国 FTA	第 11 章投资第 12 条不符措施条款，包括附件 I 和 II	投资保留义务包括全部 4 项。包括水平型措施。		
2014 年加拿大 – 韩国 FTA	第 8 章投资第 9 条不符措施，第 9 章跨境服务贸易第 6 条不符措施条款，包括三个附件	服务贸易保留义务包括国民待遇、当地存在。投资保留义务包括全部 4 项，包括水平型限制措施。		
2014 年澳大利亚 – 日本 EPA	第 9 章服务贸易第 7 条不符措施，第 14 章投资第 10 条不符措施和例外，附件 5 和 6 是分别是第一类和第二类不符措施	服务贸易保留义务包括全部 4 项；投资保留义务包全部 4 项。		

续　表

协定名称	表述形式	保留义务	行业分布	限制原因
2015 年韩国 – 新西兰 FTA	第 10 章投资第 15 条不符措施，包括水平型限制措施，两个附件	投资的保留义务包括国民待遇、最惠国待遇、高管及董事会成员和业绩要求禁止。		

资料来源：根据国际投资协定数据库和美国贸易代表办公室网站资料整理。

从表2可以看出，发达经济体之间协定的负面清单承诺方式具有以下特征：

1. 负面清单覆盖范围较广

多数协定的负面清单方式覆盖跨境服务贸易和投资两大部分，美国有关协定在跨境服务贸易、投资与金融服务三部分均采用负面清单方式，涉及 3 个清单，附件 1 通常是第一类不符措施清单，附件 2 是第二类不符措施清单。金融服务领域，美国与其他发达国家协定中，金融服务通常单独成为一章，金融服务不符措施行业清单是独立的附件形式，而且保留义务通常都包括 5 项内容。美国对金融服务领域的限制相当严格。

2. 负面清单保留义务项目较多

跨境服务贸易的保留义务通常是 4 项（国民待遇、最惠国待遇、市场准入和当地存在），投资保留义务通常是 4 项（国民待遇、最惠国待遇、业绩要求和高管及董事会成员），金融服务保留义务通常是 5 项（国民待遇、最惠国待遇、金融机构市场准入、跨境贸易和高管及董事会成员）。

3. 负面清单涉及的行业分布比较广泛

部门一般会细分到分部门，较少使用产业分类标准代码，并且通常都明确列举保留措施来源（相关的国内法律法规）。具体行业分布方面，美国覆盖的行业主要是能源、通讯、运输服务，专业服务、商务服务等，清单一般较为简单，协议的另一方通常清单都较长，涉及的行业包括能源、通信、新闻媒体、运输服务、建筑服务、健康、教育等社会服务、传统民族文化特色、公用事业等相关领域。

（二）发达经济体与发展中经济体之间的投资协定

34 个采用负面清单方式承诺的贸易投资协定中，属于发达经济体与发展中经济体之间的区域诸边协定有 3 个，分别为北美自由贸易协定（NAFTA）、TPP、东盟 – 澳、新 FTA，双边协定有 17 个，分别为菲律宾 – 加拿大投资协定、智利 – 加拿大 FTA、秘鲁 – 加拿大 BIT、秘鲁 – 加拿大 FTA、秘鲁 – 美国 TPA、秘鲁 – 日本 BIT、秘鲁 – 日本 FTA、新加坡 – 秘鲁 FTA、澳大利亚 – 智利 FTA、东盟 – 韩国 FTA、秘鲁 – 韩国 FTA、澳大利亚 – 马来西亚 FTA、中国 – 加拿大投资协定、中 – 澳 FTA、韩国 – 越南 FTA、香港 CEPA 服务贸易协议以及中国内地 – 香港投资协定。表 3 对这 19 个投资协定从形式到内容进行比较。

表 3　亚太区域发达经济体 – 发展中经济体间的负面清单承诺协定

协定名称	表述形式	保留义务	行业分布	限制原因
多边协定				
1992 年签署的 NAFTA	第 11 章投资部分的第 8 条保留与例外；第 12 章跨境服务贸易第 6 条保留；第 14 章金融服务第 9 条保留和特别承诺。附件 1 是既有的和自由化承诺不符措施的保留，附件 2 是未来措施的保留，附件 3 是国家层面的保留，附件 4 是最惠国待遇的例外	投资保留义务包括全部 4 项，包括水平型限制措施；跨境服务贸易保留义务包括国民待遇、最惠国待遇和当地存在。金融服务保留义务包括金融机构的设立和高管及董事会成员 2 项。	三个国家的负面清单内容基本一致，包括部门、分部门、产业分类、保留义务、保留措施及说明，附件 2 中还列出了现行措施。但是采用的产业分类标准不同，墨西哥采用本国行业与产品分类标准（CMAP），加拿大采用加拿大产业分类（SIC），美国采用了 CPC 分类标准。	1. 国防安全（核能） 2. 经济安全（工业、通讯、金融服务等） 3. 保护本国资源（采矿、能源） 4. 保护本国产业（专业服务、教育服务、社会服务等） 5. 保护本国居民利益（公用事业服务、少数民族事务等）

续　表

协定名称	表述形式	保留义务	行业分布	限制原因
2009年东盟–澳、新FTA	第11章投资第12条中，以"保留措施"形式出现。附有两份清单（Ⅰ和Ⅱ）	只涉及国民待遇保留，老挝方的业绩要求禁止保留。		
2015年TPP	第9章投资第12条不符措施条款；第10章跨境服务贸易第7条不符措施；第11章金融服务第10条不符措施。附件Ⅰ是第一类不符措施，附件Ⅱ是第二类不符措施；附件Ⅲ是金融服务不符清单。	投资保留义务包括全部4项，包括水平型限制措施；跨境服务贸易保留义务包括全部4项；金融服务保留义务包括全部5项。	在跨境服务贸易部分，TPP协定彻底采用了负面清单模式，比服务贸易总协定（TiSA）的混合清单制更进一步。从具体行业分布看，主要包括农业中的渔业、能源和矿产相关行业、广播通讯、电信、报纸等新闻媒体行业、运输服务、专业服务、商务服务、公用事业（水、气、电）、社会服务等。	1.国防安全（核能） 2.经济安全（工业、通讯、金融服务等） 3.保护本国资源（采矿、能源） 4.保护本国产业（专业服务、教育服务、社会服务等） 5.保护本国居民利益（公用事业服务、少数民族事务等）
双边协定				
1995年菲律宾–加拿大投资协定	在协定附件的第一部分"保留与例外"条款中以条款方式列出了菲律宾保留的行业。第二部分列出了加拿大的保留行业	菲律宾的保留义务仅包括准入后国民待遇一项，加拿大的保留义务包括投资的设立、收购和保护、准入后最惠国待遇、准入后国民待遇和其他措施4项。	菲律宾涉及的保留行业主要有社会服务、其他服务、政府安全、对沿海土地所有权的居民要求、大众媒体、执业或职业资格认证服务、小规模零售贸易和采矿业、私人保安机构、海洋资源利用等。加拿大列出了少数民族、文化产业、通讯行业的保留（例外）。	1.国防安全（核能） 2.经济安全（工业、通讯、金融服务等） 3.保护本国资源（采矿、能源） 4.保护本国产业（专业服务、教育服务、社会服务等） 5，保护本国居民利益（公用事业服务、少数民族事务等）

协定名称	表述形式	保留义务	行业分布	限制原因
1996 智利－加拿大 FTA	第 7 章投资部分第 8 条保留与例外；第 8 章跨境服务贸易第 6 条保留。两个附件	投资保留义务包括全部 4 项，包括水平型限制措施；跨境服务贸易保留义务涉及国民待遇、最惠国待遇、当地存在 3 项。	涉及的保留行业主要有社会服务、其他服务、政府安全、对沿海土地所有权的居民要求、大众媒体、执业或职业资格认证服务、小规模零售贸易和采矿业、私人保安机构、海洋资源利用等。	1.国防安全（核能）2.经济安全（工业、通讯、金融服务等）3.保护本国资源（采矿、能源）4.保护本国产业（专业服务、教育服务、社会服务等）5.保护本国居民利益（公用事业服务、少数民族事务等）
2006 年秘鲁－美国 TPA	第 10 章投资第 13 条不符措施。第 11 章跨境服务贸易第 13 条不符措施，第 12 章第 9 条不符措施。附件 1 和 2 分别为第一类措施、第二类措施，附件 3 为金融服务负面清单。	投资保留义务包括全部 4 项。跨境服务贸易保留义务包括全部 4 项。金融服务保留义务包括全部 5 项。	美国方面的行业还是传统几大领域（核能、商务服务、采矿业、通讯、运输服务等），秘鲁方面的清单包括对传统民族文化特色相关行业及文化的保护。	
2006 年签署的秘鲁－加拿大双边投资协定	第 9 条保留和例外，涉及三个附件。附件 I 为第一类不符措施，附件 II 为第二类不符措施，附件 III 单独为最惠国待遇的例外	投资保留义务包括全部 4 项，而且还把人员流动作为一项保留义务。	加拿大的行业清单涉及分部门时，附件 I 中采用联合国标准产业分类代码（ISIC），在附件 II 中采用联合国中央产品分类代码（CPC）	
2008 秘鲁－加拿大 FTA	投资一章第 8 条保留和例外条款，涉及两个附件，分别为第一类和第二类不符措施	投资保留义务包括全部 4 项。		

协定名称	表述形式	保留义务	行业分布	限制原因
2008 年新加坡－秘鲁 FTA	投资一章第 14 条不符措施。附件 11B 和 11C 分别是秘鲁和新加坡跨境服务贸易和投资第一类不符清单，附件 11D 和 11E 分别是秘鲁和新加坡跨境服务贸易和投资的第二类不符清单。	投资保留义务包括全部 4 项。		
2008 年澳大利亚和智利 FTA	第 9 章跨境服务贸易第 6 条不符措施，第 10 章投资第 9 条不符措施，附件Ⅰ为第一类措施，附件Ⅱ为第二类措施，附件Ⅲ为金融服务不符措施。	跨境服务贸易保留义务包括全部 4 项；投资保留义务包括全部 4 项。	智利方面的不符措施中采用了 CPC 分类标准	
2008 年签署的秘鲁－日本双边投资协定；	采用保留与例外条款加附件方式，附件Ⅰ和附件Ⅱ，附件Ⅲ是基于公共目标的征收保留。	投资保留义务包括全部 4 项。	附件Ⅰ和附件Ⅱ中涉及分部门时日本采用日本标准产业分类代码（JSIC），秘鲁采用 CPC 分类代码	
2009 年东盟－韩国投资协定	在第 9 条中，以保留措施形式出现。包括第一类和第二类两份清单	投资保留义务包括除业绩要求以外的 3 项义务，老挝方面单独列出了业绩要求的保留。		
2010 年签署秘鲁－韩国 FTA	第 9 章投资第 8 条不符措施款，包括水平型措施，包括第一类和第二类两份清单。	投资保留义务包括全部 4 项。		

续 表

协定名称	表述形式	保留义务	行业分布	限制原因
2011 年秘鲁 – 日本投资协定:	第 7 章跨境服务贸易中有不符措施条款,清单在附件 5 中的 1–2 部分。	保留义务涉及国民待遇和当地存在两项。		
2012 年澳大利亚 – 马来西亚 FTA	第 12 章投资 14 条不符措施。	针对国民待遇和最惠国待遇两方面的不符措施,只泛泛提及不适用任何一方提出的不符措施清单,没有附件		
2012 中国 – 加拿大投资协定	B 部分第 8 条有例外条款,包含水平型措施。但双方没有列出详细的清单。	保留义务包括国民待遇、最惠国待遇和高管及董事会成员 3 项措施。		
2015 年韩国 – 越南 FTA	第 9 章投资第 12 条不符措施,包括水平型限制措施,两个附件	投资保留义务包括全部 4 项义务。		
2015 年中 – 澳 FTA	第 8 章服务贸易第 3 条规定双方可以从正面清单或负面清单承诺方法中任选一种方式。第 9 章投资第 9 条不符措施	服务贸易保留措施包括国民待遇、最惠国待遇、市场准入 3 项,投资保留义务包括国民待遇和最惠国待遇 2 项。	澳大利亚单方在投资和服务贸易方面列出了不符措施清单。附件 3–A 第 1 节是澳大利亚可以维持或可以施加新限制的保留措施;。	
2015 年中国内地和香港 CEPA 服务贸易协议	协定采用了混合清单模式,其中的跨境服务开放措施(表 2)、电信领域开放措施(表 3),文化领域开放(表 4)三者采用了正面清单模式,而商业存在形式(表 1)则采用负面清单模式。协议第 9 条中有"保留的限制性措施"条款,保留义务主要针对国民待遇和最惠国待遇两项。			
2017 年中国内地和香港 CEPA 投资协议	协定第九条"不符措施条款",内地减让表包括不可回退条款和可回退条款两个附表	不符措施主要涉及国民待遇、最惠国待遇、业绩要求、高级管理人员、事董事会和人员入境		

资料来源:根据国际投资协定数据库和中国自贸区服务网资料整理。

从多边协定看，1992年NAFTA中，美、加、墨三国首次采用负面清单承诺方式开放，服务贸易、投资和金融服务均有不符措施性质的条款，但早期负面清单附件没有细分部门，措施描述不够细致。2009年东盟与－澳、新的FTA中虽然有不符措施条款，但各方均未列举详细附件，而2015年的TPP协定延续NAFTA模式以3个附件涵盖3个部分的不符措施，服务和投资的保留义务也最完整。

从双边协定看，秘鲁、加拿大和韩国以负面清单方式承诺的协定数量位居前三，分别为7个、5个和3个。从负面清单的具体内容和形式看，加拿大和日本的负面清单内容最完整，包括了部门、次级部门、产业分类代码、保留义务、措施来源（国内法律法规）、具体描述这六个方面，但各国在不同协定的负面清单中所采用的产业标准分类代码不统一。

从金融服务不符措施清单看，在美国对外签署的协定中，金融服务保留义务与美国和其他发达国家签署的协定中保留义务一致。并且，金融服务行业清单数量与经济体经济发展水平之间不存在很强的相关性。通过比较各国金融服务负面清单内容，可以发现，相比加拿大、澳大利亚、新西兰等发达国家，美国在金融服务领域开放水平并不很高，而智利、秘鲁、墨西哥等拉美国家反而更开放，马来西亚在这个领域限制措施较多，值得一提的是，新加坡作为发达经济体，对金融领域却维持高标准的严格管制。

（三）发展中经济体之间签署的贸易协定

1.双边贸易（投资）协定

发展中经济体之间采用负面清单模式承诺的自贸协定包括东盟－中国投资协定、秘鲁－中国FTA、智利－泰国FTA三个。相对前两类协议，发展中经济体之间的贸易（投资）协定基本只在正文条款中提及不符措施，没有行业清单，因此就大大限制实际承诺的开放程度。

表 5　发展中经济体之间以负面清单方式承诺的投资协定

协定名称	表述形式和保留义务
2009 年东盟 - 中国投资协定	在第 6 条中，以 "不符措施 "形式出现。只涉及国民待遇和最惠国待遇的不符措施。条款具体内容比较宽泛，只说明了维持现有的水平和可以施加新的不符措施。各方的清单均未列出。
2009 年秘鲁 - 中国 FTA	第 130 条 "不符措施"，只涉及国民待遇不符一项，没有详细的清单。
2013 年智利 - 泰国 FTA	服务贸易中采用特别承诺措施。双方均就市场准入和国民待遇义务做出了特别承诺和限制，承诺内容涉及特定服务部门和水平型措施。

资料来源：根据国际投资协定数据库和中国自贸区服务网资料整理。

在实践中，中国作为发展中经济体在国际投资协定层面的负面清单承诺模式尚处于起步阶段。目前，在我国自贸试验区范围推行的市场准入特别管理措施，在不符措施的行业划分标准及产业标准代码、限制措施针对的政府层级、具体的限制措施及其法律依据等方面与通行的国际负面清单承诺方式存在差距，自贸试验区负面清单承诺方式与我国投资协定和自贸协定之间的联动作用未充分发挥。

三、亚太区域投资协定负面清单发展趋势及对中国的启示

（一）亚太区域成员负面清单发展的未来趋势分析

通过对比和分析，可以发现，亚太区域成员在区域贸易协定中的负面清单模式发展呈现以下几个趋势：

1. 负面清单采用在形式上一致采用 "不符措施条款 + 附件" 的模式，服务贸易与投资不符措施通常包括两个附件，分别为可以维持现有限制措施的和未来可以施加新限制措施的附件，美国相关的协定中通常将金融服务独立成章，会列出金融服务单独的不符措施附件。

2. 负面清单的内容日益细致清晰。前文研究的负面清单中，加拿大和日本的负面清单内容比较完整，不符措施附件一般均包括相关的部门与分部门及对应的产业分类代码（本国或联合国标准）、政府行政管理级别、保留的义务、

措施来源（国内法律法规）、措施描述等。

3. 金融服务负面清单内容与经济体经济发展水平两者间相关性很弱。在 TPP 协定中表现比较显著。

（二）对完善中国投资协定负面清单模式的启示

结合对负面清单未来发展趋势的分析，今后我国在双边或多边层面的负面清单模式完善中应注意以下几点：

1. 在未来双边和多边贸易（投资）协定谈判和既有协定升级谈判中，尝试负面清单承诺方式。我国签署的 129 个双边投资协定中，有接近 3/4 是在 2000 年以前签署的，在未来这些协定的升级版谈判中，可以尝试负面清单模式的应用。同时在一些进行中的和新发起的自贸协定谈判中，例如中 - 欧 FTA、区域全面经济伙伴关系协定（RCEP）和亚太自贸区（FTAAP）中，中国可以主动采用负面清单模式。

2. 积极完善负面清单的形式，以确保负面清单限制措施目标的实现。近几年，我国新达成的部分协定中虽然已经增加"不符措施"条款，但其中涉及的保留义务方面覆盖面较窄，而且没有附加详细的清单。例如，香港 CEPA 服务贸易协定中仅"商业存在"一种形式的服务贸易采用负面清单，离国际上的服务贸易和投资的 2 个附件以及金融服务 1 个附件形式还存在差距，因此，在以后的协定中要进一步借鉴国际负面清单发展形式，推出将服务贸易和投资负面清单纳入统一框架下的两个附件模式（按第一类附件和第二类附件划分），金融服务的负面清单要依据我国金融市场开放进程以及国家经济安全需要合理设定。

3. 持续完善负面清单内容和形式。负面清单内容尤其是负面清单涉及的行业条款在我国还是个难点，当前我国自贸区层面的负面清单只列出行业领域和特别管理措施，与国际通行的负面清单内容存在差距，今后我国应在部门与分部门划分及产品标准代码使用方面与国际标准相衔接，逐步扩大保留义务的范围，明确对应的政府行政管理级别，并且进一步明确保留措施的来源，即该项保留涉及的国内相关法律法规。应加强对负面清单措施来源的梳理，确保各项政策的一致性和透明度，真正意义上消除负面清单开放的诸多隐性壁垒。

从单一自贸区第一份负面清单到自贸区统一负面清单，再到全国统一的负面清单，再到我国对外签订的双边或多边协定，负面清单的推广路线虽然已经明确，但我国在负面清单的形式与内容完善方面还有许多亟待改进的地方，还应进一步深入对国际负面清单发展特征的研究，以促进我国负面清单管理模式的完善。

参考文献

[1] 陆建明，杨宇娇，梁思焱：美国双边投资协议中签约双方负面清单的比较研究 [J].《外国经济与管理》，2016（2）：88-100，112。

[2] 杨荣珍，陈雨：TPP 成员国投资负面清单的比较研究 [J].《国际商务 - 对外经济贸易大学学报》，2017（6）：76-85。

[3] 联合国贸易和发展组织（UNCTAD）. 国际投资协定（International Investment Agreements）数据库 [EB/OL]，2018-02-08,http://investmentpolicyhub.unctad.org/IIA。

[4] 盛斌，果婷：亚太地区自由贸易协定条款的比较及其对中国的启示 [J].《亚太经济》,2014(2):94-101。

[5] 中国社会科学院世界经济与政治研究所国际贸易研究室:《跨太平洋伙伴关系协定》文本解读 [M]. 北京：中国社会科学出版社，2016 年第 1 版。

[6] 杨嬡，赵晓雷:TPP、KORUS 和 BIT 的金融负面清单比较研究及对中国（上海）自由贸易试验区的启示 [J].《国际经贸探索》，2017，3（4）：69-81。

[7] 聂平香，戴丽华：美国负面清单管理模式探析及对我国的借鉴 [J].《国际贸易》，2014（4）：33-36。

[8] 高维和，孙元欣，王佳圆：美国 FTA、BIT 中的外资准入负面清单：细则与启示 [J].《外国经济与管理》,2015(3)：87-96。

自贸区政策与高端制造业产业集聚

——基于上海自贸区的"准自然实验"研究

张鹏杨[*]

摘要： 以上海自贸区高端制造业"重点导向"的产业政策为政策冲击构造"准自然实验"，本文研究该产业政策对上海高端制造业集聚发展的影响，结果表明：相比"非高端制造业"，自贸区的高端制造业"重点导向"政策对区内高端制造业发展具有明显集聚效应；进一步探究产业政策对区外高端制造业的影响发现，短期内，由于"溢出效应"和"虹吸效应"的同时存在，除信息化学品外，整体上该产业政策对区外高端制造业影响并不显著；但从长期看，该政策对区外高端制造业存在较大的溢出效应；以上结论在多种稳健性检验下均成立。

关键词： 自贸区；高端制造业；准自然实验

一、引言

长期以来，产业政策以各种理由广泛存在于中国经济各领域中（江小涓，1993）。产业政策是一种弹性较强的政府干预方式，政府利用产业政策引导控制产业投资方向，对经济结构性调整、促进产业升级等具有重要意义。毫无疑问，国家实行的产业政策的初衷大多是为了实现产业快速成长，然而许多产业政策的实际效果却事与愿违，一方面产业政策在集中有限资源解决市场的外部性和协调性等方面具有重要作用（林毅夫，2010），另一方面也可能造成激励机制的扭曲甚至造成产业内资源错配，因此产业政策的效果一直以来都备受争议。

在众多的产业政策中，近年来自贸试验区政策被广泛应用。2013年8月，

---

*作者简介：张鹏杨，北京工业大学经济与管理学院 讲师。

我国第一个自贸试验区在上海成立，2014年底和2017年初，又相继成立天津、福建、广州等3地和辽宁、浙江等7地"自贸区"。自贸区通过"通关自由"、"负面清单"和"金融改革"等措施带动当地经济发展，据相关统计显示，上海自贸试验区从成立到2015年4月，其以上海1/50的面积创造上海约25%的生产总值，与此同时，仅2015年，自贸区新增企业达1.8万家，同比增长近20%，形成大规模的经济集聚效应。作为最早成立的一个自贸试验区，上海自贸区从成立之初就规划了国际贸易、金融服务、航运服务、专业服务和高端制造等五个主导产业，并提出在三年内实现培育百亿产业群的目标。虽然自贸区以较小的规模实现整体上的集聚增长，然而对于部分主导产业，尤其是高端制造业，这种产业政策的集聚效果依然有效吗？2017年11月，十九大报告中就指出，未来应当"促进我国产业迈向全球价值链中高端，培育若干世界级先进制造业集群"，因此，如何实现先进制造业的集聚发展将成为未来重要的研究课题。

基于以上分析，本文以上海自贸区高端制造业"重点导向"的产业政策为政策冲击，构造"准自然实验"，研究上海自贸区高端制造业的"重点导向"政策对先进制造业的集聚发展的影响效果。此研究一方面对于明确产业政策效果具有重要意义，另一方面也为我国未来实现培育先进制造业集群提供有效路径，此外本文研究结论对于推广上海自贸区经验也具有重要作用。

二、文献综述

研究产业政策的产业集聚效应，直接与其相关的文献有两支，一文为评估产业政策效果的文献，而另外一支则是研究产业集聚影响因素的文献。

（1）关于产业政策影响效果的研究

现有对产业政策的研究较多，从影响效果来看仍没有一致结论。Lin（2011）指出产业政策在缓解市场扭曲和实现集聚效应方面存在重要意义；宋凌云等（2013）、饶品贵等（2013）分别对中国的"五年规划"重点产业政策和货币政策的效果进行研究后发现产业政策具有积极影响。然而，江飞涛等（2010）认为，过量的产业政策扭曲市场调配机制，对产业的生产效率和规模收益并无显著的积极影响；Neumark 和 Kolko（2010）也发现，产业政策没有发挥有效的作用。由此可见，事实上产业政策的影响效果并不确定，也正因为如此，许多学者仍然对产业政策的影响效果持续进行研究。

对于基于地点（Place-Based）的特殊产业政策——经济开发区（Special Economic Zones, SEZs）政策的研究，如 Lu et al.（2015）发现，SEZs 对就业、产出等指标均具有积极影响；Zheng et al.（2017）则提出工业园区政策对周边区域的具有"地理溢出效应（Geographic Spillover Effect）"；对出口的影响，陈钊等（2015）发现这种产业政策对出口具有显著的影响作用。

（2）关于产业集聚影响因素的研究

现有研究开始跳出传统的经济地理学框架，从多种因素研究影响产业集聚的原因。路江涌等（2007）考察地方保护对产业集聚的影响；文东伟等（2014）发现，地理上高度集聚的行业并不能用显著的单一因素进行解释；袁海红等（2014）则使用北京企业微观数据研究发现高技术行业较为集聚。

关于产业政策对产业集聚的影响，部分文献也有所涉及。Fujita 和 Hu（2001）发现，1985-1994 年中国地区差距的扩大，部分是由于中国实施倾向于沿海地区的经济政策的结果；Kim 和 Knaap（2001）发现，经济向沿海地区的集中出现较早，其中的原因包括沿海地区在地理上容易与外界交流以及基础设施网络密度高等；邵朝对等（2016）研究房价和土地财政政策对城市集聚的影响，发现房价扩散力量与富有浓厚政治色彩的土地财政，通过产业结构影响城市集聚特征；以上从区域集聚的视角展开研究，而金煜等（2006）则从工业集聚的视角展开研究。金煜等（2006）认为，在中国经济政策的调整显然也是导致地区间工业布局变化的重要因素。

基于以上多方面研究，一方面正如 Krugman（1983）所指出的一样，产业政策的量化较为困难，此外产业政策的影响效果仍然有待检验；另一方面，精确评估产业政策对先进制造业集聚的影响效应和外溢效应的文献几乎没有。基于以上几个方面，本文的创新点如下：（1）以上海自贸区的高端制造业"重点导向"政策为政策冲击设计"准自然实验"，精确评估产业政策；（2）评估上海自贸区高端制造业政策的对产业集聚的影响效果并进一步考察产业政策对区外高端制造业发展的外溢效应。上海自贸区对其他自贸试验区起着重要的示范和引领作用，本文研究对于推广自贸区经验具有重要意义。

三、上海自贸区成立的背景及产业政策的识别

（1）上海自贸区成立的背景

为了加快政府职能转变，扩大服务业开放和推进投资管理体制改革，我国在充分与国际市场接轨的前提下，于2013年9月成立上海自贸试验区。成立之初的上海自贸区，面积仅为28.78平方公里，涵盖上海市外高桥保税区、外高桥保税物流园区、洋山保税港区和上海浦东机场综合保税区等4个海关特殊监管区域。为了进一步加快传统产业转型升级，深化在功能创新拓展、产业转型升级，2014年，上海自贸区实验区进一步扩大到120.72平方公里，涵盖上海市外高桥保税区、外高桥保税物流园区、洋山保税港区和上海浦东机场综合保税区、金桥出口加工区、张江高科技园区和陆家嘴金融贸易区等7个区域。

虽然成立之初，上海自贸区以扩大服务贸易和金融业开放为主要目的，然而随着上海"十三五规划"等一系文件明确提出将以先进高端制造业为发展方向，上海自贸区成立之初的目标也逐渐向高端制造业调整，甚至在2014年自贸试验区制定新的产业规划和形态规划中，将高端制造定义为发展的五大产业之一。2014年，上海自贸区的扩大，将具有制造业基础的金桥出口加工区纳入自贸区则证明政府的产业政策导向。

上海自贸区作为自贸试验区的首批试点，通过创新负面清单等投资管理模式、创新便利通关的贸易监管模式等四大创新模式，旨在积累和形成可复制、可推广的经验，事实上，自贸区部分创新形式的产业政策也在惠及制造业特别是高端制造业。外资监管的负面制度方面，2014年，上海自贸区将负面清单进行缩减，从2013年的190条下降到139条，下降26.8%，其中删减的负面清单绝大部分集中在服务业和高端制造业；此外，制造业开放领域仍在不断扩大开放，在2014年6月国务院批准《中国（上海）自由贸易试验区进一步扩大开放的措施》中，31条开放措施制造业占到14条，在数量上与服务业看齐，而在制造业开放政策的质量上，更加注重于产品的研发、设计，如：允许外商以

独资形式从事汽车电子总线网络技术、电动助力转向系统电子控制器的制造与研发，等。贸易监管的便捷通关制度方面，金桥开发区作为上海自贸区的重要部分，成为全国首个以"先进制造业"命名的示范区和上海地区首个"国家级出口工业产品质量安全示范区"，使得区内部分高新技术企业享受出口商品免验和相关配套政策的便利，极大缩短通关时间，对于高端技术人才和跨国企业，园区构建了完善的产业的配套设施，如众创空间、孵化器、加速器、融资平台等，甚至还为高端人才提供完善的生活设施和住所。

（2）产业政策识别与数据

本文以上海自贸区的高端制造业"重点导向"政策为政策冲击，考察上海自贸区的产业政策对区内高端制造业的影响效果和对区外高端制造业的"外溢效应"。为研究以上问题，需要对产业政策进行识别，而识别产业政策需要从以下两个方面展开：

1. 产业政策的作用区域。本文研究的时间跨度为 2010 年 –2015 年，因此无法从微观企业层面进行考察，故本文采用上海统计局公布的《上海市统计年鉴》数据。由于上海自贸区实际上包括上海市外高桥保税区等 7 个区域，参考以上 7 个区域与上海市统计年鉴的可得数据，选取外高桥保税区、金桥出口加工区、张江高科技园区和陆家嘴金融贸易区等 4 个地区数据作为研究的区域范围①。事实上，一方面以上四个片区的产值占据上海自贸区的近 70%，另一方面，上海自贸区的制造业特别是高端制造业主要集中在以上四个区域，因此选取以上四个区域也具有合理性。从数据分析而言，2015 年以所选择区域测算的上海自贸区规模以上企业工业生产总值占据上海市工业生产总值的 18.5%，这与新华社（2016）公布的数据"上海自贸区创造了全市近 25% 的生产总值"大致是吻合的。

2. 产业政策的作用行业。产业政策作用于哪些行业也是需要考虑的范围。本文研究上海的高技术产业，而根据上海市相关文件的界定，选取上海统计局公布的高技术产业数据和相关指标，这些产业包括：信息化学品制造业、医药

---

① 以上选取虽然名称上有所差异，但数据是基本吻合的。也就是说，无论扩区与否，选取的样本所覆盖的范围前后是一致的。

制造业、航空航天制造业、电子及通信设备制造业、电子计算机及办公设备制造业和医疗设备及仪器仪表制造业等 6 大行业。

3. 产业集聚的度量与测算。从产业集聚指标的分类看，一般可以分为绝对指标与相对指标。就专业化经济的绝对指标而言，陈良文等（2008）使用本行业的产出水平衡量专业化经济，范剑勇等（2009）、Hendeson（2003）应用 4 位数行业就业人数或企业数量作为专业化经济指标。所选用的方法是使用上海市各行业的生产总值绝对量作为衡量产业集聚的指标。选取绝对量主要是基于数据的可得性。据《上海市统计年鉴》数据，可以得到上海自贸区的产值，也可以得到上海市各行业的产值，然而却无法公开得到上海自贸区内各行业的产值，因此假定上海市各行业产值在自贸区内和自贸区外存在等比例性，即，区内某行业的生产总值等于上海市该行业的产值与该年上海自贸区区内产值占上海市生产总值的份额之积。具体使用的产业集聚指标的测算形式如下：

$$\hat{Y}_{it} = \frac{\hat{Y\_to_t}}{Y\_to_t} * Y_{it} \tag{1}$$

式（1）中，$\hat{Y}_{it}$ 是指本文使用的上海自贸区第 t 年在 i 行业的生产总值，$\hat{Y\_to_t}$ 表示第 t 年上海自贸区的生产总值，而 Y_to_t 代表第 t 年上海市的工业生产总值，Y_{it} 代表上海市第 t 年在 i 行业的工业生产总值。

虽然选取的样本前后所覆盖的区域和面积基本是一致的，但是还是在测算上海市各行业的生产总值绝对量的基础上，计算一个衡量行业产出水平的相对指标，即行业单位就业人数的生产总值，公式为 $p\_\hat{Y}_{it} = \hat{Y}_{it} / \hat{L}_{it}$，其中，$\hat{L}_{it}$ 代表依据式（1）的方法测算的自贸区 i 行业第 t 年的就业人数。在后文的实证研究中，主要选取该行业单位就业人数的生产总值来衡量产业集聚。

四、上海自贸区高端制造业集聚的现实性描述

（1）上海自贸区工业总产值

上海自贸区在 2013 年成立，2014 年实现扩区[①]，将高端制造业规划为"重

---

① 通过数据检验，扩区前后选取的样本覆盖是基本一致的。

点导向"产业，上海自贸区成立对于当地各行业影响是显著的（见图1）。图1反映出，上海自贸区的工业产值在2011-2013年无论是生产总值还是产值份额均呈下降趋势，生产者总值方面从2011年的3786亿元下降为2013年的3431亿元，下降10.3%。从2013年后，尤其是2014年自贸区扩区，高新技术制造业迅速发展，2014年，制造业产值相比2013年上升了30%，而2015年，在上海制造业整体下行的趋势下，自贸区制造业产值仍然同比上升仅2%。自贸区制造业份额方面，与产值总规模基本一致，自贸区成立后，尤其是2014年份额迅速增加，2015年达到全市工业总产值的14.5%。

图1　2010-2015年上海自贸区规模以上工业企业生产总值与产值份额

（2）上海自贸区高端制造业的工业总产值

自贸区成立尤其是2014年后，制造业工业总产值迅速增加，那么是否是产业政策带来的高端制造业集聚从而带来整体上规模上升呢？对此对六大高端制造业进行描述统计。

图2描述2010-2015年上海市六大高端制造业规模以上企业的工业生产总值的变动，红色虚线为上海自贸区成立，数据显示，2013年以后，部分高端制造业工业产值实现上升，如航空航天制造业和电子计算机和办公设备制造业，其中电子计算机和办公设备制造业上升最为迅速，其他高端制造业也实现缓慢

上升，2014 年自贸区扩区以后，各高端制造业又实现快速增长，由此可见自贸区成立所实施的高端制造业"重点导向"政策可能是造成高端制造业集聚的重要原因。

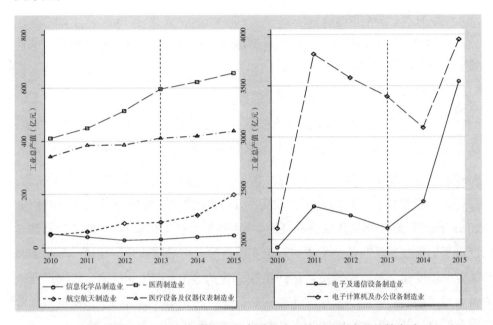

图 2　2010–2015 年上海市六大高端制造业的工业生产总值的变动

注：由于六个高端制造业中，电子通讯业、电子计算机业等两个产业与其他四个产业存在量级上的差异，因此把六个产业分为左右两幅图进行汇报。

五、自贸区政策对区内高端制造业集聚影响的效果检验

研究产业政策的影响效果，需要同时考察在不存在这种产业政策影响情形下的效果，产业政策的真正影响则是两种情形下效果的差值。为此，在构造"准自然实验"中，需要寻找一组与实验组较为相似的样本作为对照组。为研究上海自贸区的高端制造业"重点导向"政策对先进制造产业集聚的影响，选取制造业中非高端制造业作为对照组，依据主要出于以下两点：第一，虽然高端制造业与非高端制造业的产值规模差异较大，然而同为制造业其对外部冲击的反应是基本一致的；第二，随着当前全球化生产的蔓延，许多区域距离较近

的非高端制造业已经逐渐融入高端制造业的生产环节，为其提供中间品和零部件，因此二者之间的联动程度越来越强，甚至趋于相似。基于以上两方面，认为可以选择非高端制造业作为高端制造业的对照组。

（1）计量模型设定

在明确对照组的基础上，采用双重差分法对产业政策的影响效果进行实证检验，计量模型设定如下：

$$p\_\hat{Y}_{it} = \alpha_0 + \beta_1 D_i + \beta_2 D_i * T_t + \beta_3 T_t + \beta \mathbf{X} + \gamma_i + \varepsilon_{it} \quad （2）$$

式（2）中，$p\_\hat{Y}_{it}$ 代表上海自贸区第 i 行业第 t 年的人均工业生产总值；D_i 是不随时间变化的"重点导向"虚拟变量，设定如果行业为上海市的六大高端制造业，那么取值为1，否则为0；T_t 是不随着行业变化的时间虚拟变量，即在成立自贸区及其以后时间，设定为1，否则为0，设定自贸区成立时间为2013年，即2013年及其以后取值为1，否则为0；交叉项 D_i*T_t 的估计系数 β_2 度量了上海自贸区高新技术主导政策实施前后"高端制造业"相比"非高端制造业"的变化，是本文的重点估计系数，若 $\beta_2 > 0$，如式3所示，表明产业政策前后"高端制造业"相比"非高端制造业"的人均产值增加了，也就意味着在上海自贸区内，高端制造业获得发展，实现集聚效应。反之亦然。

$$[\hat{Y}_{it}(D_i=1,T_t=1) - \hat{Y}_{it}(D_i=1,T_t=0)] - [\hat{Y}_{it}(D_i=0,T_t=1) - \hat{Y}_{it}(D_i=0,T_t=0)] > 0 \quad （3）$$

除此以外，方程（2）中还控制了其他控制变量 $\mathbf{X}$，既包括同一时期自贸区内该行业企业的数量、企业的整体规模（本文中以行业企业资产总额衡量）、企业的盈利情况（本文中以行业企业的利润总额衡量），除此以外，在回归中还控制了除上海自贸区以外的其他国家级开发区创造的工业产值份额和各市级开发区所创造的工业产值份额，已排除其他级别出口加工区存在所带来的影响，最后还控制了行业固定效应。

（2）产业政策对高端制造业集聚发展的影响

1. 基准回归

首先以行业生产总值为被解释变量，考察自贸区成立后高端制造业的"重点导向"政策是否对高端制造业行业的集聚存在效果，在表1的第（1）-（3）

列汇报。第（1）列中未加入控制变量，结果显示自贸区成立后的高端制造业导向政策对高端制造业存在积极影响，影响系数相比"非高端制造业"高出17.5%，第（2）列加入行业层面的控制变量，影响系数有所下降，但依然表明产业政策对于新技术产业集聚存在显著的积极影响，第（3）列继续加入控制变量，控制上海其他国际级开发区和实际开发区对区内高端制造业的影响，结果仍然显示高端制造业"重点导向"政策对先进制造业集聚具有正向影响。

事实上，许多学者都得出产业政策会带来产业集聚的结论。产业政策带来产业集聚的原因可能主要包括以下几个方面：第一，产业政策具有资源配置效应，这种资源配置可以调配有限资源到特定行业，从而带来行业的集聚发展。连立帅等（2015）、张莉等（2015）分别发现产业政策对信贷资源配置、城市工业用地调配等具有重要作用。第二，产业政策具有鼓励和扶持作用，相关产业政策往往带来大量的物质或政策层面的鼓励和支持，从而会带来大量企业的进入带来集聚。张杰等（2015）发现补贴政策有利于企业出口广延边际存在影响。

基于以上分析，上海自贸区的高端制造业"重点导向"政策带来高端制造业集聚的主要原因可能基于以下两个方面：一是产业政策带来金融、土地等资源流向高端制造业，从而形成对于新技术企业的吸引；二是项目审批便利、税收减免、政府的补贴和扶持等也会成为吸引大量的企业流入的重要原因。

表 1　产业政策对于先进制造业集聚发展影响的实证结果

变量	自贸区各行业人均总产值			自贸区各行业人均主营业务收入		
	(1)	(2)	(3)	(4)	(5)	(6)
自贸区是否成立	0.070	−0.128***	−0.071*	0.082	−0.120***	−0.069*
（Time dummy）	(0.064)	(0.027)	(0.037)	(0.095)	(0.028)	(0.039)
自贸区是否成立 *	0.175**	0.060**	0.059**	0.637***	0.056**	0.055*
是否高端制造业	(0.082)	(0.029)	(0.029)	(0.181)	(0.029)	(0.031)
是否高端制造业	−2.735***	−0.413	−0.435	−3.012***	−0.586	−0.614
（Treatment dummy）	(0.251)	(0.547)	(0.545)	(0.373)	(0.566)	(0.567)
自贸区企业数量		0.000	0.000		−0.000	−0.000
		(0.001)	(0.001)		(0.001)	(0.001)

续　表

变量	自贸区各行业人均总产值			自贸区各行业人均主营业务收入		
	(1)	(2)	(3)	(4)	(5)	(6)
自贸区企业资产总计		0.858***	0.882***		0.868***	0.888***
		(0.039)	(0.041)		(0.041)	(0.043)
自贸区企业利润总额		0.089***	0.071**		0.110***	0.096***
		(0.029)	(0.030)		(0.030)	(0.032)
其他国家级开发区			−1.731*			−1.624
产值份额			(1.027)			(1.069)
市级开发区			0.148			0.106
产值份额			(0.170)			(0.177)
Constant	8.157***	0.477	0.847	8.224***	0.658	1.026
	(0.175)	(0.554)	(0.644)	(0.260)	(0.574)	(0.670)
行业固定效应	是	是	是	是	是	是
观测值	239	221	221	239	221	221
R−squared	0.937	0.991	0.991	0.876	0.990	0.991

注：***、** 和 * 分别代表 1%、5% 和 10% 的显著性水平，括号中的数字为标准误。其中第（1）-（3）列为基准回归；第（4）-（6）列为稳健性检验。

2. 平稳性趋势检验

当然，上文检验 2013 年自贸区成立的高端制造业导向政策对高端制造业集聚的影响，那么，假如这种影响实际上早在 2013 年政策实施之前就存在，估计出来产业政策在自贸区成立当年的影响可能就不是由于产业政策的效果，为了对此检验，如表 2 和图 3 所显示。

表 2 表明，自贸区成立前三期，即 2010 年，高端制造业的人均工业产值相比非高端制造业人均产值显著较低（第（1）列），自贸区成立前第二期和前一期，即 2011 年和 2012 年，高端制造业人均产值相对较低的趋势仍未转变。自贸区成立当期和后一期，高端制造业产值相比对照组的规模在统计意义上并不显著，而在自贸易成立后的第二年，即 2015 年，高端制造业的产业集聚明显高于非高端制造业（第 6 列）。

表 2　产业政策对于先进制造业集聚发展影响的平稳性趋势检验

变量	(1) 前三期	(2) 前两期	(3) 前一期	(4) 第零期（当期）	(5) 后一期	(6) 后二期
Time(n)	0.076**	−0.067	0.017	−0.040	−0.011	−0.256
	(0.037)	(0.055)	(0.037)	(0.037)	(0.046)	(0.259)
inc(n)	−0.053*	−0.039*	−0.034*	−0.021	0.034	0.084**
	(0.030)	(0.021)	(0.024)	(0.064)	(0.065)	(0.034)
是否高端制造业	−0.553	−0.515	−0.338	−0.478	−0.379	−0.399
（Treatment dummy）	(0.555)	(0.551)	(0.552)	(0.551)	(0.557)	(0.547)
自贸区企业数量	0.000	0.000	0.000	0.000	0.000	0.000
	(0.001)	(0.001)	(0.001)	(0.001)	(0.001)	(0.001)
自贸区企业资产总计	0.871***	0.885***	0.880***	0.872***	0.878***	0.878***
	(0.041)	(0.041)	(0.041)	(0.041)	(0.042)	(0.042)
自贸区企业利润总额	0.073**	0.072**	0.074**	0.073**	0.073**	0.076**
	(0.030)	(0.031)	(0.031)	(0.031)	(0.031)	(0.031)
其他国家级开发区	−2.414***	−4.342***	−3.002***	−2.545***	−2.606**	−3.836***
产值份额	(0.812)	(1.283)	(0.816)	(0.819)	(1.043)	(1.428)
市级开发区	0.161	0.097	0.124	0.208	0.199	−0.984
产值份额	(0.169)	(0.175)	(0.175)	(0.177)	(0.220)	(1.283)
Constant	1.158*	1.655**	1.087*	1.111*	1.022	1.660*
	(0.619)	(0.719)	(0.624)	(0.624)	(0.699)	(0.858)
行业固定效应	是	是	是	是	是	是
观测值	221	221	221	221	221	221
R−squared	0.991	0.991	0.991	0.991	0.991	0.991

注：***、** 和 * 分别代表 1%、5% 和 10% 的显著性水平，括号中的数字为标准误。

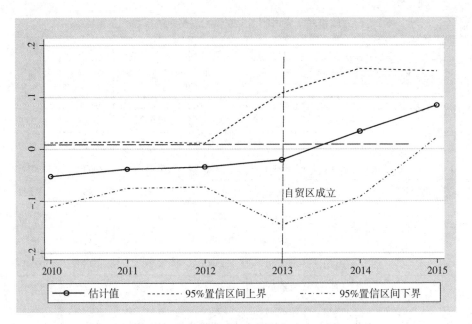

图3 产业政策对高端制造业影响效果的平行趋势检验

图3为对上表2的交叉项绘制成图，如图3所示。说明自贸区政策对产业集聚有着积极影响。从影响的趋势来看，该正向影响趋势仍可能呈现扩大趋势。

3.稳健性检验

上文以各行业规模以上企业的人均总产值为被解释变量衡量产业集聚，然而该结果是否稳健呢？接下来进行稳健性检验。选取规模以上企业的行业人均主营业务替换人均工业总产值。不同于人均工业总产值，人均主营业务事实上更能体现该行业的主要特征，例如，一家高端制造业中的总产值可能也包含有非高新技术产品所创造的价值，而主营业务收入则完全体现高新技术企业在高新技术产品上的价值，因此使用人均主营业务收入来衡量产业集聚。

以上稳健性检验的结果在表1的第（4）–（6）列呈现，结果依然表明，自贸区的高端制造业"重点导向"政策对产业集聚具有积极显著的正向影响作用。

六、自贸区政策对区外高端制造业的影响:"溢出"还是"虹吸"?

从经济地理学上来看,地区的发展事实上对于周围地区的发展及可能存在的积极的"外溢效应",也可能存在消极的"虹吸效应"(范子英等,2018),那么,自贸区相关产业政策对区外的高端制造业存在何种影响呢?

(1)区外高端制造业的统计描述

图 4-1 和图 4-2 对上海市自贸区区外的高端制造业的规模以上企业的工业总产值进行了描述。与图 2 对比显示,区外高端制造业实际上在自贸区成立一年后行业的工业总产值并没有显著的上升,相反,大多数高新技术企业存在下降趋势,例如 2014 年,区外的医疗设备及仪器仪表制造业、医药制造业、电子计算机及办公设备制造业、电子及通讯设备制造业等四个行业的产值分别同比下降了 23%、21%、31.18 和 15%。然而在 2015 年,各产业又呈现一定程度的反弹。

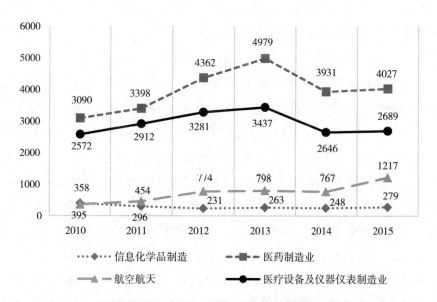

图 4-1 2010-2015 年信息化学品等 4 个高端制造业的工业总产值

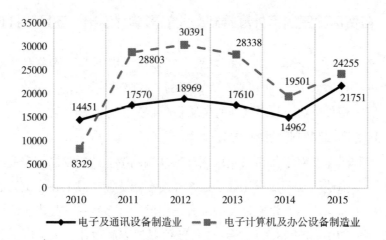

图 4-2　2010–2015 年电子通讯设备制造等 2 个高端制造业的工业总产值

注：如图 2 所示。

由此可见，短期内高端制造业"重点导向"政策对区外高端制造业发展具有负向影响，然而从长期看，如自贸区政策实施一年后，该产业政策对区外高端制造业发展可能具有正向的影响作用。

（2）自贸区政策对区外高端制造业的影响的实证检验

1. 理论基础："外溢效应"VS."虹吸效应"

外溢效应是指当一类冲击发生所带来的对除冲击对象以外的对其他周边地区的影响，自贸区成立则可能会带来"外溢效应"。一方面人口是自由流动的，由此带来技术和人力资本存在向周边扩散的可能性；第二方面，"互补效应"导致周边地区可能成为冲击对象的上下游产业的集中地区，因此在冲击的影响下可能会带动周边区域的发展，形成"外溢效应"；第三是"竞争效应"也会带来政策对象地区与周边地区的竞争，从而可能会带来周边地区的发展。

当然，优惠政策还可能造成周边地区的人才、资金向政策对象地区流动，而这些人才和资金大多是从周边国家吸引而来，因此会造成周边地区日益贫困和技术落后，增长动力不足（虹吸效应）。究竟上海自贸区对周边具有"外溢效应"，还是有可能具有"虹吸效应"？

2. 实证检验

表 3 汇报了上海自贸区高端制造业"重点导向"政策对区外高端制造业的

影响，选用区外高端制造业的人均生产总值作为被解释变量。第（1）列，以6个高端制造业为实验组，以其他传统制造业为对照组，交叉项系数不显著表明，自贸区高端制造业"重点导向"政策对区外高端制造业的影响并不显著，可能的原因是短期内该产业政策及可能对区外高端制造业存在"溢出效应"，也可能存在"虹吸效应"。表3第（2）-（7）列，将6个高端制造业分别作为实验组进行研究，分行业研究表明，产业政策仅对区外信息化学品制造业人均生产总值的提高存在显著的正向影响，其他行业的影响均不显著。

对信息化学品行业影响显著的可能原因是：信息化学品行业产业主要包括感光材料、光磁记录材料和电子化学品等三个部分，如半导体、印刷电路板、显示器件、电池等电子元器件、零部件等各种化工材料等，以上陈列大多以中间品为主要存在形式，而这种中间品大多分布在自贸区以外的区域，因此带来产业政策促进区外信息化学品行业影响显著的原因。

以上由于数据限制仅选取政策发生后的两个年份，即2014年和2015年，所以结论仅仅对短期有效。然而，由图4-1和图4-2显示，随着时间不断延长，实际上产业政策对生产总值影响可能是显著为正的，因此，从长期看，上海自贸区高端制造业"重点导向"政策的"溢出效应"是明显的。

表3　自贸区政策对区外高端制造业的影响的实证检验

	全部行业	信息化学品	医药制造	航空航天	电子通讯	电子计算机	设备仪器
VARIABLES	(1)	(2)	(3)	(4)	(5)	(6)	(7)
自贸区是否成立	−0.295***	−0.278***	−0.286***	−0.286***	−0.278***	−0.283***	−0.275***
（Time dummy）	(0.058)	(0.060)	(0.060)	(0.060)	(0.060)	(0.061)	(0.060)
自贸区是否成立 *	0.115	0.141*	0.075	0.077	0.059	0.071	0.051
是否高端制造业	(0.077)	(0.084)	(0.089)	(0.095)	(0.094)	(0.095)	(0.093)
是否高端制造业	−1.253	−1.261	−1.267	−1.262	−1.295*	−1.231	−1.294*
（Treatment dummy）	(0.783)	(0.782)	(0.779)	(0.781)	(0.776)	(0.788)	(0.773)
自贸区企业数量	−0.002	−0.002	−0.002	−0.002	−0.002	−0.002	−0.002
	(0.002)	(0.002)	(0.002)	(0.002)	(0.002)	(0.002)	(0.002)

续　表

	全部行业	信息 化学品	医药制造	航空航天	电子通讯	电子 计算机	设备仪器
自贸区企业资产总计	0.793***	0.777***	0.773***	0.780***	0.780***	0.813***	0.777***
	(0.064)	(0.066)	(0.066)	(0.066)	(0.066)	(0.066)	(0.066)
自贸区企业利润总额	0.035	0.077	0.085*	0.083	0.082	0.039	0.086*
	(0.048)	(0.051)	(0.051)	(0.051)	(0.052)	(0.049)	(0.052)
其他国家级开发区产值份额	1.453	1.367	1.845	1.776	1.399	1.236	1.460
	(1.609)	(1.726)	(1.691)	(1.723)	(1.712)	(1.736)	(1.706)
市级开发区产值份额	1.316***	1.422***	1.481***	1.479***	1.444***	1.426***	1.490***
	(0.266)	(0.280)	(0.276)	(0.281)	(0.279)	(0.285)	(0.278)
Constant	5.852***	5.740***	5.621***	5.598***	5.752***	5.741***	5.727***
	(1.009)	(1.028)	(1.017)	(1.027)	(1.020)	(1.037)	(1.017)
行业固定效应	是	是	是	是	是	是	是
Observations	221	195	201	195	195	195	195
R-squared	0.978	0.979	0.977	0.978	0.978	0.978	0.978

注：***、** 和 * 分别代表1%、5% 和10% 的显著性水平，括号中的数字为标准误。表3 的被解释变量为行业规模以上企业的人均工业总产值。

（3）自贸区政策对区外高端制造业的影响的稳健性检验

与前文类似，选取的方法是将被解释变量替换为人均主营业务收入进行稳健性检验，如表4 所示。结果与前文结论是基本一致的，由此也稳健检验了前文的研究结论。

表4　自贸区政策对区外高端制造业的影响的稳健性检验

	全部行业	信息 化学品	医药制造	航空航天	电子通讯	电子 计算机	设备仪器
VARIABLES	(1)	(2)	(3)	(4)	(5)	(6)	(7)
自贸区是否成立（Time dummy）	-0.184***	-0.170***	-0.182***	-0.181***	-0.174***	-0.174***	-0.171***
	(0.045)	(0.048)	(0.047)	(0.048)	(0.048)	(0.048)	(0.048)

续 表

	全部行业	信息化学品	医药制造	航空航天	电子通讯	电子计算机	设备仪器
自贸区是否成立 *	0.055	0.060**	0.062	0.072	0.063	0.053	0.052
是否高端制造业	(0.059)	(0.034)	(0.071)	(0.076)	(0.075)	(0.075)	(0.075)
是否高端制造业	−0.900	−0.904	−0.890	−0.883	−0.904	−0.891	−0.910
（Treatment dummy）	(0.603)	(0.618)	(0.620)	(0.625)	(0.622)	(0.620)	(0.619)
自贸区企业数量	−0.002	−0.002	−0.001	−0.001	−0.002	−0.002	−0.002
	(0.001)	(0.001)	(0.001)	(0.001)	(0.001)	(0.001)	(0.001)
自贸区企业资产总计	0.831***	0.830***	0.824***	0.829***	0.828***	0.836***	0.826***
	(0.049)	(0.052)	(0.052)	(0.053)	(0.053)	(0.052)	(0.053)
自贸区企业利润总额	0.097***	0.108***	0.110***	0.109***	0.109***	0.098**	0.111***
	(0.037)	(0.041)	(0.041)	(0.041)	(0.041)	(0.039)	(0.041)
其他国家级开发区产值份额	0.178	−0.137	0.400	0.343	−0.054	−0.027	0.011
	(1.238)	(1.366)	(1.347)	(1.379)	(1.372)	(1.367)	(1.365)
市级开发区产值份额	0.788***	0.843***	0.867***	0.865***	0.822***	0.851***	0.872***
	(0.205)	(0.222)	(0.220)	(0.225)	(0.223)	(0.225)	(0.222)
Constant	3.440***	3.461***	3.325***	3.304***	3.446***	3.428***	3.433***
	(0.776)	(0.813)	(0.811)	(0.822)	(0.817)	(0.816)	(0.813)
行业固定效应	是	是	是	是	是	是	是
Observations	221	195	201	195	195	195	195
R-squared	0.987	0.987	0.986	0.986	0.986	0.986	0.986

注：同表 3。

七、结论与对策建议

产业政策已经成为各级政府推动经济发展的实现产业升级的重要抓手。为推进对外开放新格局和带动经济转型，2013 年 8 月，我国在上海设立第一个自贸试验区，随后又陆续成立多个自贸。本文以上海自贸区高端制造业"重点导向"政策为政策冲击构造"准自然实验"，研究该产业政策对上海高端制造业集聚发展的影响效果，得到结论如下：（1）相比"非高端制造业"，自贸区的高端制造业"重点导向"政策对区内高端制造业发展具有明显集聚效应；（2）进一步探究产业政策对区外高端制造业的影响发现，短期内，由于"溢出效应"和"虹吸效应"的同时存在，除信息化学品外，整体上该产业政策对区外高端制造业影响并不显著；但从长期看，该政策对区外高端制造业存在较大的溢出效应；（3）以上结论在多种稳健性检验下均成立。

以上结论对于明确产业政策的作用和提高我国高端制造业集聚发展具有较大的启示意义。政策建议主要表现在以下几个方面：

1. 正确客观看待产业政策的效果。许多产业政策都是失败的，甚至可能还会造成一定程度的资源扭曲，然而，却没有那个国家的发展是脱离产业政策而成功的（林毅夫，2010），因此需要正确且客观看待产业政策。正如本文结论而言，产业政策对于促进高端制造业集聚发展的效果是明显的。当前我国高端制造业劣势明显，尤其是在近几个月的中美贸易摩擦中暴露无遗，与此同时，我国发展高端制造业方面的人力、技术、资本等却是稀缺的，这一背景下则需要依靠产业政策集中以上各方面要素，实现高端制造业的技术突破，因此需要依靠自贸区政策实现我国高端制造业集群发展。

2. 适当推广上海自贸区经验以实现各地的产业集聚发展。产业政策在实现产业集聚发展方面的作用是明显的，因此各地推广自贸区的过程中，应当依靠地区特色适当推广上海自贸区实施产业政策的经验，以形成本地区的产业集群及产业特色。

3. 扩大地区产业政策的"外溢效应"并提防"虹吸效应"。地区产业政策可能会带来对周边经济发展的"外溢效应"。扩大"外溢效应"就要通畅"外溢效应"的渠道，包括人才流动渠道、资本流动渠道和上下游关联渠道，将周边地区打造成为主导区域的上游产业集聚区域；此外，要建立技术共享的平台实现主导区域和周边区域经济的协调发展。除了"外溢效应"，地区产业政策往往还具有负面的"虹吸效应"，为了防止地区产业政策造成周边区域的过度"贫困化"，需要合理调节主导区域与周边区域的资源分配，并进一步形成主导区域"反哺"周边区域的机制，提防地区产业政策所带来的负面影响。

劳动力价格扭曲、自主创新
与中国出口企业竞争力提升

黄先海 王 煌[*]

摘要: 本文以加成率为视角, 将劳动力价格扭曲纳入扩展的 Melitz-Ottaviano 模型, 论证劳动力价格扭曲对出口企业竞争力的影响。在理论分析基础上, 利用中国工业企业数据库和海关贸易数据库进行经验研究。结果表明: 第一, 劳动力价格扭曲显著地提高当期出口企业加成率, 但从动态效应来看, 劳动力价格扭曲存在负向加成率效应。第二, 中间渠道检验表明, 劳动力价格扭曲通过"成本节约效应"和"低价竞争效应"影响出口企业加成率, "成本节约效应"大于"低价竞争效应"会导致劳动力价格扭曲产生正向加成率效应。第三, 动态条件下, 企业跨越一定门槛后, 可以通过以工艺创新和产品质量升级为内涵的自主创新矫正劳动力价格扭曲效应。第四, 地区市场化程度和行业技术水平会影响企业创新行为, 进而对矫正机制产生异质性影响。第五, 从资源配置效应来看, 行业劳动力价格扭曲显著提升行业加成率水平, 其中由"成本节约"导致的"企业内效应"发挥的作用最大。

关键词: 劳动力价格扭曲; 工艺创新; 产品质量升级; 企业加成率

一、引言

《对外贸易发展"十三五"规划》提出, 要加快转变贸易发展方式, 推动外贸向优质优价、优进优出转变, 为我国推进外贸转型升级打造贸易强国提供了发展遵循。改革开放 40 年来, 以"出口导向"为标志的贸易模式让我国对外贸易发生了迅猛发展, 政府行为或多或少、或显性或隐性、或有偿或无偿对

---

*作者简介: 黄先海, 浙江大学经济学院, 院长、教授、长江学者; 王煌, 浙江大学经济学院博士研究生。

企业出口行为和出口绩效产生影响（苏振东等，2012）。纵观我国经济体制改革历程，要素市场的市场化改革滞后于产品市场市场化改革的"不对称"导致严重的要素价格扭曲，地方政府为了经济发展的战略目的而对要素资源行使配置、管制权和定价权，使得土地、资本、劳动等要素价格存在不同程度的低估现象（黄益平，2009；张杰等，2011）。盛仕斌和徐海（1999）、史晋川和赵自芳（2007）、Allen（2001）等学者纷纷对要素价格扭曲的原因、测算以及对经济的影响做了大量研究。本文的聚焦点正是在劳动力市场改革的背景下，以加成率作为企业竞争力的代理变量，将劳动力价格扭曲、创新行为和企业加成率纳入统一的研究框架，从理论和实证两方面审视劳动力价格扭曲对企业出口绩效的影响，对培育发展我国出口企业竞争力，推动外贸向"优质优价"转变具有重要意义。研究发现，劳动力价格负向扭曲分别从"成本渠道"和"价格渠道"作用于企业加成率，一方面通过降低企业生产成本强化 R&D 劳动投入和生产规模扩大，产生"成本节约效应"提升出口企业加成率；另一方面，由劳动力价格扭曲引起的市场竞争强化，使得"低成本、低价格、低质量"成为企业利润最大化的内生选择，从而对加成率产生负向的"低价竞争效应"，"成本节约效应"和"低价竞争效应"孰大孰小，是短期内影响劳动力价格扭曲产生加成率效应的重要原因。

与现有文献相比，本文可能的创新点如下：第一，从研究主题来看，以加成率作为企业竞争力的代理变量，首次从企业盈利水平这一新颖而独特的视角研究劳动力价格扭曲对微观企业绩效的影响，拓展从微观上研究劳动力价格扭曲的文献；第二，从研究方法上，本文构建了劳动力价格扭曲影响出口企业加成率的理论框架，并从"成本节约效应"和"低价竞争效应"两个更为直观的渠道实证分析劳动力价格负向扭曲产生加成率效应的可能作用机制，同时从企业创新行为和市场化程度及技术差距等维度检验动态条件下矫正价格扭曲效应的有效性和异质性；第三，从逻辑视角上，从企业层面过渡到行业层面，通过对行业加成率进行分解，发现劳动力价格扭曲会影响行业资源配置而作用于行业加成率，其中"企业内效应"发挥的作用最大。

二、理论框架与研究假说

本部分借鉴 Melitz 和 Ottaviano（2008）的模型，利用可变替代弹性效用函数（VES），将企业可变加成率内生化。假设仅存在两个国家，分别为本国 H 和外国 F，两个国家都只能生产并消费一种传统商品和一类工业品。传统商品市场完全竞争，工业品市场垄断竞争，其种类 $i \in \Omega$ 是分布在 Ω 上的连续统。假定本国 H 和外国 F 的消费者偏好结构、厂商生产技术相同、劳动力要素不能跨国流动，且效用函数如下：

$$U = x_0^c + \alpha \int_{i \in \Omega} x_i^c \, di - \frac{1}{2} \lambda \int_{i \in \Omega} \left(x_i^c \right)^2 di - \frac{1}{2} \eta \left(\int_{i \in \Omega} x_i^c \, di \right)^2 \tag{1}$$

其中 x_0 表示传统商品，x_i 表示第 i 种工业品，参数 α、λ、η 均为正数且与需求相关，λ 表示工业品之间的弹性，α 和 η 表示工业品和传统商品之间的弹性，可以得出企业的需求函数为：

$$x_i = M x_i^c = \frac{M}{\lambda} \left(p^{\max} - p_i \right) \tag{2}$$

令总需求为 0 时，第 i 种商品的价格上限为：$p_i \leq \dfrac{\eta \int_{i \in \Omega} p_i \, di + \lambda \alpha}{\eta N + \lambda} = p^{\max}$，其中 N 为产品多样性种类数，M 为消费者数量，即市场规模。

在供给层面，假定企业进入市场前不知道其自身生产率水平，仅知道生产率分布情况，在支付市场进入成本 f_E 后，企业再根据劳动力市场价格决定 R&D 劳动投入，并且企业生产率会随着 R&D 劳动投入增加而提升。设企业的生产函数和中间品生产函数分别为：

$$x = \varphi k^{1-\beta-\gamma} l^\gamma m^\beta, \ m = a k^{1-\mu} l^\mu \tag{3}$$

其中 k、l、m 分别表示企业生产所投入的资本、劳动力和中间品，其价格分别为 r、w 和 p_m，进一步可计算出中间品价格 $p_m = r^{1-\mu} w^\mu / a (1-\mu)^{1-\mu} \mu^\mu$，企业生产的边际成本为：

$$c(\varphi, w, r) = \frac{\Phi(w,r)}{\varphi}, \Phi(w,r) \equiv \frac{w^{\gamma+\mu\beta} r^{1-\beta-\gamma+1-\mu\beta}}{a^\beta (1-\beta-\gamma)^{1-\beta-\gamma} \beta^\beta \gamma^\gamma (1-\mu)^{\beta(1-\mu)} \mu^{\beta\mu}} \tag{4}$$

假定企业出口的冰山贸易成本为 $\tau > 1$，可知企业在利润最大化下的内销和出口价格、产量和利润分别为：

$$p_{ii}(\varphi) = \frac{1}{2}\left(p_i^{max} + \frac{\Phi_i(w,r)}{\varphi}\right), p_{ij}(\varphi) = \frac{1}{2}\left(p_j^{max} + \tau_{ij}\frac{\Phi_i(w,r)}{\varphi}\right)$$

$$x_{ii}(\varphi) = \frac{M_i}{2\lambda}\left(p_i^{max} - \frac{\Phi_i(w,r)}{\varphi}\right), x_{ij}(\varphi) = \frac{M_j}{2\lambda}\left(p_j^{max} - \tau_{ij}\frac{\Phi_i(w,r)}{\varphi}\right) \tag{5}$$

$$\pi_{ii}(\varphi) = \frac{M_i}{4\lambda}\left(p_i^{max} - \frac{\Phi_i(w,r)}{\varphi}\right)^2, \pi_{ij}(\varphi) = \frac{M_j}{4\lambda}\left(p_j^{max} - \tau_{ij}\frac{\Phi_i(w,r)}{\varphi}\right)^2$$

其中下标为 ii 表示内销企业的变量，下标 ij 表示从 i 国出口至 j 国的变量。假定企业 R&D 劳动投入的程度为 $\kappa > 1$，即企业随 R&D 劳动投入变化的生产率为 $\kappa\varphi$。假定企业仅使用劳动力与资本两种要素，即有：

$$\kappa = f(k,l), f_k' > 0, f_l' > 0, f(0,0) = 1 \tag{6}$$

根据企业利润最大化条件 $\max_{k,l}: \pi_i(\varphi) = \pi_{ii}(\kappa\varphi) + \sum_{j\in J_i(\varphi)}\pi_{ij}(\kappa\varphi) - wl - rk$，可以得出企业的最优 R&D 劳动投入程度 $\kappa(\varphi, w, r)$，并且有 $\partial\kappa/\partial w < 0, \partial\kappa/\partial r < 0$，而此时企业 R&D 劳动投入成本为 $y = y(\kappa, w, r, \varphi), \partial y/\partial\kappa > 0, \partial y/\partial w > 0, \partial y/\partial w > 0$，说明企业的 R&D 劳动投入成本与要素价格正相关，要素价格越低越容易加大 R&D 劳动投入获得"生产率提升"。对于出口企业而言，以产量为权重进行加权，可知出口企业加成率为

$$\mu_i(\varphi) = \frac{1}{2}\frac{\kappa(\varphi,w,r)\varphi p_i^{max}}{\Phi_i(w,r)}\frac{\left(p_i^{max} - \frac{\Phi_i(w,r)}{\kappa(\varphi,w,r)\varphi}\right) + \sum_{j\in J_i(\varphi)}\frac{p_j^{max}}{p_i^{max}}\left(\frac{p_j^{max}}{\tau_{ij}} - \frac{\Phi_i(w,r)}{\kappa(\varphi,w,r)\varphi}\right)}{\left(p_i^{max} - \frac{\Phi_i(w,r)}{\kappa(\varphi,w,r)\varphi}\right) + \sum_{j\in J_i(\varphi)}\left(p_j^{max} - \tau_{ij}\frac{\Phi_i(w,r)}{\kappa(\varphi,w,r)\varphi}\right)} + \frac{1}{2} \tag{7}$$

其中 $J_i(\varphi)$ 表示 i 国生产率为 φ 的企业出口国家的集合。

2. 劳动力价格扭曲的影响。借鉴 Hsieh 和 Klenow（2009）的方法，以从价税的形式将劳动力价格扭曲引入模型，令 $w_i = \theta w, 0 < \theta < 1$，其中 θ 表示劳动力价格扭曲程度，其值越小意味着负向扭曲程度越高。根据前面的分析可知，劳动力价格负向扭曲程度越高，企业的 R&D 劳动投入程度越大，即

$$\partial\kappa/\partial\theta < 0 \tag{8}$$

在劳动力价格扭曲的假定下，企业的自由进出条件为：

$$\int_{\frac{\theta^{\gamma+\mu\beta}\Phi_i(w,r)}{\kappa(\varphi,w,r)p_i^{max}}}^{\infty} \pi_{ii}(\kappa(\varphi,w,r,\theta)\varphi,\theta) - y(\kappa,w,r,\varphi)dG(\varphi) +$$

$$\sum_{j\neq i}\int_{\frac{\tau_{ij}\theta^{\gamma+\mu\beta}\Phi_i(w,r)}{\kappa(\varphi,w,r)p_j^{max}}}^{\infty} \pi_{ij}(\kappa(\varphi,w,r,\theta)\varphi,\theta)dG(\varphi) = f_E \tag{9}$$

可以得到

$$\partial p_i^{max} / \partial \theta > 0 \tag{10}$$

也就是说劳动力价格负向扭曲程度越高，本国市场进入门槛越低。进一步可以得到劳动力价格扭曲对出口企业加成率的影响为

$$\frac{\partial \ln\left[2\mu(\varphi)-1\right]}{\partial \theta} = \underbrace{\Psi_p \frac{\partial p_i^{max}}{p_i^{max} \partial \theta}}_{\text{低价竞争效应}} - \underbrace{\Psi_\kappa\left(-\frac{\partial \kappa}{\kappa \partial \theta}\right)}_{\text{生产率提升效应}} - \underbrace{\Psi_\theta \frac{\gamma + \mu\beta}{\theta^{\gamma+\mu\beta+1}}}_{\text{成本扭曲效应}} , \Psi_p > 0, \Psi_\kappa > 0, \Psi_\theta > 0 \tag{11}$$

从上式中可以看出，对于出口企业加成率而言，劳动力价格负向扭曲将产生低价竞争效应、生产率提升效应及成本扭曲效应，其中"低价竞争效应"指劳动力价格负向扭曲使得企业的产品价格下降，进而对出口企业加成率产生负向影响；"生产率提升效应"指劳动力价格负向扭曲会促进企业 R&D 劳动投入，进而提升企业生产率，对出口企业加成率产生正向影响；"成本扭曲效应"指劳动力价格负向扭曲使得企业生产成本下降，对出口企业加成率产生正向影响。这里把由成本渠道影响的"生产率提升效应"与"成本扭曲效应"统一称为"成本节约效应"。因此，可以得到以下研究假说：

研究假说 1：在控制其他因素不变的情况下，劳动力价格扭曲是影响中国出口企业加成率动态变化的一个重要因素。

研究假说 2：劳动力价格负向扭曲可能通过"成本节约效应"和"低价竞争效应"两个渠道影响出口企业加成率，当"成本节约效应"大于"低价竞争效应"将使得出口企业获得正向加成率效应，"成本节约效应"小于"低价竞争效应"将使得出口企业获得负向加成率效应。

尽管由劳动力价格负向扭曲产生的 R&D 劳动投入增加或"干中学"经验积累在一定程度上提升了企业生产率，但不可否认的是，低价低利润仍然是我国出口行为的基本特征（Amiti 和 Freund，2010；黄先海等，2016；盛丹和王永进，2012）。从长期动态效应来看，劳动力价格扭曲虽然促进了出口规模在"量"上的扩张，但自主创新仍是从"质"上提高企业竞争力的长效机制。大量研究表明，工艺创新能显著提升企业出口倾向，并且对企业加成率有正向影响（Caldera，2010；黄先海等，2015；诸竹君等，2017b）。产品质量是区分产品垂直差异的重要指标，尤其多产品企业往往通过增加核心产品的研发创

新，从而提高产品质量获取较高的成本加成（祝树金等，2018）。从创新的影响效应来看，制度环境的改善一方面能通过促进劳动分工降低要素扭曲程度，降低市场交易成本（Costinot，2009）；另一方面，制度环境越好的地区，越能够激励企业开展创新行为或者从更大范围获得复杂度或质量更高的中间品（耿晔强和狄媛，2017；毛其淋和许家云，2017）。另一方面，根据后发国家赶超理论，行业的技术水平可能会影响企业的创新行为和产品质量升级（黄先海和宋学印，2017），因此提出以下研究假说。

研究假说3：从动态效应来看，长期中以工艺创新和产品质量升级为内涵的自主创新可能是提升出口企业竞争力的有效机制。

研究假说4：地区的制度环境和行业技术水平是影响企业工艺创新和产品质量升级的重要因素，对劳动力价格扭曲效应的矫正机制可能存在异质性。

三、数据、变量与描述性统计

（一）数据来源

1. 工业企业数据库

1998–2007年国家统计局的工业企业数据库涵盖所有国有工业企业和主营业务收入大于500万的规模以上非国有企业，由于该数据库存在指标缺失、大小异常、匹配混乱等问题，按照Brandt et al（2012）、田巍和余淼杰（2014）等常用的做法进行处理，调整后数据中包括576143家企业2144549个观测值。

2. 工业企业–海关匹配数据

参考Yu（2015）、田巍和余淼杰（2014）的两步匹配方法，最后得到的匹配数据库中包括53917家企业226267个观测值，企业出口额占制造业企业数据库出口额一半左右，与田巍和余淼杰（2014）等研究的匹配结果相当。

（二）变量调整与测算

1. 劳动力价格扭曲测算

劳动力价格扭曲是指劳动力要素的价格与其机会成本的背离，一般用劳动力要素的边际收益与实际成本之比来表示。根据 C-D 生产函数计算出劳动力价格扭曲指标，并用对数形式（*distl*）进行实证。其中，资本投入（K）的估算借鉴黄先海等（2016）的做法，以企业固定资产净值（2000 年不变价格）作为初始资本存量，采用永续盘存法进行估计。劳动力投入（L）采用企业的从业人数表示，劳动力价格（ω）采用企业平均工资表示，通过本年应付工资总额除以从业人数计算得到。

2. 企业层面加成率和生产率测算

参考 De Loecker 和 Warzynski（2012）的方法，采用结构方程对企业加成率进行估算，得到：$markup_{ijt} = \sigma_{ijt}^{M}(\vartheta_{ijt}^{M})^{-1}$，其中 $markup_{ijt}$ 表示企业加成率，σ_{ijt}^{M} 和 ϑ_{ijt}^{M} 分别表示企业 i 所需中间品投入的产出弹性和占投入份额。生产率（*tfp*）使用 Levinsohn 和 Petrin（2003）的方法计算得到，实证中取对数值形式。

3. 企业层面工艺创新和出口产品质量测算

参考 Fare 和 Grosskopf（1992）的研究，将 Malmquist 综合生产率指数分解为效率变化和技术变化，并将效率变化的绝对值作为企业工艺创新的代理变量，记为 proc。出口产品质量主要利用需求残差法进行估计，为了更准确体现企业产品质量的异质性，将测度维度扩展至企业 – 出口国 – 年份 – 贸易方式 –HS8 位码产品层面[①]。

4. 其他控制变量。具体包括：（1）企业规模（*scale*），用企业销售额的对数值表示。（2）企业年龄（*age*），用企业建立的时间对数值表示。（3）企业资本劳动比（*klratio*），用企业资本和从业人数对数值之比表示。（4）企业所有制类型（*soe*），用企业国有资本占实收资本的比例表示。（5）市场规模（*ms*）：利用市场潜力指标衡量某个特定企业所辐射的市场规模，计算公式为 $ms_{rt} = \sum_{x \neq r} \frac{GDP_{xt}}{D_{xr}} + \frac{GDP_{rt}}{D_{rr}}$，其中 r 和 t 分别表示省份和时间，$GDP_{rt}$ 表示 r 省的地区生产总值，D_{rr} 和 D_{xr} 分别表示 r 省内部距离和到其他省的省会城市之间的距

---

① 即表示同一企业在同一年以相同的贸易方式出口到同一目的国的相同 HS8 位码层面的产品具有相同的产品质量，基于数据的可得性，这已是海关数据库能测算产品质量的最高层级。但是对于企业内部，同一 HS8 位码产品可能存在质量差异，本文不考虑这种情况。

离。省内距离$D_{rr} = \frac{2}{3}\sqrt{\frac{a_r}{\pi}}$，$a_r$为r省国土面积大小。（6）行业竞争程度（$hhi$），用四位码行业赫芬达尔指数表示，计算公式为$hhi_j = \sum_{i=1}^{n}\left(sale_{ij}\Big/\sum_{i=1}^{n}sale_{ij}\right)$：，$hhi$越大意味着行业垄断程度越高。各主要变量描述性统计如表1所示。

表1　主要变量描述性统计

变量符号	变量名称	样本量	均值	标准误	最小值	最大值
markup	加成率	1495340	1.2634	0.2580	0.5	2.9999
distl	劳动力价格扭曲	1463297	0.6996	1.0716	−9.507	10.2448
tfp	企业生产率	1468188	6.2894	1.2412	−2.9710	13.4978
scale	企业规模	1495336	9.8289	1.5096	0	18.8558
age	企业年龄	1467524	2.1432	0.9765	0	7.6039
klratio	资本劳动比	1495340	1.7660	0.3637	−0.0636	5.7665
soe	所有制类型	1484189	0.1665	0.3583	−6.9057	8.7535
ms	市场规模	1495338	0.2425	0.1125	0.0324	0.7010
hhi	行业竞争程度	1495340	0.0145	0.0250	0.0010	1
quality	出口产品质量	147232	0.1955	0.3460	−8.9765	1.6958
proc	工艺创新	130217	0.3390	0.1501	0.0001	1
market	市场化指数	308	5.5220	2.0876	0	11.7100
dist	行业技术差距	787	7.0343	0.5255	6.0053	8.9205

四、经验研究结果与分析

（一）计量模型设定

本文的核心问题是研究2000-2006年劳动力价格扭曲（*distl*）对中国出口企业加成率（*markup*）的影响，并在此基础上分析劳动力价格扭曲产生加成率效应的中间渠道，将计量模型设定如下：

$$markup_{ijt} = Z_0 + Z_1 distl_{ijt} + \varphi_1 Z_{ijt} + \varphi_2 Z_{jt} + \delta_j + \delta_k + \delta_t + \varepsilon_{it} \tag{10}$$

上式中，下标 i、j、k、t 分别表示企业、行业、地区和年份，考虑到可能存在滞后影响，在动态模型中采用劳动力价格扭曲滞后 1 期作为核心解释变量，但在基准模型中用当期值进行回归。Z 是控制变量集，δ_j、δ_k 和 δ_t 表示不可观测的行业、地区和年份固定效应，ε_{it} 是满足均值为 0，方差为 δ^2 的随机干扰项。

（二）基准回归结果

表 2 汇报了基准模型固定效应（FE）回归结果，根据第（4）列结果显示，劳动力价格扭曲每上升 1 个百分点，出口企业加成率提升 0.1214（0.5088 个标准差）。控制变量方面基本符合预期：scale 的系数显著为负，表明规模越大的出口企业加成率越小，可能的原因是由于企业虽然规模较大，但由于企业产品质量较低，导致出口的产品在市场上竞争力较小。klratio 的系数显著为正，说明资本劳动比越高的企业加成率水平越高。通常资本劳动比较高的企业较多为资本密集型和技术密集型企业，而这两类企业可以利用丰裕的资本和技术进行创新活动，从而提高市场势力。soe 的系数显著为正，说明出口国有企业的加成率显著高于同类非国有企业，与黄先海等（2016）的结果一致，可能的原因在于国有企业具有较强的融资能力，在研发与创新方面较非国有企业具有一定优势，最终导致国有企业产品质量较集体、私营等非国有企业更高（张杰等，2014）。ms 的系数显著为正，说明出口企业的市场规模越大，加成率水平越高。可能的原因在于市场规模越大的企业越有可能发挥规模经济的优势降低边际成本，进而具有更高的加成定价能力。而 age 和 hhi 的系数都为正但不显著，说明企业的年龄和行业竞争程度对出口企业加成率并无显著影响。考虑到劳动力市场扭曲和出口企业加成率之间可能存在的内生性问题，工具变量法能有效降低估计偏误。选取滞后 1 期劳动力价格扭曲作为工具变量，并采用两阶段最小二乘法（2SLS）进行估计，结果显示本文的核心结论仍然成立。进一步检验工具变量的合理性：（1）Anderson-LM 统计量为 1.0e+04，对应的 P 值均为0.0000，在 1% 的显著水平上强烈拒绝工具变量识别不足的零假设。（2）Cragg-Donald Wald-F 统计量为 2.4e+04，远大于 Stock-Yogo 检验（2005）在 10% 水

平上的临界值 16.38，因此拒绝"弱工具变量"的原假设。

表 2　劳动力价格扭曲对出口企业加成率的影响（基准回归结果）

变量	(1)	(2)	(3)	(4)	(5)	(6)
	markup	markup	markup	markup	markup	IV-2SLS
sistl	0.1311***	0.1214***	0.1209***	0.1214***	0.1215***	0.0338***
	(100.23)	(89.42)	(89.89)	(89.39)	(89.46)	(12.48)
tfp	0.0769***	0.0920***	0.0921***	0.0920***	0.0920***	0.1333***
	(55.11)	(57.65)	(58.27)	(57.62)	(57.61)	(51.61)
scale		−0.0324***	−0.0325***	−0.0324***	−0.0317***	−0.0608***
		(−25.60)	(−25.64)	(−25.58)	(−25.02)	(−51.81)
age		0.0016	0.0018*	0.0016	0.0014	0.0071***
		(1.60)	(1.82)	(1.64)	(1.39)	(11.32)
klratio		0.0491***	0.0488***	0.0491***	0.0479***	0.1772***
		(15.38)	(15.34)	(15.37)	(15.05)	(38.83)
soe		0.0091**	0.0082**	0.0091**	0.0092**	0.0176***
		(2.42)	(2.18)	(2.41)	(2.42)	(6.55)
ms		0.0905***	0.0809***	0.0897***	0.1021***	0.2030***
		(3.54)	(9.51)	(3.51)	(4.00)	(6.97)
hhi		−0.0335	−0.0459**	−0.0305	−0.0312	−0.0803***
		(−1.56)	(−2.09)	(−1.38)	(−1.38)	(−3.88)
常数项	0.6875***	0.7874***	0.8279***	0.8085***	0.6190***	0.6636***
	(12.39)	(53.17)	(14.09)	(13.61)	(4.73)	(17.65)
年份控制	是	是	是	是	否	是
省份控制	是	否	是	是	是	是
行业控制	是	否	否	是	否	是
年份-行业控制	否	否	否	否	是	否
样本数	222288	219842	219842	219842	219842	161216
调整后 R^2	0.464	0.470	0.469	0.470	0.471	0.456

注：括号内为 t 值或 z 值，*、** 和 *** 分别为 10%、5% 和 1% 显著性水平，拟合优度均为调整后的 R^2（固定效应汇报组内 R^2，分位数回归汇报 Pseudo R^2）。

（三）子样本异质性回归结果

1. 分要素密集度的回归结果

劳动密集型行业因劳动力价格扭曲产生的加成率效应最大，其中劳动力价格扭曲每提升 1%，出口企业加成率提升 0.1248（0.547 个标准差），而劳动力价格扭曲的加成率效应在资本密集型企业中最小。这一回归结果符合预期，劳动密集型企业通常会雇佣更多的劳动力使得负向扭曲产生的成本节约越多，随着企业生产规模扩张、R&D 劳动投入增多和劳动力"干中学"经验积累，"成本节约效应"发挥作用越明显，更有利于提升出口企业市场势力。

表 3　劳动力价格扭曲对出口企业加成率的影响（分要素密集度的回归结果）

变量	(1)	(2)	(3)	(4)	(5)	(6)
	劳动密集型		资本密集型		技术密集型	
distl	0.1324***	0.1248***	0.1118***	0.0989***	0.1304***	0.1184***
	(76.21)	(68.86)	(15.55)	(13.72)	(61.10)	(54.03)
tfp	0.0772***	0.0892***	0.0891***	0.1077***	0.0779***	0.0966***
	(41.31)	(42.14)	(11.82)	(13.19)	(34.33)	(36.83)
控制变量	否	是	否	是	否	是
年份固定	是	是	是	是	是	是
省份固定	是	是	是	是	是	是
行业固定	是	是	是	是	是	是
样本数	117401	116008	8582	8494	96002	95042
调整后 R^2	0.476	0.481	0.413	0.420	0.456	0.464

2. 分所有制类型的回归结果

国有企业因劳动力价格扭曲产生的正向加成率效应最大，外资企业次之，民营企业最小。具体来说，劳动力价格扭曲每提高 1%，会使得国有企业、外资企业和民营企业的加成率分别提高 0.1598（0.6230 个标准差）、0.1231（0.4681 个标准差）、0.1244（0.6177 个标准差）。一方面由于国有企业在劳动力选取上存在一定的黏性（Lu 和 Yu，2015），而民营企业的劳动力流动机制较为宽松，能够对劳动力价格扭曲造成的要素配置效应自发调节，所以国有企业较民营企业而言，更可能由于市场分割、地方保护、寻租等依赖于廉价劳动力要素投入。另一方面国有企业具有较强的融资能力，可能通过研发创新行为提高产品质量和市场势力。

表4　劳动力价格扭曲对出口企业加成率的影响（分所有制类型的回归结果）

变量	(1)	(2)	(3)	(4)	(5)	(6)
	国有企业		民营企业		外资企业	
distl	0.1587***	0.1598***	0.1244***	0.1165***	0.1338***	0.1231***
	(12.06)	(12.31)	(40.26)	(36.76)	(51.56)	(45.78)
tfp	0.0363***	0.0359***	0.0781***	0.0907***	0.0852***	0.1024***
	(3.25)	(3.25)	(23.20)	(24.79)	(30.64)	(32.04)
控制变量	否	是	否	是	否	是
年份固定	是	是	是	是	是	是
省份固定	是	是	是	是	是	是
行业固定	是	是	是	是	是	是
样本数	6592	6540	36919	36491	68064	67339
调整后 R^2	0.467	0.466	0.455	0.464	0.461	0.467

3. 分地区回归的结果

无论是全国范围内，还是按照东部、中部和西部区域划分，劳动力价格扭曲对出口企业均存在显著的正向加成率效应。但是，中部地区的正向效应最大，劳动力价格扭曲提升1%，出口企业加成率提高0.1338（0.5000个标准差），随后是西部地区，东部地区最少。可能的原因是：由于中西部地区的平均工资相对于东部地区来说更低，劳动力价格负向扭曲导致的劳动力投入规模扩张使得中西部地区"成本节约效应"发挥更加充分。另一方面，由于东部地区的高端要素密集度和创新水平较中西部地区更高，资本密集型企业和技术密集型企业占比更高，通过创新行为提高产品质量从而获得更高定价相对于降低劳动力成本提升市场势力更为重要。

表 5　劳动力价格扭曲对出口企业加成率的影响（分地区的回归结果）

变量	(1)	(2)	(3)	(4)	(5)	(6)
	东部地区		中部地区		西部地区	
distl	0.1300***	0.1202***	0.1411***	0.1338***	0.1395***	0.1320***
	(95.15)	(84.75)	(27.36)	(25.02)	(15.54)	(14.24)
tfp	0.0759***	0.0914***	0.0862***	0.0993***	0.0862***	0.0942***
	(52.32)	(55.03)	(15.13)	(15.29)	(8.62)	(8.20)
控制变量	否	是	否	是	否	是
年份固定	是	是	是	是	是	是
省份固定	是	是	是	是	是	是
行业固定	是	是	是	是	是	是
样本数	199448	197440	15657	15297	7183	7105
调整后 R^2	0.464	0.470	0.460	0.468	0.484	0.487

4. 分贸易类型的回归结果

进行加工贸易和混合贸易的出口企业由劳动力价格扭曲导致的加成率效应大于从事一般贸易的出口企业，其中进行加工贸易和混合贸易的出口企业劳动力价格扭曲每提升 1%，会引起加成率提高 0.1230（0.5165 个标准差）、0.1230（0.5173 个标准差）。加工贸易和混合贸易企业由于存在"两头在外"的特征，使得该类型的企业既可以选择国内购买中间品也可以选择从国外进口中间品，因此这两类企业对于要素价格扭曲的变化较为敏感。当国内劳动力价格出现负向扭曲时，为了寻求低成本的要素投入，包括外资企业在内的大量企业选择从事加工贸易，将中国具有比较优势的劳动力要素与资本、技术要素相结合，既解决了农村大量剩余劳动力的就业，通过扩大生产规模产生"成本节约效应"，又能发挥技术优势提升产品质量，从而提高出口企业盈利水平（王怀民，2009）。

表6 劳动力价格扭曲对出口企业加成率的影响（分贸易类型的回归结果）

变量	(1)	(2)	(3)	(4)	(5)	(6)
	一般贸易		加工贸易		混合贸易	
distl	0.1281*** (69.60)	0.1185*** (61.55)	0.1310*** (38.44)	0.1230*** (34.69)	0.1330*** (53.80)	0.1230*** (48.66)
ftp	0.0836*** (42.27)	0.0987*** (43.34)	0.0624*** (17.31)	0.0747*** (18.43)	0.0809*** (29.91)	0.0967*** (31.29)
控制变量	否	是	否	是	否	是
年份固定	是	是	是	是	是	是
省份固定	是	是	是	是	是	是
行业固定	是	是	是	是	是	是
样本数	113433	112028	35247	34838	73141	72513
调整后 R^2	0.453	0.459	0.496	0.502	0.468	0.474

（四）劳动力价格扭曲效应的影响渠道检验

将企业生产率作为"成本节约效应"的代理变量，将"出口产品质量"作为"低价竞争效应"的代理变量，结果汇报在表7中。研究发现，劳动力价格扭曲能显著提升出口企业生产率，原因在于劳动力价格负向扭曲会使企业大规模使用劳动力要素，一方面随着企业生产规模的扩张加大了R&D劳动投入，提高了企业劳动生产率；另一方面，劳动力集聚会产生经验积累效应和"干中学"效应，导致企业生产率提升。而劳动力价格扭曲显著降低了出口产品质量，当劳动力价格负向扭曲会使市场规模扩张导致竞争强化，使企业短期内具有较弱的研发动机和研发投入，从而抑制出口产品质量提升。换句话说，较低的产品价格是短期内出口企业选择低成本、低质量的内生选择。第（4）-（5）列可以看出劳动力价格扭曲导致的"成本节约效应"能显著提高出口企业加成率，而"低价竞争效应"通过产品低价（市场竞争加剧导致的创新激励和产品质量升级弱化）显著降低出口企业加成率。并且变量 *distl* 的系数分别出现了下降和上升，初步表明"成本节约效应"和"低价竞争效应"的存在性。在第（6）列同时加入两个中间变量，可以看到中间变量 *tfp* 的系数明显大于 *quality* 的系数，即"成本节约效应"大于"低价竞争效应"会导致劳动力价格扭曲对出口企业产生正向加成率效应。通过 Sobel 检验发现，上述可能的中间变量的 Z 值均显著大于 1% 显著性水平下的临界值，因此较为完整的检验命题 2 中的渠道机制。

表 7　劳动力价格扭曲对出口企业加成率的影响渠道

变量	(1)	(2)	(3)	(4)	(5)	(6)
	markup	*tfp*	*quality*	*markup*	*markup*	*markup*
distl	0.1874***	0.7170***	−0.0075***	0.1214***	0.1921***	0.1247***
	(154.79)	(206.65)	(−7.63)	(89.39)	(110.51)	(65.82)
ftp			0.0161***	0.0920***		0.0925***
			(14.97)	(57.62)		(41.54)
quality					0.0188***	0.0391***
					(3.45)	(7.38)
控制变量	是	是	是	是	是	是
年份固定	是	是	是	是	是	是
省份固定	是	是	是	是	是	是
行业固定	是	是	是	是	是	是
样本数	219842	219842	119320	219842	119320	119320
调整后 R²	0.437	0.674	0.023	0.139	0.446	0.4776

（五）动态条件下劳动力价格扭曲效应的矫正机制分析

1.矫正机制有效性

本部分主要分析劳动力价格扭曲产生加成率效应的动态异质性和矫正机制，结果汇报在表 8 中。研究发现，第一，虽然当期劳动力价格扭曲是提升出口企业加成率的重要因素，但从动态效应来看，当期劳动力价格扭曲会显著抑制下一期出口企业加成率[①]。第二，当引入工艺创新的交互项后，整体上滞后 1 期价格扭曲和工艺创新代理变量的交互项系数显著为正，说明当出口企业工艺

---

① 根据渠道检验表明，滞后一期的劳动力价格扭曲抑制了企业生产率，而提高了产品质量。即说明长期来看，滞后一期的劳动力价格扭曲可能通过要素错配降低了企业生产率，而长期的成本节约一方面会使劳动力在"干中学"中产生经验积累而提高人力资本水平，另一方面或许使企业节约的生产成本而提高研发投入，最终提高产品质量。如果要素错配效应大于质量升级效应，会使得劳动力价格扭曲降低企业加成率。限于篇幅原因，结果备索。

创新水平超过一定程度时，滞后 1 期价格扭曲对加成率水平有正向效应。第三，当引入产品质量升级的交互项后，整体上滞后 1 期价格扭曲和出口产品质量交互项的系数显著为正，说明当出口产品质量超过一定程度时，滞后 1 期价格扭曲对加成率水平有正向效应。以上分析结果证实了从动态效应看，"工艺创新"和"产品质量升级"是矫正劳动力价格扭曲效应的有效机制，企业能否长期提升出口竞争力取决于工艺创新水平和产品质量层级。

表 8　劳动力价格扭曲对出口企业加成率影响的矫正机制

变量	(1)	(2)	(3)	(4)	(5)
	动态效应	工艺创新效应		质量升级效应	
l.distl	−0.0061***	−0.0093***	−0.0078***	−0.0052***	−0.0041***
	(−7.25)	(−6.84)	(−5.70)	(−3.90)	(−3.09)
l.distl * proc		0.2876***	0.2765***		
		(41.50)	(39.86)		
proc		0.5338***	0.7668***		
		(13.79)	(17.27)		
l.distl * quality				0.1098***	0.0939***
				(17.84)	(15.48)
quality				0.0576***	0.0470***
				(8.83)	(7.72)
ftp	0.1917***	0.1381***	0.1590***	0.1759***	0.1920***
	(115.75)	(49.24)	(48.44)	(64.75)	(65.51)
控制变量	是	是	是	是	是
年份固定	是	是	是	是	是
省份固定	是	是	是	是	是
行业固定	是	是	是	是	是
样本数	162048	71804	71604	71851	71592
调整后 R^2	0.382	0.475	0.485	0.399	0.421

2. 矫正机制的异质性

工艺创新和产品质量升级作为矫正劳动力价格扭曲效应的有效机制，一般会受到市场化程度和行业技术水平差异的影响。借鉴樊纲等（2011）测算的市场化指数作为省级层面制度因素的代理变量，使用美国对中国 2 位码行业劳动生产率之比测算行业技术差距（Aghion et al, 2009）①，数值越大说明中国该行业的技术差距越大，技术模仿和创新难度越小，结果汇报在表9中。研究表明，第一，滞后1期的劳动力价格扭曲对工艺创新的效应显著为正，并且会导致下期工艺创新水平提升0.0008，而 l.distl * market 的系数、l.distl * dist 的系数显著为负，说明当市场化程度越高、技术差距越大时，更有利于降低企业劳动力价格扭曲效应。从门槛值来看，当市场化程度高到一定程度（约为8.8587，相当于市场化指数的62%），由劳动力价格扭曲弱化产生的成本节约将不能弥补企业工艺创新的成本。而当行业技术差距大到一定程度（约为7.2，相当于技术差距水平的78%），将不利于企业进行工艺创新。第二，滞后1期劳动力价格扭曲对产品质量升级的效应并不显著，而交互项 l.distl * market 的系数显著为正，说明市场化程度越高时，企业越容易进行创新活动提升产品质量以降低劳动力价格的扭曲效应。而与技术差距的交互项系数为正，但不显著，说明技术差距越大的企业并没有促进企业在价格扭曲时进行产品质量升级。原因可能技术差距越大的企业一方面可能不具备创新的能力和条件，另一方面可能缺乏创新的动力。

表9　劳动力价格扭曲矫正机制的异质性分析

变量	(1)	(2)	(3)	(4)	(5)	(6)
	工艺创新效应			质量升级效应		
l.distl	0.0008***	0.0248***	0.0288***	0.0000	−0.0082*	−0.0059
	(3.57)	(24.31)	(11.63)	(0.05)	(−1.77)	(−0.47)
l.distl * market		−0.0028***			0.0010*	
		(−23.45)			(1.80)	
l.distl * dist			−0.0040***			0.0009
			(−11.09)			(0.46)
tfp	0.0368***	0.0417***	0.0420***	0.0016	0.0007	0.0007
	(138.35)	(170.32)	(170.42)	(1.55)	(0.65)	(0.63)
控制变量	是	是	是	是	是	是
年份固定	是	是	是	是	是	是
省份固定	是	是	是	是	是	是

① 美国2位码行业生产率数据来源于网站 www.nber.org/data/nberces.html，需要对两国行业代码进行匹配，具体方法是：第一，首先匹配 CIC 和 ISIC Rev.3，然后匹配 ISIC Rev.3 和 SIC Rev.1987。

续　表

变量	(1)	(2)	(3)	(4)	(5)	(6)
	工艺创新效应			质量升级效应		
行业固定	是	是	是	是	是	是
样本数	71838	71635	70859	71881	71621	70848
调整后 R^2	0.840	0.874	0.873	0.0027	0.0030	0.0028

五、劳动力价格扭曲与行业加成率水平：资源配置效应的检验

本文试图进一步分析劳动力价格扭曲对出口企业行业加成率的影响。首先，以企业的销售产值占行业销售产值的比重为权重，计算出行业总体加成率（ $markup_{jt}$ ）。然后按照 Griliches 和 Regev（1995）对生产率的分解思路，根据式（13）得到行业加成率的"企业内效应"、"企业间效应"、"进入效应"和"退出效应"。构建模型检验行业劳动力价格扭曲对出口企业加成率的资源再配置效应，结果如表 10 所示。

$$\Delta markup_{jt} = \underbrace{\underbrace{\sum_{i \in I} \overline{share_i} \Delta markup_{it}}_{within-effect} + \underbrace{\sum_{i \in I} \Delta share_{it} \left(markup_i - \overline{markup_j} \right)}_{across-effect}}_{int\,ensive-m\arg in}$$

$$+ \underbrace{\underbrace{\sum_{i \in EN} share_{it} \left(markup_{it} - \overline{markup_j} \right)}_{entry-effect} - \underbrace{\sum_{i \in EX} share_{it-1} \left(markup_{it} - \overline{markup_j} \right)}_{exit-effect}}_{extensive-m\arg in} \qquad (10)$$

表 10　劳动力价格扭曲的资源配置效应回归结果

变量	(1) 总体效应	(2) 企业内效应	(3) 企业间效应	(4) 进入效应	(5) 退出效应	(6) 集约边际	(7) 拓展边际	(8) 资源再配置效应
distl	0.0641***	0.0424***	0.0058***	0.0112***	−0.0112***	0.0482***	0.0012	0.0098***
	(24.94)	(32.68)	(19.21)	(10.64)	(−19.91)	(36.61)	(1.55)	(15.20)
tfp	0.0115***	0.0020**	0.0006***	0.0020***	−0.0021***	0.0026***	−0.0007	−0.0025***
	(6.29)	(2.57)	(2.89)	(2.76)	(−6.76)	(3.72)	(−1.46)	(−7.48)
常数项	−0.1076**	−0.0511	0.0185	−0.0884***	−0.0117**	−0.0326	−0.0499*	0.0486
	(−1.97)	(−1.45)	(1.40)	(−2.87)	(−2.15)	(−0.86)	(−1.84)	(0.75)
年份固定	是	是	是	是	是	是	是	是
省份固定	是	是	是	是	是	是	是	是

变量	(1) 总体 效应	(2) 企业内 效应	(3) 企业间 效应	(4) 进入 效应	(5) 退出 效应	(6) 集约 边际	(7) 拓展 边际	(8) 资源再 配置效应
行业固定	是	是	是	是	是	是	是	是
样本数	203586	203522	203522	204148	202957	203522	202635	202579
调整后 R^2	0.105	0.080	0.035	0.031	0.030	0.087	0.013	0.021

表 10 结果显示，行业劳动力价格扭曲存在显著的正向行业加成率效应，为基准模型的回归结果提供了行业层面的证据。劳动力价格扭曲一方面使在位企业通过"成本节约"获取了"市场势力提升"的绩效红利，同时会导致市场份额由低竞争力的存活企业向更高竞争力的企业再配置形成"企业间效应"，但这种再配置较在位企业内部效率提升发挥得还不够充分。从企业进入退出来看，劳动力价格扭曲也会通过"进入效应"提升行业加成率水平，由于"成本节约"降低了市场准入门槛，导致市场规模扩大，"成本节约效应"得到了强化。但同时也会加剧市场竞争，使得一些低竞争力的企业退出市场。由于"进入效应"和"退出效应"相当，使得扭曲导致的行业"拓展边际"的系数为正，但是并不显著。总的来说，劳动力价格扭曲影响行业加成率水平主要是因为集约边际效应，其中由"成本节约"导致的"企业内效应"发挥的作用更大，并且劳动力价格扭曲促进了企业间的再配置效率而提升行业加成率。

六、稳健性检验

（一）替代指标法

首先采用会计法测算加成率进行稳健性检验，结果报告在表 11 第（1）列。其次，用不同测算方法对核心解释变量（*distl*）进行调整。第一，按照冼国明和徐清（2013）的做法，令 *distl* _1=|*distl* −1|，直接反映出劳动力市场和最优市场化之间的偏离情况，结果报告在第（2）列。第二，对超越对数生产函数进行半参数估计，得到劳动力价格扭曲的第二种替代指标，结果报告在第（3）列。结果

均表明，劳动力价格扭曲（*distl*）和其他控制变量的系数符号和显著性没有发生较大改变，因此替换变量的测算方法并未改变本文核心结论。另外，构建工艺创新的虚拟变量（*proc_d*）进行稳健性检验。如果 R&D 支出为正且新产品产值为 0，设定 *proc_d*=1，并且删除 R&D 支出为正且新产品产值大于 0 的企业①。第（4）列主要是为了检验工艺创新对劳动力价格扭曲的矫正效应，第（5）-（6）列对工艺创新的矫正机制进行了异质性分析，结果与前文结论基本一致。

表 11　稳健性检验

变量	(1) markup_ac	(2) markup_ac	(3) markup_ac	(4) markup_ac	(5) proc_d	(6) proc_d
distl	0.1123*** (143.00)					
l.distl				−0.0062*** (−9.91)	0.9180*** (3.57)	0.2373** (2.44)
distl_1		0.0000*** (4.55)				
distl_2			0.1067*** (183.40)			
*distl * proc_d*				0.0029* (1.66)		
proc_d				−0.0093*** (−4.61)		
*l.distl * dist*					−0.1453*** (−3.98)	
*l.distl * market*						−0.0402*** (−3.55)
tfp	0.0873*** (101.00)	0.1848*** (328.28)	0.2029*** (352.28)	0.1897*** (267.39)	0.1066*** (4.26)	0.1042*** (4.20)
控制变量	是	是	是	是	是	是
年份固定	是	是	是	否	否	否
省份固定	是	是	是	是	是	是
行业固定	是	是	是	是	是	是
样本数	219842	219844	186518	152975	28938	29382
调整后 R^2	0.288	0.200	0.366	0.150	—	—

① 认为该类企业既进行工艺创新，又进行了产品创新。

（二）考虑政策变动的回归结果

分别检验在 2001 年末"入世"前后以及 2005 年 7 月"汇改"前后劳动力价格扭曲对出口企业加成率的影响，结果报告在表 12 中。结果显示，"入世"和"汇改"前后劳动力价格扭曲对出口企业加成率的影响都显著为正，原因可能在于"入世"带来的贸易自由化和"汇改"带来的人民币升值本身就是提升出口企业加成率的重要原因（Kee 和 Tang，2016），虽然"入世"提高了市场化程度，使得劳动力低成本的比较优势有所减弱，但"入世"带来的贸易自由化一方面使得更多企业通过"拓展边际"和"集约边际"进入出口市场，从而产生"规模效应"，降低了边际成本，另一方面中间品贸易自由化可以通过产品质量升级提高出口企业加成率（毛其淋，2017）。而"汇改"带来的人民币升值可能引起进口高质量的中间品，通过技术溢出提高生产率，降低企业的边际成本。

表 12　"入世"和"汇改"政策变动前后的加成率效应回归结果

变量	(1)	(2)	(3)	(4)	(5)	(6)
	2000–2001	2002–2006	WTO 效应	2000–2004	2005–2006	汇改效应
$distl$	0.1003***	0.1261***	0.1109***	0.1110***	0.1539***	0.1160***
	(46.23)	(124.72)	(107.97)	(108.04)	(71.04)	(138.51)
WTO*$distl$			0.0145***			
			(17.27)			
ERR*$distl$						0.0266***
						(36.32)
tfp	0.1011***	0.0952***	0.0911***	0.0930***	0.1043***	0.0897***
	(39.87)	(85.86)	(99.93)	(80.69)	(43.69)	(98.63)
控制变量	是	是	是	是	是	是
年份固定	是	是	是	是	是	是
省份固定	是	是	是	是	是	是
行业固定	是	是	是	是	是	是
样本数	46176	173666	219842	147511	72331	219842
调整后 R^2	−0.387	0.265	0.301	0.195	0.4964	0.305

（三）分位数回归结果

前文大都基于"均值回归"，回归结果容易受到极端值的影响，这一部分通过面板分位数回归检验不同加成率企业在劳动力价格扭曲时的加成率效应。研究发现，劳动力价格扭曲随着企业加成率从低分位数向高分位数上升，劳动力价格扭曲的系数显著为正并呈上升趋势。可能的原因是：高加成率的企业生产率较高，更可能达到产品质量升级的生产率门槛，获得正向的"质量升级效应"，而且更高市场势力的企业一般具有较高的出口定价权，使得劳动力价格扭曲对高生产率、高产品质量、高产品价格企业的扭曲效应较弱，因此其加成率效应优于低分位数企业。

表 13　基于不同分位数的加成率效应回归结果

变量	(1)	(2)	(3)	(4)	(5)
	10%	25%	50%	75%	90%
distl	0.0799***	0.0962***	0.1181***	0.1425***	0.1602***
	(120.02)	(223.80)	(306.36)	(292.85)	(134.29)
tfp	0.0381***	0.0378***	0.0422***	0.0509***	0.0646***
	(64.79)	(91.92)	(102.32)	(87.53)	(42.04)
控制变量	是	是	是	是	是
年份固定	是	是	是	是	是
省份固定	是	是	是	是	是
行业固定	是	是	是	是	是
样本数	219842	219842	219842	219842	219842
Pseudo R^2	0.3901	0.3881	0.3770	0.3482	0.3185

七、结论与政策建议

在扩展的 M–O 模型基础上，利用中国工业企业数据库和海关数据库，理论分析和实证检验相结合研究了劳动力价格扭曲对我国出口企业加成率的影响和机制。主要得出以下几点结论：

第一，劳动力价格扭曲会引起当期出口企业加成率上升，劳动力价格扭曲每上升 1 个百分点，出口企业加成率提升 0.1214（0.5088 个标准差），但是从动态效应来看，当期劳动力价格扭曲会显著抑制下一期出口企业加成率。

第二，从子样本异质性回归结果来看，劳动力价格扭曲对劳动密集型企业、国有企业、中部地区企业和加工贸易（和混合贸易）的正向加成率效应最大。

第三，通过中间渠道检验可知，劳动力价格扭曲通过"成本节约效应"和"低价竞争效应"影响出口企业加成率，"成本节约效应"大于"低价竞争效应"是劳动力价格负向扭曲提升出口企业加成率的重要原因。

第四，动态条件下，以工艺创新和产品质量升级为内涵的自主创新是矫正劳动力价格扭曲的有效机制，当企业工艺创新水平超过门槛值 0.028（11% 分位数），产品质量超过门槛值 0.044（21% 分位数）时可获得正向加成率。

第五，在一定范围内市场化程度越高和行业技术差距越大，由劳动力价格扭曲导致的成本节约将助推企业工艺创新。但超过一定门槛后，会不利于企业进行工艺创新。市场化程度虽然对产品质量升级的矫正机制有明显影响，但行业技术差距的质量升级效应并不明显。

第六，行业层面的劳动力价格扭曲显著提升了行业加成率水平，其中由"成本节约"导致的"企业内效应"发挥的作用最大，在一定程度上可通过促进资源再配置效率而提升行业加成率。

从本文的研究结论来看，虽然劳动力价格扭曲短期内会助推出口企业市场势力提升，但过度依赖廉价要素下的低价低质生产决策并不是提升外贸竞争力的长效机制，中国可能到了推动要素市场化进程以促进外贸转型升级的关键时期。因此，政策启示：一是，加大劳动力市场化改革力度，全面放开户籍管制，完善公平竞争优胜劣汰的市场机制，适当扭转中国企业对廉价要素的偏好和依赖；推进劳动力市场化配置，通过培训和教育提高非熟练劳动力质量，以提升人力资本的方式为企业创新行为提供基础保证。二是，工艺创新和产品质量升级是作为动态条件下提升出口企业盈利水平的重要机制，一方面可以通过建立技术研发联盟、实行企业研发费税前加计扣除、加速折旧、功能性补贴等方式降低企业创新成本，另一方面可以强化知识产权保护，降低创新型出口企业的研发成本，提高企业出口产品质量，让更多出口企业进行自主创新跨越工艺创新和产品质量升级门槛，从而获得更高的市场势力。三是，优化产业政策，完善地区制度环境，推动外贸政策实现由"奖出限入"向"优进优出"转变，引导企业通过产品多样化和高质化促进附加值提高和价值链攀升，使创新能力较高的企业参与出口竞争，推动形成"高质量、高利润、高市场竞争力"的外贸发展新局面。

参考文献

[1] 毛其淋、许家云（2017）:《中间品贸易自由化提高了企业加成率吗？——来自中国的证据》,《经济学 (季刊)》, 第 2 期。

[2] 耿晔强、狄媛（2017）:《中间品贸易自由化、制度环境与企业加成率——基于中国制造业企业的实证研究》,《国际经贸探索》, 第 5 期。

[3] 黄先海、胡馨月、刘毅群（2015）:《产品创新、工艺创新与我国企业出口倾向研究》,《经济学家》, 第 4 期。

[4] 黄先海、诸竹君、宋学印（2016）:《中国出口企业阶段性低加成率陷阱》,《世界经济》, 第 3 期。

[5] 黄益平（2009）:《要素市场需引入自由市场机制》,《财经报道》, 第 2 期。

[6] 盛丹、王永进（2012）:《中国企业低价出口之谜——基于企业加成率的视角》,《管理世界》, 第 5 期。

[7] 盛仕斌、徐海（1999）:《要素价格扭曲的就业效应研究》,《经济研究》, 第 5 期。

[8] 史晋川、赵自芳（2007）:《所有制约束与要素价格扭曲——基于中国工业行业数据的实证分析》,《统计研究》, 第 6 期。

[9] 田巍、余淼杰（2014）:《中间品贸易自由化和企业研发：基于中国数据的经验分析》,《世界经济》, 第 6 期。

[10] 苏振东、洪玉娟、刘璐瑶（2012）:《政府生产性补贴是否促进了中国企业出口？——基于制造业企业面板数据的微观计量分析》,《管理世界》, 第 5 期。

[11] 王怀民（2009）:《加工贸易、劳动力成本与农民工就业——兼论新劳动法和次贷危机对我国加工贸易出口的影响》,《世界经济研究》, 第 1 期。

[12] 冼国明、徐清（2013）:《劳动力市场扭曲是促进还是抑制了 FDI 的流入》,《世界经济》, 第 9 期。

[13] 张杰、郑文平、翟福昕（2014）:《中国出口产品质量得到提升了么 ?》,《经济研究》, 第 10 期。

[14] 张杰、周晓艳、李勇（2011）:《要素市场扭曲抑制了中国企业 R&D?》,《经济研究》, 第 8 期。

[15] 祝树金、钟腾龙、李仁宇（2018）:《中间品贸易自由化与多产品出口企业的产品加成率》,《中国工业经济》, 第 1 期。

[16] 诸竹君、黄先海、王煌（2017b）:《产品创新提升了出口企业加成率吗》,《国际贸易问题》, 第 7 期。

[17] Aghion, P., Blundell, R., Griffith, R., et al.（2009）, The Effects of Entry on Incumbent Innovation and Productivity. *The Review of Economics and Statistics*.91(1) : 20-32.

[18] Allen, R. C.（2001）, The Rise and Decline of the Soviet Economy, *Canadian Journal of Economics* .859-881.

[19] Amiti, M. and Freund, C.（2010）, The Anatomy of China's Export Growth// China's Growing Role in World Trade, *University of Chicago Press*.35-56.

[20] Brandt, L., Johannes, V. B. and Yifan Z.（2012）,Creative Accounting or Creative Destruction? Firm-level Productivity Growth in Chinese Manufacturing, *Journal of Development Economics*.97(2) : 339-351.

[21] Caldera, A.（2010）, Innovation and Exporting: Evidence from Spanish Manufacturing Firms, *Review of World Economics*.146(4) : 657-689.

[22] Costinot, A.（2009）,On the Origins of Comparative Advantage, *Journal of International Economics*.7(2) : 255-264.

[23] De Loecker, J. and Frederic W.（2012）, Markups and Firm-level Export Status, *The American Economic Review*. 102(6) : 2437-2471.

[24] Färe, R., et al.（1992）, Productivity Changes in Swedish Pharamacies 1980–1989: A Non-parametric Malmquist Approach, *International Applications of Productivity and Efficiency Analysis. Springer Netherlands*.81-97.

[25] Griliches, Z. and Regev, H.（1995）, Firm Productivity in Israeli Industry 1979–1988, *Journal of Econometrics*. 65(1)：175-203.

[26] Hsieh, C. T. and Klenow, P. J.（2009）, Misallocation and Manufacturing TFP in China and India, *The Quarterly Journal of Economics*.124(4)：1403-1448.

[27] Kee, H. L. and Tang, H.（2016）, Domestic Value Added in Exports: Theory and Firm Evidence From China, *American Economic Review*. 106(6)：1402-36.

[28] Levinsohn, J. and Amil, P.（2003）, Estimating Production Functions Using Inputs to Control for Unobservables, *The Review of Economic Studies* .70(2)：317-341.

[29] Melitz, M. J. and Ottaviano, G. I. P.（2008）, Market Size, Trade and Productivity, *The Review of Economic Studies*. 75(1)：295-316.

[30] 30.Yu, M.（2015）, Processing Trade, Tariff Reductions and Firm Productivity: Evidence from Chinese Firms, *The Economic Journal*.125(585)：943-988.

金融契约执行效率、多商品企业
与出口竞争力

胡　翠　胡增玺[*]

摘要： 本文主要在多商品企业的框架下研究金融契约执行效率对出口竞争力的影响。利用中国工业企业数据库、海关数据库和城市统计数据，实证研究主要有以下三个发现：第一，金融契约执行效率提高将会降低多商品企业出口商品种类；第二，金融契约质性效率提高将会增加出口规模最小商品退出出口市场的概率，也即多商品企业倾向于停止出口边缘商品；第三，金融契约质性效率提高将会使核心商品的出口规模增加得越多。上述发现意味着，金融契约质性效率的提高将有利于增强出口竞争力。本文的研究从资源在企业内产品间重新分配的角度，揭示金融契约质性效率对出口竞争力的影响机制，对于如何将金融市场改革与贸易强国建设进行有机结合具有一定的政策启示意义。

关键词： 金融契约质性效率；多商品企业；出口竞争力

一、引言

融资约束对企业出口的影响是近年来国际贸易研究中的一个重要话题。很多文献都发现，缓解融资约束有利于提高企业出口倾向、甚至增加企业出口规模（如 Manova，2013；Chan & Manova，2015；Manova et al.，2015；于红霞等；2011；罗长远和季心宇，2015；陆利平和邱穆青，2016；刘晴等，2017）。这些研究大都依据 Melitz（2003）的单一产品企业异质性模型，认为融资约束缓解使企业能够支付得起出口所需的固定成本，从而使原来受融资约束的潜在出口企业进入国际市场。然而，上述逻辑只能说明融资约束对企业出口倾向的影

---

* 作者简介：胡翠，中央财经大学国际经贸学院副教授；胡增玺，中央财经大学国际经贸学院学生。

响，无法解释缓解融资约束与出口规模之间的关系。此外，已有研究也未能涉及缓解融资约束在提高企业出口竞争力中发挥的作用，从而也不能充分认识金融市场发展对于贸易强国建设的重要意义。

本文的目的，即是跳出已有单一产品企业假设的窠臼，在多产品企业的背景下，探讨缓解融资约束如何影响资源在企业内不同出口产品间进行调整，由此对出口规模和出口竞争力产生影响。在国际贸易中，多产品企业普遍存在、且对出口的贡献远远高于单产品企业。已为很多研究所揭示。如 Bernard et al.（2007）发现，美国制造业出口企业中，57.8% 是多产品企业，其出口额占比达到 99.6%。在中国，多产品出口企业更为普遍。钱学锋等（2013）的统计结果显示，2000~2005 年间，75% 的出口企业是多产品企业，对出口的贡献平均在 95% 以上。因此，以多产品出口企业为研究对象，更符合实际情况。

在充分把握中国企业面临融资约束根源的基础上，本文利用各地区金融契约环境不同引起的（超额）融资成本作为企业面临融资约束的衡量指标，不仅能更好的反映实际融资难易程度，而且也能为中国金融市场的改革提供一定的政策启示。很多研究认为，中国企业在经营过程中面临的"融资难"问题是由银行业结构的高度垄断导致的（Song 等，2011）。但从实际情况来看，银行之所以更倾向于服务大企业、国有企业，很大程度上与信用体系和金融契约执行效率有关。在信用体系不够健全的经济体中，如若金融契约执行效率越低，借款方需要提供价值越高的抵押物品，掌握绝大部分信贷资源的银行才愿意发放贷款。从而，金融契约执行效率越低的地区，企业面临的融资约束越高。马光荣和李力行（2014）、李俊青等（2017）也曾以金融契约执行效率衡量过企业面临的融资约束，但他们主要研究金融契约执行效率差异导致的融资约束与企业进退出市场的关系，而本文则关注在位企业的出口行为。

直觉上来说，金融契约效率影响的机制可以概括如下：当金融契约执行效率提高、企业面临的融资约束程度下降时，有更多的企业进入出口市场，使出口市场的竞争变得更加激烈。激烈的竞争使出口商品加成率的分布整体向下移动，导致多商品企业放弃出口表现最差的商品，出口更多更具竞争力的商品，进而提高整个国家的出口竞争力。

利用中国进出口企业的数据，本文对金融契约执行效率对出口竞争力的影响及机制进行验证。统计结果发现，2000~2008 年期间，在从事一般贸易的企业中，75.41% 的企业出口商品超过 1 种，对出口额的贡献平均为 93.36%，与钱学锋等（2013）利用所有企业样本的发现非常接近。实证检验结果表明，随着金融契约执行效率提高，多商品企业出口商品种类数量会减少，停止出口的是表现最差、也即出口最少的商品，但出口表现最好商品的出口规模会上升。利用工具变量方法进行估计，以上结论依然成立。

二、文献综述

融资约束对企业出口行为的影响是国际贸易研究中的一个重要领域。理论上，Chaney（2005）最早在异质性企业模型中加入流动性约束，并得出由于能够克服进入出口市场的沉没成本，面临较少融资约束的企业更容易进行出口的结论。实证中，大多数研究侧重考察融资约束对企业出口集约边际或扩展边际的影响（如孙灵燕和李荣林，2011；于洪霞等，2011；李志远和余淼杰，2013；Manova，2008；Manova，2013；Manova et al.,2015）。这些研究为理解融资约束与企业出口行为提供了一定的启示。

与融资约束对企业出口行为影响的研究相比，本文主要有两方面的不同。首先，本文主要关注金融契约执行效率的影响。在中国，以金融契约执行效率为代表的制度问题是企业面临融资约束的首要问题，也是导致资源错配的重要制度性因素（马光荣和李力行，2014）。Song 等（2011）指出，由于中国大部分银行由国家控股，国家政策的干预也使国有企业易获得贷款。除此之外，对于发行债券等其他融资渠道，由于国有企业由国家担保，在其他融资渠道中也具有绝对优势。考虑到中国金融市场尚不发达，究其原因，银行的信贷歧视为最根本的因素。有些研究探讨了金融契约质性效率对企业进退出市场的影响。如马光荣和李力行（2014）通过对中国企业市场退出机制的研究指出，金融契约执行效率的提高会降低高生产率企业的推出率并提高低生产率企业的退出率，从而优化整个经济的资源配置。李俊青等（2017）在理论和经验上研究发现，金融契约执行效率越高的省份，企业融资成本越低，从而更有利于企业的进入，市场竞争也就越充分。然而，尚未有文献探讨金融契约执行效率如何影响企业出口行为。这是本文对已有文献的可能贡献之一。

其次，本文主要关注金融契约质性效率如何通过企业内部在产品间的调整影响出口的竞争力。已有关于融资约束与企业出口行为之间关系的研究，大都以单产品企业为假设前提。Bernard 等（2009）指出，单一产品企业的假定低估贸易扩展边际（extensive margin）。Manova 和 Zhang（2009）也指出，单一产品企业假定会忽视原有企业增加出口新产品和扩展出口市场这一扩展边际对贸易的贡献（2003–2005 年贸易贡献为 28%）。除此之外，钱学锋等（2013）认为，多产品企业模型会考虑企业内扩展边际的贡献，且企业的扩展的边际与集约的边际之间关系也呈现多样性。忽视对多商品企业行为的研究，不能全面反映金融契约质性效率或融资约束的影响。

事实上，已有很多研究探讨多产品企业出口行为的内生决定及其相关影响因素。如 Eckel 和 Neary（2010）提出，多产品企业的特点是在生产特定品种的核心竞争力，而在其核心竞争力以外的品种生产效率较低。Iacovone 和 Javorcik（2010）验证利润侵蚀效应（cannibalization effect）和核心竞争力的存在导致产品种类（企业范围）的调整，边缘产品比核心产品更有可能被停止销售。Mayer 等（2014）基于对 Feenstra 和 Ma（2008）以及 Eckel 和 Neary（2010）建立多产品企业的理论模型的改进与简化，考虑多个不对称国家和不对称贸易壁垒的开放经济的均衡，通过研究市场规模和地理因素对法国出口商在不同出口地的影响，发现出口市场上更激烈的竞争导致企业将偏向出口其表现最佳的产品到市场规模大的市场。产品搅动（product churning）是企业的生产率与企业产品特有的竞争力相互作用的结果，也是应对贸易自由化与贸易成本变化而发生的一个调整方面（Bernard 等，2006；Eckel 和 Neary，2010；Nocke 和 Yeaple，2006）。Bernard 等（2010）进一步构建一个一般均衡模型，指出企业特定能力（firm-specific-ability）和企业–产品特定技术（firm-product-specific-expertise）内生决定企业生产和出口产品范围和种类，当企业产品范围内生时，贸易自由化带来的各国固定或可变贸易成本的对称减少将导致所有企业丢掉其竞争力最低的产品。贸易自由化导致竞争加剧，进而导致企业出口向竞争力强的产品偏移使产品范围缩小的效应，在最近对北美自由贸易的验证中得到佐证（Baldwin 和 Gu，2009；Bernard 等 2011 以及 Iacovone 和 Javorcik，2008）。然而，鲜有研究关于金融契约执行效率的影响。这是本文可能的贡献之二。

三、数据来源及统计描述

（一）数据来源

为了验证理论模型的结论，需要企业出口商品相关的信息及其所面临的金融契约效率信息。其中，与企业出口相关的信息来源于中国海关数据库。该数据库提供企业每笔交易的情况，包括每种 HS 8 位代码商品的贸易额、贸易量、贸易模式等。本文根据 HS 代码确定出口商品的种类。需要说明的是，按 HS 代码确定商品出口种类存在的一个问题是，被视为新种类的产品，有可能确实是新产品，但也有可能是已有产品被赋予新的代码（Amiti & Freund，2010）。幸运的是，可以找到国际通行商品名称及编码协调体系不同版本间的对应。为了避免由于编码协调制度修订引起的偏误，本文利用不同版本编码协调制度间的对应，将所有出口商品代码前 6 位转换成 1996 年的标准，并在此基础上确定企业出口商品种类的变化情况。此外，由于加工贸易企业仅获得劳务收入，金融契约效率变化的影响机制并不适用于这类企业，所以，本文只关注一般贸易企业。

关于企业面临的金融契约效率，借鉴马光荣和李力行（2014）的做法，用樊纲等（2009）编制的"中国各省区市场化指数"中的分项指数—金融业的市场化—进行衡量。该指数是由"金融业的市场竞争"和"信贷资金分配的市场化"两个子指标在标准化的基础上进行平均得到的。其中，"金融业的市场竞争"为各省非国有金融机构吸收存款与全部金融机构吸收存款之比；"信贷资金分配的市场化"用各省非国有企业在银行贷款中所占份额来衡量。因此，金融契约效率指标在省级－时间维度上变化。省级－时间维度变化的金融契约效率指标尽管不是那么完美，却是在现有条件下探讨本文所研究问题的最好选择。

为了排除其他因素——尤其是企业自身特征——对多商品企业出口行为带来的影响被金融契约效率所捕获的可能性，实证研究中还需要控企业自身特征的变量。本文研究中还需要用到中国工业企业数据库。该数据库包括企业年龄、所有制类型、雇佣劳动以及资产负债表中的大部分变量。本文借鉴杨汝岱（2015）以及 Brandt et al.（2012）的方法，依据企业名称、电话号码和邮编等信息将工业企业数据库和海关数据库进行合并，依据中国行政区划代码将金融契约效率的数据补充到合并的数据中去。三个来源数据合并后，得到时间跨度在 2000~2008 年间的估计样本。

（二）统计性描述

这部分仅利用海关企业 – 产品层面数据揭示几个与多商品出口企业相关的典型事实，以便更好的理解多商品出口企业的重要性及其行为特征。表 1 为 2000~2008 年期间，从事一般贸易的多商品出口企业占比情况。其中，第 2 列、第 3 列分别是从出口金额、出口企业数量角度统计的多商品出口企业所占比重。从表中可以看出，2000~2008 年期间，在一般贸易方式的出口中，多商品企业对出口规模的贡献历年都超过 90%：出口金额占比最低为 92.48%，最高达 94.20%。出口商品超过 1 种的企业数占比平均为 75.41%。

第 4~7 列分别是出口商品超过 2 种、3 种、4 种和 5 种的多商品企业数量所占比重。可以发现，出口商品超过 3 种的企业依然十分普遍，其企业数量所占比重在 2000~2008 年的平均值也超过 50%。出口商品在 5 种以上的企业也较为常见，其企业数量占比最低为 32.59%，最高有 42.07%。出口不同种类商品的企业数量历年占比比较稳定。波动最大的是出口商品超过 3 种的企业数量，但其在所有出口企业中占比的标准差也仅为 0.035。

表 1　多商品企业出口所占份额

%

	Export share	Variety>1	Variety>2	Variety>3	Variety>4	Variety>5
2000	94.20	71.41	54.79	44.81	37.66	32.59
2001	93.37	72.06	55.63	45.22	37.94	32.73
2002	93.40	74.64	59.03	48.50	41.08	35.90
2003	92.99	75.69	60.31	49.79	42.61	37.09
2004	93.42	76.52	61.50	51.52	44.14	38.52
2005	94.01	78.29	63.90	54.07	46.71	41.14
2006	93.17	78.62	64.62	54.85	47.70	42.07
2007	93.22	76.19	61.57	51.61	44.43	38.84
2008	92.48	75.23	60.35	50.26	42.92	37.40

　　尽管出口不同种类商品的企业数量在历年占比较稳定，但企业内部产品的调整却是十分普遍的现象。同 Iacovne 和 Javorcik（2008）一样，本文将当期出口但下一期不出口的企业定义为被毁灭的商品。如图 1 所示。历年来，中国企业出口商品种类数平均为 14~17 种，保持着比较稳定的状态。但与此同时，停止出口商品种类的平均值也特别高。平均每个企业每年有 8~10 种商品停止出口，停止出口商品的种类数在出口商品种类数中所占比重超过 50%。这意味着，对企业而言，停止出口商品是一件非常普遍的事情。

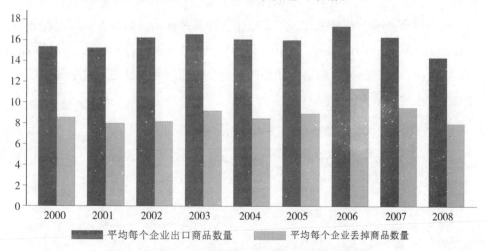

图 1　平均每个企业生产商品数量和丢掉的商品数量

　　很多与多产品出口企业相关的研究热衷于考察出口产品范围和单位产品规模之间的关系。如 Bernard 等（2010b）在理论上证明两者之间存在正相关关系，并利用美国制造业企业样本提供证据。分别基于墨西哥和巴西的数据，Iacovne 和 Javorcik（2008）、Arkolakis 和 Muendler（2010）也有相同的发现。钱学锋等（2013）也基于中国进出口企业的样本进行过考察，其研究结果表明，中国多商品企业出口产品种类与单位产品规模之间的关系呈现非单调的特征：当产品出口范围较低时，产品种类和单位产品规模之间呈正相关关系；超过临界值后，单位产品规模会随着产品种类上升而下降。除了出口产品范围和单位产品规模间的关系外，出口在每种商品上的分布也是刻画多商品出口企业行为很重要的方面。Eckel 和 Neary（2010）在理论上发现，多商品企业的出口有核心产品和边缘产品之分。核心产品的出口在企业总出口中占比较大，是企业出口增长的重要原因。然而，现有研究给出的证据并不多。本文利用中国企业的数据进行说明。

表 2 是出口种类不同的企业在每种商品上的出口分布情况。出口 2 种商品的企业，其出口额最大的商品在总出口中的比重高达 83.98%；出口 3 种商品的企业，出口最多商品平均占比为 76.41%，出口第二多商品平均占比为 18.41%，也即出口最多的前两种商品占比之和为 94.81%；出口商品分别为 4 种和 5 种的商品，出口最多的前两种商品占也分别达到 90.65% 和 87.29%。也即不管出口商品种类数量情况，多商品企业在每种商品的出口上呈现偏度分布的特征。这与 Eckel 和 Neary（2010）认为企业存在核心产品和边缘产品的结论一致。因而，本文通过规模最大的前两种商品或前三种商品在出口中的比重来反映企业出口竞争力的情况。

表 2　不同种类商品出口所占比重

	Variety=1	Variety=2	Variety=3	Variety=4	Variety=5	Variety>5
Top 1	100	83.98	76.41	71.25	67.57	47.11
Top 2		16.02	18.41	19.40	19.72	17.62
Top 3			5.18	6.99	7.96	9.33
Top 4				2.36	3.45	5.74
Top 5					1.30	3.82
6+						16.37
占出口比重	6.69%	6.16%	4.93%	4.12%	3.57%	74.53%
观测值	271476	167222	112524	81375	61438	411228

　　如前所述，本文用金融市场化指数来衡量地区金融契约效率。一般而言，市场化程度越高的地区，律师事务所越多，服务水平越高，契约执行效率、包括金融契约执行效率也会越高。用樊纲等（2009）编制的市场化指数中的分项—契约、会计等市场组织服务—作为契约执行效率的代理指标（李俊青等，2017），相关性检验表明，其与市场化指数间的相关系数为 0.64。世界银行发布的《中国营商环境报告》统计过审理一件普通商业纠纷案件在不同地区需要花费的时间，其结果表明东南沿海地区平均需要 230 天，而东北地区则需要363 天，这进一步说明契约效率执行水平与市场化程度之间存在着正相关关系、以及用金融市场化程度作为地区金融契约效率代理指标的合理性。图 2 分别为2000 年和 2008 年，中国各地区的金融契约执行效率。从图中可以看出，相比于 2000 年，各地区的金融契约执行效率在 2008 年都有显著提高。此外，各地区金融契约执行效率也存在较大差异。如 2008 年，金融契约效率最高的是浙江、上海、广东等东部发达省份，金融契约效率最低的是西藏、四川、青海等西部地区。

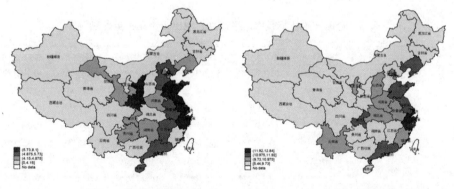

图 2a　2000 年各地区金融契约效率　　　图 2b　2008 年各地区金融契约效率

四、基本估计结果

　　这部分主要基于中国海关数据库、中国工业企业数据库和城市统计数据库，对金融契约质性效率与出口竞争力的关系及机制进行实证检验。

（一）金融契约执行效率对出口商品种类的影响

理论上，随着金融契约执行效率上升，出口市场竞争变得更加激烈，使各商品的加成率整体下移，使得原来处在临界利润水平商品的利润为负，企业将停止该商品的生产，从而使出口商品的数量下降。本文采用如下模型对这一推论进行检验：

$$Tnumber_{fkt} = \beta_0 + \beta_1 JRSCH_{kt-1} + \gamma X_{ft} + \eta_f + \eta_k + \eta_t + \varepsilon_{fkt} \qquad （1）$$

其中，$Tnumber$ 为位于地区 k 的企业 f 在时期 t 出口的商品种类；根据数据描述部分，本文用统一成 1996 年版本的 HS6 位代码对企业出口商品种类进行确定。$JRSCH$ 为衡量地区 k 金融契约发展程度的变量。由于企业并非能很快对市场环境的变化做出反应，回归中该变量将滞后一期。X 是影响企业出口商品种类的其他企业层面的变量，包括企业规模、人均资本、工资、年龄等。η_f 和 η_k 分别为企业固定效应和地区固定效应，衡量的是企业层面和地区层面不随时间变化且无法观测到的因素对出口商品种类的影响。为控制宏观环境变化产生的影响，回归中也控制了时间固定效应 η_t。ε_{fkt} 是随机扰动项。

表3　金融契约执行效率对多商品企业出口商品种类的影响

	number>1	number>1	number>2	number>3	number>4	number>5
Finance Efficiency	-0.121***	-0.118***	-0.149***	-0.181***	-0.191***	-0.191***
	(0.020)	(0.020)	(0.026)	(0.032)	(0.038)	(0.045)
Employment	1.014***	1.014***	1.134***	1.215***	1.295***	1.404***
	(0.046)	(0.046)	(0.058)	(0.072)	(0.085)	(0.101)
Per capital	0.309***	0.309***	0.338***	0.370***	0.411***	0.452***
	(0.029)	(0.029)	(0.036)	(0.045)	(0.053)	(0.063)
Wage	0.509***	0.509***	0.571***	0.637***	0.682***	0.736***
	(0.035)	(0.035)	(0.045)	(0.055)	(0.066)	(0.078)
Age	0.185***	0.185***	0.186***	0.217***	0.221**	0.227**
	(0.046)	(0.046)	(0.059)	(0.074)	(0.089)	(0.106)
Firm fixed effect	Y	Y	Y	Y	Y	Y
Year fixed effect	Y	Y	Y	Y	Y	Y
Province fixed effect	N	Y	Y	Y	Y	Y
Observations	181,998	181,998	139,082	109,477	88,438	72,452
R-squared	0.799	0.799	0.793	0.788	0.788	0.785

注：***，** 分别表示1%、5% 的水平上显著；括号内为标准误。

表 3 报告了对式（1）进行估计的结果。第 1 列是基于所有多商品企业样本进行的估计，回归中控制了企业固定效应、年份固定效应。金融契约执行效率变量前面的估计系数为负，且在 1% 的水平上显著。鉴于各省不随时间变化且不可观测到的因素可能会影响出口商品种类，第 2 列中进一步控制了省份固定效应。估计结果显示，金融契约执行效率变量前面的系数依然在 1% 的水平上显著为负。这意味着，金融契约执行效率与出口商品种类间存在着负向关系，即金融契约执行效率的提高将会降低企业出口商品种类。与理论模型的结论一致。第 3~6 列分别用出口商品种类超过 2 种、3 种、4 种和 5 种的分样本进行回归。估计结果表明，不管出口商品种类有多少，金融契约执行效率上升都会使企业放弃一些商品的生产，从而使出口商品种类下降。

（二）金融契约执行效率对资源与企业丢掉产品特征间的关系

随着金融契约执行效率上升，企业生产商品数量之所以会下降，是因为会放弃生产最不具有竞争力的商品。这部分将利用企业 – 商品层面的数据、基于下述回归对此进行检验。

$$Disappear_{ifkt} = \beta_0 + \beta_1 JRSCH\_1_{kt-1} \times relativesize_{ift} + \beta_2 relativesize_{ift} \\ + \beta_3 JRSCH\_1_{kt-1} + \gamma X + \varepsilon_{ifkt} \quad (2)$$

其中，$Disappear$ 为位于地区 k 的企业 f 是否继续出口商品 i 的虚拟变量。具体来说，当企业 f 在时期 t 出口商品 i，但在 $t-1$ 期停止了该商品的出口，则 $Disappear$ 取值为 1，否则取值为 0。$relativesize$ 为商品 i 在时间 t 对于企业 f 的重要程度。本文分别用企业的出口额和出口量的对数作为商品重要程度的代理变量。如若金融契约执行效率提高确实使企业停止出口最不具有竞争力的商品，则预期估计的 β_1 将为负。其他变量的含义以及相应的控制变量与式（1）相同。同 Iacovone & Javorick（2010）一样，本文用线性概率模型对式（2）进行估计，估计结果如表 4 所示。

表 4 的上半部分用出口额作为商品重要程度代理变量的估计结果，下半部分用出口量衡量商品重要程度的估计结果。同表 3 一样，本文分别对所有多商品出口企业、出口商品种类超过 2 种、出口商品种类超过 3 种、出口商品种类

超过 4 种、出口商品种类超过 5 种的样本进行了估计，所有估计中都控制了企业、年份和省份的固定效应。根据表 4 的估计结果，不管商品种类为多少，多商品出口企业倾向于停止出口边缘商品，即出口规模较小的商品。与此同时，不管哪种样本，不管以什么指标衡量出口商品重要程度，金融契约执行效率与出口重要程度交互项的系数都为负，且都在 1% 的水平上显著。这意味着金融契约执行效率越高的地区，企业越倾向于放弃边缘商品的出口。

表 4　金融契约执行效率对消失商品的影响

	number>1	number>2	number>3	number>4	number>5
Size1	-0.071***	-0.073***	-0.073***	-0.072***	-0.072***
	(0.001)	(0.001)	(0.001)	(0.001)	(0.001)
Finance Efficiency	0.053***	0.048***	0.052***	0.057***	0.050***
	(0.009)	(0.009)	(0.009)	(0.010)	(0.010)
Size1×Finance	-0.003***	-0.003***	-0.004***	-0.004***	-0.004***
Efficiency	(0.001)	(0.001)	(0.001)	(0.001)	(0.001)
R square	0.299	0.292	0.284	0.278	0.273
Size2	-0.061***	-0.062***	-0.062***	-0.062***	-0.062***
	(0.001)	(0.001)	(0.001)	(0.001)	(0.001)
Finance Efficiency	0.047***	0.045***	0.047***	0.050***	0.044***
	(0.008)	(0.008)	(0.009)	(0.009)	(0.009)
Size2×Finance	-0.004***	-0.004***	-0.004***	-0.004***	-0.004***
	(0.001)	(0.001)	(0.001)	(0.001)	(0.001)
其他控制变量	Y	Y	Y	Y	Y
企业固定效应	Y	Y	Y	Y	Y
时间固定效应	Y	Y	Y	Y	Y
省份固定效应	Y	Y	Y	Y	Y
R square	0.277	0.269	0.262	0.256	0.251
observations	1,565,669	1,471,016	1,370,853	1,274,015	1,181,909

（三）金融契约执行效率与资源在多产品内部调整的关系

本文用如下回归模型检验金融契约执行效率如何影响资源在多产品企业内部进行调整，

$$Export_{ifkt} = \beta_0 + \beta_1 JRSCH\_1_{kt-1} \times order_{ift-1} + \beta_2 order_{ift-1} + \beta_3 JRSCH\_1_{kt-1} + \gamma X + \varepsilon_{ifkt} \quad （3）$$

其中，$Export_{ifke}$ 是位于 k 地区的 f 企业在 t 期出口 i 商品的规模（出口额）；$Order$ 为 t–1 期商品 i 在 f 企业内各种商品按出口规模从小到大的排序顺序。

Order 越大，意味着 *i* 商品在 *t*−1 的出口越少。其他变量的含义与式（2）相同。如果金融契约执行效率上升会使资源更多的分配给竞争力更大、即出口额越多的企业，那么 β_1 的估计值应该显著为负。分别对出口商品种类不同的商品进行回归的结果如表 5 所示。

表 5 中，Panel A 是按出口额大小进行排序的估计结果；Panel B 是按出口量大小进行排序的估计结果。回归中，控制了同表 4 一样的企业层面变量，同时也控制了企业固定效应和时间固定效应。估计结果显示，*Order* 前面的估计稀疏为负，与本文对该变量的定义相符；金融契约执行效率的估计系数在 1% 的水平上显著为正，意味着平均上来讲，金融契约执行效率上升有利于商品出口规模提高。同时，不管是以出口额对商品进行排序还是以出口量对商品进行排序，交互项的系数都显著为负，与之前的预期相符。即，金融契约执行效率上升，会使出口规模越大的商品出口增加得越多，也意味着金融契约质性效率上升会使更多的资源被分配给竞争力更强的商品。

表 5 金融契约质性效率对不同出口规模商品的影响

	Tnumber>1	Tnumber>2	Tnumber>3	Tnumber>4	Tnumber>5
Order1	-0.018***	-0.017***	-0.016***	-0.015***	-0.014***
	(0.001)	(0.001)	(0.001)	(0.001)	(0.001)
Finance Efficiency	0.089***	0.095***	0.101***	0.106***	0.113***
	(0.003)	(0.004)	(0.004)	(0.004)	(0.004)
Order1×Finance Efficiency	-0.009***	-0.009***	-0.009***	-0.009***	-0.009***
	(0.000)	(0.000)	(0.000)	(0.000)	(0.000)
R square	0.402	0.398	0.400	0.405	0.412
Order2	-0.021***	-0.020***	-0.019***	-0.018***	-0.017***
	(0.001)	(0.001)	(0.001)	(0.001)	(0.001)
Finance Efficiency	0.091***	0.097***	0.103***	0.109***	0.116***
	(0.004)	(0.004)	(0.004)	(0.004)	(0.004)
Order2×Finance Efficiency	-0.010***	-0.010***	-0.010***	-0.010***	-0.010***
	(0.000)	(0.000)	(0.000)	(0.000)	(0.000)
其他控制变量	Y	Y	Y	Y	Y
企业固定效应	Y	Y	Y	Y	Y
时间固定效应	Y	Y	Y	Y	Y
省份固定效应	Y	Y	Y	Y	Y
observations	1,565,669	1,471,016	1,370,853	1,274,015	1,181,909
R square	0.506	0.500	0.499	0.501	0.505

当资源被更多的配置给竞争力高的产品时，应该可以观察到出口最多的商品所占比重应该越大。因而，这里用企业层面的数据进行进一步检验。具体来说，以出口最多的前几种商品占比作为被解释变量，对金融契约执行效率进行回归，以检验是否随着金融契约执行效率的提高，出口最多的前几种商品占比也越高。估计结果如表 6 所示。在表 6 种，Panel A 以出口最多的前两种商品作为被解释变量，Panel B 以出口最多的前三种商品作为被解释变量，Panel C 以出口最多的前四种商品作为被解释变量。回归中的控制变量与前面设定相同。且与前面一样，这里也分别用不同种类商品样本进行回归。从估计结果来看，不管如何构建被解释变量，也不管估计样本如何选择，金融契约执行效率的估计系数都显著为正。再次验证前面部分的结论，即金融契约执行效率提高使资源更多的被分配给竞争力更大的商品。

表 6　金融契约效率与出口商品份额

	Tnumber>2	Tnumber>3	Tnumber>4	Tnumber>5	Tnumber>6
	Panel A: 出口最多的前两种商品所占比重				
Finance Efficiency	0.001***	0.001***	0.001**	0.002**	0.002**
	(0.000)	(0.000)	(0.001)	(0.001)	(0.001)
R^2	0.707	0.729	0.730	0.734	0.737
	Panel B：出口最多的前三种商品所占比重				
Finance Efficiency		0.001***	0.001***	0.002***	0.002***
		(0.000)	(0.000)	(0.000)	(0.001)
R^2		0.740	0.747	0.749	0.750
	Panel C: 出口最多的前四种商品所占比重				
Finance Efficiency			0.001***	0.001***	0.001***
			(0.000)	(0.000)	(0.000)
R^2			0.755	0.757	0.758
其他控制变量	Y	Y	Y	Y	Y
企业固定效应	Y	Y	Y	Y	Y
时间固定效应	Y	Y	Y	Y	Y
省份固定效应	Y	Y	Y	Y	Y
Observations	181,998	139,082	109,477	88,438	72,452

四、稳健性检验

为进一步验证第四部分结果的稳健性，本文进行一系列的稳健性检验。首先，由于企业面临的融资约束主要来源于信贷约束，因此，本文用金融市场自由化的二级分项信贷资金分配市场化作为金融契约执性效率的代理变量，重新检验了其对出口商品种类、消失商品特征以及资源在不同种类出口商品间的资源再分配进行了检验。其次，鉴于企业进入和退出行为可能会使估计结果出现偏误，本文也将估计样本限定在连续出口超过了 4 年的企业。最后，考虑到可能的内生性问题，本文也为金融契约执行效率寻找一个工具变量，并利用工具变量的方法进行回归。

替换解释变量以及利用不同样本进行估计的结果如表 7 所示。其中，Panel A 是对金融契约执性效率与出口商品种类之间关系进行稳健性检验的结果；Panel B 是对金融契约与消失商品之间关系进行稳健性检验的结果；Panel C 是对金融契约与出口竞争力的关系进行稳健性检验的结果，在这一检验中，本文采用（3）式进行回归。所有估计结果均进一步验证了前面一部分的结论。即金融执行效率提高，将使多商品企业出口商品种类下降，这主要是由企业停止出口竞争力最弱的商品引起的。企业停止出口竞争力最弱的商品后，会将资源更多的分配给竞争力最强的商品，表现为整体竞争力的上升。

如若竞争力较高的企业自我选择到金融契约执行效率较高的地区，或者某些地区特征变量在影响金融契约执行效率的同时，也影响企业出口竞争力，那么前述回归结果并不能被解释为因果关系。为此，本文选取工具变量并使用两阶段最小二乘法（2SLS）对回归结果进行进一步检验。具体来说，本文参考马光荣和李力行（2014）的研究，选取 1936 年中国各省份银行总行的数量作为各省区契约执行效率的工具变量。两阶段最小二乘估计结果如表 8 所示。第（1）~（3）列中的被解释变量分别为出口商品种类、商品是否停止出口的虚拟变量以及出口额。第一阶段的估计结果表明，工具变量与潜在内生变量的相关程度很高。F 值也意味着不存在弱工具变量的问题。第二阶段的结果发现，当以出口商品种类为被解释变量时，金融契约执行效率变量的估计系数依然显著为负；以消失商品虚拟变量以及出口额为被解释变量时，交互项估计系数符号

表 7 稳健性检验

	Finance Efficiency：信贷资金分配的市场化					连续出口超过 4 年的企业				
	number>1	number>2	number>3	number>4	number>5	number>1	number>2	number>3	number>4	number>5
Panel A: 金融契约与出口商品种类										
Finance Efficiency	−0.056***	−0.069***	−0.086***	−0.091***	−0.076***	−0.155***	−0.176***	−0.200***	−0.191***	−0.200***
	(0.012)	(0.015)	(0.019)	(0.023)	(0.027)	(0.035)	(0.042)	(0.049)	(0.057)	(0.067)
R^2	0.799	0.793	0.788	0.788	0.785	0.794	0.788	0.784	0.783	0.780
Observation	181,794	138,781	109,121	88,085	72,152	143,240	112,836	90,562	74,012	61,283
Panel B: 金融契约与消失商品										
Size1	−0.070***	−0.072***	−0.072***	−0.071***	−0.071***	−0.074***	−0.076***	−0.076***	−0.075***	−0.075***
	(0.000)	(0.001)	(0.001)	(0.001)	(0.001)	(0.001)	(0.001)	(0.001)	(0.001)	(0.001)
Finance Efficiency	0.043***	0.042***	0.045***	0.049***	0.043***	0.045***	0.038***	0.041***	0.046***	0.041***
	(0.006)	(0.006)	(0.006)	(0.007)	(0.007)	(0.009)	(0.010)	(0.010)	(0.011)	(0.011)
Finance Efficiency × Size1	−0.004***	−0.004***	−0.004***	−0.005***	−0.005***	−0.002***	−0.002**	−0.002**	−0.002***	−0.002***
	(0.000)	(0.001)	(0.001)	(0.001)	(0.001)	(0.001)	(0.001)	(0.001)	(0.001)	(0.001)
R^2	0.312	0.295	0.285	0.279	0.274	0.279	0.267	0.260	0.255	0.252
Observation	1,565,669	1,471,016	1,370,853	1,274,015	1,181,909	1,234,598	1,157,800	1,085,385	1,015,273	948,002

	Finance Efficiency: 信贷资金分配的市场化					连续出口超过 4 年的企业				
	number>1	number>2	number>3	number>4	number>5	number>1	number>2	number>3	number>4	number>5
	Panel C: 金融契约与出口竞争力									
Order1	-0.048***	-0.047***	-0.046***	-0.045***	-0.044***	-0.016***	-0.015***	-0.014***	-0.013***	-0.012***
	(0.000)	(0.000)	(0.000)	(0.000)	(0.000)	(0.001)	(0.001)	(0.001)	(0.001)	(0.001)
Finance Efficiency	0.050***	0.054***	0.058***	0.061***	0.067***	0.096***	0.102***	0.109***	0.115***	0.123***
	(0.002)	(0.002)	(0.002)	(0.002)	(0.002)	(0.004)	(0.004)	(0.004)	(0.004)	(0.004)
Finance Efficiency × Order1	-0.005***	-0.005***	-0.005***	-0.005***	-0.005***	-0.010***	-0.010***	-0.010***	-0.010***	-0.010***
	(0.000)	(0.000)	(0.000)	(0.000)	(0.000)	(0.000)	(0.000)	(0.000)	(0.000)	(0.000)
R^2	1,565,669	1,471,016	1,370,853	1,274,015	1,181,909	1,234,598	1,157,800	1,085,385	1,015,273	948,002
Observation	0.407	0.397	0.397	0.401	0.408	0.404	0.397	0.399	0.405	0.412

与前面一样。因而，即使考虑了内生性问题后，本文的结论依然成立。

表 8　两阶段最小二乘法第二阶段结果

	（1） 出口商品种类	（2） 消失商品	（3） 出口额
Finance Efficiency	-0.327*	0.019	-0.018
	(0.081)	(0.872)	（0.686）
Finance Efficiency×size1		-0.010***	
		（0.004）	
Size1		-0.033***	
		（0.000）	
Finance Efficiency×order1			-0.012***
			（0.000）
Order1			0.022***
			（0.000）
其他控制变量	Y	Y	Y
企业固定效应	Y	Y	Y
时间固定效应	Y	Y	Y
First stage for finance efficiency			
Finance Efficiency	4.032***	1.266***	1.18***
	（0.000）	（0.000）	（0.000）
Finance Efficiency×size1		0.007***	
		（0.000）	
Finance Efficiency×order1			0.07***
			（0.000）
其他控制变量	Y	Y	Y
企业固定效应	Y	Y	Y
时间固定效应	Y	Y	Y
R^2	0.04	0.08	0.17
F	1573.22	1042.55	1019.68
observations	181998	1,565,669	1,565,669

五、结论

本文主要考察金融契约效率对多商品企业出口行为的影响。金融契约效率影响的机制可以概括如下：当金融契约执行效率提高、融资约束下降时，出口市场的竞争变得更加激烈。激烈的竞争使出口商品加成率的分布整体向下移动，导致多商品企业放弃出口表现最差的商品，出口更多更具竞争力的商品，进而提高出口竞争力。利用中国 2000–2008 年进出口企业的数据，本文对金融契约执行效率与多商品企业出口竞争力的关系进行了实证检验。实证检验结果表明，随着金融契约执行效率提高，停止出口的是表现最差、也即出口最少的商品，但出口表现最好商品的出口规模会上升。利用工具变量方法进行估计，以上结论依然成立。

本文从金融契约执行效率的角度考察中国多产品企业出口行为问题并得到一些启示。一方面，制度建设的不断完善和契约执行效率的逐步提高对改进金融服务，大力支持外贸企业融资，引导金融机构加大对小微企业的支持力度，提高为外贸企业服务的能力等方面起到积极作用。另一方面，中国金融契约执行效率各地区分布不均衡，西部地区还有较大潜力，因此为了各地区协同发展，中西部地区应该大力推进制度建设，提高契约执行效率等方面。此外，由于金融契约执行效率的提高导致的竞争致使企业出口产品更加集中，新产品研发与出口受到排挤；更集中的产品束也使得企业面对冲击时会更加脆弱。因此在保证市场活力的前提下，政府应该充分利用产业政策等来促进企业创新与产业升级。

参考文献

[1] 陈勇兵、李燕、周世民（2012）：《中国企业出口持续时间及其决定因素》，《经济研究》第 7 期。

[2] 樊纲、王小鲁、朱恒鹏（2011）：《中国市场化指数：各地区市场化相对进程 2011 年报告》，北京：经济科学出版社。

[3] 樊海潮、李瑶、郭光远（2015）：《信贷约束对生产率与出口价格关系的影响》，《世界经济》第 12 期。
李俊青、刘帅光、刘鹏飞（2017）：《金融契约执行效率、企业进入与产品市场竞争》《经济研究》第 3 期。

[4] 李志远、余淼杰（2013）：《生产率、信贷约束与企业出口:基于中国企业层面的分析》，《经济研究》第 6 期。

[5] 刘晴、程玲、邵智、陈清萍（2017）：《融资约束、出口模式与外贸转型升级》，《经济研究》第 5 期。

[6] 陆利平、邱穆青（2016）：《商业信用与中国工业企业出口扩张》，《世界经济》第 6 期。

[7] 罗长远、季心宇（2015）：《融资约束下的企业出口和研发:"鱼"与"熊掌"不可得兼？》，《金融研究》第 9 期。

[8] 马光荣、李力行（2014）：《金融契约效率、企业退出与资源误置》，《世界经济》第 10 期。

[9] 聂辉华、江艇、杨汝岱（2012）：《中国工业企业数据库的使用现状和潜在问题》，《世界经济》第 5 期。

[10] 钱学锋、王胜、陈勇兵（2013）：《中国的多产品出口企业及其产品范围：事实与解释》，《管理世界（季刊）》第 1 期。

[11] 孙灵燕、李荣林（2011）：《融资约束限制中国企业出口参与吗？》《经济学（季刊）》第 11 卷第 1 期。

[12] Amiti, Mary. and Weinstein, E. David. "Exports and Financial Shocks." *NBER Working Paper*, No. 15556, 2009.

[13] Baldwin, J., Caves, R. and Gu, W. (2005). "Responses to trade liberalization: changes in product diversification in foreign- and domestic-controlled plants", in (L. Eden and W. Dobson, eds), *Governance, Multinationals and Growth: New Horizons in International Business*, pp. 209–46, Cheltenham and Northampton, MA: Elgar.

[14] Bernard, A.B., Redding, S.J. and Schott, P.K. (2006). "Multi-product firms and trade liberalization", *CEP Discussion Papers* No. 769, LSE.

[15] Bernard, A. B.,J. B. Jensen, S. J. Redding and P.K. Schott, 2007a, "Firms in International Trade", *Journal of Economic Perspectives*, 21(3), pp.105-130.

[16] Bernard, A.B., S. J.Redding and P.K. Schott, 2007b, "Comparative Advantage and Heterogeneous Firms", *Review of Economic Studies*, 74(1), pp.31-66.

[17] Bernard, A. B., J. B. Jensen, S. J. Redding and P. K. Schott, (2009), "The Margins of US Trade", Centre for Economic Performance(CEP) Discussion Papers No.906.

[18] Bernard, Andrew B., Stephen J. Redding, and Peter K. Schott. 2011. "Multiproduct Firms and Trade Liberalization." *Quarterly Journal of Economics* 126 (3): 1271–318.

[19] Brandt, L. , J. V. Biesebroeck, and Y.F. Zhang, 2012,"Creative Accounting or Creative Destruction? Firm-level Productivity Growth in Chinese Manufacturing", *Journal of Development Economics,* 97(2): 339-351.

[20] Chaney, T., (2005), "Liquidity Constrained Exporters", Mimeo, University of Chicago.

[21] Eckel, C. and Neary, J.P. (2010). "Multi-product firms and flexible manufacturing in the global economy", *Review of Economic Studies*, vol. 77(1), pp. 188–217.

[22] Fan, Haichao.; Lai, Edwin. and Li, Yao Amber. "Credit Constraints, Quality, and Export Prices: Theory and Evidence from China." *Journal of Comparative Economics*, 2015b, 43, pp.390-416.

[23] Manova, Kalina, 2008, "Credit Constraints，Heterogeneous Firms and International Trade", *NBER Working Paper*, No.14531.

[24] Feenstra, R. and Ma under monopolistic competition", in (E. Helpman, D. Marin and T. Verdier, eds), *The Organization of Firms in the Global Economy*, pp. 173–99, Cambridge, MA: Harvard University Press.

[25] Feenstra, Robert C.; Li, Zhiyuan and Yu, Miaojie. "Exports and Credit Constraints under Incomplete Information: Theory and Evidence from China." *The Review of Economics and Statistics*, forthcoming, 2015.

[26] Iacovone, Leonardo, and Beata S. Javorcik. 2008. "Multi-product Exporters: Diversification and Micro-level Dynamics." *The World Bank, Policy Research Working Paper* 4723.

[27] Iacovone, Leonardo, and Beata S. Javorcik., (2010), "MULTI-PRODUCT EXPORTERS: PRODUCT CHURNING, UNCERTAINTY AND EXPORT DISCOVERIES" *The Economic Journal*, 120 (May), 481–499.

[28] Manova, K and Z. Zhang, (2009), "China's Exporters and Importers: Firms, Products and Trade Partners", NBER Working Paper No.15249.

[29] Manova, Kalina. "Credit Constrains, Hetergenous Firms, and International Trade." *Review of Economic Studies,* 2013, 80, pp.711-744.

[30] Manova, Kalina; Wei, Shang-Jin and Zhang, Zhiwei, "Firm Exports and Multinational Activity under Credit Constraints." *The Review of Economics and Statistics*, forthcoming, 2015.

[31] Mayer, T., Melitz, M. and Ottaviano, G. (2014). "Market size, competition and the product mix of exporters" *American Economic Review* 2014, 104(2): 495–536.

[32] Melitz, M. J. ,2003, "The Impact of Trade on Intra-industry Reallocations and Aggregate Industry Productivity", *Econometrica*, 71(6) , 1695—1725.

[33] Paper Archive No. 06–015, Penn Institute for Economic Research, Department of Economics, University of Pennsylvania.

[34] Rajan, Raghuarm G. and Zingales, Luigi, "Financial Dependence and Growth." *American Economic Review,* 1998, 88, pp.559-586.

[35] Sly, N ., 2008, " International Trade, W ages, and U nemployment with E ndogenous Firm Scope", *Michigan State University Job Market Paper*.

[36] Song, H. a nd L . Zhu, 2010, "Comparative A dvantage a nd M ulti-product Firms", http://www.smye2011.org/fileadmin/fe_user/linke/con_paper409.pdf.

[37] Song, Zheng. ; Storesletten, kjetil and Zilibotti, Fabrizio. "Growing Like China." American Economic Revies, 2011, Vol.101, pp.196-233.

边境内视角下服务业限制措施的评估与量化

——基于世界银行 STRI 数据库的分析

高　明　齐俊妍[*]

摘要：在"新一代"高标准自贸协定的服务贸易政策谈判中，具有边境内特征的服务业限制措施得到越来越多的关注。本文基于世界银行STRI数据库，按照边境内服务业限制措施的基本结构，梳理出"国家层面－服务部门－服务子部门－子部门提供模式"的四级评估框架，并介绍每一层级STRI指标的计算过程。基于该框架与指标，全面分析比较中美两国在服务行业、提供模式等多维度的贸易限制差异，结果发现：中国在银行、保险、电信和零售等部门的贸易限制程度均高于美国。另外，美国在放松市场进入形式、运营和监管环境领域的政策值得中国借鉴。

关键词：边境内服务业措施；世界银行STRI；贸易提供模式；四级评估框架

一、引言

随着全球服务贸易开放领域的延伸，对服务贸易构成障碍的政策措施逐渐由边境间转向边境内（周念利，2012），相比货物贸易更容易利用关税或配额等边境间贸易壁垒来衡量，服务贸易制定的政策措施却不具有明确的关税性质（Dee & Hanslow，2000），并且服务贸易政策措施更加分散，如市场准入许可、外国股权限制、许可证要求或外国公司利润的汇回限制政策等均很难直接量化

---

*作者简介：高明，天津财经大学经济学院博士研究生；齐俊妍，天津财经大学经济学院副院长、教授。

（Leo & Andreas，2003）。当前，以美国为代表的发达国家尝试通过诸边贸易协定谈判来主导高标准服务贸易开放规则的制定，中国处于被边缘化的境地。为避免在新一轮的高标准贸易规则制定中失去主动权，中国需要认清与发达国家存在的服务业限制措施差异和限制程度的差距，主动削减不必要的服务贸易措施，对接国际高标准的服务贸易规则，促进更大程度的服务业开放。为达到上述目的，亟需构建评估边境内视角下服务业限制措施的框架，并得到量化服务贸易限制措施的指标工具。

现有评估服务贸易政策限制程度的主要工具是 Hoekman（1995）率先提出的频度指标，按照"无限制"、"有限制"、"不作承诺"三级分类频度方法，评估《服务贸易总协定》（General Agreement on Trade in Services，GATS）具体承诺减让表中服务贸易开放水平。利用 Hoekman 频度工具，盛斌（2002）对中国入世《服务贸易减让表》（附件9）的服务贸易限制情况进行评估分析，其中 Hoekman 指标测度仅以承诺减让表作为信息来源，未能反映减让表之外各国制定的服务贸易政策所构成的贸易限制。近年来，刘庆林和白洁（2014）等国内学者虽然对 Hoekman 指标进行修正，除参考具有承诺减让表内容外，还综合评定服务行业的相关贸易政策限制，但仍没有给出服务行业贸易限制政策措施的具体量化指数。在考虑复杂多样的服务贸易政策时，量化贸易政策对服务贸易限制影响变得尤其困难（Deardorff & Stem，2008）。尽管如此，一些国际组织机构通过调查问卷或政策收集的方式，建立相应的服务贸易政策措施数据库，并涵盖量化服务贸易政策限制程度的服务贸易限制指数（Services Trade Restrictiveness Index，STRI），目前的文献基础主要包括澳大利亚生产力委员会（Findly & Warren，2000）、世界银行（Ingo Borchert et al.，2012）以及经济合作与发展组织（Organization for Economic Co-operation and Development，OECD）为代表的方法（Geloso Grosso et al.，2015）。其中，澳大利亚生产力委员会统计的各国服务贸易政策来源口径不同，并且涵盖的服务行业种类有限，在量化各国服务贸易政策限制时存在局限。基于 OECD-STRI 数据库，齐俊妍和高明（2018）已梳理服务贸易限制政策的评估框架，虽然对服务贸易政策按贸易提供模式、市场准入和国民待遇进行分类量化，但所依据的分类标准是借鉴盛斌（2002）按 GATS 对提供模式、市场准入和国民待遇的定义，考虑到 OECD-STRI 数据库涵盖的服务贸易条款数目众多，种类复杂，在分类过程中难免出现遗漏。相比之下，世界银行（2012）公布的 STRI 数据库中明确划定各种贸易提供模式下涵盖的服务贸易政策，以此为基础，分析服务部门下按提供模式的贸易限制情况更加准确。另外，该数据库还将所涵盖的服务贸易政策按部门开放、进入形式、许可证、运营、监管环境、服务提供条件、服务提供者限制、进入类型以及进入条件等领域进行详细划分（Ingo Borchert et al.,2012），对各国各行业的服务贸易政策限制情况评估更全面。利用世界银行统计的 STRI 指标，孙蕊等（2017）评估《中韩自由贸易协定》中承诺减让表中分部门和提供模式的贸易限制程度。

相比以往有关服务贸易限制指标测度的文献不足，本文主要基于世界银行（2012）公布的 STRI 数据库梳理出服务贸易政策的"四级评估框架"，该框架细化到每个服务部门下开展服务业务的子部门及提供模式的贸易限制，并对相应"国家层面"、"服务部门"、"服务子部门"、"子部门–提供模式"四个层级的 STRI 指标进行测度，构建涵盖跨境交付、商业存在及自然人移动等不同贸易提供模式以及不同服务部门层级的指标体系，对服务业开放的边境内措施进行多维度评估。并在此基础上，从市场准入、进入形式、运营和监管环境等不同政策领域，对中国服务业开放措施进行全面分析和国际比较。

二、世界银行 STRI 数据库的基本结构

（一）世界银行 STRI 数据库

世界银行于 2012 年公布的 STRI 数据库，涵盖 103 个国家丰富详细的服务业限制措施信息，其中 79 个非经合组织国家，24 个经合组织国家。对于非经合组织国家服务业开放的限制政策信息是通过设计问卷调查得到，这些问卷调查是由当地熟悉本国对具体服务部门制定的法律条款及规则的政府官员完成。而经合组织国家的贸易限制政策信息是通过公开渠道获取，包括 GATS 的承诺和提议，WTO 报告以及其它经济智库报告。STRI 数据库主要涵盖东道国针对

外国服务或外国服务提供者歧视性的贸易政策措施，以及东道国政府实施的服务市场的监管措施。

数据库统计五个主要的服务行业：金融（银行和保险）、电信、零售、运输和专业服务行业（会计、审计和法律），上述部门的选择依据主要考虑其对经济发展的重要性，及由服务行业现存的主要服务贸易限制和相关政策数据的可获得性。根据服务部门所开展的服务业务差异，进一步将服务行业细分为19个不同的子部门，如银行部门分为银行贷款和银行存款两个子部门。对于每一子部门的业务范围又按不同的服务提供模式提供贸易，与服务贸易联系最密切包括"跨境交付"、"商业存在"和"自然人移动"三种提供模式，并与不同的服务子部门进行组合，得到34种子部门 – 提供模式贸易形式，具体见表1。对所有子部门都包含"商业存在"或FDI提供模式3，在金融、运输和专业服务包括"跨境交付"提供模式1，在专业服务包括"自然人移动"提供模式4。

表 1　STRI 数据库服务部门 – 子部门 – 服务提供模式组合

部门	子部门	模式 1	模式 3	模式 4	部门	子部门	模式 1	模式 3	模式 4
银行	银行贷款	★	★		运输	国际海运	★	★	
	银行存款	★	★			海运辅助		★	
保险	汽车	★	★			陆运		★	
	人寿	★	★			铁运		★	
	再保险	★	★		会计审计	会计	★	★	★
电信	固定线路		★			审计	★	★	★
	移动		★		法律	国际法律咨询	★	★	★
分销	零售分销		★			国内法律咨询		★	★
运输	国内航运		★			法庭代表服务		★	★
	国际航运	★	★						

资料来源：根据世界银行公布的 STRI 数据库整理。

STRI 数据库在每一服务子部门－提供模式下包含相应的服务贸易政策措施，对于不同子部门－提供模式下的政策措施，既有相同的政策措施，同时也存在差异。具有相同政策措施的情况，如在银行贷款－提供模式 1 和国际海运－提供模式 1 下都存在"市场准入许可"的政策措施。具有不同政策措施的情况，如银行贷款－提供模式 1 还包括对"贷款规模、期限及利率"限制的政策措施，而国际海运－提供模式 1 还包括对"货物配额"要求的政策措施，总之，所有子部门－提供模式组合下的政策措施构成了 STRI 数据库中所有的贸易政策措施。根据所有服务贸易政策措施的内容和特征，可以归为以下政策领域的限制：部门开放、进入形式、许可证、运营、监管环境、服务政策的条件、服务提供者限制、进入类型、进入条件。如部门开放领域涵盖的政策措施有：市场准入许可、市场封闭－东道国的国籍要求、国外许可证的自动识别、符合条件的外国专业人员。

（二）服务贸易政策措施内容

STRI 数据库类似于金字塔结构，该结构由低到高分别是"所有政策措施"、"主要政策措施"、"关键限制"、"STRI"四个等级。其中，"所有政策措施"等级涵盖数据库中所有的个体服务贸易政策措施，"主要政策措施"等级涵盖对服务贸易起主要限制的政策措施，这些主要政策措施内容也包含在"所有政策措施"等级中，它是对主要政策措施的概括，"关键限制"等级显示了对每个子部门和模式所实施服务贸易政策措施的整体限制情况，以此作为计算子部门－提供模式 STRI 值的依据。相比"所有政策措施"和"主要政策措施"等级，"关键限制"等级并不涵盖所有个体政策措施。限于篇幅原因，本文仅以子部门银行贷款－提供模式 1 为例，说明 STRI 数据库统计的服务业开放政策措施的结构安排，见表 2。

表 2　STRI 数据库中银行贷款 – 提供模式 1 的基本结构

子部门 – 模式	所有政策措施	主要政策措施	关键限制	STRI
银行贷款 – 提供模式 1	市场准入许可	市场准入许可	开放但存在限制	50
	国内无法提供服务的证明	国内无法提供服务的证明		
	限制使用服务的企业部门			
	限制贷款的期限			
	限制贷款的规模			
	限制贷款的利率			
	其它形式限制			
	批准要求			
	登记要求			

资料来源：根据世界银行公布 STRI 数据库整理。

　　银行贷款子部门 – 提供模式的 STRI 具体数值 50 是根据"关键限制"层级政策限制情况的评估结果，其评估的基本原则见表 3 所示，由此可见，服务政策限制程度越高，所赋的分值越高，0 代表服务贸易完全开放，100 代表服务贸易完全限制。每一分部门和提供模式下，对应的政策措施不止一条，在这种情况下，对每一子部门 – 模式所赋予的 STRI 值反映是同时评估所有服务贸易政策措施的整体限制情况。

表 3　子部门 – 提供模式 STRI 赋值的基本原则

整体限制情况	STRI 赋值
完全开放	0
实际开放，但存在较小限制	25
开放但存在限制	50
实际封闭，但存在有限开放	75
完全封闭	100

资料来源：作者整理所得。

三、边境内服务业限制措施的评估与量化

（一）服务业限制措施的评估框架

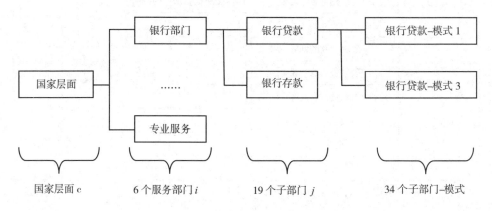

图 1　服务业限制措施的四级评估框架

资料来源：作者绘制所得。

图 1 是针对世界银行公布的 STRI 数据库涵盖的服务业限制措施梳理的四级评估框架，以此框架为基础介绍"子部门–提供模式"、"服务子部门"、"服务部门"和"国家层面"STRI 指标量化过程。首先，子部门–提供模式层级的 STRI 值是根据数据库结构中"关键限制"等级的贸易政策限制的整体情况进行赋值；其次，依据对子部门–提供模式组合所分配的权重，对子部门–提供模式 STRI 值加权得到服务子部门 STRI 值；另外，对服务部门涵盖的各子部门 STRI 值简单加权平均得到服务部门 STRI 值；最后，依据各服务部门所分配的权重，对各服务部门的 STRI 值加权得到一国层面的 STRI 值。

其中子部门–提供模式分配的权重反映了专家组针对特定服务所选择模式的相对重要性；而服务部门权重则来源于给定服务部门的价值增值占工业国家总值的平均份额，详细权重分配情况见表 4 所示。

表 4　STRI 构建所依据的部门和模式权重分配

服务部门总权重		子部门 – 提供模式权重			
部门	总权重	子部门	模式 1	模式 3	模式 4
银行	0.149	银行贷款	0.15	0.85	
		银行存款	0.15	0.85	
保险	0.095	汽车保险	0.10	0.90	
		人寿保险	0.10	0.90	
		再保险	0.80	0.20	
电信	0.095	固定线路		1.00	
		移动		1.00	
分销	0.239	零售分销		1.00	
运输	0.223	国内航运			
		国际航运	0.70	0.30	
		国际海运	0.70	0.30	
		海运辅助		1.00	
		陆运		1.00	
		铁运		1.00	
专业服务	0.199	会计	0.20	0.40	0.40
		审计	0.20	0.40	0.40
		国际法律咨询	0.20	0.40	0.40
		国内法律咨询		0.50	0.50
		法庭代表服务		0.50	0.50

资料来源：根据世界银行的 STRI 数据库资料整理。

（二）STRI 值的计算公式

1. 子部门 – 提供模式层级的 STRI 值

计算子部门 – 提供模式层级的 STRI 值时，将重点评估影响外国服务企业进入和运营上的政策措施限制，其赋值依据的原则见表 3。需要强调的是，基本的 STRI 得分反映的是每一分部门 – 提供模式下的整体政策制度，而不是个别政策措施的加权平均。

2. 服务子部门层级的 STRI 值

利用分配的权重将子部门 – 提供模式的分值加权得到服务子部门的 STRI 值：

$$STRI_j = \sum_m^M w_m^{(j)} s_{ijm} \qquad (1)$$

$w_m^{(j)}$ 代表子部门 j 的服务提供模式 m 所分配的权重值，s_{ijm} 代表 i 部门，j 子部门，m 服务提供模式的赋分，按照限制程度分别赋 0、25、50、75、100。

3. 服务部门层级的 STRI 值

对服务部门所包含的子部门 STRI 简单加权平均，得到该服务部门 STRI 值。

$$STRI_i = \frac{1}{J} \sum_j^J STRI_j \qquad (2)$$

$STRI_i$ 代表 i 部门的 STRI 值，J 代表 i 部门涵盖 j 子部门的数量。如"银行"部门，其包含"银行贷款"和"银行存款"两个子部门，将后者子部门的 STRI 值，简单加权平均得到"银行"部门的 STRI 值。

4. 国家层面的 STRI 值

按照各服务部门的权重值，对各部门的 STRI 值加权，得到一国层面的 STRI 值。

$$STRI_c = \sum_i^I w_i STRI_i \qquad (3)$$

$STRI_c$ 代表 c 国的 STRI 值，w_i 代表 i 部门的分配的权重值。

5. 以中国边境内服务业限制措施的 STRI 指标计算为例

第一步，根据 STRI 数据库中对银行贷款 – 模式 1 和银行贷款模式 3 贸易政策的关键限制进行 STRI 赋值。STRI 数据库中"关键限制"等级中对中国银行贷款 – 模式 1 的贸易要求是"开放但存在限制"，对照表 3 的赋分原则，中国银行贷款 – 模式 1 的 STRI 值赋 50。同样，"关键限制"等级对中国银行贷款 – 模式 3 的贸易要求是"实际开放，但存在较小限制"，对照赋分原则，对银行贷款 – 模式 3 的 STRI 值赋 25；第二步，根据表 4 子部门 – 提供模式分配的权重，对银行贷款的模式 1 和模式 3 的 STRI 赋值进行加权，得到子部门银行贷款 STRI=0.15*50+0.85*25=28.8，即子部门银行贷款 STRI 值等于 28.8，同理，可根据计算子部门银行存款 STRI 等于 36.6，对银行部门下的子部门银行贷款和银行存款 STRI 简单平均得到银行部门的 STRI 值等于 32.5，同样步骤，可计算其它服务部门的 STRI 值；第三步，根据表 4 服务部门分配的权重，对各服务部门 STRI 值加权，得到中国贸易政策限制 STRI 值。

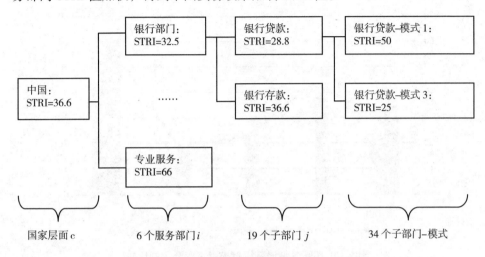

图 2　以计算中国服务贸易限制的 STRI 值为例

资料来源：作者绘制所得。

综上所述，基于 STRI 数据库所梳理的服务业限制措施的四级评估框架为定量分析边境内服务业措施的限制程度提供了工具，依据"国家层面"、"服务部门"、"服务子部门"以及"子部门 – 模式"层级的 STRI 值，可以从多维度对一国服务贸易限制进行全面评估，并对不同国家的贸易限制开展系统全面的比较。

四、中美边境内服务业措施限制比较

（一）服务贸易部门及提供模式贸易限制比较

按本文梳理的边境内服务业限制措施的四级评估框架，首先对中美主要服务业贸易限制程度进行比较，图 3 显示，中国在各服务业贸易限制程度均高于美国，尤其在电信和零售服务行业，中国存在贸易限制，但美国却完全开放。

由上文表1可知，所有服务业均涉及以"商业存在"提供贸易的方式，比较中美各服务业对提供模式3的贸易限制发现，中国在电信和零售服务行业对"商业存在"的贸易提供模式存在限制，而美国对上述行业"商业存在"的提供模式完全开放。

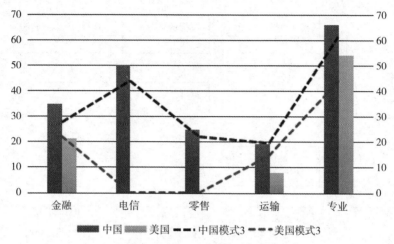

图3 中美服务领域及提供模式3贸易限制比较

资料来源：根据世界银行 STRI 数据库资料绘制所得。

（二）服务部门及提供模式限制比较

对具体服务部门贸易限制进行中美比较，由图4可知，中国在银行、保险、电信、零售、运输和法律行业的贸易限制均高于美国，而在会计和审计行业，美国的服务贸易限制程度高于中国。另外，比较以"商业存在"形式的贸易提供模式3而言，中美两国对银行、会计和审计行业的"商业存在"贸易提供模式的限制程度一致，中国对保险、电信、零售、运输和法律以"商业存在"形式提供服务贸易的限制程度高于美国。

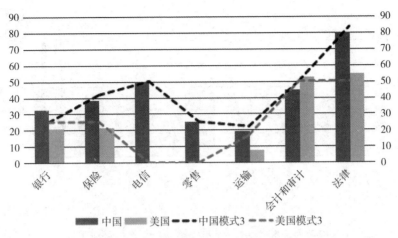

图 4　中美服务部门及提供模式 3 贸易限制比较

资料来源：根据世界银行 STRI 数据库资料绘制所得。

（三）服务行业子部门及提供模式限制比较

对中美服务行业子部门的贸易限制程度进行比较，由图 5 可知，中国对于银行贷款和存款、汽车和人寿保险、固定和移动电信、国际空运、海上辅助、国内法律咨询和法庭代表服务等服务行业子部门的贸易限制程度高于美国，而美国在国际海运、会计、审计子部门贸易限制程度高于中国，另外，中美两国对再保险、陆运、铁运和国外法律咨询子部门的贸易限制程度一致，并且两国在陆运和铁运两子部门均完全开放，不存在贸易限制。

对于子部门的提供模式 3 的贸易限制比较，中国对汽车和人寿保险、固定和移动电信、海上辅助、国内法律咨询和法庭代表服务等子部门的"商业存在"提供方式的贸易限制程度高于美国，相反，美国对国内和国际空运的"商业存在"提供方式的贸易限制程度高于中国，另外，中美对银行贷款和存款、再保险、陆运和铁运、会计和审计、国外法律咨询等部门的"商业存在"提供方式的贸易限制程度一致。

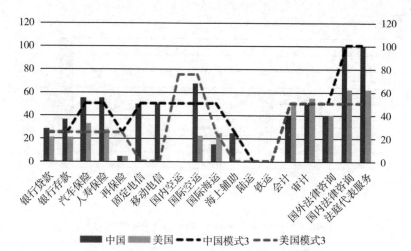

图5 中美服务子部门及提供模式3贸易限制比较

资料来源：根据世界银行 STRI 数据库资料绘制所得。

由表1可知，银行贷款和存款、汽车、人寿和再保险、国际海运、会计和审计、国外法律咨询等子部门，还存在以提供模式1"跨境交付"贸易提供方式，雷达图6反映中美对上述子部门的"跨境交付"贸易提供方式的限制。比较发现，中国对银行贷款和存款、人寿保险的"跨境交付"贸易提供方式的限制程度高于美国，并且对银行存款、汽车和人寿保险的"跨境交付"提供方式完全限制，相反，美国对国际海运和审计的"跨境交付"提供方式的限制程度高于中国，并且中国在国际海运和审计子部门的"跨境交付"完全开放。另外，中美两国在再保险、会计、国外法律咨询的"跨境交付"贸易完全开放。

同样，专业服务领域的会计、审计、国内和国外法律、法庭代表服务子部门还存在以提供模式4"自然人移动"的贸易提供方式，雷达图7反映了中美对上述子部门的"自然人移动"贸易提供方式的限制，比较发现，中国在国内法律咨询和法庭代表服务子部门的"自然人移动"贸易提供方式存在完全限制，而美国存在一定程度的限制，另外，美国对会计子部门的"自然人移动"贸易提供方式的限制程度高于中国，中美在审计、国外法律咨询子部门的"自然人移动"贸易提供方式的限制程度一致。

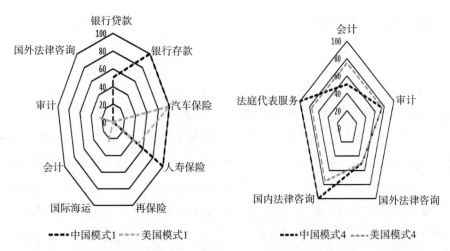

|　|<ins>—</ins>中国模式1　<ins>......</ins>美国模式1|　|<ins>—</ins>中国模式4　<ins>......</ins>美国模式4|

图 6　子部门及提供模式 1 贸易限制比较　　图 7　子部门及提供模式 1 贸易限制比较

资料来源：作者根据世界银行 STRI 数据库资料绘制所得。

　　综上所述，将中美在服务部门，子部门以及提供模式的贸易限制比较结果整合如表 5 所示。

表 5　中美服务贸易限制情况概括

部门	子部门	模式 1	模式 3	模式 4	部门	子部门	模式 1	模式 3	模式 4
银行	银行贷款	<ins>★</ins>	★		运输	国际海运	<ins>★</ins>	★	
	银行存款	<ins>★</ins>	★			海运辅助		★	
保险	汽车保险	★	★			陆运		★	
	人寿保险	★	<ins>★</ins>			铁运		★	
	再保险	★	<ins>★</ins>		会计审计	会计	★	<ins>★</ins>	★
电信	固定线路		★			审计	<ins>★</ins>	★	★
	移动		★		法律	国际法律咨询	★	★	<ins>★</ins>
零售	零售分销		★			国内法律咨询		★	★
运输	国内航运		★			法庭代表服务		★	<ins>★</ins>
	国际航运		★						

注："部门"、"子部门"、"★"代表中国服务贸易限制程度高于美国，"部门"、"子部门"、"<ins>★</ins>"代表中美服务贸易限制程度一致，"部门"、"子部门"、"<ins>★</ins>"代表美国服务贸易限制程度高于中国。

资料来源：根据分析结论整理所得。

五、结论及政策建议

通过对中美两国边境内服务业限制措施的比较，可以看出：首先，对于服务部门而言，中国对会计和审计部门的贸易限制程度低于美国，除此之外，对于其它服务部门，如银行、保险、电信、零售等部门贸易限制高于美国，尤其对于电信和零售部门，美国制定的服务贸易政策措施并未构成贸易限制，而中国对电信和零售部门的进入形式、运营和监管环境等政策领域存在严格的贸易限制。其次，对服务部门开展具体贸易业务的子部门比较，如再保险、国外法律咨询贸易业务方面，中国与美国存在的贸易限制程度一致，在国际海运、会计和审计贸易业务方面，中国存在的贸易限制程度低于美国，而在开展其它的贸易业务子部门而言，中国存在的贸易限制程度高于美国。最后，对于贸易提供模式3"商业存在"贸易限制而言，中美存在贸易限制程度的差距主要集中在汽车和人寿保险、固定和移动电信以及国内法律咨询等子部门，中国在上述贸易业务存在的贸易限制程度高于美国。除此之外，中美在银行贷款和存款、会计和审计等子部门存在贸易限制程度基本没有差距，并且，在一些子部门，如中国对国内和国际空运服务贸易限制程度甚至低于美国。另外，对于提供模式1"跨境交付"而言，中国在银行贷款和存在方面贸易限制要高于美国，而在国际海运和空运、审计方面贸易限制却低于美国。对于提供模式4"自然人移动"而言，中国对会计子部门的自然人移动限制程度低于美国，而在国际法律咨询和法庭代表服务方面限制程度却高于美国。

基于上述结论，提出如下政策建议：第一，中国应积极削减在银行、保险、电信、零售、专业服务部门的不必要限制措施，尤其是在电信行业的服务贸易限制措施的削减，有利于引进国外先进的信息技术，促进我国电信行业的稳步发展；第二，保持在会计和审计部门的开放水平，尤其对会计和审计部门的自然人移动要进一步放松管制，吸引高素质的国外专业提供者到国内提供服务，有利于国内专业从业者学习国外先进的管理经验和模式；第三，放松对国内法律咨询和法庭代表服务的贸易限制，促进国家间法律从业者业务方面的交流，借鉴国外健全的法律体系，完善我国在法律体系建设方面的不足；第四，在降低部门开放政策领域贸易限制的同时，要不断缩减对外国服务进入形式的限制，增加国外服务在国内投资种类的多样性，并放宽专业服务许可证的要求，取消国内与国外在许可证获得标准方面的差异，优化监管环境政策领域，尤其是赋予企业对监管决定拥有上诉的权利，并且在监管政策变更前要事前通知。

参考文献：

[1] 刘庆林、白洁，2014，"中国服务贸易壁垒测度：基于频度分析的方法"，《财贸经济》，第 1 期，第 75-83 页。

[2] 盛斌，2002，"中国加入 WTO 服务贸易自由化的评估与分析"，《世界经济》，第 8 期，第 10-18 页。

[3] 孙蕊、齐俊妍，2017，"《中韩自贸协定》中方服务贸易减让表评估——基于五级分类频度法和 STRI 指数方法"，《中国经济问题》，第 3 期，第 76-87 页。

[4] 齐俊妍、高明，2018，"服务贸易限制的政策评估框架及中美比较：基于 OECD-STRI 数据库的分析"，《国际经贸探索》，第 1 期，第 4-18 页。

[5] 周念利，2012，"缔结"区域贸易安排"能否有效促进发展中经济体的服务出口"，《世界经济》，第 11 期，第 88-111 页。

[6] Dee,P.and Hanslow,K.2000.Multilateral Liberalisation of Services Trade[R]. Productivity Commission Staff Research Paper,Ausinfo,Canberra.

[7] Deardorff,A. and R.Stern.2008.Empirical Analysis of Barriers to International Services Transactions and the Consequences of Liberalization.A Handbook on International Trade in Services. Oxford:Oxford University Press.

[8] Findlay, C. and Warren, T. (eds). 2000.Impediments to Trade in Services: Measurement and Policy Implication[M]. Routledge, London and New York.

[9] Geloso Grosso, M. et al. 2015.Services Trade Restrictiveness Index (STRI): Scoring and Weighting Methodology[R]. OECD Trade Policy Papers,, OECD Publishing.

[10] Hoekman,B.1995.Tentative First Steps:An Assessment of the Uruguay Round

Agreement on Services[R].Word Bank,Policy Research Working Paper 1455 .

[11] Ingo Borchert, Batshur Gootiiz, Aaditya Mattoo. 2012.Policy Barriers to International Trade in Services Evidence from a New Database. The World Bank Development Research Group Trade and Integration Team, Policy Research Working Paper 6109.

[12] Leo A. Grunfeld and Andreas Moxnes.2003.Explaining the Patterns of International Trade in Services.No.657.

进口渗透率与美国利益集团政治捐资

杨弘贤[*]

摘要： 美国贸易政策的制定通常受到利益集团的重大影响，次贷危机爆发以后，美国的贸易保护倾向更为严重，尤其是对中国。本文利用美国政治捐献数据库（Opensecrets）以及美国经济分析局（BEA）网站的基础数据，归纳和整理美国各产业进口渗透率（IPR）对美国政治行动委员会（PAC）的捐资情况及其对党派的影响，同时考察次贷危机的影响并以次贷危机的爆发为分界点，对比前后 IPR 和 PAC 捐资的变化情况。得出以下结论：次贷危机的爆发使得 IPR 整体出现巨大波动，各产业 IPR 增减不一；PAC 整体增加对民主党的捐资比例；产业大部 IPR 较高者，民主党捐资比例较高，IPR 较低者共和党捐资比例较高；个别产业出现不同于上述情况，本文从价值链等角度给出解释。

关键词： 进口渗透率；美国利益集团；政治捐资；次贷危机

一、引言

利益集团对贸易政策的影响十分重大，如盛斌教授在其论文《国际贸易政策的政治经济学：理论与经验方法》中提到：利益集团有各种各样的行为特征，如"寻租"和组织特征（如"集体行动"）以及"操纵"政策，这些行为对一个国家的政治活动形成潜移默化的影响。美国的利益集团在历史的推波助澜下最终在民主党和共和党两大屋檐下，日日进行着演变。中国学术界在很长时间以来一直非常关注对美国两党的研究，20 世纪 70 年代陈其、王佐邦等人曾对美国两党做过细致的剖析。其他对美国民主党和共和党的分析比较也层出不穷。

然而政府的政策并不是由一个统一的性质点产生的，而是通过各个不同分支间的矛盾斗争和演变得来的。而"'利益集团'模型是对贸易政策政治理论

---

*作者简介：杨弘贤，天津财经大学学生。

的检验，它认为关税结构是由产业中不同利益集团之间的斗争决定的。"但是目前对于利益集团的研究较少，研究大都主要涉及关税等相关领域，时效性也不强，而且2008年以来，利益集团对贸易政策意图的影响较少有所涉及。

基于上述考虑，本文从opensecrets以及BEA网站获得基础数据，然后依据BEA代码进行进一步分类，考察PAC中42个行业（三分位的行业）的进口渗透率和捐资情况，通过从同一时间序列不同产业，以及同一产业不同时间序列两方面对进口渗透率进行研究；同一集团不同时间序列纵观，同一时间序列不同党派之间横跨，以及捐资额与产业产出占比的变化趋势等多角度，全方位观察分析，得出这样一个基本事实结论：IPR较高的产业，倾向于贸易保护方向的利益诉求更强烈，愿意将资金捐给民主党，PAC捐资占产出比重较高；IPR较低的产业，自由贸易方向的利益诉求更强烈，更愿意将资金捐给共和党，PAC捐资占产出比重较低；同时对上述基本事实中所出现的特例：IPR较高的产业对民主党捐资比例不高和IPR较低的产业对民主党捐资比例较高，也从价值链等角度给出合理的解释。另一方面，次贷危机对IPR以及PAC捐资均产生很大的影响，经济下行时，大部分行业急剧增加对民主党捐资金额，也说明经济下行时，企业需要寻求保护贸易；经济上行时，大部分企业开始减少对民主党捐资金额，说明这时企业开始转向自由贸易。

二、美国各产业进口渗透率整体情况

进口渗透率亦称进口渗透度，是衡量一国某年某行业（或者某产品）国内消费数量中进口所占GDP的比重，如公式（1）

$$IPR = \frac{M_j}{Q_j^e} \tag{1}$$

公式中：M_j为该国某年j产业（或者j产品）的进口数量，Q_j^e为该年j产业（或者j产品）的国内消费数量。

（一）各产业进口渗透率平均值整体情况

各产业的进口渗透率可以表现出一个产业对外依存度，进而根据其对进口依赖程度表达其利益诉求是贸易保护还是寻求贸易自由；如果一个产业进口渗透率较高，说明其寻求贸易保护的政治诉求较强，相反则寻求自由贸易诉求更强。在此，考察美国各产业从 1998-2016 年间进口渗透率平均值的情况。

表 1　美国各产业进口渗透率平均值状况

进口渗透率平均值	行业名称	行业个数
>0.5	Apparel and leather and allied products、Miscellaneous manufacturing、Electrical equipment, appliances, and components、Water transportation、Motor vehicles, bodies and trailers, and parts	5
>0.1	Mining, except oil and gas、Petroleum and coal products、Machinery、Furniture and related products、Forestry, fishing, and related activities、Textile mills and textile product mills、Computer and electronic products、Air transportation、Motor vehicle and parts dealers、Utilities、Food and beverage and tobacco products、Primary metals、Fabricated metal products、Chemical products、Educational services、Wood products、Farms、Paper products	18
<0.1	Plastics and rubber products、Oil and gas extraction、Legal services、Construction、Securities, commodity contracts, and investments、Publishing industries, except internet (includes software)、Federal Reserve banks, credit intermediation, and related activities、Motion picture and sound recording industries、Broadcasting and telecommunications、Support activities for mining、Performing arts, spectator sports, museums, and related activities、Pipeline transportation、health、Waste management and remediation services	14

数据来源：由美国 PAC 数据库整理得到。

从表 1 中，可以看到，进口渗透率的整体结构中，进口依存度较高的产业集中于一些中间品的制造，前五位分别是服装、皮革及相关产品、其他制造业、电气设备、电器和部件、水上运输、机动车辆、车身和挂车及其零件产业，平均值为 1.5314。中等前五位分别是采矿、除石油和天然气、石油和煤炭产品、机械装置、家具及相关产品和林业、渔业和有关活动这些行业，平均值为 0.2863；而底层位置集中于一些塑料和橡胶制品、石油和天然气开采、法律服务以及建筑行业，平均值为 0.0223。不难发现，各个梯队进口渗透率差距还是很大的，各行业对进口的依赖程度差距也比较悬殊。

（二）次贷危机对进口渗透率的影响

在观察进口渗透率变化的过程中，将 2008 年和 2010 年作为两个分界点。一是由于 2008 年经济危机，对很多领域产生巨大的影响，以 2008 年为分界，便于考察分化情况；二是从 2009 年开始，全球经济开始逐渐复苏（此处忽略复苏的进程），而 PAC 数据库以竞选年为标准提供数据，所以将 2010 年作为另一个分界点。在此，研究从时间序列上将会分为 2008 年之前、2008-2010 两个年度和 2010 年之后这三个部分，来考察产业的进口渗透率变化情况。

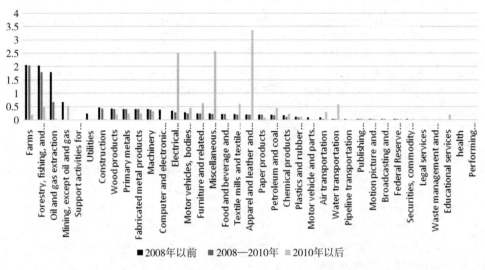

图 1　美国各行业进口渗透率平均值变化情况

数据来源：由美国 PAC 数据库整理得到。

图 1 为美国产业进口渗透率平均值的变化情况。从图中可以看出进口渗透率的平均值的总体趋势变动较大，次贷危机前对进口依赖程度较高的产业主要集中在农业、林业、渔业和有关活动以及石油和天然气开采等一些产业；2008-2010 年间由于发生次贷危机，对经济贸易产生巨大且具体的影响，但应对危机发生措施的实施具有时滞性，因此在这两年间仍然是危机发生前的上述行业进口渗透率较高；2010 年以后，应对危机出台的一系列贸易相关政策发挥实质性作用，原来像农业、林业、渔业这些初级产业大大减少对进口的依赖，而服

装、皮革及相关产品、电气设备、电器和部件以及其他制造业这些产业大幅度提升对进口的依赖度，进口渗透率表现突出。

三、美国各产业利益集团政治捐资的整体情况

各行业的政治捐资额可以很好的体现其政治诉求和影响力，同时也反映美国的产业利益集团分化情况，但由于捐资金额差距很大，各行业的实力差距也比较悬殊，因此用各行业的捐资平均值除以该行业产出的平均值，以标准化捐资额，来展现各行业的捐资影响力。

（一）各行业平均捐资产出比的整体情况

对平均捐资产出比进行排序，取前十位的行业，制作表3。但要对各个行业之间进行直接比较，需要进行标准化。

表3　平均捐资产出比前十位的行业

行业代码	行业名称	平均捐资产出比
525	Funds, trusts, and other financial vehicles	0.00833%
111CA	Farms	0.00633%
482	Rail transportation	0.00632%
486	Pipeline transportation	0.00624%
续表3		
213	Support activities for mining	0.00500%
481	Air transportation	0.00484%
5411	Legal services	0.00457%
211	Oil and gas extraction	0.00428%
113FF	Forestry, fishing, and related activities	0.00425%
339	Miscellaneous manufacturing	0.00404%

数据来源：由美国 PAC 数据库整理得到。

用各行业的捐资产出比，除以捐资产出比的最大值，用政治诉求强度指数来表示，公式如（3）所示

$$D_i = \frac{V_i}{V_{max}} \tag{3}$$

其中，D_i 为各行业政治诉求强度指数，V_i 为各行业的捐资产出比，V_{max} 为各行业捐资产出比的最大值，i 为各行业的代码，计算结果如图 3 所示。从图中可以看到，很多大型行业的政治诉求并不能与其捐资数额影响力相匹配，反之，很多小型行业的政治诉求与其影响力而言较强。

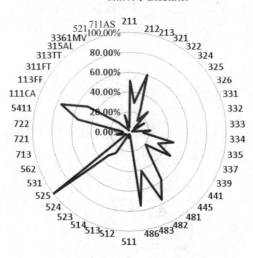

图 2　政治诉求情况①

数据来源：由美国 PAC 数据库整理得到。

结合图 3 和表 3，可以进一步看到，有些大型行业的政治诉求较强，但是很多小型行业开始在政治诉求中排在前位。对于那些影响力大，诉求较弱的行业，它们很容易和影响力小但诉求强的行业产生分歧，毕竟这些行业有可能无法实现其诉求。结合各行业的捐资平均值和平均捐资产出比的情况，可以将行业的整体情况大体分为四类：影响力大、诉求强烈；影响力大、诉求较弱；影响力小、诉求强烈以及影响力小、诉求较弱。这其中第二种和第三种类别可能会产生很大的分歧，而各产业利益集团的分化也会因为影响力和诉求的差异化而形成。

---

① 图中编码所代表的行业名称见附表

（二）次贷危机对产业利益集团政治捐资规模的影响

下面考察美国行业捐资产出比来进一步阐述次贷危机对产业利益集团的政治捐资影响。

1. 美国行业捐资产出比的变化状况

图 6 是美国行业平均捐资产出比的情况，这里剔除时间的累积影响，直接观察平均产出比的变化情况。

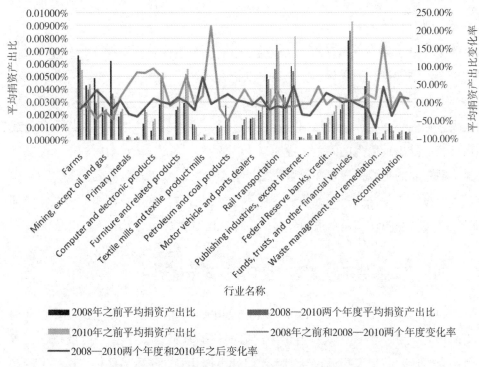

图6　美国行业平均捐资产出比变化情况

数据来源：由美国 PAC 数据库整理得到。

首先平均捐资额的总体趋势并无大方向的变动，仍是主要集中在能源，金融，农业，装备制造业等相关产业中。大部分行业三阶段的捐资额中，均有不同程度的上升，其中增加幅度比较大的有健康行业、石油和煤炭行业、原油开采行业等；大部分行业的捐资额未发生大的波动，极少数行业捐资额有下降的趋势，出版行业以及影音行业在小幅度上升后缩减捐资额，2010 年后平均数额甚至少于 2008 年以前的平均额。

再看各个行业捐资金额与该行业产出的比例关系，从图中直观可以观察到的就是实际上捐资金额对于各个行业来说，都是很少的一部分（相对于产出）；再细致的观察捐资产出比之后，可以看到，结构发生变化，很多在捐资结构中处于上层位置的行业，并没有出现在捐资产出比结构的上层部分，说明很多大企业的诉求没有如此的强烈，相反，很多小微行业出现在捐资产出比结构的上层位置，说明小微行业的政治诉求还是很强烈的，也比很多的大企业的政治诉求要强烈。

接下来，看一下捐资产出比在这三个时间节点的变化率情况，一条折线代表出现经济下行时的变化率，而另一条折线代表出现经济上行时的变化率，如果两条折线在行业点处距离很近，说明这个行业在经济波动分界点的捐资变化大致相同，即为一直增加捐资额或者一直减少捐资额；但是，如果两条折线在行业点处出现巨大的间隙，说明这个行业对待经济波动点前后的态度变化很大。据图 6 的折线，发现在很多小微行业点处，折线出现巨大的分叉，而在很多大型折线处，这些折线的前后变化不是如此剧烈。这也就说明，在经济波动时，小微行业的动作还是很明显的，也体现出小微行业的诉求还是很强烈的。

四、进口渗透率与美国产业 PAC 政治捐资

如图 7，进口渗透率是 1998–2016 年间的平均值，由本文上述可知党派捐资的绝对值并不能说明其利益诉求，需要根据其捐资数额占 GDP 的比例，以民主党为例，若捐资比例较高则可说明这个产业倾向于贸易保护，这样无论幼稚产业或是成熟产业捐资比例均可准确表现其利益诉求。当某产业进口渗透率较高时，企业的贸易保护主义加强，为了体现其利益诉求，企业会选择将其资金捐给民主党所在利益集团从而在制定以及实施贸易政策时占据主导权，因此图中的两条折线的波峰和波谷应该是相互对照的。由于开放性的自由贸易整体上利于行业的发展，当今时代全球价值链的兴盛，行业整体上对共和党捐资比例较高，以此为背景，通过相对性的分析来比较各个产业在此基础上的诉求倾向。

对于绝大多数产业来说，IPR 较高者倾向于贸易保护，对民主党捐资比例

较高，IPR 较低者倾向于自由贸易，对共和党捐资比例较高，能够准确表达利益诉求。据图 7，例如机械装置（machinery）行业，其 IPR 均值为 0.4127，民主党捐资比例为 0.3459，在进口渗透率相对较高的现实情况下，对民主党的捐资比例相对于其他行业较高，准确表达其寻求贸易保护的利益诉求，验证上述的基本事实；纺织及纺织产品工厂产业（Textile mills and textile product mills)，其 IPR 均值为 0.3927，民主党捐资比例为 0.3814，汽车及零部件经销商（Motor vehicle and parts dealers）其 IPR 均值为 0.2745，民主党捐资比例为 0.2650。大多数产业如上述例子，对进口的依赖程度和对民主党的捐资比例是相互照应的，符合基本事实。

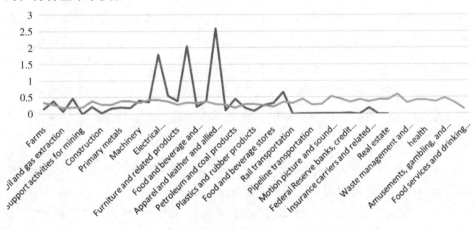

——进口渗透率平均值 ——民主党捐资比例

图 7 1998–2016 年间 IPR 和捐资比例均值

数据来源：由美国 PAC 数据库整理得到。

但是在研究过程中也发现，存在一些产业，IPR 较高理应持贸易保护主义，但是最终民主党捐资比例却处在一个相对较低的位置，没有精准的表达其利益诉求。如服装及皮革及相关产品（Apparel and leather and allied products）行业 IPR 均值为 2.5891，民主党捐资比例为 0.2947，此产业主要包括研发设计，加工生产和品牌渠道运营三大板块；在美国以及欧洲一些国家对服装行业纺织标准以及皮革产品没有所谓的国家标准，主要根据企业的用途以及配套产品的相关标准体系来定，由于进口量较大，标准水平又不同，使得美国伺机制造相应的技术壁垒，可见美国对于服装及皮革相关产品是具有贸易保护态度倾向的，但是最终却没有在对民主党捐资比例中体现出来；其他制造行业（Miscellaneous manufacturing）IPR均值为2.0494，民主党捐资比例为0.3459，虽然其捐资比例在全行业中并不算是很低的，但由于其进口渗透率非常高，在全行业中表现明显，因此也是不合基本事实的表现。制造行业是指对资源通过制造过程转化为可供人们使用和利用的产品的行业。制造业直接体现了一个国家的生产力水平，同时也是区别发展中国家和发达国家的重要因素，制造业在世界经济中扮演着龙头般的角色。在美国制造行业进口渗透率以2.0494排在第二位，由于欠发达地区劳动力具有相对优势，劳动密集型产品占主导地位，美国的制造业也因此大量依靠进口来降低产品的成本，从保护本国产业及产品的角度而言，对制造业的保护应该是表现明显的，但民主党捐资比例表现并不突出；电气设备、电器和部件产业（Electrical equipment, appliances, and components）IPR均值为1.8006，民主党捐资比例为0.4195，尽管其捐资比例在全行业中并不算低，但由于其进口渗透率非常高，在全行业中表现明显，因此也是不合基本事实的表现。

还有一些IPR较低的产业，对民主党捐资却表现异常突出，呈现出贸易保护的态势。如废物管理和补救服务（Waste management and remediation services）产业IPR均值为0.00023，民主党捐资比例均值为0.3465；卫生保健产业（health）IPR均值为0.00049，民主党捐资比例均值为0.4300；表演艺术、体育、博物馆、及相关活动（Performing arts, spectator sports, museums, and related activities）IPR均值为0.00419，民主党捐资比例均值为0.37002。这些产业进口渗透率很低，但是对民主党捐资相对极低进口渗透率而言较高。

针对上述这些个别产业，不得不提出疑问，因为这其中不乏对常规逻辑的挑战，也能从中发现在新的全球贸易制度和规则下，是否这些异类代表着新的利益立场，从以上这些问题中思考并初步得出经验结论，从而对美国未来的贸易政策走势提供一些参考，制定出更加符合实际情况的相关贸易政策，以应对美国贸易政策的变化。

五、"黑天鹅"的产业分析

"黑天鹅"是指不同于存在的普遍事件的特殊事件或具有不一般的特征，本文将"黑天鹅"产业分为两类：第一类"黑天鹅"产业 IPR 较高，民主党捐资比例较低，这里列举主要的服装及皮革及相关产品产业、电气设备、电器和部件产业和其他制造行业三个产业；第二类"黑天鹅"产业 IPR 较低，民主党捐资比例较高，这里主要列举废物管理和补救服务产业、卫生保健产业、表演艺术、体育、博物馆、及相关活动三个产业。为了使图表更清晰，现将六个产业用字符加以表示：A1 代表服装及皮革及相关产品产业、A2 代表电气设备、电器和部件产业、A3 代表其他制造行业；B1 代表废物管理和补救服务产业、B2 代表卫生保健产业、B3 代表表演艺术、体育、博物馆、及相关活动产业。下面本文主要从价值链的角度出发给出合理的解释。

（一）进口渗透率较高但民主党捐资比例较低

据表 4 中的数据展示，A1、A2、A3 产业，均明显符合第一类"黑天鹅"产业的特征，IPR 在全行业中很高，但民主党捐资比例较低。根据此类产业的明显特征以及全球价值链等大背景下，可做出合理猜想，是否由于价值链的分工不同造成即使进口渗透率较高但仍不会出现较强的贸易保护利益诉求，下面对该猜想进行验证。

表 4　A1、A2、A3 产业 IPR 和 PAC 捐资比例

年份	A1		A2		A3	
	进口渗透率	PAC 捐资比例	进口渗透率	PAC 捐资比例	进口渗透率	PAC 捐资比例
1998	0.784	0.244	1.085	0.328	1.884	0.275
2000	1.037	0.146	1.378	0.383	2.088	0.263
2002	1.416	0.101	1.445	0.363	1.96	0.278
2004	0.576	0.0408	0.376	0.374	0.314	0.267
2006	2.698	0.129	1.953	0.329	2.137	0.303
2008	4.142	0.579	1.948	0.543	2.25	0.466

年份	A1		A2		A3	
	进口渗透率	PAC 捐资比例	进口渗透率	PAC 捐资比例	进口渗透率	PAC 捐资比例
2010	5.086	0.521	2.246	0.551	2.128	0.514
2012	3.821	0.371	2.379	0.452	2.491	0.374
2014	3.019	0.439	2.487	0.445	2.538	0.375
2016	3.312	0.374	2.708	0.426	2.704	0.344

数据来源：由美国 PAC 数据库整理得到。

根据 BEA 网站选取 1999–2014 年间美国跨国公司与子公司之间的贸易额，并以进口额为主要研究对象，总进口额（total），用字母 T 表示，从子公司进口（Shipped to U.S. parents），用字母 S 表示。通过从子公司进口的贸易额占总进口额的比重来证明 A1、A2、A3 行业处于加工贸易的地位，从而说明虽然进口渗透率较高，但对民主党捐资比例不高的原因。服装、皮革及相关产品产业、电气设备、电器和部件产业以及其他制造行业的总进口额以及从子公司进口的贸易额如表 5。

表 5　A1、A2、A3 产业跨国公司之间的进口贸易额

（百万美元）

年份	A1		A2		A3	
	T	S	T	S	T	S
1999	1,962	1,452	3,734	2,007	1,795	1,477
2000	2,113	1,555	4,736	2,959	2,016	1,743
2001	1,960	1,419	4,074	2,707	2,689	2,387
2002	1,387	1,099	4,277	2,779	3,109	2,858
2003	1,191	979	5,839	3,679	3,973	3,675
2004	1,230	832	8,786	6,703	5,672	4,854
2005	1,167	828	16,244	10,664	8,233	7,311
2006	1,733	1,467	18,206	12,608	7,628	6,471
2007	2,565	2,240	19,014	13,770	6,728	5,896
2008	2,129	1,880	24,944	19,386	8,173	7,533

续　表

年份	A1		A2		A3	
	T	S	T	S	T	S
2009	1,966	1,889	15,784	12,725	7,211	6,608
2010	2,583	2,260	18,567	15,458	9,092	8,370
2011	3,513	3,134	30,241	19,163	10,182	
2012	2,970	2,544	25,875	18,406	10,523	9,815
2013	3,065	2,644	18,424		10,200	
2014	3,383	2,864		6,229		12,180

数据来源：由 BEA 数据库整理得到。

服装及皮革及相关产品产业，1999–2014 年间美国平均每年进口货物贸易额为 21.82 亿美元，但平均每年从国外子公司进口的货物贸易额为 18.18 亿美元，占比高达 83.30%，可见服装、皮革及相关产品这个产业属于加工贸易的范畴，在全球价值链的大背景下，通过母子公司的表现形式，形成进口－加工－出口的产业模式；电气设备、电器和部件产业，1999–2014 年间美国平均每年进口货物贸易额为 50.91 亿美元，但平均每年从国外子公司进口的货物贸易额为 42.12 亿美元，占比高达 82.73%，同样属于加工贸易，产业模式也是进口－加工－出口；其他制造行业 1999–2014 年间美国平均每年进口货物贸易额为 60.77 亿美元，但平均每年从国外子公司进口的货物贸易额为 45.46 亿美元，占比高达 74.79%，同样属于加工贸易，产业模式也是进口－加工－出口。由此可见第一类"黑天鹅产业"均可以从产业链的角度进行解释，由于加工贸易的存在，使得进口渗透率自然变高，但这并不能代表最终进口消费的实际情况，大部分从子公司进口而来的货物通过初、高级加工后转向出口，因此进口渗透率呈现出的高姿态并没有引发产业对贸易保护的利益诉求，所以，对民主党的捐资比例没有很高，验证上述猜想是正确的。

（二）进口渗透率较低但民主党捐资比例较高

据表 6 中的数据展示，B1、B2、B3 产业，均明显符合第二类"黑天鹅"产业的特征，IPR 在全行业中很低，但民主党捐资比例却并没有处于较低的位置。

表6　B1、B2、B3 产业 IPR 和 PAC 捐资

年份	B1		B2		B3	
	进口渗透率	PAC 捐资比例	进口渗透率	PAC 捐资比例	进口渗透率	PAC 捐资比例
1998		0.3174		0.4322		0.0702
2000		0.3288	0.0002	0.4235		0.0606
2002		0.4609	0.0001	0.4149		0.4573
2004	0.0002	0.2794		0.3420		0.365
2006		0.2736	0.0004	0.3415	0.0008	0.3602
2008		0.4382	0.0004	0.5491	0.0022	0.5169
2010		0.4244	0.0005	0.5533	0.0035	0.5814
2012		0.3285	0.0006	0.4274	0.0054	0.4768
2014		0.3123	0.0008	0.4175	0.0062	0.4359
2016		0.3014	0.0009	0.3990	0.0071	0.3759

数据来源：由美国 PAC 数据库整理得到。

　　废物管理和补救服务产业、卫生保健产业、表演艺术、体育、博物馆、及相关活动产业进口渗透率均远远低于其他行业，但对民主党的捐资比例却并非排在末位，见表6及图4，废物管理和补救服务产业 1998–2016 年间进口渗透率平均值为 0.00023，对民主党捐资比例均值为 0.3465；卫生保健产业 1998–2016 年间进口渗透率平均值为 0.00049，对民主党捐资比例均值为 0.430035639；表演艺术、体育、博物馆、及相关活动产业 1998–2016 年间进口渗透率平均值为 0.00420，对民主党捐资比例均值为 0.3700。观察发现，此类"黑天鹅"产业均属于服务业项下的产业，在美国，服务产业一直以来以顺差为主，对民主党进行大量的捐资或许是出于贸易利益诉求以外的意识形态或与共和党之间其他方面的利益矛盾，对民主党捐资是贸易保护诉求的必要条件而非充分条件，即处于贸易保护方面的利益诉求时，会增加对民主党的捐资比例；但对民主党捐资比例较高时，除去寻求贸易保护之外，还可能出于党派之间的意识形态或其他非贸易方面的诉求。鉴于此，不对第二类"黑天鹅"产业做深入研究。

六、结论与建议

在当今中美贸易战已经打响的现实背景下，密切关注美国贸易政策的一举一动显得尤为必要。同时美国贸易政策的制定通常受到利益集团的重大影响，次贷危机爆发以后，美国贸易保护主义抬头，针对中国，保护措施更为花样百出。本文利用美国政治捐献数据库（Opensecrets）以及美国经济分析局（BEA）网站的基础数据，归纳和整理美国各产业进口渗透率（IPR）对美国政治行动委员会（PAC）的捐资情况及其对党派的影响，同时考察次贷危机的影响并以次贷危机的爆发为分界点，对比前后 IPR 和 PAC 捐资的变化情况，得出以下结论：

首先，次贷危机的爆发使得进口渗透率整体出现巨大波动。各产业进口渗透率增减不一，美国产业利益集团的平均捐资金额，各行业差距较大，分化明显，表现为大行业实力雄厚，抗击经济波动的能力较强，政策诉求较为容易实现；小行业势单力薄，抗击经济波动的能力不如大行业，虽然捐资产出比比大行业高，但是影响力相对较弱，实现政策诉求需要更大的努力。

其次，经济波动期间各行业动作不尽相同。大行业和小行业在经济下行时，一般会普遍倾向于贸易保护主义；但当经济上行时，大行业和小行业的政策诉求很可能不一致，很容易形成相应的利益集团分化；绝大多数产业进口渗透率较高者，贸易保护诉求较强，民主党捐资比例较高，进口渗透率较低者自由贸易诉求较强，共和党捐资比例较高。

最后，个别产业出现不同于上述情况，可将其定义为黑天鹅产业。黑天鹅产业分为两类，进口渗透率较高但民主党捐资比例较低者和进口渗透率较低民主党捐资比例较高者。第一类产业解释如下：由于价值链的所处地位不同出现了加工贸易，加工贸易主要以跨国公司的表现形式存在，形成了进口－加工－出口的产业模式，所以进口的大部分是来源于子公司，这种情况下，该产业的贸易保护诉求就相对较弱，表现为对民主党捐资比例不高。第二类产业属于服务贸易项下的产业，由于美国多年以来服务贸易表现为顺差，因此贸易保护的利益诉求不会太高，但由于对民主党捐资比例较高是贸易保护的必要而非充分条件，所以所呈现出的民主党捐资比例很高可能是出于贸易之外的其他原因，如党派之间的意识形态。

参考文献

[1] Poger Scully and Samuel C.Patterson："Ideology, Partisanship and Decision---Making in a Contemporary Americanlegislature"：PartyPoliticsVo7.(Copyright @2000SagePulications), p134.

[2] Andrew Jackson ,bank veto message , July 10 ,1832,in A compilation of Messages and Papers of the Presidents , comp　.James D .Richardson ,20 vol., New York :Bureau of National　Literature,n.d.,3:1153.

[3] 盛斌：国际贸易政策的政治经济学：理论与经验方法 [J].《国际政治研究》，2006 年，第 2 期：73 ～ 94。

[4] 盛斌：贸易保护的新政治经济学：文献综述 [J].《世界经济》，2001 年，第 1 期：46 ～ 56。

[5] 盛斌：贸易政策政治经济学的实证研究：综述与评论 [J].《南开经济研究》，2001 年，第 5 期：46 ～ 52。

[6] 屠新泉：党派政治与美国贸易政策的变迁 [J].《美国研究》,2007 年，第 4 期：67 ～ 80+4 ～ 5。

[7] 李丽：中美贸易摩擦的政治经济分析 [J].《世界经济研究》,2005,（1）:1 ～ 3。

[8] Bhagwati, Jagdish N. "Directly Unproductive ,Profit seeking (DUP) Activities." Journal of Political Economy 9: 988-1002.

[9] Deraniyagala, Sonali and Ben Fine," New trade theory versus old trade policy ",Cambridge Journal of Economics; Nov 2001

[10] Scherer Ron, US-China Trade Tensions Rise, Christian Science Monitor, December 2003.

附　表

行业代码	行业名称
111CA	Farms
113FF	Forestry, fishing, and related activities
211	Oil and gas extraction
212	Mining, except oil and gas
213	Support activities for mining
321	Wood products
331	Primary metals
332	Fabricated metal products
333	Machinery
334	Computer and electronic products
335	Electrical equipment, appliances, and components
3361MV	Motor vehicles, bodies and trailers, and parts
337	Furniture and related products
339	Miscellaneous manufacturing
311FT	Food and beverage and tobacco products
313TT	Textile mills and textile product mills
315AL	Apparel and leather and allied products
322	Paper products
324	Petroleum and coal products
325	Chemical products
326	Plastics and rubber products
441	Motor vehicle and parts dealers
445	Food and beverage stores
481	Air transportation
482	Rail transportation
483	Water transportation

行业代码	行业名称
486	Pipeline transportation
511	Publishing industries, except internet (includes software)
512	Motion picture and sound recording industries
513	Broadcasting and telecommunications
514	Data processing, internet publishing, and other information services
521CI	Federal Reserve banks, credit intermediation, and related activities
523	Securities, commodity contracts, and investments
524	Insurance carriers and related activities
525	Funds, trusts, and other financial vehicles
531	Real estate
5411	Legal services
562	Waste management and remediation services
711AS	Performing arts, spectator sports, museums, and related activities
713	Amusements, gambling, and recreation industries
721	Accommodation
722	Food services and drinking places

下　篇

构建"一带一路"对外开放新格局研究

"一带一路"框架下中国参与北极航道沿线国家基础设施投资的机遇与风险

姜 巍[*]

摘要： 中国参与北极航道的开发建设，将会进一步完善"一带一路"的互联互通网络，提高各区域互联互通的效率，促进亚欧大陆的经济发展与合作共赢，在"一带一路"框架下，基础设施领域的投资合作无疑是目前中国参与北极航道开发建设的首选。由于经济短期复苏和长期增长的内在需求，以及北极航道有望商业开通的引致需求，北极航道沿线国家基础设施领域的投资潜力巨大，投资合作空间广泛，为中国企业参与北极航道沿线国家基础设施投资建设带来难得机遇。然而，不确定的北极冰情、复杂的地缘政治、严厉的外资监管、以及法律、文化和环保意识的差异等，或将成为中国企业在未来投资合作中面临的风险与挑战。

关键词： 一带一路；北极航道；基础设施投资；合作机遇；风险挑战

引言

继 2015 年中国政府发布《推动共建丝绸之路经济带和 21 世纪海上丝绸之路的愿景与行动》（简称《愿景与行动》）之后，国家发改委和国家海洋局在 2017 年 6 月又联合发布《"一带一路"建设海上合作设想》（简称《设想》），这是中国政府首次就推进"一带一路"建设海上合作提出中国方案。《设想》明确指出，根据 21 世纪海上丝绸之路的重点方向，"一带一路"建设海上合作以中国沿海经济带为支撑，密切与沿线国的合作，连接中国—中南半岛经济走廊，经南海向西进入印度洋，衔接中巴、孟中印缅经济走廊，共同建设中国—

---

*作者简介：姜巍，广东外语外贸大学国际经济贸易研究中心教授。

印度洋—非洲—地中海蓝色经济通道；经南海向南进入太平洋，共建中国—大洋洲—南太平洋蓝色经济通道；积极推动共建经北冰洋连接欧洲的蓝色经济通道①。可见，经北冰洋连接欧洲的"北极航道"，已经作为三大重要蓝色经济通道之一被纳入"一带一路"的总体布局当中，成为"一带一路"通道建设中不可缺少的一部分。

"北极航道"是指穿过北冰洋，连接大西洋和太平洋的海上航道，主要包括西伯利亚沿岸的"东北航道"和加拿大北岸的"西北航道"。"东北航道"的大部分航段位于俄罗斯北部沿海的北冰洋离岸海域，西起西北欧北部海域，向东穿过北冰洋巴伦支海、喀拉海、拉普捷夫海、新西伯利亚海和楚科奇海五大海域直到白令海峡，是连接东北亚与西欧最短的海上航线，整个航道途径冰岛、挪威、瑞典、芬兰、俄罗斯等国家，由于东北航道东段地处俄罗斯专属经济区内，俄罗斯称其为"北方海航道"；"西北航道"是大西洋和太平洋之间最短的航道，大部分航段位于加拿大北极群岛水域，以白令海峡为起点，向东沿美国阿拉斯加北部离岸海域，穿过加拿大北极群岛，直到戴维斯海峡，是连接东北亚与北美最短的海上航线，途径美国、加拿大等美洲国家。随着全球气候的变暖，北冰洋海冰融化速度日益加快，北极航道有望成为连接亚欧大陆交通的新干线，可以作为中国"21世纪海上丝绸之路"北向战略的拓展延伸，为中国、俄罗斯、西欧、北欧的经贸联通提供一条安全、高效、环保的海上北部通道。与传统的南部海上通道相比，北极航道不仅可以大大缩短航行距离和时间，节省航行成本，更主要的是可以规避海盗和恐怖主义袭击带来的风险和挑战，缓解苏伊士运河航线的紧张局势，并进一步形成南北航线相互制约、相互促进的优化发展格局，这一格局必将对世界经济及沿线国家的经贸发展产生重要的影响，并对于进一步完善中国的"一带一路"战略布局具有重要意义。

《愿景与行动》指出，"一带一路"倡议致力于亚欧非大陆及附近海洋的互联互通，建立和加强沿线各国互联互通伙伴关系，构建全方位、多层次、复合型的互联互通网络，实现沿线各国多元、自主、平衡、可持续共同发展②。中国

① 中国国家发改委，国家海洋局."一带一路"建设海上合作设想.新华社，2017-06-20.
② 中国国家发改委，外交部和商务部.推动共建丝绸之路经济带和21世纪海上丝绸之路的愿景与行动.新华社，2015-03-28.

参与北极航道的开发建设，将会进一步完善"一带一路"的互联互通网络，提高各区域互联互通的效率，促进亚欧大陆的经济发展与合作共赢。中国作为近北极国家，必须首先通过加强与环北极国家的经贸投资合作，才能有利于增强在北极问题国际协调的话语权，而在"一带一路"框架下，开展基础设施领域的投资合作无疑是目前中国参与北极航道开发建设的首选。鉴于此，深入研究北极航道沿线国家基础设施禀赋现状、潜在的投资需求与合作机遇，探讨中国参与沿线国家基础设施投资所面临的风险和挑战，并提出对策建议，对于全面理解中国"一带一路"战略的总体布局，推动亚欧大陆的经贸联通与互利共赢，建设开放型世界经济具有重要的现实意义。

一、北极航道沿线国家的基础设施禀赋现状

北极航道沿线国家，主要包括俄罗斯、美国、加拿大、芬兰、挪威、瑞典、丹麦和冰岛，其中，除了俄罗斯为中等发达国家外，其它 7 国均为发达国家。北极航道沿线国家基础设施禀赋总体水平比较高，根据世界经济论坛发布的《全球竞争力报告 2017–2018》，沿线国家的基础设施全球竞争力指数平均为 5.5，其中，美国为 6.0，全球排名第 9 位，加拿大为 5.7，全球排名第 16 位，俄罗斯为 4.9，全球排名第 35 位，北欧 5 国平均为 5.4，其中，挪威和芬兰排名略显偏后，瑞典、丹麦和冰岛位于全球排名第 20 位左右（见图 1）。

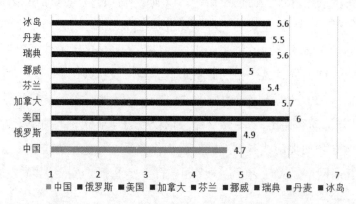

图 1　北极航道沿线国家基础设施全球竞争力指数

数据来源：World Economic Forum: Global Competitiveness Report 2017-2018.

1994 年，世界银行将基础设施划分为经济性基础设施和社会性基础设施，前者包括动力设施、交通运输设施、水利设施和通讯设施，后者包括教育、文化及体育、卫生保健等①。本文所讨论的基础设施为经济性基础设施，并主要涵盖交通运输（如铁路、公路和港口）、电力和能源、以及通讯等领域。

（一）铁路基础设施

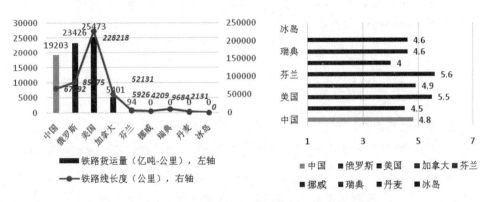

图 2 北极航道沿线国家铁路基础设施禀赋现状

注：铁路线长度指标，美国、加拿大、丹麦是 2014 年数据，其余国家为 2016 年数据；铁路货运量指标，美国、加拿大是 2015 年数据，其余国家为 2016 年数据。

数 据 来 源：World bank: World Development Indicators Database, 2018-06；World Economic Forum: Global Competitiveness Report 2017-2018.

铁路线长度、铁路货运量和铁路设施质量指数三个指标可一定程度上反映一国铁路系统的发展规模和发达程度。根据世界银行和世界经济论坛《全球竞争力报告 2017–2018》的数据，俄罗斯拥有世界上最长的西伯利亚大铁路干线，现有铁路公里总长度达到 8.5 万公里，铁路货运量 23426 亿吨 – 公里，但俄罗斯的铁路设施质量指数只有 4.5，全球排名第 23 位；美国拥有世界上最庞大的铁路网，横贯东西的西雅图 – 底特律、奥克兰 – 纽约、洛杉矶 – 巴尔的摩铁路是北美大陆桥的重要干线，美国现有铁路公里总长度为 22.8 万公里，居世界第

---

①World Bank. World Development Report 1994: Infrastructure for Development.New York: Oxford University Press, 1994.

一，铁路货运量 25473 亿吨 – 公里，铁路设施质量指数为 5.5，全球排名第 10 位；加拿大铁路总长度超过 5 万公里，铁路货运量达到 5401 亿吨 – 公里，铁路设施质量指数为 4.9，全球排名第 16 位；芬兰、挪威、瑞典、丹麦由于陆地面积较小，铁路最长不到 1 万公里，而且大部分用于客运，除芬兰之外，铁路设施质量指数偏低，冰岛目前尚没有铁路（见图 2）。总之，美国和加拿大具有世界上最早建成的、相对比较完善的铁路网，但目前均存在不同程度的"老龄化"态势；俄罗斯铁路设施质量较差，北欧国家的铁路长度和运载能力都十分有限。

（二）公路基础设施

公路设施质量指数可以反映公路的现有条件和扩展性能的好坏。根据世界经济论坛《全球竞争力报告 2017–2018》的数据，北极航道沿线 8 国的公路设施质量指数平均为 4.9，其中，美国为 5.7，全球排名第 10 位，丹麦为 5.5，全球排名第 13 位，瑞典为 5.5，全球排名第 18 位，芬兰和加拿大均为 5.4，全球排名第 21 位和第 22 位；而俄罗斯由于公路年久失修，路况质量较差，该项指数只有 2.9，全球排名第 114 位，挪威和冰岛由于公路基础设施发展严重不足，该项指数也只有 4.3 和 4.5，全球排名第 58 位和第 47 位（见图 3）。

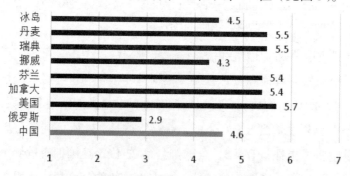

图 3　北极航道沿线国家公路基础设施禀赋现状

数据来源：World Economic Forum: Global Competitiveness Report 2017-2018.

（三）港口基础设施

港口设施质量指数可以评判港口设施现有条件和扩展性能的发达程度。根据世界经济论坛《全球竞争力报告2017–2018》的数据，北极航道沿线8国的港口设施比较发达，港口设施质量指数平均为5.5，其中芬兰为6.2，全球排名第5位，冰岛、美国、丹麦、挪威、瑞典该项指数均不低于5.5，全球排名前15位，只有俄罗斯和加拿大港口设施发展相对落后，俄罗斯该项指数仅为4.2，全球排名第66位，加拿大为5.4，全球排名第19位；货柜码头吞吐量是衡量港口生产能力或吞吐规模的重要指标，反映一个国家或地区港口集散功能的强弱。根据世界银行数据显示，2016年，俄罗斯货柜码头吞吐量为574万TEU，美国为4838万TEU，加拿大为392万TEU，芬兰和挪威均约为150多万TEU，瑞典、丹麦和冰岛均低于100万TEU（见图4）。总之，除俄罗斯和加拿大，其它沿线各国港口设施质量指数相对较高，但大部分国家目前港口生产能力或吞吐规模十分有限，随着未来世界海上贸易量增加和北极航道有望商业开通，沿线各国港口的吞吐能力和停泊能力或将面临严峻挑战。

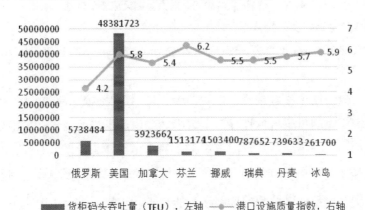

图4　北极航道沿线国家港口基础设施禀赋现状

数据来源：World Bank: World Development Indicators Database，2018-06; WEF: Global Competitiveness Report 2017-2018.

（四）电力和能源基础设施

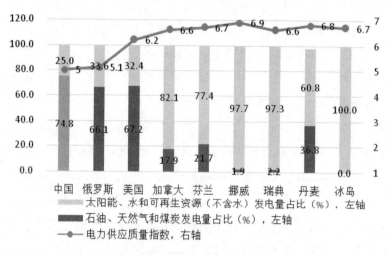

图 5　北极航道沿线国家电力基础设施禀赋现状

注：中国与俄罗斯的数据为 2014 年，其余国家为 2015 年。

数据来源：World Bank: World Development Indicators Database, 2018-06；WEF: Global Competitiveness Report 2017-2018.

从电力供应质量指数来看，俄罗斯为 5.1，其它国家均超过 6.0，说明该区域大部分国家电力供给可靠性强，电力中断和电压不稳的情形较少出现；从发电能源结构上看，俄罗斯和美国更多采用的是传统能源发电，石油、天然气和煤炭发电量所占比例分别为 66.1% 和 67.2%，而其它 6 国更多采用的是新能源发电，其中，冰岛、挪威和瑞典的太阳能、水和可再生资源（不含水）发电量占比高达 97% 以上，加拿大、芬兰和丹麦分别为 82.1%、77.4% 和 60.8%（见图 5）。可见，北极航道沿线国家的发电能源结构差异较大，俄罗斯和美国约三分之二的电量来自于传统能源，石油、天然气和煤炭的消耗量巨大；其它 6 国更多采用的是新能源发电，特别是冰岛、挪威和瑞典，能源清洁环保，但发电成本相对较高，电力生产规模容易受到限制。

（五）通讯基础设施

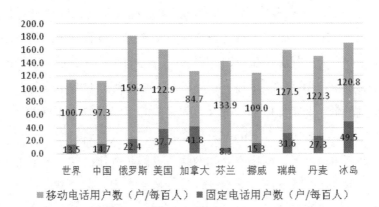

图 6 北极航道沿线国家电话通信基础设施禀赋现状

数据来源：World Bank: World Development Indicators Database,2018-06.

注：图中世界及各国的指标均为 2016 年数据。

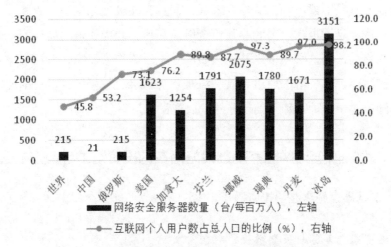

图 7 北极航道沿线国家信息网络基础设施禀赋现状

数据来源：World Bank: World Development Indicators Database,2018-06.

注：图中世界及各国的指标均为 2016 年数据。

从固定和移动电话总用户数来看，加拿大和挪威分别为 126.5 和 124.4 户 / 每百人，其它各国均超过 140 户 / 每百人，而世界平均水平为 114.2 户 / 每百人（见图 6）；从互联网的人口普及率来看，冰岛、挪威和丹麦的互联网个人用户占总人口比例均超过 90%，冰岛高达 98.2%，加拿大、瑞典和芬兰均接近 90%，而人口众多的俄罗斯和美国也都超过 70%，远超世界平均水平（45.8%）；但从各国所拥有的网络安全服务器来看，数量最多的是冰岛，达到 3151 台 / 每百万人，其次是挪威，达到 2075 台 / 每百万人，而美国、芬兰、瑞典和丹麦的数量在 1623~1791 台 / 每百万人，加拿大为 1254 台 / 每百万人，俄罗斯拥有量最低，只有 215 台 / 每百万人，仅与世界平均水平相当（见图 7）。这说明，尽管沿线各国互联网的普及率非常高，但俄罗斯和加拿大在网络设施建设方面仍有明显不足，网络安全和网络效率问题依然存在，国家重要的基础设施网络（发电厂、输电网、航空软件等）遭受黑客攻击的事件时有发生。随着北极航道商业化开通的日趋临近，世界经贸格局将发生重大调整，北极航道沿线区域或将成为世界经济增长的新高地，为此，沿线各国现有基础设施的发展规模和质量将面临更大挑战。另外，北极航道面临海冰、低温、大风、大雾、极夜等气象因素影响，危险性较大，而且，北极地区生态环境脆弱，一旦被破坏，恢复难度极大。为此，与传统航道相比，北极航道的航运安全和环保标准要求更高，而这必须依靠特殊性质的基础设施作为保障，包括气象和水文数据、破冰船护航、海上通讯导航、海难预防与事故救援等，但目前北极航道及沿线国家对于这种特殊基础设施的发展建设仍显不足。

二、北极航道沿线国家基础设施潜在的投资需求与合作机遇

（一）基础设施潜在的投资需求

1. 经济短期复苏与长期增长的内在需求

短期内，加大基础设施投资是推动北极航道沿线国家经济复苏的有效途径。从经济增速来看，2009 年，北极航道沿线 8 国 GDP 出现严重负增长，平均增长率为 –5.07%，其中，受影响最小的是挪威，GDP 增长率为 –1.69%，受影响最大的是芬兰，GDP 增长率为 –8.27%，由于石油价格的大幅下跌，俄罗斯和加拿大的经济也受到严重影响。2010 年以来，全球经济增长复苏缓慢，北极航道沿线 8 国的经济增长更是低于世界平均水平，复苏进程缺乏内在动力。

2010-2016 年,世界经济年均增速为 2.96%,而北极航道沿线 8 国仅为 1.91%,特别是 2015-2016 年,俄罗斯连续出现负增长,加拿大、芬兰、挪威也仅在 0~2% 之间低速运行,经济上行动力明显不足(见表 1)。当一国经济从衰退走向复苏的过程中,固定资本投资特别是基础设施投资可以发挥重要作用,为此,加大对基础设施的财政投入无疑是沿线各国政府摆脱经济衰退的首选。

长期看,基础设施禀赋不仅是具有生产性的投入要素,而且是具有外部性的环境要素或准公共物品,对经济增长不仅可以产生直接的促进效应,而且可以形成间接的溢出效应。虽然北极航道沿线国家多数为发达经济体,大部分国家基础设施总体发展水平相对较高,有些国家更是位居世界前列,但仍然存在发展不全面、不充分或年久失修趋于老化的情况,部分基础设施的规模和质量已经不能很好地适应未来经济高速发展的需要,有待进一步升级换代,基础设施的维修、改造和扩建等投资需求或将长期存在。

表 1　2008-2016 年北极航道沿线 8 国的经济增长情况

时期 国家	2008	2009	2010	2011	2012	2013	2014	2015	2016	2010-2016
俄罗斯	5.25	-7.82	4.50	5.28	3.66	1.79	0.74	-2.83	-0.22	1.85
美国	-0.29	-2.78	2.53	1.60	2.22	1.68	2.57	2.86	1.49	2.14
加拿大	1.00	-2.95	3.08	3.14	1.75	2.48	2.86	1.00	1.41	2.25
芬兰	0.72	-8.27	2.99	2.57	-1.43	-0.76	-0.63	0.14	2.14	0.72
挪威	0.48	-1.69	0.69	0.97	2.72	1.04	1.98	1.97	1.09	1.49
瑞典	-0.56	-5.18	5.99	2.66	-0.29	1.24	2.60	4.52	3.23	2.85
丹麦	-0.51	-4.91	1.87	1.34	0.23	0.93	1.62	1.61	1.96	1.37
冰岛	1.52	-6.94	-3.15	1.96	1.32	4.31	2.20	4.31	7.48	2.63
沿线 8 国	0.95	-5.07	2.31	2.44	1.27	1.59	1.74	1.70	2.32	1.91
中国	9.65	9.40	10.64	9.54	7.86	7.76	7.30	6.90	6.69	8.10
世界	1.82	-1.74	4.32	3.18	2.45	2.63	2.86	2.83	2.49	2.96

数据来源:World Bank: World Development Indicators Database,2018-06.

注:表中数据为 GDP 年增长率(%)。

2. 北极航道有望商业开通的引致需求

北极"东北航道"是连接东亚和西欧之间距离最短的一条"黄金水道"，未来北极航道商业运营的正式启用，将会对传统南方航道的海上货物运输带来分流，再加上北极地区液化天然气生产和油气田开采的新产能，势必导致北极航道货运量的大幅剧增。根据挪威《晚邮报》报道，2010 年，仅有 4 艘商船通过东北航道，而 2012 年这一数量增长 46 艘，全年货运量 125 万吨（同期超过1.7 万艘商业轮船通过苏伊士运河）[①]；根据俄罗斯官方统计，2013 年，过往船只有 71 艘，全年货运量为 410 万吨，2014 年的年货运总量为 400 万吨，2015 年的年货运量约为 460 万吨[②]；俄罗斯北极物流中心发布的数据显示，2016 年，经由北方海航道航行的船舶共 297 艘，总通航次数为 1705 次，共运输货物 726.6万吨，同比增长 35%；俄罗斯运输部甚至预测，到 2020 年，东北航线运输量将超 3000 万吨，到 2030 年，亚洲至欧洲货运的 25% 都将取道于此[③]；俄罗斯远东发展部预计，2030 年前北方航道货运量可达每年 7000 万吨[④]。

便利的北极航道正逐渐成为连接大西洋和太平洋的"新纽带"和"高速路"，这一格局变化必将带来世界海上贸易重心的北向迁移，促使北冰洋沿岸港口地区将兴建大型物流集散地或物资转运中心，相应地会对船舶港口、管道仓储、铁路桥梁、电力供应、海上通信和救援服务等配套的基础设施投资建设产生巨大的引致性需求。据古根海姆合伙公司估计，未来 15 年，北极的基础设施投资需求将为 1 万亿美元[⑤]。北极航道沿线各国基础设施建设目标宏大，但最突出的问题是资金不足，特别是美国、俄罗斯、加拿大的财政赤字压力较大，公共资金无法对基础设施建设大量投入；此外，在建筑机械设备、材料以及劳动力方面准备不足，也不利于实施基础设施改造和建设计划。为此，沿线

---

① 数据来源：中华人民共和国商务部驻挪威经商参处。

② 卞晨光.北极东北航道距亚欧交通新干线还有多远.光明日报, 2016-01-17 第 08 版.

③ 于潇清，王书畹.英媒关注中国在境外港口投资建设：北极航道或成未来潜在亮点.澎湃新闻, 2017-07-18. http://www.thepaper.cn/newsDetail_forward_1735276.

④ 数据来源：中华人民共和国商务部驻哈巴罗夫斯克总领馆经商室.

⑤ Heidar, G. and Egill, T. N. China's Belt and Road Enters the Arctic. The Diplomat,March 31, 2017.https://thediplomat.com/2017/03/chinas-belt-and-road-enters-the-arctic/.

各国政府非常希望民间私人资本和国际投资进入基础设施建设领域展开合作，这就为中国企业发挥自身比较优势、参与沿线各国基础设施投资带来机遇。

（二）沿线各国的投资合作机遇和重点

俄罗斯。北极"东北航道"大部分位于俄罗斯专属经济圈水域，俄罗斯主张对北极地区拥有主权，视北极为其自然资源战略基地，视北极航道为其在北极地区唯一的水上通道。2008 年以来，随着石油价格下行，以及西方对俄罗斯的多轮制裁，俄罗斯经济出现了严重倒退，并面临财政资金严重不足问题。为提振经济，俄罗斯又重启"远东开发战略"和"北极开发战略"，以寻找新的连接东西方的贸易通道，但基础设施正是这条新通道上的主要制约因素。为此，围绕这条新的贸易通道，俄罗斯将加大对北极地区油气资源的勘探开发力度，加大对建造破冰船、救援船等的支持力度，兴建港口、导航台等基础设施，以确保北极航道的货物运输量能够大幅度提升；同时，俄罗斯准备加强中央与地方的合作、以及企业与政府的合作，并考虑与外国和国际组织共同开发俄属北极地区。目前，俄罗斯对开发北极航道的态度日趋积极，也开始愿意更多地与中国在北极事务上展开合作。在北极航道沿线 8 国中，"一带一路"的唯一合作伙伴是俄罗斯，打造"冰上丝绸之路"是中俄共建"一带一路"框架内的重要议题，天然气开发、铁路和公路建设、造船及港口建设将成为中俄在北极地区基础设施建设领域投资合作的重点。例如，2017 年底，中俄能源合作重大项目——亚马尔液化天然气项目正式投产，该项目被誉为"北极圈上的一颗能源明珠"，中国承担了该基地 85% 的基建项目以及多条运输船的建造及运营。

美国。二战后，美国建成世界上最为完善、颇具规模的能源、交通、通讯等基础设施网络，但近几十年来，受制于紧张的财政收支状况，基础设施领域投资严重不足，基础设施"老龄化"状况日趋严重，美国土木工程协会发布的 2017 年基础设施成果报告中显示，美国整体基础设施的等级仅为 D+。根据美国商会保守估计，从 2013–2030 年，美国能源、交通和饮用水与污水处理基础设施建设至少需要8.2万亿美元以上的新投资，年均需求约4550亿美元①。另据美国外交关系委员会的一份报告分析，随着北极加速变暖，融化的海冰为这个资源丰富的地区带来新的贸易路线和商业活动，美国应该增加对北极的战略部署，加大对阿拉斯加基础设施的投资以支持其经济发展和持续安全，这些基础设施包括深水港口、道路和可靠的电信②。面对如此巨大的基础设施投资需求，美国欢迎私营部门和外国投资者参与基础设施投资建设，而中国企业可以将积累的经验、技术和产能、以及资金优势带入美国市场，重点在交通、电力等基础设施领域展开投资合作。

加拿大。 加拿大的北极地区蕴藏着丰富的石油、天然气、煤炭、铁矿石、钻石等资源，而且"西北航道"的大部分航段位于加拿大的北极群岛水域。由于世界各大经济体增速放缓、油价大幅下跌、以及节能减排等因素，加拿大经济面临较大压力。为此，2009年，加拿大政府提出《加拿大北方战略》，将促进社会和经济发展视为优先领域之一，并制定了北方经济发展战略投资计划，包括在潘尼腾建立一个商用渔港，加强医院、学校、基础设施和社会服务方面的投资建设等。加拿大现任政府更是决心通过财政赤字加大对基础设施的投资，以帮助经济复苏和重振就业。2016年，加拿大财政预算案显示，未来10年，政府将实行财政赤字，投资1200亿加元用于基础设施建设③。加拿大政府的另一个计划是成立基础设施银行，旨在以公共资金为杠杆，撬动私人投资参与公共交通和高速公路等重大基础设施项目建设，同时加拿大政府也欢迎外国资本的加入，希望资金来源更加多元化。中国的"一带一路"倡议将基础设施的互联互通视为优先发展领域，加拿大政府把基础设施建设视为创造就业和促进经济增长的的核心要务，并支持中国提出的"一带一路"倡议及其倡导的"共商、共建、共享"合作理念，而且加拿大也正式加入亚洲基础设施投资银行，这说明，在"一带一路"框架下中加两国在基础设施建设领域将会拥有很

① 盛思鑫, 曹文炼. 关于投资美国基础设施的调研. 全球化, 2014(10): 110–111.

② Peter, B. CFR: US Should Increase Strategic Commitment to Arctic. Global trade, May 27, 2017. http://www.globaltrademag.com/global-logistics/cfr-us-increase-strategic-commitment-arctic.

③ 王婧. 今年加拿大财政赤字预计达300亿加元. 经济参考报, 2016-03-24, 第A04版.

多合作共事的空间。目前，加拿大与中国政府已就加强基础设施建设领域的投资合作签订了谅解备忘录，欢迎中国企业参与其基础设施投资。

北欧 5 国。北欧国家自然资源丰富，人口密度在欧洲相对较低，经济发展水平较高，全球经济福祉指数排名靠前。尽管如此，北欧各国的经济社会发展同样存在着自身的问题，在其不利因素中就包括了基础设施的陈旧老化和发展不足等问题，基础设施的维修和扩建面临较大的投资需求。芬兰第 74 界政府为了给经济注入活力，拟出台一项 16 亿欧元的基础设施投资计划，加强对本国的基础设施建设①；未来十年，挪威的基础设施建设投资总额约 5080 亿克朗（约合 5500 亿元人民币），比前一个规划增长 50%，主要用于投资公路、铁路、沿海运输、改善公共交通系统及建立环保城市交通解决方案等②；2014-2025 年，瑞典将投资 6020 亿瑞典克朗（约合 910 亿美元）用于改善全国铁路、公路和市政交通③；丹麦政府将拨款 2.5 亿丹麦克朗用于改善交通基础设施④。尽管北欧 5 国还不是"一带一路"的直接参与者，但都是亚洲基础设施投资银行的创始成员国，并愿意在"一带一路"框架下与中国有更多的投资合作，共同促进欧亚大陆互联互通与共同发展。例如，芬兰与中国在陆路交通和清洁能源等方面有巨大的合作潜力；挪威在船舶技术、航道开采、海洋运输等方面有着得天独厚的优势，在充分发挥中挪双方各自优势的前提下，挪威愿意在绿色航运领域与中国开展密切合作。

三、中国参与北极航道沿线国家基础设施投资的风险与挑战

在"一带一路"倡议下，中国与越来越多的发展中国家在基础设施互联互通投资合作方面取得显著成效，并在国际市场上树立自己的品牌。在参与北极航道沿线国家基础设施投资建设中，中国企业完全可以通过发挥自身优势，加强向当地先进企业学习，增进双方人员交流，打造绿色工程项目，推动实现互

---

① 数据来源：中华人民共和国商务部驻芬兰经商参处．
② 数据来源：中华人民共和国商务部，对外投资合作国别（地区）指南——挪威，2017．
③ 数据来源：中华人民共和国商务部，对外投资合作国别（地区）指南——瑞典，2017．
④ 数据来源：中华人民共和国商务部驻丹麦经商参处．

利共赢。然而，不确定的北极冰情、复杂的地缘政治、严厉的外资监管、以及法律、文化和环保意识的差异等，或将成为中国企业在未来投资合作中面临的风险与挑战。

（一）北极海冰融化的不确定性或将增加沿岸区域基础设施投资和运营风险

随着气候变暖，北极海冰融化时间和范围都在不断扩大，东北航道迟早会成为连接西欧、俄罗斯和东亚的海上交通新干线。但北冰洋冰情错综复杂，不同海域的融冰和结冰受多种因素的影响，具体海冰范围和变化情况事先难以准确预测，东北航道何时将不再遭受海冰的困扰现在还是个未知数。就目前来讲，每年航道的可航行时间还是太短，再加上基础设施建设项目投资大、周期长、见效慢，而北极自然条件恶劣、生态环境脆弱，航道沿岸现有基础设施和后勤保障不完善，这必然会对中国基建企业的技术、设备和运营管理提出更高的要求，同时，也会增加实施的难度和风险。

（二）北极地缘政治的复杂性和各国政策的不确定性或将加大中国企业投资难度

北极地区地缘政治复杂，数十年来一直存有争议，美国、加拿大、俄罗斯、北欧各有所求。加拿大很早就宣称"西北航道"是它的国内交通线，坚持对其拥有主权和执法权，并将对在上述海域航行的各国船只做出必要限制，以减少安全隐患和事故泄漏问题，而美国和俄罗斯则认为"西北航道"是一条国际海上通道，应适时向所有国家开放；俄罗斯将"东北航道"视为其内水，并采取一系列有限通行措施，而美国、挪威和瑞典则一直坚持国际通行权利。在"北极航道"问题上，北极国家之间既有共同利益诉求，又有相互利益之争，各国的北极政策也存在较大的不确定性。2013 年中国成为北极理事会正式观察员国，在参与北极地区治理的道路上迈出了重要一步，但中国同北极国家的利益关系存在明显的不平衡，在整体上仍然处在被动地位。为此，中国企业参与北极航道沿线基础设施投资将面临一定难度。

（三）部分国家的监管壁垒及当地民众的抵触情绪或将阻碍中国企业加大投资

美国等发达国家出于对国家安全、垄断等方面的考虑，会对外企并购进行严格审查，特别是能源、电信、机场、海港等国家重要的基础设施领域，尤其高度关注具有政府和军方背景的并购交易。例如，美国外国投资委员会以威胁国家安全为由，曾阻挠中国工程机械制造企业三一集团在美国的关联公司罗尔斯公司收购俄勒冈州的一个风电项目，曾禁止中国华为、中兴进入美国的信息通信技术市场，对中国企业赴美投资形成了实质性的阻碍和负面影响。另外，一些国家的部分民众反对国外企业拥有其国内核心资产的所有权，担心国外企业控制当地的公共服务，对于中国企业参与当地的基础设施投资建设可能会产生抵触情绪。

（四）法律法规、企业文化、环保意识等方面的差异须引起中资企业高度重视

北极国家多为发达国家，法律法规健全，企业必须严格执行最低工资标准依法经营管理，与中国特色的企业管理模式完全不同；同时，发达国家为工人争取权益的工会力量十分强大，与中国的工会性质完全不同。由于法律法规和企业文化的差异所带来的矛盾和冲突，在中国海外投资中时有发生，必须引以为戒。另外，北极生态环境脆弱、环保标准很高，很多当地人不愿意牺牲优美的自然生态和清洁的人居环境换取所谓的经济发展，而中国的环保标准大大低于欧美等国家，加上中国企业生态环保意识淡薄，企业社会责任意识不强，很容易将国内以牺牲环境追求利益的惯性用到国外。为此，环保意识的差距也是中国企业在参与北极航道沿线国家基础设施投资中必须跨越的鸿沟。

四、中国参与北极航道沿线国家基础设施投资的策略选择

（一）鼓励国内企业参与沿线国家的基础设施投资建设

首先，作为近北极国家，中国要本着"尊重、合作、共赢、可持续"基本

原则参与北极事务[①]。尊重北极域内域外国家依据国际法享有的权利和国际社会在北极的整体利益；愿同有关国家积极开展开放式、多元化、宽领域的国际合作，特别是亚欧基础设施的互联互通与国际大通道合作建设；在参与北极经济活动中共同获得利益，建立利益共同体；兼顾北极保护与发展，平衡北极当前利益与长远利益，实现北极地区人与自然的和谐共存、永续发展。其次，政府应鼓励更多的、多种所有权的国内企业参与沿线基础设施投资建设，积极为企业提供更加公平的营商环境，建立健全"走出去"服务机制、保障机制与争端解决机制，为出海企业保驾护航。

（二）有重点逐层推进并建设一批标志性项目

由于受北极航道特殊的政治环境和气候环境约束，参与沿线国家基础设施投资建设不能操之过急或一哄而上。应以国有企业为先导，加强与沿线各国的能源、港口、铁路、通讯设施的投资合作，构建北极圈附近及北冰洋沿岸的基础设施互联互通网络。首先，重点推动中国"一带一路"和俄罗斯"北极开发战略"的有效对接，共同打造"冰上丝绸之路"，在能源开发、铁路、港口等基础设施建设中打造一批标志性项目，并有效发挥其示范效应；其次，在北美市场中，中国基建企业也可以将监管严格、市场成熟的加拿大作为进入北美市场的平台和跳板，并重点集中在液化天然气开发及相关的基础设施建设上；第三，继续与北欧国家在北极理事会、北极圈论坛、北极前沿等框架内保持建设性对话，积极参与在电力开发、输送电网、铁路、通讯等方面的深度合作。

（三）充分了解沿线各国的政策法规、监管制度和审批程序

基础设施投资建设主要涉及到能源、铁路、公路、港口、航空、通讯、供水等领域，一些国家会对其中涉及国家安全的"关键资源"或"关键行业"的并购交易进行严格的审查和监管。中国企业必须充分了解各国的政策法规、监管制度和审批程序，清楚具体的审查内容和审批环节等，特别是国有企业在电力、石油、港口和通讯等领域开展并购之前，要做好充分的自我评估和合理预

---

① 中华人民共和国国务院新闻办公室. 中国北极政策（2018 年 1 月）. 新华社, 2018-01-26.

判，对于可能面临的问题要有防范机制和应对措施，规避可能的政策壁垒。必要时聘请当地律师，并在有条件的情况下联合当地企业一起应对审查。从长远来讲，国家应鼓励和扶植国内私人企业到发达国家开展基础设施投资，以降低中国对外直接投资的敏感度。

（四）中国企业应履行企业就业、环保等社会责任

"一带一路"倡议突出绿色发展理念，也强调沿线投资企业的环境保护责任，但由于各国的环保标准不同，缺乏统一的企业环境责任指标和评价体系，再加上中国企业自身环保意识缺乏等原因，使得这一企业环境责任落实不到位，成为中国海外投资企业的诟病。为此，中国企业参与北极航道沿线国家的基础设施投资建设，一定要在东道国法律框架内，依法合规开展经营活动，根据不同投资项目的特点、所涉及区域以及生态环境的差异，加强中国企业与当地政府、企业间的沟通与合作，通过各种措施帮助中国企业了解当地环境责任标准与评估体系，积极履行企业的就业、环保等社会责任，从而推动合作不断进步。另外，还要尊重当地的民风民俗与文化传承，避免对原住民的生活造成干扰。

（五）中国企业应提升投资运作能力

中国企业过去主要是通过商品输出方式与发达国家展开合作，缺乏在当地市场的投资运作经验，一些不遵循市场规律、不进行市场调研、以低价竞标方式获取承建权最终导致项目失败的例子时有发生。2010 年，中国海外建设工程集团为了进入欧盟市场，以仅相当于波兰政府预算 52% 的低价竞标，夺得波兰 A2 高速公路的承建权，但由于中方不能按时支付货款导致项目停工，最终被迫解除合同并支付了巨额赔偿。为此，中国企业参与沿线国家基础设施投资时，应加强对当地市场的了解，遵守市场原则，科学做好成本核算；同时，注重加强自身产品质量和产品安全，提升售后服务和保养等方面的能力，而这对于基础设施项目来说恰恰是赢得合同的关键要素。

（六）加强国内北方港口基础设施和集疏运能力建设

随着北极航道开发利用的推进，中国国内的港口格局将面临较大的改变，大连港、天津港、青岛港等北部地区港口因其明显的区位优势和自身发展潜力将有望成为重要的北极航道港口，这对中国北方地区港口来说也是一难得的发展机遇。为此，在鼓励中国企业"走出去"参与沿线国家基础设施投资建设的同时，也应该着重加强国内北方港口的基础设施和集疏运能力建设，增加天然气码头、原油码头、铁矿石码头和煤码头的接卸和储备能力，加强港口的集疏运能力，包括海陆联运和内支线建设等①，为有效对接北极蓝色经济通道的商业开通和运营做好充分准备。

---

① 王丹，张浩．北极通航对中国北方港口的影响及其应对策略研究．中国软科学，2014(03): 16−31.

中国企业海外投资路径网络及"一带一路"沿线国家的投资地位研究

王 珏 吴 钢 周 苇[*]

摘要：本文采用我国改革开放至 2016 年 2 月的《境外投资企业（机构）备案结果公开名录》的数据，从中提取 3200 家企业涉及 186 个国家 / 地区（包括 62 个"一带一路"沿线国家）的 8990 条历史投资记录，构建中国企业海外投资路径网络，并基于网络分析方法对该网络的结构及"一带一路"沿线国家在网络中地位进行分析。研究结果表明：中国企业走出去的路径不是随机的，而是有章可循的。并且，中国企业走出去较大程度上在某部分国家 / 地区之间相互游走，形成局部投资路径圈子。在局部投资路径圈子内部，国家 / 地区的投资环境相对较为相似，中国企业对于国家 / 地区选择的先后顺序要求不那么严格。中国企业目前到任何一个国家 / 地区进行 OFDI 投资理论上仅需走 2-3 步即可进入。中国企业在一带一路沿线国家进行投资更具有比较优势，"一带一路"沿线国家是中国企业走出去的关键跳板。

关键词：一带一路；海外投资；路径网络；动态网络

一、引言

中国企业海外投资发展的速度非常迅速并取得令世界瞩目的成果，成为国内外研究的热点。商务部的数据显示：我国在 2015 年就非金融类直接对外投资达到 1180.2 亿美元，实现了连续 13 年持续增长，涉及了全球 155 个国家 / 地区的 6532 家境外企业，而与此同时，世界经济却持续走低，以美国为代表的西方国家贸易保护主义呈现抬头之势，大国间的博弈进一步加深。自 2013 年

*作者简介：王珏，西南财经大学教授；吴钢，西南财经大学副教授；周苇，西南财经大学博士生。

国家主席习近平提出建设"一带一路"的倡议之后，中国积极发展与沿线国家的经济合作伙伴关系，党的十九大也对"一带一路"的建设与发展提出新的要求，"一带一路"经济走廊的互联互通已基本实现，成为供给侧改革的重要支撑。仅 2015 年，中国企业就对"一带一路"沿线 49 个国家进行非金融类直接投资合计 148.2 亿美元，占总直接对外投资额的 12.56%，同比增长 18.2%。"一带一路"的建设破除了亚太经济圈与欧洲经济圈的壁垒，将沿线地区丰富的生产要素、市场需求与比较优势进行整合，促进产业结构优化升级，在互利共赢的基础上促进国家从传统的要素驱动转向为效率与创新驱动，推动经济发展方式的转型并有效的提升国家竞争力。"一带一路"建设为中国企业提供了海外扩张的历史新机遇，如何实现"一带一路"与"中国制造 2025"的两大国家战略深度融合是我国未来经济建设的重要方向。

现有的中国企业海外投资相关文献主要从制度和文化层面考察中国 OFDI 的区位选择（吉生保等，2018；王颖等，2018；贺娅萍和徐康，2018；曲智和杨碧琴，2017；张宏和王建，2009），认为东道主国的制度是跨国企业 OFDI 选址时的重要考虑因素。还有学者关注于我国对"一带一路"沿线国家 OFDI 的影响和溢出效应（熊彬和王梦娇，2017；姚战琪，2017），也有部分学者从网络视角分析，认为活跃的海外华人网络对我国企业 OFDI 有积极的促进作用（杨亚平和高玥，2017；陈初昇等，2017），或使用网络分析方法研究"一带一路"沿线国家的贸易现状（李敬等，2017）。但总体来说，现有文献对于企业走出去的路径缺乏动态观测，这导致对于中国企业在走出去过程中的行为关联，及东道主国在海外投资路径网络中的地位及作用缺乏相应认识和了解。本文将结合 1983-08-01 至 2016-02-06 中华人民共和国商务部对外投资与经济合作司《境外投资企业（机构）备案结果公开名录》中，涉及的 27170 家中国企业在 194 个国家 / 地区进行投资的 37641 条记录结合网络理论，构建一个复杂动态网络来分析我国企业海外投资网络中的统计分布、平均集聚系数及平均距离等重要关系变量及网络指标，来研究"一带一路"沿线国家在我国企业对外投资路径网络中的地位及作用。

本文可能的贡献有：1. 以网络的视角考察中国企业在海外投资时的路径选择及其原因。2. 以构建动态复杂网络的方法研究"一带一路"沿线国家在我国企业对外直接投资路径网络中所扮演的角色及其发挥的作用。

二、文献综述

随着我国经济的腾飞，为了进一步优化经济结构，积极参与国际竞争合作，全面提高对外开放水平，我国自 20 世纪末开始大力实施"走出去"战略，鼓励企业走出国门，探索国际市场，利用"两种资源、两个市场"促进我国产业结构的转型与经济更快更好的发展（宋泽楠，2013）。而众多文献早已表明，中国的对外投资行为并不具备 Dunning（1977）OLI 模型所提出的所有权优势和相关的国际化经验（潘镇和金中坤，2015；余壮雄和付利，2017）。国外学者的研究也证实中国与发达国家的 OFDI 行为有着显著差异（Buckley 等，2007），由此引发诸多学者对制度环境与制度距离对中国 OFDI 区位选择影响机制的研究。目前为止，制度因素与中国 OFDI 区位的关系尚不明确，杜江和宋跃刚（2014）、冀相豹（2014）认为，制度距离对我国 OFDI 呈现负效应，刘凯和邓宜宝（2014）、陈衍泰等（2016）认为，东道国制度环境与中国 OFDI 存在显著的正相关关系。王永钦等（2018）却认为，中国的 OFDI 与对方国家的制度没有显著关联，而"制度风险偏好"的实质是中国企业在海外投资的区位选择时更倾向于资源丰富的国家或地区（杨娇辉等，2016）。

国家主席习近平于 2013 年提出的"一带一路"倡议更是将我国对外直接投资上升到历史的新高度。"一带一路"如今已成为我国乃至世界的对外投资领域的热点话题，基于各种理论与视角来分析"一带一路"的研究层出不穷。然而，基于网络视角来研究"一带一路"的文献则相对偏少，目前为止，几乎没有研究通过构建复杂动态网络的方式对我国企业在"一带一路"沿线国家的对外投资路径进行过整体分析。现有关于"一带一路"的研究大致可以分为如下几种类型：一是从东道主国的制度、文化和资源层面，研究我国企业对"一带一路"沿线国家投资的进入与区位选择影响因素。曲智和杨碧琴（2017）研究东道主国内部的制度质量对中国企业对其投资的吸引状况。王颖等（2018）的研究认为东道主国的市场规模与资源禀赋状况是中国企业对其投资的重要条件。贺娅萍和徐康宁（2018）通过引力模型，发现东道国经济制度同时作用于我国跨国企业的投资选择偏好和投资规模。二是研究我国对"一带一路"沿线国家 OFDI 的影响因素和溢出效应。熊彬和王梦娇（2018）从空间视角出发，认为我国对外投资不仅受到东道主国因素的影响，还受到第三国效应的影响；姚战琪（2017）通过研究发现"走出去"对中国 OFDI 具有逆向技术溢出效应，推动国内的技术创新和产业升级。三是运用一定的网络理论对"一带一路"沿线国家的投资行为进行分析。杨亚平和高玥（2017）从关系网络角度出发论证活跃的海外华人网络对促进我国对外投资具有积极正向的影响，这是因为相比于其他国家企业，中国企业更依赖关系网络（Child & Rodrigues，2005）。李敬等（2017）运用网络分析方法研究"一带一路"沿线国家的货物贸易竞争互补关系及变化，认为"一带一路"的建设加强沿线国家的贸易关系，贸易的网络密度得以加强，形成良好的贸易互补关系。许和连等（2015）基于复杂网络的方法，使用"一带一路"65 个国家的数据，研究高端制造业贸易的格局及影响，建议提升我国制造业层次，扩大内需并积极参与亚太和美国的经贸合作。

综上所述，一带一路沿线国家的政治、贸易、文化错综复杂，传统的分析方法难以对贸易网络的演化做出合理的解释，而复杂网络分析方法可以从全局视角来识别贸易网络的特征（许和连等，2015）。Schweitzer 等（2009）提出跨国信贷、投资网络、贸易关系、供应链等因素的相互依存性让经济系统更加难以预测与控制，因此，需要通过网络分析方法对经济网络的结构和动力学进行解析以扩展现有的经济理论。Chaney（2014）尝试将出口商国际网络的动态生成过程纳入模型来探讨国际贸易的网络结构。Jackson（2014）认为，在通讯技术迅猛发展的时代背景下，社会网络对经济发展的作用非常显著，位于网络中心的组织将对信息的传播产生影响，与日俱增的计算机运算能力使得我们能够系统地利用密度、同配性等网络宏观层面的指标与节点中心度、局部的聚类系数等网络微观层面的指标来解释网络对经济发展的作用与应用前景。

本文采用创新性的运用动态网络分析方法，研究中国企业海外投资的动态路径与"一带一路"沿线国家在我国企业海外投资路径网络中的地位及作用。

三、分析方法及数据说明

（一）动态路径网络的构建

为获取中国企业海外投资中的区位选择轨迹，构建三种动态路径网络，包括"一到多""多到一"和"多到多"三种情况，"一到多"是指中国企业以一个国家为跳板最终达到两个或两个以上的国家进行对外直接资，"多到一"指中国企业在第一次海外投资时选择两个及两个以上的国家而最终到达一个国家的情况，"多到多"则指中国企业在海外投资之初就选择多个国家并通过这些国家到达更多的国家进行海外投资活动。

一到多　　　　　多到一　　　　　多到多

图 1　某母公司海外的动态投资路径示意图

通过动态路径网络的构建，对路径频率和时长进行考察，发现超过 2500 家企业只对 1 个国家进行对外投资，有超过 500 家企业对 2 个国家进行对外投资。路径时长也显示出类似特征，超过 2500 家企业进行再投资的时间间隔为 1 年，超过 500 家企业进行再投资的时间间隔为 2 年。

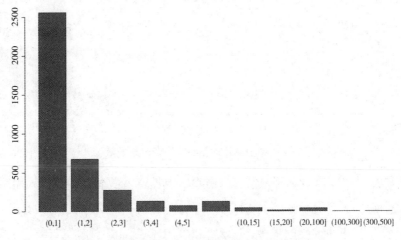

图 2　中国海外投资公司投资路径行走频率分布图

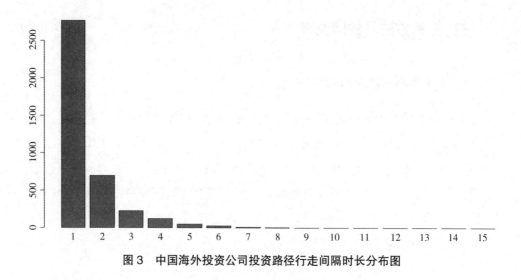

图 3　中国海外投资公司投资路径行走间隔时长分布图

（二）数据说明

本文数据来源于中华人民共和国商务部对外投资与经济合作司，时间覆盖 1983-08-01 至 2016-02-06 所有境外投资企业备案结果，包含证书号、国家 / 地区、境内投资主体、境外投资企业（机构）、省市、经营范围、核准日期等信息，涉及 27170 家中国企业到 194 个国家 / 地区进行投资的 37641 条记录。

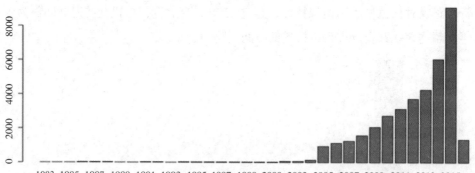

图 4　中国海外投资历年投资记录数量

本研究对数据进行如下修改：1. 剔除境内投资主题名称存在错误填写的记录；2. 根据境外投资企业（机构）进行判断，修正"国家 / 地区"写成"中国"和"中华人民共和国"的情况；3. 修正将"国家 / 地区"误填成子公司名称情况；4. 将"国家/地区"名称进行统一规范。如将"国家/地区"写成"澳门"、"香港"、"台湾"、"台湾省"，统一修正为"中国澳门"、"中国香港"、"中国台湾"；将"俄罗斯"统一修正为"俄罗斯联邦"；将"刚果"根据境外投资企业（机构）区分为"刚果（布）"和"刚果（金）"。将 2006 年后的"塞尔维亚和黑山"根据境外投资企业（机构）区分为"塞尔维亚"和"黑山"。修正后的数据显示从 1983 年开始，我国企业每年海外投资的记录均不超过两位数，在 2004 年海外投资记录首次突破三位数达到 128 次，相对 2003 年增长 91%，2005 年对外投资记录达到 931 次，拉开我国海外投资高潮的序幕，在 2015 年达到 9071 次的，数据仅收集至 2016 年 2 月 6 日，因此收录的 2016 年中国企业海外投资次数仅有 1341，其中，进行 2 次及多次对外投资的境内投资主体共计 4593 个，占所有境内投资主体数的 16.9.%；这些投资主体共涉及 15064 条记录，占所有记录的 40.02%。

为了获取中国企业海外投资的动态投资路径，数据还进行如下处理：剔除所有仅有 1 次对外投资经历的 22577 家企业；剔除在同一时点在 2 个或多个国家/地区进行投资的 432 家企业；剔除仅在某一国家/地区分不同时点进行多次投资的 961 家企业。最终获取 3200 家企业涉及 186 个国家/地区（包括 62 个一带一路沿线国家）的 8990 条动态海外投资路径数据。

（三）网络测度指标说明

本文将根据 186 个国家/地区的 8990 条动态海外投资路径数据，构建一个复杂动态网络来分析我国企业海外投资网络中的统计分布、平均集聚系数及平均距离等重要关系变量，以及使用相关网络指标来研究"一带一路"沿线国家在我国企业海外投资路径网络中的地位及作用。

（1）节点数（Nodes）：网络中的所有节点的数量，即对中国企业海外投资涉及的国家/地区数量，本文构建的海外投资路径网络中的节点数为 186。

（2）边数（Edges）：网络中所有节点之间进行连接的数量，计算公式为：$M = \sum_{i=1}^{N} \sum_{j=1}^{N} a_{ij}$。其中 a_{ij} 为网络所对应的邻接矩阵中的元素，$a_{ij}=1$ 表示存在从节点 i 指向节点 j 的网络边，$a_{ij}=0$ 则表示不存在从节点 i 指向节点的 j 网络边。

（3）密度（Density）：测量方法为网络中实际存在的边数除以理论上最多可能存在的边数。越高的边数和密度则表示网络中节点之间的关系连接越紧密，边数和密度呈上升趋势则说明该网络中的节点之间倾向于相互间建立更多的连接。

（5）出（入）强度（Out-strength/In-strength）：出强度指从网络中节点 i 指出的有向边的权重之和，入强度指网络中指向节点 i 的有向边的权重之和，出强度和入强度在本文中分别指代投资国海外投资的数量与投资目的国接受的海外投资的数量。

6）集聚系数（Cluster coefficient）：网络中可以观察到的三角形的数量与可能出现的三角形的数量的比值，计算方法为：$C_i = \dfrac{e_i}{k_i(k_i-1)}$。其中 k_i 是节点 i 的度数，e_i 是网络中存在的三角形数量（即为网络中节点 i 的相邻节点相互连接的数量）。

（7）平均路径长度（Average path length）：网络中节点 i 和节点 j 之间的所通过最短路径上的边数距离，计算方法为：$L = \dfrac{1}{\frac{1}{2}N(\text{N-1})}\sum_{i \geq j} d_{ij}$，$N$ 为网络中的节点数量，d_{ij} 为最短路径。

（8）中介中心性（Betweenness Centrality）：中心性（Centrality）作为衡量网络中一个节点的价值的重要指标，中心性越高，节点在网络中的位置则越接近中心，节点价值也就越高。而中介中心性作为一种中心性的度量方法，衡量了网络中特定节点的连通能力的聚集度（Freeman,1977），在一个有向网络 G 中，V 为顶点的集合，$\sigma(s,t)$ 为 s、t 之间最短路径 SP(s,t) 的数目，则节点 v 的中介中心性的计算方式为：$BC(v) = BC(v) = \sum_{st \in V} \dfrac{\sigma(s,t|v)}{\sigma(s,t)}$

（9）度中心性（Degree Centrality）：用来衡量一个节点的重要性，一个节点的度越大，证明该节点的重要性越高，计算方式为：$DC_i = \dfrac{ki}{N-1}$

四、测算结果与分析

（一）中国企业海外投资动态路径网络整体状况

中国 3200 家对外投资动态扩张企业的 8990 条对外投资路径，共涉及 186 个国家/地区，其中包括 62 个一带一路沿线国家。以中国企业对外投资所涉及的国家/地区为节点，以投资路径为有向边，有向边的方向表示在该路径上中国企业的先后投资顺序。

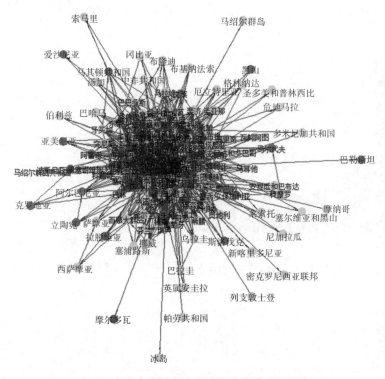

图 5　中国海外投资企业的海外投资路径网络

图 5 显示中国企业所有 OFDI 投资路径的完整网络，节点数 186，指代中国企业海外投资涉及的 186 个国家/地区，边数 3960，互惠系数：0.475，密度：0.114。理论上，中国企业进行 OFDI 可选的路径应该有 186*185=34410 条，但现实中企业走了 8990 次，仅走了其中的 3930 条，占比不到 11.5%。由此可见，中国企业进行海外投资绝大部分的扩张路径是重复进行的，中国企业的走出去

路径不是随机的，而是有章可循的。聚集系数：0.486，互惠系数0.475，直径：5，平均路径长度：2.194。平均路径反应路径上的国家/地区的平均距离仅2步有余，即整体来看中国企业目前到任何一个国家/地区进行OFDI投资，如果参考历史路径，理论上仅需走2–3步即可进入。其次，路径网络中的集聚系数较高，说明中国企业"走出去"较大程度上是在某部分国家/地区之间相互游走，形成局部投资路径圈子，总体海外投资路径网络具有"小世界"特征。此外，中国企业的海外投资路径存在较大的双向性，这是因为在局部投资路径圈子内部，国家/地区的投资环境相对较为相似，为此，中国企业对于国家/地区选择的先后顺序要求不那么严格。

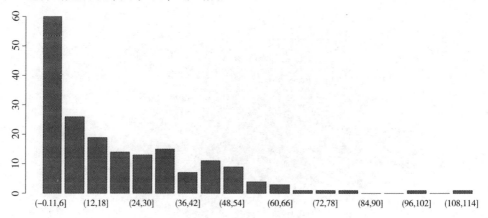

图6　中国企业海外投资路径网络的节点入度分布情况

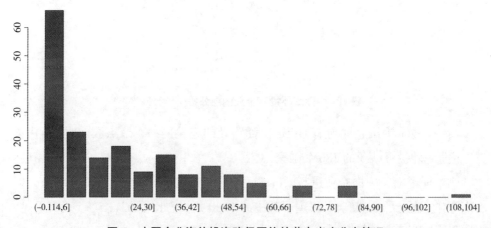

图7　中国企业海外投资路径网络的节点出度分布情况

一个国家/地区的在中国企业海外投资路径网络中的出度是网络中节点指出去的有向边数量，表示中国企业海外投资过程中有多少路径是通过这个国家/地区走出去的。一个国家/地区的在中国企业海外投资路径网络中的入度是指网络中指向该节点的有向边数量，表示中国企业对外投资过程中有多少路径是走往这个国家/地区的。图4与图5显示了不同国家的整体出度和入度的分布情况，平均度为42.3，最大入度114，最大出度114，入度标准差20.6，出度标准差21.4。

（二）"一带一路"沿线国家在中国企业海外投资网络中的地位作用比较分析

一带一路"沿线国家的入度均值为25.548，出度均值为24.839，同比高于其他国家的入度均值为17.992，出度均值为19.274。可见，"一带一路"沿线国家既是中国企业海外投资的关键跳板，也是中国企业走出去的主要目的地。相对而言，"一带一路"沿线国家成为当前中国企业走出去归宿的概率要明显偏高，说明中国企业在一带一路沿线进行投资更具有比较优势。

表 1　中国企业海外投资路径网络的节点指标对比图

	Country	Indegree	Outdegree	Betweenness	OBOR
1	中国香港	114	114	5795.96	0
2	美国	98	81	2507.98	0
3	阿拉伯联合酋长国	81	80	1715.02	1
4	印度尼西亚	67	82	1456.7	1
5	南非	59	83	1160.75	0
6	俄罗斯联邦	76	72	1035.65	1
7	新加坡	63	67	804.62	1
8	巴西	50	54	752.59	0
9	澳大利亚	64	57	726.73	0
10	尼日利亚	52	69	672.75	0
11	德国	54	53	661.04	0
12	肯尼亚	49	51	652.58	0

续　表

	Country	Indegree	Outdegree	Betweenness	OBOR
13	泰国	57	68	611.15	1
14	赞比亚	44	49	578.69	0
15	马来西亚	58	58	533.74	1
16	厄瓜多尔	49	47	517.91	0
17	坦桑尼亚	44	45	491.99	0
18	加拿大	42	46	465.49	0
19	日本	46	49	463.2	0
20	埃塞俄比亚	51	46	462.68	0
21	缅甸	45	47	457.47	1
22	沙特阿拉伯	61	46	453.21	1
23	英国	38	45	451.49	0
24	哈萨克斯坦	58	55	445.86	1
25	波兰	53	23	443.69	1
26	摩洛哥	31	27	427.68	0
27	韩国	42	50	383.55	0
28	柬埔寨	48	49	376.86	1
29	中国澳门	35	36	374.9	0
30	叙利亚	8	13	373.31	1

注：表中灰底代表一带一路沿线国家。

五、结论与政策建议

本文采用 1983-08-01 至 2016-02-06 中华人民共和国商务部对外投资与经济合作司《境外投资企业（机构）备案结果公开名录》中涉及的 27170 家中国企业在 194 个国家 / 地区进行投资的 37641 条记录，探索中国企业的海外投资路径。研究首先筛选出符合动态网络路径条件的中国 3200 家海外投资企业，涉及到 186 个国家 / 地区的 8990 条对外投资路径，有超过 2500 家企业只对 1

个国家进行了对外投资，有超过 500 家企业对 2 个国家进行对外投资，结果显示我国企业对外投资的目的国数量偏少。其次计算中国企业海外投资路径的完整网络标志数据：节点数 186，边数 3960，密度：0.114，理论上中国企业进行 OFDI 可选的路径有 186*185=34410 条，但现实中 8990 条投资记录仅走了其中的 3930 条，占比不到 11.5%。聚集系数：0.486，互惠系数 0.475，直径：5，平均路径长度：2.194。数据显示，中国企业到任何一个国家投资仅需 2-3 步即可到达目的国，较高的聚集系数说明中国企业走出去的目的地聚集在部分国家 / 地区之间，具有"小世界"的特征，并且，由于目的地国家 / 地区较为相似的投资环境，对目的国选择的先后顺序要求不严格，因此，中国企业海外投资路径具有双向性。第三，对于"一带一路"沿线国家 / 地区，入度均值为 25.548，出度均值为 24.839，均高于其他国家的入度均值 17.992 和出度均值 19.274，中介中心度指数 221 也显著高于其他国家 206.6，在中国企业海外投资路径中中介中心性排名前 30 的国家中，"一带一路"沿线国家 / 地区占据 12 席，证明中国企业在一带一路沿线进行投资更具有比较优势，并且"一带一路"沿线国家是中国企业走出去的关键跳板。

综上所述，"一带一路"沿线国家在我国企业海外投资路径网络中的重要地位及跳板作用不容忽视。中国政府所提出的建设"新丝绸之路经济带"的合作倡议正确性可见一斑，海外投资是企业寻求可持续竞争能力的重要战略选择（Nachum et al.,2005），因此，在中国企业"走出去"如火如荼的浪潮中，精准厘清中国企业海外投资的行为关联，以及"一带一路"沿线国家在我国企业海外投资路径网络中的作用，重视政府对企业的引导作用，构筑良好规范的商业制度环境，培育中国企业"走出去"新动能，发掘新路径，对于促进我国产业的转型升级，进一步提升我国企业核心竞争力和国家影响力大有裨益。

参考文献

[1] Armenter, Roc and Miklós Koren. 2009. "Economies of Scale and the Size of Exporters," Central European University, mimeo.

[2] Bernard, A. B., Eaton, J., Jensen, J. B., & Kortum, S. (2003). Plants and

productivity in international trade. American Economic Review,93(4), 1268-1290.

[3] BUCKLEY P, CLEGG L, CROSS A, LIU VOSS X, ZHENG P. The Determinants of Chinese Outward Foreign Direct Investment [J]. Journal of International Business Studies, 2007, 38(4): 499-518.

[4] Chaney, T. (2008). Distorted gravity: the intensive and extensive margins of international trade. American Economic Review, 98(4), 1707-1721.

[5] Chaney, T. (2014). The network structure of international trade. Social Science Electronic Publishing, 104(11), 3600-3634(35).

[6] Child, J., & Rodrigues, S. B. (2005). The internationalization of chinese firms: a case for theoretical extension?[1]. Management & Organization Review, 1(3), 381-410.

[7] Desai M F，Foley F，Hines J. Foreign Direct Investment and the Domestic Capital Stock［J］. American Economic 　R eview Papers and Proceedings，2005，95(2):33 — 38.

[8] Frank S，Hsiao W. FDI，Exports，and GDP in East andSoutheast Asia- Panel Data Versus Time- Series Causality Analyses［J］.Journal of Asian Economics，2006(17):1082 — 1106.

[9] Freeman L C.Set of Measures of Centrality Based on Betweenness[J] .Sociometry, 1977, 40(1):35-41

[10] Herzer D. Outward FDI and Economic Growth［J］. Journal of Ecomomic Studies，2010，37(5):476 — 494.

[11] Jackson, M. O., & Rogers, B. W. (2007). Meeting strangers and friends of friends: how random are social networks?. American Economic Review, 97(3), 890-915.

[12] Marc J. Melitz. (2003). The impact of trade on intra‐industry reallocations and aggregate industry productivity. Econometrica, 71(6), 1695-1725.

[13] Nachum L，Zaheer S. The persistence of distance? The impact of technology on MNE motivations for foreign investment［J］. Strategic Management Journal,

2005，26(8):747 — 767

[14] Schweitzer, F., Fagiolo, G., Sornette, D., Vega-Redondo, F., Vespignani, A., & White, D. R. (2009). Economic networks: the new challenges. Science, 325(5939), 422-425.

[15] 陈初昇，刘晓丹，衣长军：(2017). 海外华商网络、东道国制度环境对中国 OFDI 的影响——基于"一带一路"研究视角.《福建师范大学学报（哲学社会科学版）》(1)。

[16] 陈衍泰，李欠强，王丽，吴哲：中国企业海外研发投资区位选择的影响因素——基于东道国制度质量的调节作用 [J].《科研管理》,2016,37(03):73-80。

[17] 杜江，宋跃刚：制度距离、要素禀赋与我国 OFDI 区位选择偏好——基于动态面板数据模型的实证研究 [J].《世界经济研究》,2014(12):47-52+85。

[18] 方慧，赵甜：(2017). 中国企业对"一带一路"国家国际化经营方式研究——基于国家距离视角的考察.《管理世界》(7), 17-23。

[19] 贺娅萍，徐康宁："一带一路"沿线国家的经济制度对中国 OFDI 的影响研究 [J].《国际贸易问题》,2018(01):92-100。

[20] 吉生保，李书慧，马淑娟：(2018). 中国对"一带一路"国家 OFDI 的多维距离影响研究.《世界经济研究》(1)。

[21] 冀相豹：制度差异、累积优势效应与中国 OFDI 的区位分布 [J].《世界经济研究》,2014(01):73-80+89。

[22] 蒋冠宏，蒋殿春：(2012). 中国对外投资的区位选择：基于投资引力模型的面板数据检验.《世界经济》(9), 21-40。

[23] 李春顶：(2009). 出口贸易、fdi 与我国企业的国际化路径选择——新一新贸易理论模型扩展及我国分行业企业数据的实证研究.《南开经济研究》(2), 15-28。

[24] 李敬，陈旎，万广华，陈澍：(2017)."一带一路"沿线国家货物贸易的竞争互补关系及动态变化冰——基于网络分析方法.《管理世界》(4), 10-19。

[25] 李梅：(2010). 人力资本、研发投入与对外直接投资的逆向技术溢出.《世界经济研究》(10), 69-75。

[26] 刘凯，邓宜宝：制度环境、行业差异与对外直接投资区位选择——来自中国 2003～2012 年的经验证据 [J]．《世界经济研究》,2014(10):73-79+89。

[27] 毛其淋，许家云：(2014).中国企业对外直接投资是否促进了企业创新.《世界经济》(8), 98-125。

[28] 潘镇，金中坤：(2015).双边政治关系、东道国制度风险与中国对外直接投资.《财贸经济》, 36(6), 85-97。

[29] 曲智，杨碧琴：(2017)."一带一路"沿线国家的制度质量对中国对外直接投资的影响.《经济与管理研究》, 38(11), 15-21。

[30] 沙文兵：对外直接投资、逆向技术溢出与国内创新能力［J］．《世界经济研究》, 2012(3):69 — 74。

[31] 宋泽楠：(2013).中国对外直接投资的区位分布和响应机制 :2002～2010 年.改革 (1), 41-49。

[32] 王宏新，毛中根：(2007).中国企业国际化路径演变模式实证分析.《世界经济研究》(2), 46-50。

[33] 王颖，吕婕，唐子仪：中国对"一带一路"沿线国家直接投资的影响因素研究——基于东道国制度环境因素 [J].《国际贸易问题》,2018(01):83-91。

[34] 王永钦，杜巨澜，王凯：中国对外直接投资区位选择的决定因素：制度、税负和资源禀赋 [J].《经济研究》,2014,49(12):126-142。

[35] 熊彬，王梦娇：基于空间视角的中国对"一带一路"沿线国家直接投资的影响因素研究 [J].《国际贸易问题》,2018(02):102-112。

[36] 许和连，孙天阳，成丽红："一带一路"高端制造业贸易格局及影响因素研究——基于复杂网络的指数随机图分析 [J].《财贸经济》,2015(12):74-88。

[37] 杨娇辉，王伟，谭娜：破解中国对外直接投资区位分布的"制度风险偏好"之谜 [J].《世界经济》,2016,39(11):3-27。

[38] 杨亚平，高玥：(2017)."一带一路"沿线国家的投资选址——制度距离与海外华人网络的视角.《经济学动态》(4), 41-52。

[39] 姚战琪：最大限度发挥中国 OFDI 逆向溢出效应——推动对"一带一路"沿线国家 OFDI 逆向溢出的政策取向 [J].《国际贸易》,2017(05):44-48。

[40] 尹响，杨继瑞：(2016). 我国高端装备制造产业国际化的路径与对策分析.《经济学家》(4), 103-104。

[41] 尹忠明，李东坤：中国对外直接投资与国内全要素生产率提升［J］.《财经科学》，2014(7):21 — 31。

[42] 余壮雄，付利：(2017). 中国企业对外投资的区位选择：制度障碍与先行贸易.《国际贸易问题》(11), 115-126。

[43] 张宏，王建：(2009). 东道国区位因素与中国 ofdi 关系研究——基于分量回归的经验证据.《中国工业经济》(6), 151-160。

[44] 张宏，王建：(2009). 东道国区位因素与中国 ofdi 关系研究——基于分量回归的经验证据.《中国工业经济》(6), 151-160。

[45] 张述存：(2017). "一带一路"战略下优化中国对外直接投资布局的思路与对策.《管理世界》(4), 1-9。

区域贸易协定对出口产品质量的影响

——对"一带一路"国家的研究启示

孙　瑾　王小龙*

摘要： 21世纪以来，国际经贸形势巨变，一方面WTO主导下的多哈回合谈判搁置，各国开始积极签署更适合特定地区经贸发展的区域贸易协定，2013年我国也提出"一带一路"倡议，倡导加强同周边区域贸易合作发展；另一方面，WTO(2011)①在中国入世后提出新一代的区域贸易协定规则，比传统WTO规则标准要求更高，增加知识产权、环境保护等24类新领域的条款。国内层面，改革开放40年的中国经济发展需要跨越到高质量发展阶段，从国家高度重视出口产品质量和全球价值链地位的提升。那么签订更高质量的区域贸易协定是否能带来出口产品质量的提升呢？中国与一带一路这些国家签署的区域贸易协定到底对我国高质量发展战略会带来怎样的影响，这是政策层面亟待解答的问题却缺乏理论和实证研究。本文研究结果表明：1.条款覆盖率和法律承诺率较高的区域贸易协定对提升我国对一带一路国家出口产品质量具有显著的促进作用，这种影响存在产品异质性和企业异质性；2.一带一路倡议是符合国内外发展现实的必然选择，一带一路倡议与中国制造2025计划的实施有利于我国实现高质量发展转型。

关键词： 一带一路，区域贸易协定，出口产品质量

一、引言

多哈回合谈判失败的背景下，越来越多的国家开始尝试超越WTO的范围，

---

　* 作者简介：孙瑾，中央财经大学国际经贸学院副教授；王小龙，中央财经大学国际经贸学院研究生。
　① WTO《世界贸易报告2011》https://www.wto.org/english/res_e/reser_e/wtr_e.htm

同相关国家签署双边及多边区域贸易协定 RTA，促进区域内更稳定高效的经济和贸易发展（Schott，2006；Lee &Song，2015；Fukase &Martin，2016），并且这些区域贸易协定不仅仅只限于贸易领域，还延伸到商业相关的众多范围（Christopher，2010）。时至今日，区域贸易协定在全球一些地区对经贸的促进和规范作用甚至超过 WTO 的效力（Christopher，2010；Vanhanlat et al，2013），这对中国参与并发挥国际经济治理作用既是机遇也是挑战。在区域贸易协定框架下，对互利互惠的追求以及区域内信息的对称性也使得签署区域贸易协定的国家更加重视协定在执行过程中的实际作用，并提出更高要求来逐渐完善协定条款。为了更好地在理论层面剖析这些现象，Horn et al.（2009）提出两个衡量区域贸易协定的指标："协议覆盖率"和"法律承诺率"，这比传统研究中只考虑国家签订几个协定从数量层面上升到质量层面的研究。Horn，Mavroidis 和 Sapir（2010）研究欧盟和美国与其他 WTO 贸易伙伴国签订的 28 个 RTA 协议，将协议中涉及的条款（领域）分为两类："WTO+"条款（14 类领域）和"WTO–X"条款（38 类领域）[①]，WTO+ 是在 WTO 覆盖范畴的进一步深化，比如在 WTO 规定的基础上进一步降低关税等，WTO–X 则是对 WTO 范畴的扩大，新加入知识产权等 24 类领域，这一分类标准被 WTO 所采纳，形成 WTO 官方定义的 RTA 条款划分标准（WTO，2011），体现出发达国家在 21 世纪后意图成为新的贸易规则的制定者和主宰者，新一代贸易条款的覆盖率和约束力更高，执行标准和协议质量更高，这是新时期的一个现实问题和发展趋势。

Feng,Li & Swenson（2017）研究中国加入 WTO 后贸易政策不确定性对出口的影响，指出在加入 WTO 之前，国外对中国的关税就已经很低，中国的贸易和经济的迅猛发展并非受益于国外对中国开放（关税降低）带来的好处，而

---

① WTO+ 领域涉及工艺品关税减让、农业品关税减让、海关程序、出口税、动植物卫生检疫、国营贸易企业、技术性贸易壁垒、反补贴、反倾销、国家补贴、政府采购、与贸易有关的投资措施协议、服务贸易协定、与贸易有关的知识产权协定 14 类，WTO–X 领域涉及竞争政策、环境保护、知识产权、投资措施、劳工市场规范、资本流动、消费者保护、数据保护、农业、立法协调、音像产业、公民保护、创新政策、文化合作、经济政策对话、教育与培训、能源、金融支持、人权问题、非法移民、反毒品、产业合作、信息交流、采矿业、反洗钱、核安全、政治对话、公共管理、区域合作、技术与科研、中小企业、社会事务、统计数据、税收、恐怖主义、签证与政治庇护 38 类。

是受益于国内自身的改革和开放带来的好处，这种收益是巨大的。按照这个思路，签订区域贸易协定带来的关税下降和市场扩大的收益也许已不是中国在已经加入 WTO 之后最为重要的，重要的是，目前更高标准的规则和更高质量的贸易协议，如在反腐败、竞争政策、环境保护、知识产权、投资措施、劳工市场规范、消费者保护、数据保护、立法协调、创新政策、区域合作、技术与科研、反洗钱等多项新领域的区域合作是否能倒逼国内改革，加快产业结构转型，提升产品技术含量和质量，促进国内自身改革和开放带来的进一步红利呢？

2015 年中国政府工作报告中，李克强总理提出"中国制造 2025"，强调"加快我国从制造大国转向制造强国"的战略部署，"质量强国"又相继出现在"十三五"规划和《国家创新驱动发展战略纲要》等党和国家的重要文件中，党的十九大报告也提到"我国经济已由高速增长阶段转向高质量发展阶段"，"必须坚持'质量第一'"，这些都标志着我国作为全球贸易大国的出口产品的质量问题已倍受关注。那么如何提高出口产品的质量？这方面的研究国内外学者已有大量成果，从汇率、政府补贴、FDI、中间品进口等角度进行分析（Alvarez &Fuentes,2009；Khandelwal,Schott,Wei,2013；Eshraghi,Ismail,2013； 施炳展，2014；张杰等，2015；马述忠，吴国杰 2016，景光正，李平，2016；张明志，2018 等），但是，从新规则领域的区域贸易协定的覆盖率和执行率视角以及结合我国一带一路战略的研究则相对缺乏。

与既有文献相比，本文可能的贡献在于：首先，尽管有文献关注贸易自由化对出口产品质量的影响，却鲜有文献从区域贸易协定的覆盖率和执行承诺率的"质"的层面出发，研究 RTA 对出口产品质量的影响，更鲜有文献分析中国与一带一路国家已经签订的区域贸易协定对其出口产品质量的影响，到底一带一路国家是国外学者所质疑的中国输出过剩产能和低质量产品的区域，还是中国进行自主产业结构升级，摆脱现有的全球价值链分工模式下中国通过中间品进口和出口加工贸易从事低端附加值生产的方式？本文试图通过理论机制与实证分析给出清晰的答案，为政策提供有价值的理论依据。其次，分析 RTA 对企业出口产品质量的影响，一个无法回避的难题是如何处理相应的内生性问题，本文尝试使用我国与签署区域贸易协定对方各国的英语能力指数EPI（English Proficiency Index）的差值作为工具变量。此外，本文的研究根据Gaubert &Itskhoki（2016）的颗粒理论处理方法，微观变量很难反过来对宏观变量产生反向因果，除非企业里面存在的特别大的公司或利益集团可能对签署贸易协定产生一定的影响，所以本文对这种大颗粒企业进行剔除后进行稳健性检验，相对全面地处理可能的内生性问题。最后，本文关注的对象是与中国已经签署区域贸易协定的一带一路国家，得出这些研究样本的实证结果与以往研究结论的差异，深入探究差异的根源和政策启示，并从不同的角度进行分类实证检验，为该领域的研究首次提供来自一带一路国家的典型经验证据。

二、文献综述

（一）贸易自由化对产品质量影响的研究

已有领域仅有的研究文献多从签订贸易协定的"量"的层面，或某一协定本身说明贸易的相对自由化与产品质量之间的关系（Bandyopadhyay & Acharyya，2006；Curzi et al,2012、2015；郁鹏，2017），但是在研究覆盖范围更广泛、要求更加严格的新一代区域贸易协定在"质"的层面对出口产品质量影响的文献相对匮乏。且已有研究文献的结论尚存在争议，对不同国家、不同质量等级的出口产品的实证结果不尽相同，如Swapnendu（2004）研究印度贸易的自由化对高质量产品的质量影响不大，而对低质量产品的改善作用明显。而与之相反的，Khandelwal等（2013）却认为，接近世界前沿质量水平的产品，贸易自由化可以促进产品质量向世界前沿水平提升，而对于远离世界前沿水平的产品情况则刚好相反。国内学者汪建新（2014）也得到中国产品的类似结论，刘晓宁和刘磊（2015）将其命名为"规避竞争效应"和"气馁效应"。

本文研究的对象更新和扩大该领域的研究内容，现在区域贸易协定追求的目的已经不仅仅局限于提高贸易自由化和降低关税，更多的是在对国际双边和多边经贸等多方面往来中起促进作用，协定覆盖的范围已经超过传统的贸易领域，即由WTO+领域到WTO-X领域的变化，更加宽泛。因此本文对照协定原文考察协定的具体条款以及承诺执行的情况，这在不同国家之间签署的协定本身就是存在差异的，能更好地衡量和分析本文的研究问题。

（二）关于区域贸易协定衡量指标的研究

除了对区域贸易协定"量"的层面的影响分析，Horn et al.（2009）是国际上较早从"质"的层面研究区域贸易协定衡量方法的团队，他们通过"协议覆盖率"和"法律承诺率"两个指标加以衡量，"协议覆盖率"是指该协定中涉及 WTO+ 或 WTO-X 领域的条款数目与总条款数目的比率，"法律承诺率"是指该协定中涉及 WTO+ 或 WTO-X 领域的具有实质性法律约束效力的条款数目与所覆盖的条款总数的比率。本文在研究中主要借鉴采用这种分类和衡量方法。

国内学者目前仅有的研究中，盛斌和果婷（2014）也借鉴 Horn et al.（2009）的方法总结亚太地区国家签署的区域贸易协定中的"协议覆盖率"和"法律承诺率"，研究主要发现，发达国家参与新一代 WTO 的协议覆盖率和法律承诺率高于发展中国家。事实表明，很多国家不愿意履行世界贸易组织条款中规定的相关要求，但是在区域经济一体化的合作中，对贸易规则和标准的更高要求，也在某种程度上规范贸易的发展，以国际贸易的知识产权保护为例，陈咏梅（2015）的研究发现，不少国家不愿意履行世界贸易组织与贸易有关的知识产权协定，但在区域贸易协定谈判中，为了有权利进入区域贸易协定伙伴国的市场，不得不在知识产权保护方面接受更高的要求。目前国内的研究还停留在衡量指标的构建与分析，尚缺少相关的实证研究，本文对照协议原文测算一带一路国家的指标，并且进行相应的理论机制与实证分析。

（三）关于出口产品质量衡量指标的研究

21 世纪后涌现出大量出口产品质量的研究，最早通常用出口产品价格来衡量出口产品的质量，如 Zarzoso 和 Burguet（2000）、Oladi et al.（2008）、Wang（2014）、施炳展（2014）、李小平等（2015）等等。对于单纯使用价格来衡量产品质量的方法，也有学者认为存在瑕疵，考虑到产品在生产过程中的投入和成本，如 Azhar 和 Elliott（2006）、Mastooreh 和 Normaz（2013）。伴随研究的进一步深入，学术界认为以价格和投入成本等方式来分析一国的出口产品质量仍显笼统，又分别从出口方和进口方两个角度来进行区分。从出口方的角度，加入复合指标要相对更全面一些（Faruq，2010；殷德生，2011；Cesare et. al，2015 等）。然而，学者们发现以进口方对产品的反应能够更好地体现产品的质量。Khandelwal，Schott，Wei（2013）在价格和需求关系的基础上，又加入进口国收入水平、总体价格指数，以及产品替代弹性等影响消费者效用的因素，这种方法近年来在研究中得到广泛使用（Cui Hu，Faqin Lin，2016；李浩仲、翁培真，2015；许和连，王海成，2016；张洋，2017），总体而言，该方法得到相关领域学者们的普遍认可。

本文的研究中也采用 Khandelwal et al（2013）对出口产品质量的计算方法，不过在替代弹性处理上有一点改进，对不同技术含量的产品赋予不同的弹性值。

三、理论机制分析

（一）贸易成本降低效应

签署区域贸易协定的一个主要目的就是降低贸易成本，这一点也是对 WTO 宗旨的延续。当前在多哈回合贸易谈判搁置的背景下，中国同一带一路沿线多国签署的区域贸易协定中都有条款明确规定降低双边农产品及工业品的进口关税以及其他非关税壁垒，这有助于促进出口产品质量向世界前沿水平提高（Khandelwal et al, 2013）。通过降低贸易成本，企业也可能转移更多关税等成本来进行出口产品质量的提高。

假设一：区域贸易协定生效有助于降低贸易成本，企业不断改善产品，从而提高出口产品质量。

（二）企业经验效应

景光正和李平（2016）研究认为国家间可以通过研发成果共享、人力资本交流、知识信息吸收等方式形成技术反馈，来提高出口产品质量。区域贸易协定的宗旨就在于促进签署双方国家的经贸往来，加强合作，企业需要时刻关注行业的前沿水平并根据发展经验不断改善自身的管理和生产工艺。

假设二：区域贸易协定生效有助于加强企业经验交流，改善生产技艺，从而提高出口产品质量。

（三）规模经济效应

Carrère（2011）的研究发现南方国家签署区域贸易协定有助于本国企业形成规模经济，规模大的企业也更倾向于出口，加强企业内的分工，进而可能降低企业的生产成本，标准化的生产也可能进一步提高产品的质量。

假设三：区域贸易协定生效有助于出口企业形成规模经济，降低单位固定成本，从而提高出口产品质量。

（四）资本集中效应

Faruq（2010）发现美国企业的人均资本与出口产品质量间存在正向相关的关系。可见资本密度大有助于提高出口产品质量。其中，区域贸易协定的签署有助于加强国际分工，促进产业格局重新布局，引导企业集中优势资本生产具有比较优势的产品。

假设四：区域贸易协定生效有助于加强国际分工，引导企业集中资本生产具有比较优势的产品，从而促使企业提高出口产品质量。

四、模型设定与变量说明

根据本文的研究目标，将本文计量模型设定为：

$$quality_{ifct} = \alpha_0 + \beta_1 rate_{ct} + \beta_2 age_{ft} + \beta_3 size_{ft} + \beta_4 capital_{ft} + \beta_5 mediad_{ft} + \lambda_t + \lambda_d + \varepsilon_{ifct} \tag{1}$$

其中，quality 表示出口产品质量，i 表示产品种类，f 表示企业，c 表示出口目的国，即签署协定的对方国家，t 表示年份。在解释变量中，最为关注的是 rate 的显著性，这里 rate 包括协议覆盖率和法律承诺率两个衡量区域贸易协定的指标，并分别计算 WTO+ 和新一代 WTO-X 两个领域，在回归时将分别统计。age 表示企业年龄，size 表示企业规模，capital 表示企业的人均资本，mediad 表示企业生产过程中的中间品投入量；λ 表示固定效应，包括时间固定效应 λ_t 和行业固定效应 λ_d；ε 表示随机扰动项。

用于测算企业出口产品质量 quality 的数据中，出口产品的需求数量和价格主要来源于中国海关数据库 2007 年到 2013 年数据，出口目的国的收入水平和总体价格指数来自于世界银行网站，具体计算公式如下：

$$quality_{ifct} = \frac{\ln Q_{ifct} + \sigma \ln p_{ifct} - (\ln Y_{ct} - \ln P_{ct})}{\sigma - 1} \quad （2）$$

目前"一带一路"沿线国家中与中国签署生效区域贸易协定的国家包括巴基斯坦等共 11 个国家，参见表 1。核心解释变量根据中国商务部网站的区域贸易协定原文文本，计算具体比率如表 1 所示。

表 1 中国与"一带一路"沿线国家生效区域贸易协定

国家	生效年份	WTO+ 领域（%）		WTO-X 领域（%）	
		协议覆盖率	法律承诺率	协议覆盖率	法律承诺率
巴基斯坦	2007	78.57	78.57	50	47.37
新加坡	2009	64.30	57.10	21.10	5.30
菲律宾	2010	57.10	57.10	21.05	18.42
柬埔寨	2010	57.10	57.10	42.11	13.16
老挝	2010	57.10	57.10	13.16	10.53
马来西亚	2010	57.10	57.10	28.95	18.42
缅甸	2010	57.10	57.10	18.42	15.79
泰国	2010	57.10	57.10	21.05	18.42
文莱	2010	57.10	57.10	15.79	13.16
印度尼西亚	2010	57.10	57.10	21.05	18.42
越南	2010	57.10	57.10	42.11	34.21

说明：根据商务部网站区域贸易协定原文整理并计算得到①。

① 2010 年之后，2011 年至 2013 年之间没有和一带一路国家之间签订贸易协议，中国只与一带一路国家中的格鲁吉亚在 2017 年 12 月 13 日签订自由贸易协定。

其他控制变量数据通过企业名将中国海关数据库和中国工业企业数据库进行匹配，保留 2007 年 -2013 年间区域贸易协定生效后连续 4 年的企业数据，最后得到符合条件的样本数将近 12.9 万条。所有变量的统计描述参见表 2。

表 2　主要变量的基本统计特征

变量		样本数	均值	标准差	最小值	最大值
出口产品质量	quality	128,931	-0.4706	0.8289	-4.6004	4.2684
WTO+ 协议覆盖率	wpac	128,931	0.5922	0.0521	0.571	0.7857
WTO+ 法律承诺率	wple	128,931	0.5824	0.0482	0.571	0.7857
WTO-X 协议覆盖率	wxac	128,931	0.2702	0.0918	0.1316	0.5
WTO-X 法律承诺率	wxle	128,931	0.2013	0.0992	0.053	0.4737
企业年龄	age	128,931	13.4988	8.0498	0.000	150
企业规模	size	128,880	0.1831	0.8387	0.000	18.8151
人均资本	capital	128,931	0.0618	0.1096	0.000	6.2237
中间品投入	mediad	128,931	51.2681	561.8698	-151.511	17300

五、实证结果分析

（一）基本回归结果

基本回归结果如表 3 所示，中国与一带一路沿线国家签署生效的区域贸易协定对我国的出口产品质量起到促进作用，在传统 WTO+ 和新一代 WTO-X 领域均有正向效果，回归结果均在 1% 水平上显著。该结论验证理论影响机制中的假设一"贸易成本降低效应"，可见区域贸易协定的生效有助于通过降低贸易成本来提高出口产品质量。

表3　基本回归结果

	WTO+ 协议覆盖率	WTO+ 法律承诺率	WTO-X 协议覆盖率	WTO-X 法律承诺率
Rate	0.6328***	4.4659***	2.2729***	3.1736***
	（9.26）	（62.01）	（80.66）	（120.71）
Age	0.0011***	0.0010***	0.0013***	0.0015***
	（3.47）	（3.37）	（4.11）	（4.95）
Size	0.0560***	0.0601***	0.0505***	0.0419***
	（12.52）	（13.66）	（11.59）	（9.90）
capital	0.1744***	0.1996***	0.1867***	0.1904***
	（7.35）	（8.53）	（8.06）	（8.46）
mediad	−0.0037***	−0.0043***	−0.0025***	−0.0007
	（−7.36）	（−8.65）	（−5.15）	（−1.40）
常数项	−1.1139***	−4.0930***	−1.6272***	−2.0569***
	（−6.28）	（−23.24）	（−9.82）	（−12.77）
时间效应	控制	控制	控制	控制
行业效应	控制	控制	控制	控制
样本量	128880	128880	128880	128880
R^2	0.1301	0.1548	0.1715	0.2182

说明：括号内数值为 t 值；***，**，* 分别为 1%，5%，10% 显著性水平。

在 WTO+ 和 WTO-X 两个领域对比中，区域贸易协定的法律承诺率的回归系数均大于协议覆盖率的，这说明协定的执行效力比协定中涉及到的条款比率对出口产品质量的提升作用更大，更高的法律承诺率有利于督促协定国家严格按照区域贸易协定规划和组织生产，有助于降低贸易不确定性，所以对出口产品质量的影响更大。但是 WTO+ 领域法律承诺率的影响系数最大，这说明当前我国与一带一路沿线国家签署生效的区域贸易协定更多还集中在传统 WTO+ 框架下的范畴，国际贸易法规和惯例已经比较完善，在区域贸易协定中可以直接沿用，这也起到降低协议制定成本和贸易政策不确定性的效果，而 WTO-X 领域相比较于传统的 WTO+ 范畴还不尽完善，欧美国家也在进一步改进相关的条款措词和陈述，我国与一带一路沿线国家签署的区域贸易协定在该领域的法律承诺率的均值也仅为 20%，所以回归结果也和中国典型事实相符。不过新一代

WTO-X 条款覆盖率的影响系数高于传统 WTO+ 的，说明涉及更多领域更高标准的区域贸易协定的影响效果更好，尤其是新领域本身对知识产权、创新政策方面的相关规定，对于提升出口产品质量会起到积极的作用，倒逼国内改革，是应该努力的方向。

其他控制变量的系数也均显著，但是小于主要核心变量的系数。其中，企业年龄的系数均为正值，说明企业的经营时间越长，越有积累经验的优势，对提高出口产品质量的促进作用更大，这也在某种程度上印证影响机制中的假设二"经验效应"；企业规模的系数也为正值，说明企业的规模越大，越容易形成规模优势，进行标准化生产，提高出口产品质量，这也在一定程度上验证影响机制中的假设三"规模经济效应"；人均资本的系数同样为正，企业提高人均资本对提高出口产品质量起到显著的促进作用，更大的资本密度企业可以将更多的资源用于扩大生产规模或者提高研发和创新支出方面，从而使企业生产更高质量的产品，这验证了影响机制中的假设四"资本集中效应"。

值得注意的是，回归结果中，中间品投入项的系数为负，这与以往文献研究出口产品质量的结论相反！考虑到研究样本是一带一路国家的特殊性，一种猜测是这或许说明中国对一带一路国家的出口和对发达国家原有的加工贸易出口模式存在显著的异质性，中国应该减少进口中间品投入，完全构建自己的产品生产体系，说明中国对一带一路地区的出口已经具备了自身产业结构的完备性，不需要再去走原有的加工贸易的老路，减少进口中间品的投入量反而有助于自己整体生产能力和产品质量的提升。结合样本数据年份和典型事实（表1所示），基本上一带一路国家与中国签订的贸易协定是在13年之前，这更在实证层面说明中国当时已经具备了加工贸易转型的必要性，中国提出一带一路战略是正确的选择，摆脱现有的全球价值链分工模式下中国通过中间品进口和出口加工贸易从事低端附加值生产的方式。中国进出口产品的质量本土企业均低于外资企业，且出口产品比进口产品质量的增长率低很多（前者 0.88%，后者 4.56%）（施炳展，2018[1]），如果继续这样发展下去，即便数量上是贸易大国，和国外发达国家在质量发展层面差距也会越来越大，而对一带一路国家的出口

---

[1] 这是施炳展老师于 2018 年 5 月 17 日在《经济研究》复刊 40 周年会议上的发言。

却给出一条新的发展路径选择，通过构建和输出自身完备的产业结构体系而非通过进口再加工来实现出口产品质量的提升。

鉴于本文的重点就是在"质"的层面而非以往研究对"量"的层面的分析，本文又进一步测算中间品投入的质量。为了探究这个问题，在识别中间产品进口信息时，本文将联合国 2007 版 BEC 编码与处理得到的海关数据库中 HS6 编码的进口产品进行匹配，得到进口中间产品的品类、数量和金额，在这些进口中间品的替代弹性取值时，本文参照 Daron、Jaume（2001）以及廖涵（2003）的成果，将 σ 取值 2.3，并在汇总匹配后单独将进口中间品质量与出口产品质量进行了回归，结果如表 4 所示，可以看出各年度进口中间品质量项系数基本均为正值，并在 1% 水平上显著，说明更高质量的中间品投入有利于企业提高最终出口产品质量，这在逻辑上是一致的，问题在于结合现实情况，在发达国家当前逆全球化背景下，尤其是特朗普多次发动贸易战的情形下，中国很难获取高质量的中间品投入。本文统计样本中的出口企业的主要进口来源国，发现有超过 3/4 的中间品是从发达经济体进口的（表 4）。因此，一方面，提高从发达国家进口中间品的"数量"已不利于我国向一带一路沿线国家出口产品质量的提升，另一方面，外部环境又限制我们通过提升中间品投入的"质量"来改进出口产品质量，这进一步说明中国的发展已经进入到需要依靠自身改革带来发展红利的阶段，中国坚持"中国制造 2025"计划是必要的。

表 4　各年度企业进口中间品质量对出口产品质量影响回归结果

	2007		2008		2009		2010		2011		2012		2013	
Mq	0.0022*** (7.54)		0.0030*** (9.68)		−0.0004*** (−7.48)		0.0036*** (5.28)		0.0017*** (3.06)		0.0032*** (4.99)		0.0027*** (4.93)	
N	569		574		1620		4610		4373		5354		4671	
R^2	0.0912		0.1407		0.0334		0.0060		0.0021		0.0046		0.0052	
进口国	1	0	1	0	1	0	1	0	1	0	1	0	1	0
	78%	22%	76%	24%	77%	23%	78%	22%	77%	23%	75%	25%	75%	25%

说明：括号内数值为 t 值；***，**，* 分别为 1%，5%，10% 显著性水平；进口来源国行，"1"代表发达国家，"0"代表发展中国家，界定参照国际货币基金组织《世界经济展望》。

（二）不同技术含量出口产品回归结果

由于一带一路国家地区的多样性，出口的产品具有一定的差异，本文在研究过程中对样本产品按技术含量进行分类，并据此进行回归分析。各衡量区域贸易协定的指标系数均在 1% 水平上显著，与整体回归结果完全一致。

表5　不同技术含量出口产品分组回归结果

	较低技术含量的出口产品				中高技术含量的出口产品			
	WTO+ 协议覆盖率	WTO+ 法律承诺率	WTO-X 协议覆盖率	WTO-X 法律承诺率	WTO+ 协议覆盖率	WTO+ 法律承诺率	WTO-X 协议覆盖率	WTO-X 法律承诺率
Rate	2.3237*** （14.07）	5.0907*** （30.88）	2.7128*** （47.72）	3.5975*** （60.53）	0.1404** （1.91）	4.2472*** （53.80）	2.0751*** （64.40）	3.0306*** （105.17）
Age	−0.0008 （−1.02）	−0.0005 （−0.72）	−0.0002 （−0.33）	−0.0006 （−0.90）	0.0014*** （4.11）	0.0013*** （3.78）	0.0015*** （4.46）	0.0018*** （5.68）
Size	0.1173*** （9.12）	0.1240*** （9.76）	0.1033*** （8.29）	0.0980*** （8.02）	0.0466*** （10.10）	0.0525*** （11.57）	0.0426*** （9.46）	0.0345*** （7.91）
capital	0.0168 （0.27）	0.0398 （0.66）	−0.0143 （−0.24）	−0.0234 （−0.40）	0.1887*** （7.51）	0.2172*** （8.78）	0.2098*** （8.53）	0.2173*** （9.14）
mediad	−0.0948*** （−5.44）	−0.1129*** （−6.57）	−0.0314* （−1.87）	−0.0421*** （−2.56）	−0.0030*** （−6.10）	−0.0039*** （−8.19）	−0.0022*** （−4.71）	−0.0005 （−1.13）
常数项	−2.0201*** （−4.27）	−4.1615*** （−8.88）	−1.3884*** （−3.13）	−1.7838*** （−4.10）	−0.7018*** （−4.12）	−3.8874*** （−22.90）	−1.5168*** （−9.60）	−1.9747*** （−12.93）
时间效应	控制	控制	控制	控制	控制	控制	控制	控制
行业效应	控制	控制	控制	控制	控制	控制	控制	控制
样本量	33834	33834	33834	33834	95046	95046	95046	95046
R^2	0.1870	0.2048	0.2342	0.2628	0.1309	0.1566	0.1673	0.2218

说明：括号内数值为t值；***，**，* 分别为 1%，5%，10% 显著性水平。

对比表5中的结果，不同技术含量的产品回归结果比较来看，第一，出口低技术含量产品的企业产品质量改善的空间更大一些。第二，对于低技术产品来说，只有企业规模有显著影响，其他企业变量都不显著，企业的经验效应和资本集中效应不存在，说明技术含量低的出口产品对企业积累生产经验的要求不高，也不需要大量资本用于研发创新。而中高技术产品的实证结果与整体结果完全一致，起到主要作用，且从样本上来看，中国对一带一路国家的出口主要是中高技术产品的出口，样本量个数为 95046 几乎是低技术产品出口样本量的 3 倍。第三，相较于高技术含量的出口产品，低技术产品的中间品投入量负向影响系数更大，这些产品的中间投入品可能质量也很低，所以不利于最终出口品质量的提升。

不同领域结果比较来看，新一代 WTO-X 的协议覆盖率影响系数高于 WTO+ 的系数，尤其是中高技术产品，系数差更大，前面表 1 中测算的 WTO-X 的协议覆盖率指标本身很低，但是对产品的质量提升作用却更大，这说明更高标准的条款和更高质量的协议对我国出口产品质量提升的促进作用更大，尤其是对于中高技术产品而言，更需要加快了解国际贸易领域的新规则，做好达到更高要求的准备。

（三）不同性质企业回归结果

企业的性质不同，企业出口的动机和目的也可能存在区别，对签署生效的区域贸易协定的反应也可能是不同的，所以本文将企业按性质分类，回归结果如表 6 所示。

与基本结果不同的异质性表现体现在：国有企业的人均资本项的回归结果系数是负的，说明国有企业自身特点和中国典型事实是相符的，资本集中但是研发动力不足和依此提升出口产品质量的效果不好；集体和私人控股企业中，更多的中间品投入对出口产品质量提升起到正向促进作用，这符合加工贸易模式下的研究结论，集体和私人控股企业投入的中间品质量可能更高一些；外资控股企业的回归系数与整体回归完全一致。整体来看，在新一代 WTO-X 领域，国有企业仍走在前列，区域贸易协定对其出口产品质量的提升作用更强。

表6　异质性企业回归结果

	国有控股企业		集体与私人控股企业		外商控股企业	
	WTO-X 协议覆盖率	WTO-X 法律承诺率	WTO-X 协议覆盖率	WTO-X 法律承诺率	WTO-X 协议覆盖率	WTO-X 法律承诺率
Rate	2.2462***	3.3132***	2.0445***	3.0630***	1.9948***	2.9399***
	（19.51）	（26.65）	（56.78）	（88.52）	（51.23）	（81.50）
Age	0.0015	0.0016	0.0005	0.0009***	0.0008	0.0008
	（1.44）	（1.58）	（1.46）	（2.60）	（1.30）	（1.35）
size	0.0558***	0.0398***	0.0547***	0.0556***	0.0512***	0.0350***
	（4.30）	（3.14）	（5.83）	（6.16）	（7.85）	（5.51）
capital	−0.3468***	−0.4059***	0.5791***	0.5436***	0.2049***	0.1976***
	（−2.73）	（−3.28）	（9.26）	（9.04）	（7.62）	（7.54）
mediad	−0.0032***	−0.0021*	0.0037***	0.0050***	−0.0045***	−0.0017**
	（−2.66）	（−1.78）	（3.84）	（5.36）	（−6.02）	（−2.33）
常数项	−1.3622**	−1.7572***	−1.3924***	−1.8706***	−1.0127	−1.2633*
	（−2.52）	（−3.34）	（−10.81）	（−15.09）	（−1.29）	（−1.66）
时间效应	控制	控制	控制	控制	控制	控制
行业效应	控制	控制	控制	控制	控制	控制
样本量	6013	6013	54617	54617	71748	71748
R^2	0.3608	0.3931	0.2215	0.2794	0.1547	0.1983

说明：括号内数值为 t 值；***，**，* 分别为 1%，5%，10% 显著性水平。[①]

（四）稳健性检验

1. 基于因变量的稳健性检验

参照安礼伟（2010）和 Anderson &Wincoop（2004）的方法，本文主要通过增大产品的需求弹性 σ 来重新估计出口产品的质量。回归结果显示，增大出口产品的替代弹性后，我国与一带一路沿线国家签署的区域贸易协定在

---

① 限于篇幅没有报告 WTO+ 领域结果，基本没有变化。

WTO+ 和 WTO-X 领域对我国出口产品的质量的影响系数均在 1% 水平上显著，与基本回归结果完全一致，不同的是放大替代弹性后所有解释变量的系数均变小了，这与预期相符，整体回归结果是稳健的（篇幅所限回归结果表格未报告）。

2. 基于分位区间的稳健性检验

剔除样本中总资产规模前 10% 的企业进行稳健性检验，回归结果依旧稳健，并且在资本密集度方面，剔除总资产规模前 10% 的企业后，资本密度对企业生产出口产品的质量影响显著增大了（篇幅所限回归结果表格未报告）。

3. 基于工具变量的稳健性检验

鉴于一带一路沿线国家与我国在语言沟通方面存在较大差异，当前与我国签署区域贸易协定的 11 个沿线国家也没有使用汉语作为官方语言的国家，英语作为第一交流语言，更好地表达和理解双边的意图将有助于区域贸易协定更好地发挥效力，所以本文使用我国与签署区域贸易协定对方各国的英语能力指数 EPI（English Proficiency Index）的差值作为工具变量，使用工具变量的两阶段最小二乘法进行检验，回归结果如表 7 所示。

可以看出，引入工具变量后，区域贸易协定各指标的回归结果在 1% 水平上仍显著，而且第一阶段的回归结果 F 值均远大于 10，Durbin 检验结果也说明工具变量是有效的，并且相比较于 WTO+ 领域，该工具变量在 WTO-X 领域的作用更显著一些，这是因为新一代 WTO 领域增加了很多新的规则条款，英语能力水平将直接影响双方的沟通和理解。

表 7　使用工具变量的 2SLS 回归结果

	（1）	（2）	（1）	（2）	（1）	（2）	（1）	（2）
	WTO+ 协议覆盖率	WTO+ 协议覆盖率	WTO+ 法律承诺率	WTO+ 法律承诺率	WTO-X 协议覆盖率	WTO-X 协议覆盖率	WTO-X 法律承诺率	WTO-X 法律承诺率
Rate		−17.5771***		73.3071***		23.6535***		5.0261***
		（−60.99）		（35.09）		（33.66）		（72.02）
Age	0.0001***	0.0033***	0.00004***	−0.0010	0.0001	0.0006	0.0001**	0.0015***
	（6.00）	（8.30）	（2.84）	（−1.00）	（1.61）	（0.88）	（2.08）	（5.48）

续　表

	（1）	（2）	（1）	（2）	（1）	（2）	（1）	（2）
	WTO+ 协议覆盖率	WTO+ 协议覆盖率	WTO+ 法律承诺率	WTO+ 法律承诺率	WTO-X 协议覆盖率	WTO-X 协议覆盖率	WTO-X 法律承诺率	WTO-X 法律承诺率
size	-0.0028***	-0.0146**	-0.0017***	0.1589***	0.0014***	0.0016	0.0009**	0.0302***
	（-14.15）	（-2.07）	（-8.79）	（10.83）	（3.25）	（0.15）	（2.05）	（5.15）
capital	-0.0087***	0.0328	-0.0074***	0.7273***	-0.0058***	0.3225***	-0.0096***	0.2337***
	（-10.22）	（1.29）	（-8.95）	（10.67）	（-2.75）	（6.04）	（-5.01）	（9.83）
mediad	0.0005***	0.0094***	0.0003***	-0.0202***	-0.0003***	0. 0058	-0.0002***	0.0009
	（17.47）	（10.18）	（8.22）	（-8.66）	（-4.93）	（4.55）	（-3.54）	（1.45）
depi	-0.1314***		0.0315***		0.0977***		0.4596***	
	（-110.31）		（37.02）		（34.94）		（154.83）	
常数项	0.7753***	13.1150***	0.7749***	-57.3169***	0.4599***	-11.3911***	0.4487***	-2.7679***
	（699.51）	（54.32）	（755.94）	（-35.23）	（36.38）	（-27.14）	（42.08）	（-32.10）
时间效应	控制	控制	控制	控制	控制	控制	控制	控制
行业效应	控制	控制	控制	控制	控制	控制	控制	控制
样本量	127062	127062	127062	127062	127062	127062	127062	127062
R²	0.6122	.	0.5785	.	0.2593	.	0.3998	0.1898
IV F	4885.73		4453.41		887.27		1222.03	
Durbin		0.0000		0.0000		0.0000		0.0000

说明：括号内数值为 t 值；***，**，* 分别为 1%，5%，10% 显著性水平。

六、结论与政策含义

区域贸易协定对提升我国对一带一路国家出口产品质量具有显著的促进作用，涉及更多领域更高标准的区域贸易协定对我国向一带一路国家出口产品质量提升的影响效果更大，尤其是新领域本身对知识产权、创新政策方面的相关规定，对于提升出口产品质量尤其是中高技术含量的产品起到积极的作用，新一代 WTO 规则倒逼国内改革，需要积极参与和努力，尤其是国有企业发挥主力军的作用，在新领域发挥提升出口产品质量的效果更大。

中国应该减少进口中间品投入，完全构建自己的产品生产体系，中国对一带一路地区的出口已经具备自身产业结构的完备性和优势，不能再走原有的加工贸易的老路，需要提升自己整体生产能力和全球价值链的地位。文章从理论和实证方面证实中国提出一带一路战略是正确的选择，是有利于促进出口产品质量的提高的。对一带一路国家的出口却给出一条新的发展选择路径，通过构建和输出自身完备的产业结构体系而非通过进口再加工来实现出口产品质量的提升。

本文有关 WTO-X 领域的回归结果表现稳健，新一代 WTO-X 规定的经贸领域逐渐升级传统的 WTO+ 的范畴，在新时代，随着我国国际地位的提高，参与制定新一代符合我国以及多数发展中国家利益的贸易规则势在必行，发展中国家也应该积极探索制定相关的区域贸易协定，探索适合该区域和国家经济贸易发展的 WTO 的升级版很有意义。

区域贸易协定的生效有利于降低贸易成本，出口产品作为国际贸易中重要的一方面，是国际间合作的一个关键落脚点，出口产品的质量不仅影响到国外消费者对产品的使用体验，也代表一国整体的形象和实力。我国企业应该重视和利用区域贸易协定提供的国际交流机会，了解国外市场的需求情况，提高自身的产品质量，进而加快我国向高质量强国转型的步伐。

参考文献

[1] Abdul K. M. Azhar, Robert J. R. Elliott. On the Measurement of Product Quality in Intra-Industry Trade[J]. Review of World Economics, 2006, 142(3):476-495.

[2] Amit K. Khandelwal, Peter K. Schott, Shangjin Wei. Trade Liberalization and Embedded Institutional Reform: Evidence from Chinese Exporters[J]. American Economic Review, 2013, 103(6):2169-2195.

[3] Anderson J E, van Wincoop E. Trade Costs [M]. Boston: Boston College, 2004.

[4] Bounlert Vanhnalat, P. Kyophilavong, AlayPhonvisay, et al. Assessment the effect of free trade agreements on exports of Lao PDR[J]. International Journal of

Economics & Financial Issues, 2015, 5:365-376.

[5] Carrère C. Regional Agreements and Welfare in the South: When Scale Economies in Transport Matter[J]. Journal of African Economies, 2011, 23(3):321-345.

[6] Cecile Gaubert, Oleg Itskhoki. Granular Comparative Advantage[J]. Http://www.princeton.edu/-itskhoki/papers/GranularCA.pdf，2016，7.

[7] Cesare Imbriani, Piergiuseppe Morone, Francesco Renna. Innovation and Exporting: Does Quality Matter?[J]. International Trade Journal, 2015, 29:1-18.

[8] Changsoo Lee, Backhoon Song. Expansion of EU's Free Trade Agreements into Asian Countries and Its Impact on the Chinese Economy[J]. Global Economic Review, 2015, 44(4):431-451.

[9] Christopher M. Dent. Freer Trade, More Regulation? Commercial Regulatory Provisions in Asia-Pacific Free Trade Agreements[J]. Competition & Change, 2010, 14(1):48-79.

[10] Cui Hu, Faqin Lin. Product standards and export quality: Micro evidence from China[J]. Economics Letters, 2016, 145:274-277.

[11] Daniele Curzi, Alessandro Olper. Export behavior of Italian food firms: Does product quality matter?[J]. Food Policy, 2012, 37(5):493-503.

[12] Daniele Curzi, Valentina Raimondi, Alessandro Olper. Quality upgrading, competition and trade policy: evidence from the agri-food sector. European Review of Agricultural Economics, 2015, 42(2):239–267.

[13] Daron Acemoglu, Jaume Ventura. The World Income Distribution[J]. Quarterly Journal of Economics, 2002, 117(2):659-694.

[14] Emiko Fukase, Will Martin. The Economic Potential of an India-US Free Trade Agreement[J]. Journal of Economic Integration, 2016, 31(4):774-816.

[15] Hasan A. Faruq. Impact of technology and physical capital on export quality[J]. Journal of Developing Areas, 2010, 44(1):167-185.

[16] Henrik Horn, Giovanni Maggi, Robert W. Staiger. Trade Agreements as Endogenously Incomplete Contracts [J]. American Economic Review, 2010,

100(1):394-419.

[17] Henrik Horn, Petros C. Mavroidis, André Sapir. Beyond the WTO? An Anatomy of EU and US Preferential Trade Agreements [J]. Blueprints, 2009, 33(11):1565-1588.

[18] Inmaculada Martínez-Zarzoso, Celestino Suárez Burguet. Measurement of export prices and changes in product quality[J]. International Advances in Economic Research, 2000, 6(4):619-632.

[19] Jeffrey J. Schott. Free Trade Agreements and US Trade Policy: A Comparative Analysis of US Initiatives in Latin America, the Asia-Pacific Region, and the Middle East and North Africa[J]. International Trade Journal, 2006, 20(2):95-138.

[20] Ling Feng,Zhiyuan Li & Deborah L. Swenson(2017), Trade policy uncertainty and exports: evidence from China's WTO accession. Journal of International Economics, 106, 20-36.

[21] Mastooreh Eshraghi, Normaz Wana Ismail. Intra Industry Trade and Product Quality: China and Eight Developing Countries[J]. International Journal of Business & Economics, 2013, 12:59-72.

[22] Reza Oladi, Hamid Beladi, Nancy Chau. Multinational corporations and export quality[J]. Journal of Economic Behavior & Organization, 2008, 65(1):147-155.

[23] Roberto Alvarez, J. Rodrigo Fuentes. Entry into Export Markets and Product Quality[J]. Documentos De Trabajo, 2009, 34(8):1237-1262.

[24] Swapnendu Bandyopadhyay, Rajat Acharyya. Does input sector liberalization promote quality innovation and exports?[J]. International Review of Economics & Finance, 2006, 15(4):443-462.

[25] Swapnendu Bandyopadhyay, Rajat Acharyya. Does input sector liberalization promote quality innovation and exports?[J]. International Review of Economics & Finance, 2006, 15(4):443-462.

[26] Unjung Whang. Who Exports Better Quality Products to Smaller or More Distant Markets?[J]. Review of International Economics, 2014, 22(3):578–598.

[27] 安礼伟：我国出口产品需求弹性分析 [J].《世界经济与政治论坛》, 2010(3): 51-62。

[28] 陈咏梅：国际知识产权协定之间的冲突与协调——以世贸组织和自由贸易区的知识产权协定 / 条款为视角 [J].《法商研究》，2015(1):173-184。

[29] 景光正，李平：OFDI 是否提升了中国的出口产品质量 [J].《国际贸易问题》，2016(8):131-142。

[30] 李浩仲，翁培真：台灣出口產品品質的演進 [J].《經濟論文叢刊》，2015，43(1):1-51。

[31] 李小平，周记顺，卢现祥，胡久凯：出口的"质"影响了出口的"量"吗？[J].《经济研究》，2015(8):114-129。

[32] 廖涵：论我国加工贸易的中间品进口替代 [J].《管理世界》，2003(1):63-70。

[33] 刘晓宁，刘磊：贸易自由化对出口产品质量的影响效应——基于中国微观制造业企业的实证研究 [J].《国际贸易问题》，2015(8):14-23。

[34] 马述忠，吴国杰：中间品进口、贸易类型与企业出口产品质量——基于中国企业微观数据的研究 [J].《数量经济技术经济研究》，2016(11):77-93。

[35] 盛斌，果婷：亚太地区区域贸易协定条款的比较及其对中国的启示 [J].《亚太经济》，2014(2):94-101。

[36] 施炳展，邵文波：中国企业出口产品质量测算及其决定因素——培育出口竞争新优势的微观视角 [J].《管理世界》,2014(09):90-106。

[37] 汪建新：贸易自由化、质量差距与地区出口产品质量升级 [J].《国际贸易问题》，2014(10):3-13。

[38] 许和连，王海成：最低工资标准对企业出口产品质量的影响研究 [J].《世界经济》，2016(7):73-96。

[39] 殷德生：中国入世以来出口产品质量升级的决定因素与变动趋势 [J].《财贸经济》，2011(11):31-38。

[40] 张杰，翟福昕，周晓艳：政府补贴、市场竞争与出口产品质量 [J].《数量经济技术经济研究》，2015(4):71-87。

[41] 张明志，季克佳：人民币汇率变动对中国制造业企业出口产品质量的影响 [J].《中国工业经济》，2018(1):1-19。

[42] 张洋：政府补贴提高了中国制造业企业出口产品质量吗 [J].《国际贸易问题》，2017(4):27-37。